KB103522

글로벌 **생명학**

_ 동서 통합을 위한 생명 담론

글로벌 생명학

＿동서 통합을 위한 생명 담론

ⓒ 이기상, 2010

초판 1쇄 인쇄일 2010년 12월 6일
초판 1쇄 발행일 2010년 12월 13일

지 은 이   이기상
펴 낸 이   강병철
주   간   정은영
기획편집   김지혜 배성은 이혜영 이진아 이신지
디 자 인   여만엽
제   작   시명국 구본성
영   업   조광진
마 케 팅   박현경 유혜영 안나

펴낸곳 자음과모음
출판등록 2001년 5월 8일 제20-222호
주소 121-753 서울시 마포구 동교동 165-1 미래프라자빌딩 7층, 11층
전화 편집부 02) 324-2347, 경영지원부 02) 325-6047~8
팩스 편집부 02) 324-2348, 경영지원부 02) 2648-1311
홈페이지 www.jamo21.net
이메일 inmun@jamobook.com

ISBN 978-89-5707-529-6 (93150)

new archives
뉴아카이브 총서 01

글로벌 생명학

동 서 통 합 을 위 한 생 명 담 론

이기상 지음

자음과모음

생명학의 물꼬를 튼
김지하 시인에게

| 차례 |

제1장

지구 살림살이를 위한
발상의 전환

새 천년을 맞이하여 인류가 풀어야 할 가장 시급한 문제는 무엇
보다도 '생태 문제'이다. 인간이 또 다른 천년을 맞이할 수 있
으려면 자연에 대한 관계맺음의 방식이 바뀌어야 하고 우주 안
에서 인간의 사명에 대해서도 생각을 달리해야 한다. 발상의
전환을 위해서는 무엇보다도 인간의 인식론적 사유 틀이 '존재
(있음)'에서 생명(살아 있음)'에로 전환되어야 한다. 동서양의
대화를 통해 '생명과 더불어 철학'하면서 인류의 문제를 함께
풀어나가려고 시도해야 한다. 인류는 지금 전환기에 서 있다.
정보화 시대, 세계화 시대라는 말로 지칭되는 지구촌 시대를
살고 있다. 세계가 하나가 된 지구촌 시대의 최대의 과제는 '더
불어 삶'이다. 민족과 민족이, 나라와 나라가 평화롭게 더불어
살아야 할 뿐 아니라 살아 있는 모든 다른 생명체와도 서로 살
리며 더불어 살아야 하고, 생명이 없다고 간주되고 있는 무생
물하고도 조화와 균형 속에서 함께 살아야 한다.

1. 우리 시대의 화두 '생명'

68억 인류의
평화로운 더불어 삶

　　　　　　　　　21세기가 시작되었다. 지구촌의 사람들은 흥분과 기대 속에 새로운 천년의 시작을 전 지구를 첨단 매체로 연결한 요란한 축제와 함께 시끌벅적하게 맞이했다. 한 단계 성숙한 세계 시민으로서 인종과 신념 그리고 문화의 차이를 넘어서 모두가 함께 더불어 평화롭게 사는 지구촌 건설을 다짐하는 숙연한 계기도 되었다. 그런데 그런 평화의 분위기는 채 1년도 넘기지 못하고 여지없이 깨지고 말았다. 세계 기술 문명과 자본주의 시장의 상징이며 심장인 뉴욕의 세계무역센터 쌍둥이 건물이 테러를 당해 낡은 조립식 건물처럼 힘없이 와르르 무너져 내리는 사건이 일어난 것이다. 지구촌의 엘리트임을 자랑하던 수십 개국에서 선발된 수천 명이 넘는 자본주의의 첨병들이 목숨을 잃었다. 평화를 다짐하던 21세기 초의 분위기는 온데간데없고 전쟁의 기운과 테러의 공포가 전 세계를 휩싸고 있으며 최첨단 무기들이 효율적으로 인간들의 목숨을 빼앗기 위해 집결되었다. 최첨단 과학 기술이 몽땅 동원되어도 전 세계에서 기아로, 병으로 죽어가고 있는 인간 생명을 살리기에 역부족인데 오히려 사람 목숨을 빼앗는 데 총동원되고 있는 것이다.

21세기로 시작된 새 천년은 그렇지 않아도 인류에게는 그 미래가 불안한, 많은 문제를 배태하고 있는 불확실성의 시대다. 지구가 과연 새로운 천년에도 인류에게 안정된 삶의 공간을 허용할 수 있을지마저 의심되는 조짐이 사방팔방에서 드러나고 있는 실정이다. 지구는 이미 인간이 온갖 지혜를 다 짜내도 68억 인구가 평화롭게 더불어 살아가기에는 너무나 비좁고 모든 면에서 부족한 공간이다. 그동안 인간이 지구 생태계에 저질러온 온갖 형태의 이기적 만행이 이제는 인간의 생명줄을 조여오고 있는 상태다. 지구 전체를 위협하는 드러난 절박한 문제들만 대충 열거해도 다음과 같다. 인구 과잉, 오존층 파괴, 지구 온난화, 생물의 멸종, 유전적 다양성의 상실, 산성비, 핵물질에 의한 오염, 열대 우림의 벌채, 습지 파괴, 토양 침식, 사막화, 홍수, 기아, 호수와 하천과 강의 범람, 지하수의 오염과 고갈, 연안과 강 하구의 오염, 산호초의 파괴, 기름 유출, 어류의 남획, 쓰레기 매립지의 확대, 유독성 폐기물, 살충제와 제충제 남용에 의한 중독, 작업장에서의 유해 물질 노출, 도시의 과밀화, 재생 불가능한 자원의 고갈 등이 그러하다.[1]

그리고 이러한 이 시대의 절박한 문제들은 서로 떼려야 뗄 수 없을 만큼 깊고 밀접하게 연결되어 있다. 예를 들어, 세계 인구를 적절한 선으로 유지하는 과제는 전 세계적으로 빈곤이 줄어들 때만 가능하다. 그리고 동물과 식물종의 대량 멸종 사태는 지구의 빈민국들이 지고 있는 엄청난 외채 문제가 해결되지 않는 한 계속될 것이다. 자원 고갈과 환경 파괴는 빠른 속도로 진행되는 인구 증가와 결합하여 지역 공동체의 몰락과 민족과 종족 간의 갈

---

1 존 포스터, 『환경 혁명-새로운 문명의 패러다임을 찾아서』, 조길영 옮김, 동쪽나라, 1996, 29~30쪽.

오염된 하천의 모습(좌)과 심각한 인구 문제를 겪고 있는 에콰도르의 빈민촌(우)

등, 폭력 사태로 이어지고 있다. 따라서 21세기 초 인류가 부대끼고 있는 이러한 제반 문제들은 인류가 처한 하나의 커다란 위기가 여러 다른 측면에서 나타나는 것으로 간주되어야 한다.[2] 그렇게 총체적으로 문제에 접근할 때에만 인류가 놓인 위기에 걸맞은 대처 방안을 찾아낼 수 있을 것이다.

생태 문제와
발상의 전환

21세기 인류가 부딪힌 최대의 난제는 '생태 문제'와 '인구 문제'다. 인간 게놈 프로젝트의 성공을 자축하는 샴페인

---

2 프리초프 카프라, 『생명의 그물』, 김용정 · 김동광 옮김, 범양사, 1998, 18쪽; 비토리오 회슬레, 『환경 위기의 철학』, 신승환 옮김, 서강대학교출판부, 1997, 22~23, 31~32, 42~44쪽.

터트리는 소리가 요란한 현금, 이는 더욱더 절박한 인류의 문제로 부각되고 있다. 이미 20세기 중반부터 이들 문제에 대한 집중적인 연구와 대안 모색이 수행되어왔다. 이를 순전히 기술과 과학의 문제로 보고 그 차원에서 해결하려는 일군의 사상가들과 과학자들도 있지만, 많은 지성인들이 과학 내지는 기술의 문제를 과학 또는 기술만으로 풀 수는 없다는 데 의견을 같이 하고 있다. 그동안 새로운 접근 방법, 새로운 해결 방법은 발상의 전환, 의식의 전환, 생활 방식의 전환에서 찾아야 한다는 주장이 끊임없이 제기되어왔다. 그중 큰 흐름을 형성하고 있는 사상 하나가 자연에 대한 인간의 태도를 완전히 새롭게 바꿔야 한다는 주장이다. 즉 자연에 지금까지 취해왔던 정복자적인 지배의 태도를 바꿔 자연과 더불어 살아가며 함께 진화해나가야 한다는 이른바 '공생과 공진화'의 사상이다. 그러기 위해서 인간은 무엇보다도 먼저 자연에 대한 시각, 즉 자연을 보는 눈을 바꿔야 한다. 자연을 더 이상 대상화시켜 인간 마음대로 파헤쳐 이익을 극대화해도 되는 에너지 저장고쯤으로 간주해서는 안 된다. 자연은 인간뿐 아니라 모든 생명체가 생명의 자양분을 받고 있는 탯줄이며, 생명의 텃밭이기 때문이다.

그리하여 새 천년을 맞이하여 인류가 풀어야 할 가장 시급한 문제는 무엇보다도 '생태 문제'다. 인간이 또 다른 천년을 맞이할 수 있으려면 자연에 대한 관계 맺음의 방식이 바뀌어야 하고, 우주 안에서 갖는 인간의 사명에 대해서도 생각을 달리해야 한다. 발상의 전환을 위해서는 무엇보다도 인간의 인식론적 사유 틀이 '존재(있음)에서 생명(살아 있음)'으로 전환되어야 한다. 동서양의 대화를 통해 '생명과 더불어 철학'하면서 인류의 문제를 함께 풀어나가려고 시도해야 한다.

인류는 지금 전환기에 서 있다. 정보화 시대, 세계화 시대라는 말로 지칭되는 지구촌 시대를 살고 있다. 세계가 하나 된 지구촌 시대의 최대 과제는

'더불어 삶'이다. 민족과 민족이, 나라와 나라가 평화롭게 더불어 살아야 할 뿐 아니라 살아 있는 다른 모든 생명체와도 서로를 살리며 더불어 살아야 하고, 생명이 없다고 간주되는 무생물과도 조화와 균형 속에서 함께 살아야 한다. 이렇듯 지구 위에 존재하는 모든 것이 서로 평화롭게 더불어 살아야 하는 과제를 슬기롭게 떠맡아야 할 21세기 최대의 화두가 '생명'인 것은 우연이 아니다.

20세기 말부터 철학에서 핵심적인 논의도 '생태 문제' 내지는 '생명 문제'를 맴돌고 있다. 21세기 제1철학은 당연히 '생태 철학' 또는 '생명학'이라고 주장할 수 있을 정도다. 20세기 말부터 생태 내지 생명에 대한 글들이 많이 출간되고 있다. 인식의 패러다임을 바꿔야 한다는 주장과 함께 등장하는 '생명 문제'는 그동안 소외되어왔던 동아시아의 전통에 대한 관심도 불러일으켰다.[3] 생명을 존중해온 동아시아적인 생활 방식 또는 삶의 문법이 위기에 놓인 지구와 인류를 구원해줄 대안적 사상의 실마리를 제공해주지 않을까 하는 기대에서 그렇다. 더욱이 이제 지구에서 인류의 삶은 세계화 또는 지구화로 인해 과거 어느 때보다도 유대와 연대 속에서 공동의 문제 해결을 필요로 하는 시점이다. '생명'에 대한 논의에 한국의 사상가들이 세계적인 사상가들과 어깨를 나란히 하고 자신들의 주장을 펼 수 있게 된 것

---

3 국내 학자들의 환경 또는 생태 문제에 대한 저술들이 많이 출간되었다. 구승회, 『에코필로소피-생태 · 환경의 위기와 철학의 책임』, 새길, 1995; 길희성 외, 『환경과 종교』, 민음사, 1997; 김명자, 『동서양의 과학전통과 환경운동』, 동아출판사, 1991; 김소희, 『생명시대』, 학고재, 1999; 김욱동, 『한국의 녹색 문화』, 문예출판사, 2000; 김정욱, 『위기의 환경 어떻게 구할 것인가?』, 푸른산, 1992; 김종철, 『간디의 물레-에콜로지와 문화에 관한 에세이』, 녹색평론사, 1999; 김지하, 『생명과 자치-생명 사상 · 생명운동이란 무엇인가』, 솔, 1996; 문순홍, 『생태위기와 녹색의 대안』, 나라사랑, 1992; 송상용 외, 『생태문제와 인문학적 상상력』, 나남출판, 1999; 우리사상연구소 엮음, 『생명과 더불어 철학하기』, 철학과현실사, 2000; 이진우, 『녹색 사유와 에코토피아』, 문예출판사, 1996; 장회익, 『삶과 온생명』, 솔, 1998; 진교훈, 『환경윤리-동서양의 자연보전과 생명존중』, 민음사, 1998; 최승호, 『한국 현대시와 동양적 생명 사상』, 다운샘, 1995; 한국불교환경교육원 엮음, 『동양 사상과 환경문제』, 모색, 1996.

은 한국의 전통적인 사상 배경 때문이다. 그렇지만 우리 스스로 우리의 전통적인 '살림살이'의 생활 방식과 사유 자세를 현대의 심각한 문제를 해결해내는 대안 사상으로 발전시키지 못한다면, 우리는 다시 서양 사상가들에게 생명 사상을 배워야 할 처지로 떨어지게 될 것이다.

바로 이런 이유로 이 땅에 사는 철학인들이 21세기를 위한 새로운 생태학, 새로운 인간학으로 '생명학'을 계발해서 세계 철학에 기여할 수 있는 과제와 책무가 생겨나는 것이다. 과거 어느 때보다도 동서 철학의 화합, 종합, 융합의 필요성이 강조되고 있는 현 시점에 한국의 철학인들이 떠맡아야 하는 세계 철학사적인 임무는 자명하다. 우리가 간직해온 동양 사상의 바탕 위에서 현대의 서양 사상을 비판적·주체적으로 수용하여 오늘날 인류가 직면한 문제를 창의적으로 해결해야 하는 과제가 바로 그러하다.

2. 경쟁 이데올로기의 한계와
새로운 패러다임의 필요

서양 사람들의 논리는 한마디로 죽임의 논리다.[4] 그들은 허울 좋게 "소비는 미덕이다"라고 외치며 자본주의 시장 경제에 인류의 사활이 걸려 있다고 주장한다. 그러나 소비가 미덕이 되려면 욕망을 부추겨야 한다. 없는 욕망도 만들어내 필요 없는 물건을 필요하다고 생각해서 구입하도록 보이지 않게 조장해야 한다. 이것이 서양 사람들이 생각하는 간단한 생산과 소비 구조다. 그리고 우리는 그것을 따라가기에 바쁘다. 우리도 자신이 살기 위해서는 남을 밟고 올라가려 한다. 여기에는 살림의 논리, 상생相生의 논리가 들어설 틈이 없다.

서양 사람들은 이런 무한 경쟁의 논리를 다윈의 진화론에서 배웠다. 다윈의 진화론은 서양인들이 자연의 생태계에서 보고 배운 삶의 논리다. 그들은 자연의 생물들이 살아가는 실상을 그렇게 보았으며, 거기서 진화의 원리를 끄집어내 자연 도태, 적자생존, 우승열패의 원칙을 이론으로 정립해낸

---

4 김지하, 『생명과 자치-생명 사상 · 생명 운동이란 무엇인가』, 200~202쪽; 『틈』, 솔, 1995, 33쪽.

다. 이들은 자신들이 발견한 이 논리를 인간 사회에 적용하여 최고만이 살아남는다는 '경쟁의 논리'로 만든다. 그렇기에 최고가 아닌 사람은 희생된다. 아니 마땅히 희생되어야 하는 것이 자연의 법칙이라고 한다. 이런 논리는 차가운 계산의 논리, 이성의 논리며 매우 합리적이다. 이런 논리대로라면 80퍼센트의 사람들은 못살게 되어 있다. 나만 이 80퍼센트 안에 들지 않으면 되는 것이다.

리스본 그룹은 자신들의 연구 결과 보고서인 『경쟁의 한계-리스본 그룹 보고서』에서 경쟁의 논리가 몰고 온 폐해를 이렇게 비판적으로 기술하고 있다. 경쟁 이데올로기가 지배하는 시대는 사사로운 감정이나 휴전이 용인될 수 없는 전쟁터나 마찬가지다. 거기서는 '타인=경쟁자'라는 등식이 성립한다. 인간의 삶이나 조직의 활동 자체가 생존을 위한 '서바이벌 게임'으로 전락하고 만다.[5]

지금 지구촌은 무한 경쟁을 외치는 새로운 경쟁 시대에 들어서 있다. 이러한 무한 경쟁 시대에는 '생존 우선'이라는 현실 논리가 지구촌 '공동 번영'이라는 이상적 목표보다 훨씬 더 절실한 과제로 받아들여진다. 문제는 이 같은 무한 경쟁이 인류 전체의 생존마저 위협할 만큼 심화되고 있다는 점이다. 오늘날 지구촌 국가들은 대부분 자유 시장 경제를 지도 이념으로 채택하고 있다. 또 국경을 초월한 '세계적' 자본주의가 '민족적' 자본주의를 빠른 속도로 대체해나가고 있다. 표면적으로는 적어도 국제 협력의 새로운 시대가 도래한 것처럼 보인다. 그렇지만 실상은 전혀 그렇지 않다. 개인은 물론 국제기구 같은 집단 안보 체제도 끊임없이 위협에 노출되고 있다. 그 이유는 남북 분열이 선진국과 극빈국의 경제 격차를 더욱 고착시켰기 때

5 리스본 그룹, 『경쟁의 한계-리스본 그룹 보고서』, 채수환 옮김, 바다출판사, 2000, 12쪽.

문이다. 세계 인구 중 부유층에 속하는 상위 20퍼센트와 빈곤층에 속하는 하위 20퍼센트의 격차는 지난 30년 동안 계속 확산되는 추세다. 완전 고용 정책이 더 이상 존재 가치를 상실한 것도 인류의 미래를 위해 바람직하지 않은 현상이다. 사회 보장 제도의 범위가 대폭 축소되면서 개인은 이제 자신의 생존을 위해 혼자 투쟁해야 하는 상황으로 내몰리게 되었다.[6]

민족과 국경을 넘어 지구 위의 모든 사람이 하나의 공동 운명체를 이루어 평화롭게 더불어 살아야 할 21세기 '지구촌 시대'는 근대의 경쟁 이데올로기가 아닌 또 다른 생존의 패러다임을 요구받고 있다. 더 이상 근대화 시대에 통용되었던 삶의 문법이 지구화 시대에도 적용될 수 없다는 말이다. 그래서 학자들은 우리가 사는 시대를 근대와 구별하여 '제2근대'라 부르기도 하고, 더 나아가 '탈근대'라고 이름하기도 한다. 이 새로운 시대에는 그에 걸맞은 새로운 삶의 원칙이 요구되며 그러한 새로운 패러다임을 찾으려면 근대와는 다른 인식의 틀이 요구된다. 다시 말해, 지금까지 경쟁의 논리에서 벗어나는 새로운 패러다임을 실행해야 한다는 말이다. 우리는 세상을 보는 눈, 사람을 보는 눈을 바꿔야 한다. 이성적으로 합리적으로 머리를 굴려 계산해서 이득이 되는 것만을 취하려는 약삭빠른 생활 방식을 버리고 존재

---

6 리스본 그룹, 『경쟁의 한계-리스본 그룹 보고서』, 95~96쪽. 리스본 그룹은 경쟁 이데올로기의 한계를 지적한다. 그들에 의하면 경쟁의 가장 큰 문제점은 불평등 구조를 심화시킨다는 사회적 반항은 말할 것도 없고, 경제 기능 자체의 구조적인 왜곡을 초래할 수 있다는 점이다. 그들은 과도한 경쟁의 부정적인 효과들을 다음과 같이 열거한다. 1. 인간이나 인적 조직보다 도구와 기술적 시스템에 더 많은 비중을 두게 된다. 인간은 생산자와 소비자로서만 그 자치를 인정받게 된다. 2. 단기적인 금융 비용에 우선권을 두게 되고 과잉 생산과 빈부 격차를 확대시킨다. 3. 국내 시장보다 국제 무대에서 경쟁력 집중 현상이 벌어진다. 그 결과 지구촌 차원의 과점적 시장 구조가 탄생한다. 4. 지역별·계층별 불평등이 조장된다. 배제된 지역은 무관심의 대상이 된다. 5. 새로운 상품을 개발하는 과정에서 지구촌 환경 파괴가 가속화된다. 6. 노동 규제와 사회 복지 프로그램이 약화되거나 서서히 해체된다. 대량 실업이 중요한 사회적 이슈가 된다. 7. 공공 부문의 영역이 축소되고 대의민주주의가 훼손된다. 8. 개인, 기업, 도시, 국가에서 경쟁력이 없는 행위자는 더 이상 역사의 주체로 인정받지 못하고 단지 '패배자'라는 이유만으로 존재 가치를 상실하게 된다. 리스본 그룹, 『경쟁의 한계-리스본 그룹 보고서』, 146쪽 참조.

하는 모든 것을 영성으로 아우르고 감싸 보살피는 사유 태도를 배워 익혀야 한다.

20세기 위대한 영성가인 마더 데레사^{Madre Teresa}는 "나눔 없이 평화 없다"라고 하였다. 지금 지구상에 평화가 없는 것은 나누려는 마음이 없기 때문이다. 잘 사는 사람들이 자신들이 가지고 있는 것을 조금이라도 나누려는 나눔의 정신만 가지고 있다면 우리는 다 같이 평화롭게 살아갈 수 있다. 인구 폭발의 문제는

20세기 위대한 영성가
마더 데레사 수녀(1910~1997)

어쩔 수 없는 것이라 하더라도 68억의 인구가 더불어 잘 살아갈 수 있는 해법은 결코 경쟁의 논리, 죽임의 논리는 아니므로 이 문제를 해결하려면 우리는 위대한 영성가들에게 무언가를 배워야 한다. 21세기를 예비하면서 자신의 삶을 영성적으로 산 사람들은 그리 많지 않다. 아시아는 그 어느 대륙보다 영성적인 분위기가 삶의 밑바탕에 깔려 있다. 그렇기에 21세기 위대한 영성가는 아시아권에서 나올 것이라 한다.⁷

우리는 이 책에서 발상의 전환을 위한 실마리를 한국 민중의 전통적 살림

---

7 민족적인 심성을 잘 살펴보면 한국인들만큼 종교적인 심성이 강한 민족도 많지 않다. 그리고 나름대로 결단력과 용기도 있다. 그런데 그런 것들이 경쟁의 논리, 자본의 논리에 의해 죽어가고 있다. 그러므로 우리는 우리들이 버린 우리의 전통, 역사, 문화 속에서 현대 인류가 필요로 하는 무언가를 찾아야 한다. 그런데 우리는 그것을 보지 못하고 있다. 서양 사람들이 그것을 대신 보고 찾아주기를 바라며 기다리다가는 아무것도 할 수 없다. 지금 세계가 맞닥뜨린 문제를 직시하고 그것을 해결할 실마리를 어떻게든 우리 스스로가 찾아야 한다.

살이에 깊이 각인되어 있는 인간관과 생활 방식에서 찾아볼 것이다. 만해 한용운 선생이 서양의 근대화에 대한 우리 전통의 대응책으로 평등주의와 구세주의를 내세운 것은 아직도 유효하다. 자유와 평등의 이념 아래에서 모든 속박과 굴레로부터의 해방을 외치며 투쟁하여 자유와 평등을 쟁취한 근대인은 지구촌 시대를 맞아 이제 시야를 더욱 확대해야 한다. 개인인 자신의 안녕이나 동족인 자기 민족의 평안만을 추구하던 개인주의적이고 민족주의적인 세계관과 인간관에서 벗어나 지구 위의 모든 인류, 더 나아가 앞으로 태어날 미래의 인류에 대해서까지 책임을 지는 성숙한 세계 시민으로 거듭나야 한다. 더 나아가 지구 자체의 유지와 보존에도 책임 의식을 가져야 한다. 인간이 스스로 우주 진화의 꽃으로 자처한다면 우주 진화의 방향에 대해서도 책임을 지는 우주인으로서 지구 살림살이에도 깊이 관여해야 한다. 그러려면 단지 인간 종의 평안만을 염려해서는 안 되며, 지구 위의 모든 생물과 무생물에도 관심을 쏟아야 한다.[8]

---

8 나는 오래전부터 우리의 사유 또는 인식의 틀을 이성 중심, 인간 중심, 존재 중심에서 생명 중심, 영성 중심으로 전환해야 한다고 주장해왔다. 그리고 거기서 도출되는 가치관을 '살림, 섬김, 비움, 나눔'이라고 제안하였다(이기상, 「21세기 기술 시대를 위한 새로운 가치관 모색」, 한국가톨릭철학회 엮음, 『가톨릭철학』 창간호, 1999, 68~125쪽; 「이 땅에서 철학하기-탈중심시대에서의 중심 잡기」, 우리사상연구소 엮음, 『이 땅에서 철학하기-21세기를 위한 대안적 사상 모색』, 솔, 1999, 13~80쪽 참조). 우리는 그와 같은 살림살이의 가치관을 전통 한국 민중의 삶의 문법에서 찾아낼 수 있다. 그리고 그와 비슷한 세계관과 인생관을 권장하는 수많은 영성가들을 우리 주변에서 발견할 수 있다. 만해 한용운, 간디, 마더 데레사, 타고르, 달라이 라마, 틱낫한, 다석 류영모, 법정, 숭산, 김지하 등의 말과 글에서 새로운 영성 시대를 예비하며 영성적 인간으로 거듭나기를 촉구하는 호소들을 읽을 수 있다.

3. 인간 중심에서 '생명'중심으로!

　　　　　　　　　　　150년 전 조선 사회를 지탱하던 근본 가치관은 인의예지仁義禮智의 유교적 근본 가치에 바탕을 둔 충忠과 효孝 중심의 삼강오륜三綱五倫이었다. 그로부터 150년이 지난 지금 한국 사회를 받치고 있는 근본 가치는 더 이상 충과 효 같은 유교적 덕목이 아니다. 20세기 후반부터 우리 사회에서도 서구 사회를 지배하는 자유, 평등, 인권, 사회 정의라는 기본 가치가 아무 의심 없이 통용되고 있다. 달라진 가치관에 따라 한국 사회는 몰라보게 변했고 많은 면에서 긍정적으로 발전하여 물질적으로 풍요로운 사회가 되었다. 그러나 우리는 이러한 서구의 가치관과 세계관이 끌고 가는 방향이 어디인지 한번 곰곰이 생각해보아야 한다.

　20세기 초반 서구의 많은 학자들이 서양의 세계관과 가치관이 퍼뜨리는 삶의 방식과 사유 태도에 깊은 우려를 표명했다. 막스 베버Max Weber는 엄청난 문화 발전의 최종 단계에 기계화된 화석 인간이 나타날지 모른다고 경고했다. 그리고 '최후의 인간'에게는 다음과 같은 말이 사실이 될 것이라고 말했다. "정신이 없는 전문가, 가슴이 없는 육욕주의자. 이러한 쓰레기 같은 인간이 지금까지 인류가 도달한 적이 없는 그러한 높은 수준에 이르렀다고 자부할 것이다."[9] 베버가 말한 '가슴이 없는 육욕주의자들'이란 표현은 오늘날 인류가 직면해 있는 삶의 상황을 적절하게 예견한 표현이다. 가슴이 없다고 한 것은 물질이 주는 감각적 쾌락만을 알고 그것만을 느낄 수 있을 뿐이며, 인간만의 독특한 정신적 영역, 예술적 영역 및 종교적 영역과 관련된 감정을 느낄 수 없는 그런 인간을 두고 하는 말이다. 이러한 인간은 육욕적 쾌락에만 관심을 두고 그것을 탐닉하는 쾌락주의자들이다. 이러한 쾌락주의자들은 쾌락을 주는 물질만을 소유하고 소비할 뿐, 정신적인 것에 대해서는 무식하고 무감각한 야만인이며 미개인이다.

싱싱하고 팽팽한 육체, 맛있는 음식, 육체적인 쾌락 사냥에만 몰두하는 현대인들은 바로 베버가 앞서 내다본 '최후의 인간'이며 '기계화된 화석 인간'이다. 자유, 평등, 인권, 사회 정의라는 서구 가치관의 밑바탕을 잘 분석해보면 거기에는 겉으로 드러나지 않는 어두운 그림자가 드리워 있다. 소위 선진국 사회에는 물질적인 풍요에 따른 물질지상주의적, 황금만능주의적 생활 태도가 두루 퍼져 있으며, 이지러진 자유의 행사에 따른 이기주의적 태도와 소유욕이 당연시되고 있다. 더 나아가 잘못된 평등관에 따른 인간의 기능화, 부품화가 전개되고 있으며, 지나친 종교의 세속화와 가치의 상대화에 따른 허무주의적 경향이 만연해 있다. 왜곡된 인권 해석에 따른 인간의 동물화가 촉진되어 사람들은 온갖 종류의 쾌락에 몰두, 성 문란은 자명한 귀결이고 알콜과 마약 중독에 의한 사회적 혼란은 한층 더 강화되고 있다.[10]

9 Max Weber, *Die protestantische Ethik und der Geist des Kapitalismus in*: *Gesammelte Aufsatze zur Religionssoziologie I*, Tübingen:J. C. B. Mohr, 1988, 204쪽.

10 참조 이기상, 「현대의 실존적 상황과 인간성 상실의 위기」, 정해창 엮음, 『인간성 상실과 위기 극복』, 철학과현실사, 1995, 50~90쪽.

이러한 서양의 세계관과 가치관의 밑바탕에는 무엇보다도 인간 중심적인 시각이 깔려 있다. 여기서는 자연 도태와 적자생존의 원칙을 앞세우는 진화론적 세계관이 큰 몫을 한다. 이들 진화론자들은 우주론적 진화의 꼭대기에 인간이 진화의 꽃으로 놓여 있다고 본다. 그들은 강한 자만이 살아남는다는 우주의 법칙인 진화 법칙에 의해, 우주의 주인이며 정복자가 된 인간이 모든 것을 자신의 의지와 욕망에 의해 다스릴 수 있고 또 다스려도 된다고 생각한다. 그들은 인간 사회에도 똑같이 적자생존이라는 진화 법칙이 적용된다고 여긴다. 무한 경쟁을 앞세워 인간에 의한 인간의 지배가 당연한 자연법칙인 양 선포하고 있다. 이렇게 무한 욕망, 무한 소유, 무한 소비를 부추기며 무한 경쟁을 유일한 생존 법칙으로 내세우는 서양의 세계관과 가치관의 밑바탕에는 인간 중심적 시각이 깔려 있다. 그리고 이때의 인간이란 물론 서양인인 백인이다. 이 세계관을 주도하는 원리는 자유 경쟁이라는 이름 아래에서 자행되는 자본과 권력에 의한 정복이며 지배다.

20세기 말부터 이러한 인간 중심적, 서양 중심적 시각이 사방팔방에서 비판을 받고 있다. 서양의 역사를 두루 질러 통용되어왔던 다양한 시각들이 총체적으로 비판의 도마 위에 올랐다. 변하지 않는 원리(아르케)나 원인이나 바탈을 찾아 나섰던, 고중세의 실체론적 세계관이 환원주의적 시각이라는 비판을 받게 되었다. 정밀한 기계를 모델

소비 의식을 조장하는 상가의 광고판(일본 도쿄)

로 삼아 모든 것을 기계 역학적으로 설명하려는 기계론적 세계관도, 전체를 보지 못하고 장님 코끼리 만지는 고찰 방식이라는 비난을 면할 수 없었다. 또한 생물의 세계를 관찰해서 얻은 시각인 적자생존과 자연 도태의 원리를 모든 존재자에게 적용하려 든 진화론적 세계관도 근본을 보지 못하고 결과 －꽃－만을 본 잘못된 관점이라는 비판을 면하기 어렵다. 최근에 들어서 서양의 과학자들 사이에서도 요소 환원주의와 단일 결정론으로는 복잡한 세계를 설명할 수 없다는 인식이 팽배해져가고 있다. 변하지 않는, 더 이상 쪼갤 수 없는 구성 요소를 찾아서 그것으로 전체를 설명하려는 태도는 마치 먼지를 갖고 우주를 설명하려 드는 어처구니없는 시도라며 비판받고 있다. 학자들은 전체를 고려해야 하며, 그 전체가 보이지 않게 모든 부분들을 얼기설기 엮고 있어서 드러나거나, 혹은 드러나지 않게 서로 연관되어 있음을 인정해야 함을 깨닫기 시작했다. 전일론적 시각과 관계론적 관점이 새로운 방법론적 접근 방식으로 각광받게 된 것이다.

그런데 이러한 전일론적holistic이고 관계론적인 시각은 동아시아 문화권에서는 전혀 새로운 것이 아니다. 우리는 언제나 바로 그러한 세계관 속에서 살아왔기 때문이다. 생명이 화두가 되고 생명체인 유기체가 새로운 설명의 모델이 되어 세계를 해석하는 새로운 시각으로 부각되고 있는 현금, 이러한 새로운 생명론적 패러다임의 모색에 동아시아의 지식인들이 일조할 수 있는 기회가 온 셈이다.

이제 우리는 인간 중심에서 생명 중심으로 발상의 전환을 감행해야 한다. 어느 인디언 추장의 말이 우리에게 깊은 경종을 울린다.

"우리는 모두 알고 있다. 한 가족이 혈연으로 이어지듯 삼라만상이 모두 연결되어 있다는 것을…… 지구에서 벌어지는 모든 일은 지구의 딸과 아들들에게도 그대로 닥친다. 인간들이 생명의 그물을 짜는 것이 아니다. 인간이란 단지 그 그물 속의 한 올일 뿐. 그 그물에 가하는 모든 일은 스스로에게 향한 것이다. "(테드 페리)[11]

---

11 프리초프 카프라, 『생명의 그물』, 10쪽에서 다시 따옴.

4. 새로운 삶의 모형은 '살림살이'의 길 : 지구 살림살이

　　　　　　　우리는 생명의 세계에서 '살림'의 원칙을 배울 수 있고 배워야 한다. 우주적 살림살이의 대원칙은 '나눔'과 '비움'이다. 한국인의 생활 세계에 각인되어 있는 삶의 문법을 고찰해볼 때, 우리는 거기서 '살림, 섬김, 비움, 나눔'이라는 살림살이의 원칙을 찾아낼 수 있다.

　예전에 서양은 자기들의 세계만이 유일한 세계이고 나머지는 모두 변방이라고 보았으며 하나의 진리, 하나의 문화, 하나의 언어, 하나의 이성만이 있다고 이야기했다. 그런데 이제는 세계가 다원화되어가고, 문화와 가치 또한 해당 세계에 따라서 다름을 알게 되었다.

　서양의 이성은 기계론적이고 합리적이며 과학 기술적이고 계산적인 특성을 띠고 있다. 이러한 서양인의 생활 세계적 이성을 하버마스^{Jurgen Habermas}는 '의사소통적 이성'이라고 이름한다. 그 이성을 서양인들은 보편적이고 절대적인 것이라고 생각했지만, 세계에 따라서 이성의 모습도 달라질 수밖에 없다는 것을 이제는 인정하지 않을 수 없게 되었다. 이것이 하버마스가 말하는 '생활 세계적 이성'이라는 개념에 담긴 본래의 뜻이다.

철학은 삶의 세계에서 어떤 생활 방식을 표본으로 삼아 그것을 이론화하고 합리화한다. 그것이 그들 세계의 독특한 이성이며 세계를 보는 눈을 이룬다. 하이데거^{Martin Heidegger}의 방식으로 이야기한다면 이것이 '존재의 이해'이고, '존재를 둘러싼 거인들의 싸움'이다.

이러한 존재 이해를 둘러싼 거인들의 싸움에서 자유, 평등, 인권, 사회 정의를 기치로 내건 유럽적인 세계관이 승리했고, 그래서 기계론적이고 합리적이며 과학 기술적이고 계산 가능한 이성이 전 세계를 지배하게 되었다. 그러나 다원화된 현대에서 자기중심적인 시각으로 자신의 이성만을 고집한다면 화해와 평화를 기대할 수 없고, 오직 갈등과 투쟁만이 난무하게 될 것이다. 이제 우리에게 필요한 것은 다른 문화권에서 다른 역사적 배경 속에서 간직되어온 다른 이성의 형태를 알아보고 인정할 수 있는 '가로지르기 이성'이다.

다른 세계관과의 대화, 다른 문화 간의 대화, 다른 종교와의 대화에는 가로지르기 이성이 필요하다. 내 것만을 옳다고 고집하지 않고 상대방의 말에도 귀를 기울이고 대화를 나눠 더 보편적인 것을 찾아나서는 열린 자세가 필요한 시점이다. 가로지르기 이성을 전제로 하면서 우리의 생활 세계를 되돌아볼 때, 우리 나름의 독특한 이성은 무엇인가. 우리의 생활 세계를 각인한 우리 나름의 생활 세계적 이성을 찾아야 하는데, 우리는 그것을 '살림살이의 이성'이라 이름할 수 있다.

우리의 조상은 천^天·지^地·인^人 합일^{合一}의 삶을 살았다. 인간은 하늘과 땅 사이에 존재하는 '사이 존재'다. 예전에는 천재지변이 일어나면 하늘과 땅 사이에서 책임을 져야 할 인간이 잘못했기 때문에 이러한 일들이 일어났다고 보았다. 물이 넘쳐 홍수가 났을 때 그 물이 왜 넘쳤는지 원인을 알 수 없으면, 그 고을의 책임자가 천주^{天柱}라고 하는 동헌의 기둥에 피가 나도록 머

리를 찢어 인간의 잘못을 대신 사죄했다.[12]

우리는 자연을 서양인들처럼 에너지 창고로 보지 않고 인간이 배워야 할 도리를 자연에서 보았고 따라야 할 덕목을 읽어냈다. 그래서 사람에게 인품 人品이 있듯이 꽃에게도 화품花品이 있다고 보았다. 대나무는 절개, 모란과 작약은 부귀, 개나리와 진달래는 분명한 거취가 그 꽃들의 화품이다. 이러한 도덕의 범위를 짐승에까지 확대하여 벌과 개미에게는 군신의 의義가 있고, 원앙에게는 부부의 정情이 있고, 기러기에게는 장유유서長幼有序의 예禮가 있다고 보았다.[13]

또한 우리는 생명체가 아닌 무생물도 마구 다뤄도 되는 것으로 보지 않았다. 예를 들어 우리는 물을 특별하게 생각하여 다뤘다. 물은 우리에게 생명의 상징적 의미를 간직하고 있다.[14] 우리의 선조들은 비가 온 뒤에 산에 갈 때면 코가 얼기설기한 짚신을 신고 갔다. 비가 온 뒤에는 길가에 벌레가 많이 나오는데, 그 벌레들을 죽이지 않기 위한 행동이었다. 또한 산에 갈 때면 산을 더럽히지 않기 위해 요강 같은 것을 가지고 갔다고 한다. 우리는 예부터 "산에 간다"라는 말 대신에 "산에 든다"라는 말을 썼다. 산에 허락 맡고 들어가는 것이지 우리 마음대로 산을 정복하려고 올라가는 것이 아니기 때문이다.

존재, 소유, 욕망, 경쟁이라는 서구적인 삶의 문법이 우리의 삶에 파고들어 죽임의 그림자를 드리우고 있다. 그 죽임의 문화가 우리의 삶의 터전인 지구를 황폐화시키고 지구상의 모든 생명체를 몰살하고 우리들의 생명까지도 멸절시키기 전에 우리 삶의 문법 속에 새겨져 있던 살림살이의 원칙을

---

12 이규태, 『청산아 왜 그리 야위어만 가느냐』, 동아출판사, 1993, 79~80쪽 참조.
13 이규태, 『청산아 왜 그리 야위어만 가느냐』, 131~133쪽 참조.
14 이규태, 『청산아 왜 그리 야위어만 가느냐』, 61쪽 참조.

배워서 오늘날 되살려놓
아야 한다. 다시 새롭게
살림과 섬김, 비움과 나
눔의 가치관을 정립하여
삶의 지침으로 삼아야 한
다. 우리의 살림살이의
문법이 지구의 살림살이
문법으로 다시 태어날 수
있게 하려면 우리 스스로
가 이것을 이론화하고 체
계화해야 한다.

짚신의 얼기설기한 코는 생명에 대한 존중을 뜻한다.

5. 한국인의 삶 속에서 찾은 살림살이의 길

살림살이

우리는 예로부터 인간을 하늘과 땅 사이^{天地間}, 때 사이^{時間}, 빔 사이^{虛間}, 사람 사이^{人間}에서 관계를 나누며 유지하고 보존하며 살아가는 '**사이 존재**'로 보아왔다. 이러한 한국인의 생활 세계를 보이게, 보이지 않게 규정해온 한국인의 삶의 심층 문법은 한마디로 '**살림살이**'다. 지금 전 세계를 하나의 세계로 통합하면서 무섭게 자신의 지배 영역을 지구상 곳곳으로 뻗치고 있는 원리는 국제 자본 금융의 경제 논리. 모든 것을 돈이라는 경제 단위로 단일화하는 이 무서운 수량화의 논리 밑바탕에는 존재하는 모든 것을 표상화하고 나아가 수량화하려 한 서구의 형이상학이 깔려 있으며, 우리는 그 이념이 생활 세계에서 실현되고 있음을 보고 있는 셈이다. 경제 중심의 생각이 지금 인류에게 무한한 욕망을 부추기며 하나뿐인 지구를 파멸의 낭떠러지로 몰아가고 있음을 이제 서구의 지성인들도 깨닫고, 어떻게 하면 경제학과 환경(생태)학을 조화시킬지 고심하고 있다.

그런데 흥미롭게도 경제학^{Ökonomie, economy}과 환경(생태)학^{Ökologie, ecology}의 어원을 보면 그것은 똑같이 그리스어 '*οικία*(집, 주거, 거주)'에서 유래한다. 하나는 가정 경제(가계 운영)에 뿌리를 두고 있고 다른 하나는 주거 관리에서 연원하고 있다. 우리에게도 그러한 가정 경제와 주거 관리가 없었을 리 없기에 거기에 해당되는 우리말을 찾아본다면 그것은 둘 다 '살림살이'다. 우리말의 '**살림살이**'에는 살리는, 다시 말해 죽지 않도록 감싸주고 보살피는 삶의 방식을 가장 중요한 생활 자세로 본 우리 선인들의 삶의 철학이 배어 있다. 살림을 생활화해서 그것을 우리 삶의 일로 삼아 살아가는 삶의 자세가 '살림살이'라는 낱말에 간직되어 있는 것이다. 모든 것을 수량화하여 죽여버리는 '경제학'이 아니라 모든 것을 살도록 감싸주고 보살펴주는 '살림살이'에서는 생태계 파괴의 꼬투리도 찾을 수 없다. 그렇다면 개별 생명체의 멸종과 지구 절멸의 위기에 봉착한 현대인이 이 위기에서 벗어날 대안을 찾는 마당에 살림을 생활해온 이 땅의 선조들의 삶의 철학에서 많은 것을 배울 수 있지 않겠는가?

'**살리다**'는 사역동사로서 '살게 하다', 달리 말해 '죽지 않도록 하다'를 뜻한다. '살다'와 '살리다'에는 근본적인 차이가 있다. '살다'는 자동사로 '목숨을 지니고 있다', '없어지거나 사라지지 않고 있다'를 뜻한다. 이와 다르게 '살리다'는 그냥 살고 있는 것이 아니라 살아 있음과 독특한 관계를 맺고 있음을 부각시킨다. 살아 있음의 상태를 바람직한 가치로 인정하고 받아들여 살아 있는 것이 그 살아 있음을 유지하고 보존할 수 있도록 배려하고 보살피는 것을 의미한다. 사람은 다른 살아 있는 것들과 마찬가지로 살아 있긴 하지만 그냥 살아 있는 것이 아니라, 모든 살아 있는 것의 '살아 있음'에 관여하는 존재다. 이렇듯 살아 있음을 가치로서 소중히 대하는 생활 방식은, 그것을 '**생명**生命'이라고 명명하며 살아 있도록 보살펴야 하는 명령으로 보고, 아무리 미물이라도 살아 있는 것은 천명을 받고 거기에 있는 것으로 간주하도록 했다. 우리말 '생명'은 서양어인 'vita', 'life', 'vie',

'Leben' 등으로 표현되는 단순한 '삶'이 아니다. 생명이란 낱말은 생물, 유기체, 목숨 등의 비슷한 단어들로는 감지할 수 없는 성스러운 분위기를 풍기고 있다. 한마디로 살아 있음에서 그 살아 있음을 유지하고 보존해야 함을 말없이 전달하는 하늘의 뜻을 알아보아야 한다는 것이다. 따라서 '살림'이란 살아 있는 모든 것을 죽이지 않고 살아 있도록 보살피고 보호해야 하는 인간의 생명론적 역할을 함축하고 있다.

살아 있음에 동참하고 살아 있음의 질서를 알아야, 다시 말해 나서 살다가 죽어 사라져버리는 우주적 생명의 대원칙을 알아볼 수 있어야 '살림살이'의 임무를 제대로 수행할 수 있을 것이다. 그렇다면 '살다'라는 현상의 실마리를 우리 한국인들은 어떻게 바라보고, 어디에서 얻었으며, 그것을 어디까지 적용하여 사용했는가?

삶을 앎: 사람

우리말의 **'살다'**는 목숨을 지니고 있는 생물이 목숨을 유지하려고 움직이는 모든 동작을 지칭하는 낱말이며 그 어원을 추적해 들어가면 생명의 에너지를 불살라가는 전 과정을 뜻한다. 살아 있는 모든 것은 부여받은 생명의 에너지를 불사르다가 마치 촛불이 꺼지듯 그렇게 사라져버린다. 우리는 존재하는 모든 것이 어떤 형태로든 열과 힘을 지니고 있으며, 열과 힘을 지니고 있는 한 그 형태로 있다가 그 열과 힘을 다 써버리고 사라져버린다는 것을 안다. 우주의 별들도 다 자신의 열과 힘을 태우면서 우주에 반짝이며 존재하다가 열과 힘이 소진되면 산산이 부서져 우주 속으로 사라져버린다. 그런 의미로 우리는 별들의 탄생과 죽음을 이야기한다.

'살다'라는 낱말에 간직되어 있는 우리 민족의 상상력과 기억을 파헤쳐 보면, 그 밑바탕에는 연소 작용, 즉 불을 사르는 현상이 놓여 있다. 불이 타오르는 화산을 살아 있는 화산(활화산活火山)이라고 하듯이, 불사름의 현상에서 유추하여 살아 있는 생명 현상도 그렇게 설명한 것이다. '살다'라는 말은 원초적으로 보아 불이 타고 에너지가 정지 상태에서 운동 상태로 옮겨간다는 뜻에서 비롯되었다고 할 수 있다. 에너지는 태양에서 비롯되기에 태양은 예로부터 불의 상징이었고, 삶의 바탕인 대지를 생성시키는 '화생토火生土'의 본거지이며, 모든 생명체를 유지시키는 에너지 공급원이다. 태양의 에너지를 받아 정지 상태에서 운동 상태로 가는 것이 넓은 의미의 '사르다', '살다'를 뜻한다면, 땅 위, 하늘 아래에 있는 변화하여 움직이는 모든 것은 사름(삶)을 명받은 생명체라고 할 수 있을 것이다. 땅 위, 하늘 아래에, 다시 말해 하늘과 땅 사이에 있는 생명체 가운데 사람은 바로 이러한 사름을 알기에 그것을 살려 사름이 계속 진행되도록 돕는 전형적인 '사름'이 아니겠는가. 그래서 인간은 그러한 사름을 사는 '사람'일 뿐 아니라, 그러한 삶을 알기에 앎을 살면서 살림살이를 사는 '삶앎(>사람)'인 것이다.

생명의 원칙:
비움과 나눔 그리고 섬김

이렇듯 우리 한국인은 존재하는 모든 것에서 고정된 '있음'을 본 것이 아니라 모든 것이 끊임없이 변화되어가는 '살아 있음'을 보았다. 살아 있음은 정지된 채로 있는 것이 아니라 끊임없이 움직이는 것이며 '되어가는' 것이다. 모름지기 생명체는 그러한 생명의 흐름에 보조를 맞춰 잘되어가야 하며, 살림을 생활화해야 하는 사람은 더욱 말할

썩음(비움) 속의 살림

것도 없다. 그래서 우리는 그렇게 생명의 원칙을 잘 따르는 사람을 '된 사람'이라 부르고, 그렇지 못한 사람을 '못된 사람'이라고 부른다. 우주적 생명 사건에 동참하며 잘되어가는 생명체는 자신을 고집하지도, 공간에 집착하지도, 시간에 매달리지도 않는다. 오로지 하늘과 땅 사이에 자신을 내맡기며 되어감(변화)의 원칙을 따른다. 이 **'되어감'**의 원칙에서 우리가 주목해야 할 것은 '비움'이자 없어짐이며 사라짐이다. 되어감에서 우주 현상의 본질적인 차원을 감지했을 때 거기에서 부각될 수 있는 근본 개념은 '있음(존재)'이 아니라 **'없음**(無, 空)'이다. 있음이란 없음과 없음을 잇는 순간적인 연결 고리일 뿐이다.

존재하는 모든 것은 무에서 생겨나 주어진 삶의 에너지를 불사르며 존재 속에서 되어가다가 에너지를 다 소진한 뒤에는 다시 무 속으로 사라져간다. 우리 한국인들에게는 '있음'이 놀라움의 대상이 아니라 오히려 바로 이러한 '없음'이 경탄과 사색의 대상이었다. 무수한 별무리들을 다 감싸 안는 저 무한한 천공이, 한없이 너르며 시간 속에서도 한결같이 그러한 하늘(한늘=

끝없이 크고 늘 그러한)이 놀라움과 경배의 대상이었다. 온갖 것을 다 살게 하는 저 광활한 빈탕한데[15]는 분명 없는 것이면서 동시에 있는 것이다. 우리 한국인은 이러한 '**없이 있는 것**'에 매료되었다. 우주적 생명을 유지하는 것도 분명 이러한 없이 있는 어떤 것이라는 확신을 갖게 되었으며 그것을 '**하늘님(하느님)**'이라고 숭배했다.

우리는 하느님의 '없이 계심'에서 살림살이의 원칙을 유추해낼 수 있다. 우주적 생명의 본질은 '있음'에 있지 않고 '**비움**'에, 즉 '없이 있음'에 있다는 것을 간파했다. 이렇게 없이 있으며 모든 변화하는 것을 움직이며 되어가도록 하는 것을 우리는 '거룩한 신', '거룩한 영'으로 보았다. 우주의 모든 곳을 두루 꿰고 있으며 우주적 생명을 유지 보존하는, 없이 있는 신령한 존재를 우리는 '한얼'이라 명명했다. 우리는 변화하는 모든 것에서, 특히 살아 움직이는 모든 것에서 하늘의 명인 얼을 알아보고 그것들이 그것들로서 따로 사이를 나누면서 그것들의 되어감이 잘 전개되도록 도와야 한다. 그렇게 존재하는 모든 것을 그것으로 서도록 도우면서 우리는 없이 계신 한얼을 섬기는 것이다. '**섬김**'이란 존재하는 모든 것들이 나서 그 자신으로 서서 우주적 생명의 전개 과정에 편입되도록 관여하는 것이며, 그렇게 하여 존재하는 모든 것 속에 살아 숨 쉬는 '한얼'을 알아보고 모시는 것이다.

'산다'는 것은 큰 눈으로 멀리 볼 때 자신을 살라버리고 없애버려 우주적 생명의 얼에 동참하는 것임을, 그렇게 자신을 가르고 나누어 우주적 생명을 살리는 것임을 알 수 있다. '나누다'는 나서 갈라져 나가고 또 나서 갈라져 나가는 식으로 끊임없이 자신을 가르고 나누어 생명의 전개 과정에 동참하는, '사이를 나누는' 살림살이의 대원칙이다. 새롭게 나서 그 자신으로 서서

---

15 다석 류영모는 존재하는 모든 것을 감싸고 있는 텅 빈 공간인 허공을 우리말로 '빈탕한데'라고 이름한다.

천지인 합일을 상징하는 태극 팔괘 무늬

자신의 고유한 생명을 펼쳐나갈 수 있도록 생명을 나눠 갖는 것이 곧 '**나눔**'이다. 갈라지지 않기를 고집하는 사람은 생명의 질서, 생명의 흐름, 숨돌이와 피돌이를 막는 자다. 자신을 나누어 갖기를 거부하고, 자기를 비우기를 거부하는 사람은 생명의 반역자들이다. 이렇게 '비움'과 '나눔'은 **우주적 살림살이의 대원칙**이다.

　우리말에서 확인할 수 있는 이러한 세계관에서 우리는 우리 선조들의 살림살이를 유추해낼 수 있다. 한국인의 삶은 하늘과 땅 그리고 인간이 하나가 되어 존재하는 모든 것과 생명의 교감을 나누며 살아온 **천지인**^{天地人} **합일의 삶**이었다. 천지인이 하나의 거대한 우주적 생명체를 이루고 그 안에서 만나는 모든 것을 살아 있는 우주 또는 자연의 일부로 보고 사는 생명 중심주의의 삶이었다. 우주적 생명력을 지니고 있는 자연을 인간이 살아가는 삶의 도리를 배우고 실천해야 하는 장으로 여긴 자연 동화주의의 삶이었다.

이러한 자연관과 생명관을 가진 한국인에게 생명체는 단순히 감각을 가진 동물만이 아니고 자신의 복제 능력을 가진 유기체만도 아닌, 진동, 순환, 팽창 속에서 나름대로 우주적 생명의 생성과 전개 과정에 참여하는 살아 있는 모든 것을 뜻한다. 인간은 우주 진화의 꽃으로서 자신 안에 이러한 모든 우주 생성과 진화의 열매를 간직하고 있을 뿐 아니라 그것을 알아내고 그 우주 진화에 능동적으로 참여할 수 있고 참여해야 한다. 거기에 인간의 위대함과 동시에 책임의 막중함이 있는 것이다. 이러한 우주적 생명의 생성에 동참하여 살아 있는 모든 것을 살아 있도록 해줘야 하는 것이 인간의 과제이며, 그러한 인간의 생활 양식을 우리는 '살림살이'라고 불렀다. 다시 말해 살림의 생활이며 살림을 생활화하는 '살이'인 것이다.

우리 삶의 문법이었던 '살림살이'는 분명 숨돌이와 피돌이가 막혀 죽어가는 하나뿐인 지구를 살리고 그 안의 모든 생명체를 살릴 수 있는, 새 천년을 위한 새로운 대안적 삶의 지표가 될 수 있다. 이제 인간은 지구상에 살고 있는 모든 생명체들을 살리며 보존해야 하는 지구 살림지기로서 생명의 그물을 지켜나가야 한다. 그럴 때 생명의 그물은 인간을 자기 그물의 한 그물코로 받아들이며 생명의 그물망을 함께 짜나갈 것이다.

우리 한국인 삶의 길라잡이였던 불전은 우리가 취해야 할 살림살이의 태도를 이렇게 설하고 있다.

꽃의 아름다움과 색깔, 그리고 향기를 전혀 해치지 않은 채 그 꽃가루만을 따가는 저 벌처럼 그렇게 잠깬 이는 이 세상을 살아가야 한다.(『법구경』 제4장 49절)

모든 흙과 물은 다 나의 옛 몸이고 모든 불과 바람은 다 나의 진실한 본체이다.

그러므로 항상 방생을 하고 세세생생 생명을 받아 항상 머무르는 법으로 다른 사람도 방생하게 해야 한다. 만일 세상 사람이 축생을 죽이고자 하는 것을 보았을 때는 마땅히 방편을 써서 구호해 괴로움을 풀어주어야 한다.(『대정장大正藏』제24책)[16]

우리는 하늘과 땅 사이에 있는 모든 존재를 '돌보고 보살펴야' 할 '사이 존재'다.

---

16 고영섭, 「불교의 생태관-연기와 자비의 생태학」, 송상용 엮음, 『생태문제와 인문학적 상상력』, 159쪽에서 다시 따옴.

6. 21세기의 영성적 인간

우주 진화의 꽃인 인간 안에는 지난 150억 년의 우주적 영성이 무의식적인 앎의 형태로 녹아 있다. 우주적 진화 속에서 인류의 발달도 이제 새로운 국면을 맞이하고 있는 것이 사실이다. 학자들은 인류 진화의 역사가 그 흔적을 개개인의 몸속에 남기며 그것이 무의식과 잠재의식의 어두운 영역을 이루고 있다고 본다. 다시 말해 인간의 종족 발생적 차원의 경험들이 개개인에게 각인되어 (개체의) 삶의 과정에서 개체 발생적으로 반복되며 서서히 새로운 경험의 요소와 만나 차원을 넓혀가고, 종족 발생적으로 이러한 새것들을 유전자 속에 각인해나간다는 것이다.

그렇게 볼 때 종족 발생적인 차원에서 인류의 현 시대적인 시점은 개인의 발달사에서 어느 시점을 나타내고 있을까 한번 생각해봄 직하다. 주체의 시대인 근대가 극에 이르고 이제 주체의 죽음과 해체를 주장하는 탈근대적인 주장들이 난무하는 현대를 되돌아볼 때, 자기의 뜻과 주장이 확고하여 마음먹은 바를 꼭 관철하고야 마는 고집스러운 불혹의 나이는 아닐까 하는 생각이 든다. 서양인들의 인생관에서 50대는 무엇을 뜻하는가? 세속적으로 이룰 것은 다 이루어놓고 시간이 남아돌아 시간을 죽이는 나이는 아닐까? 그 남아도는 시간을 육체적인 쾌락의 탐닉에, 스포츠에, 소비에, 무언가 새롭고 흥미로운 것 찾기에 쏟아 붓고 있는 것은 아닐까? 여가(자유) 시간을 여행으로, 다양한 취미 생활로, 다양한 문화 생활로 보내고 있는 것은 아닐까? 또는 불가능에 도전하며 인간으로서 할 수 없는 것이란 있을 수 없다는 것을 증명해 보이기 위해 가능한 모든 것을 실험하고 있는 것은 아닐까? 또는 음악과 미술 같은 창의적인 예술 활동에 모든 것을 바치고 있는 것은 아닐까? 또는 새로운 형태의 초월을 체험하고 신적 존재를 만나기 위해 세속을 떠나 방황하고 있는 것은 아닐까? 또는 이 모든 것에서 참다운 삶의 의미를 발견하지 못해 인생은 허무한 것이라는 허탈감 속에 자신을 학대하고 있는 것은 아닐까?

우리의 현재적인 경험이 장래의 어느 시점에 종족 발생적으로 인류의 무의식을 각인하여 인류의 미래 모습을 규정한다면, 우리는 우리의 현재적인 삶에 많은 관심을 쏟아야 할 것이다. 탐욕, 다툼, 경쟁, 지배, 소유, 소비, 소모, 방탕, 후안무치 속에 50대에서 삶을 끝낼 것이라면 지금 이대로 기계화된 마음에 우리 자신을 맡겨버리면 될 것이다. 그러면 인류도 아마 21세기를 온전하게 넘기지는 못할 것이다. 또 하나의 새로운 천년은 아마도 인간 없이 계속될지도 모른다. 아니면 적어도 인간이 우주 진화의 꽃이자 구슬로서는 아닐 것이다. 그래서 아마도 서양의 많은 지성인들이 그토록 새로운 시대의 새로운 인간상을 갈구하며 고대했는가 보다.

21세기는 새로운 영성, 정신성, 종교성의 시대가 될 것이며, 되어야 한다고 주장하는 지성인들이 많다. 자세히 고찰해볼 때 그것은 우리의 개인 발달적인 삶의 전개하고도 통하는 점이 있다. 50대를 지천명知天命의 나이라고 하지 않는가? 이제 자아라는 좁은 울타리에서 벗어나, 인간의 주체성만을 고집하는 인간 중심적인 태도에서 벗어나 하늘의 뜻을, 우주의 숨은 명을 알아야 하는 나이가 아닌가? 육체에 묻히거나 가족이나 민족의 울타리에 갇히거나 돈이나 이념에 눈이 멀지 않고, 나 중심, 민족 중심, 종파 중심, 인간 중심에 빠지지 않고, 욕망을 비우고 마음을 자유롭게 놓아 우주의 얼과 하나 되는 그런 깨달음에 이르러야 되는 나이가 아닌가? 그럴 때 인류가 고대하는 새로운 영성의 시대를 열 수 있지 않겠는가?

우리가 앞에서 살펴본 천지인 합일의 삶에서 구현해야 할 가치들은 바로 이러한 영성의 시대를 예비하는 가치들임을 알 수 있다.

인간의 나이 50은 이렇게 영적인 나인 '얼나'로 깨어나 내 안에 있는 속알|性, 天命|을 깨우쳐 알아 그 바탈을 태우게 되는 나이다.[17] 나 하나도 주체하지 못하고 끊임없이 정력제를 찾아다니는 나이여서도, 가족과 가문에 매여 문벌·학벌·재벌의 울타리에 갇혀 명예와 권위에 안주하며 만족해하는 나이여서도, 민족과 국가, 문화와 이념의 일면성에 눈이 멀어 자기중심적이고 민족 중심적이며 인간 중심적인 정당화 속에서 언어의 놀이에 도취되는 나이여서도 안 된다. 침묵 속에서 내 안에 말 걸어오는 '없이 계신 하느님'의 부름에 응해 우주적 대해탈의 역사에 동참하려는 원대한 꿈을 키워야 할 나이다.[18] 인류의 나이는 기술 문명의 편리함에 모든 것이 퇴화해버린 그런 무기력한 나이에 고정되어서는 안 될 것이다. 인류는 영적인 '얼나'의 단계로 솟아나야 한다. 그럴 경우 우주의 진화는 방향을 달리하게 될 것이며, 이 우주는 인간을 털어내서 인간 없이 그 생성 과정을 계속하려 하지 않고 인

17 이기상, 『다석과 함께 여는 우리말 철학』, 지식산업사, 2003 참조.
18 이기상, 「김지하의 생명사건론─생활 속에서 이루어야 하는 우주적 대해탈」, 한국해석학회 엮음, 『낭만주의 해석학』, 철학과현실사, 2003, 495~574쪽 참조.

간과 더불어 또 다른 새로운 천년들을 맞이하려 할 것이다.

　지천명의 나이임을 느끼면서 김지하는 다음과 같이 '나이'를 반추한다.

　　나이 먹는 것

　　차츰 쓸쓸해지는 것

　　혼자서 우주만큼 커져

　　삼라만상과 노닐도록

　　이승에선 그렇게 외로워지는 것.[19]

---

19 김지하, 『중심의 괴로움』, 솔, 1994, 85쪽.

제2장

새로운 생명 담론의
지평 모색

우리는 근대화라는 서구화가 야기한 지구 파멸의 위기에 이 한 반도에서 우리의 전통 고대 자연 개념 또는 생명 개념으로 되돌아가야 할 당연한 이유를 갖고 있다. 왜냐하면 우리 한국인은 50년 전만 해도 그러한 자연 친화적이고 생명 존중적인 가치관 속에서 생활했기 때문이다. 나는 우리의 살림살이 모델이 생태학, 생명학에서 하나의 본이 될 수 있지 않을까 생각한다. 우리는 우리의 삶을 이론적으로 반성적으로 되새기면서 우리가 무엇을 버리고 잊었는지, 잃은 것은 무엇인지를 되돌아보아야 한다. 동아시아적인 인문학의 르네상스뿐만 아니라 우리가 가지고 있었던 생활 방식의 르네상스를 통해서 그것을 새롭게 고찰하고 그 속에 간직되어온 삶의 문법과 논리를 읽어내어 논의의 장으로 끌어와서 개념으로 정리한다면, 지금 지구촌에서 논의되고 있는 생명 담론에 크게 기여할 수 있으리라 믿는다.

1. 지구 생명 위기에 대한 한국인의 대응

김지하는 현대 인류가 처한 상황을 다음과 같이 표현하고 있다. "세계는 병들고 삶은 위태롭다. 인간 내면의 도덕적 황폐와 지구 생태계의 전면적 오염, 그 위에 세계 경제의 위기, 테러와 전쟁, 속수무책의 기상 이변, 그보다 더욱더 심각한 전 인류의 깊이 모를 절망과 문명에 대한 회의가 우리를 지배하고 있다. 이른바 대혼돈Big Chaos이다."[20]

이것은 단순히 극동아시아 한반도 어느 한 시인의 외로운 탄식이 아니다. 인류가 문명의 위기에 처해 있고 지구 생태계가 붕괴 위험에 놓여 있으며, 해마다 몇천 종의 생물체가 지구상에서 사라져가고 우리가 마시는 물, 먹는 음식, 숨 쉬는 공기가 더 이상 안전하지 않다는 경고는 이미 사반세기 전부터 들어온 보고라서 새삼스러울 것도 없는 이야기다.

독일의 주목받는 생태철학자 회슬레Vittorio Hoesle는 이렇게 말한다. "생태학

---

20 김지하, 『생명과 평화의 길』, 문학과지성사, 2005, 167쪽.

적 파멸은 아주 근접한 미래에서 우리를 노리고 있는 숙명적 사건이다. 이러한 파멸을 피하려는 모든 공동의 노력이나 이를 진정시키려는 모든 전략에도 불구하고 생태학적 파멸에 대한 확신은 그 사이 대부분 사람들의 의식에 자리 잡게 되었다."[21]

이러한 생태 위기는 모든 지식인들이 공감하듯이 근대화의 산물이다. 근대화는 자유민주주의와 자본주의 시장 체제 그리고 기술과 과학을 축으로 하여 자유, 평등, 인권, 사회 정의라는 가치관을 전 세계에 퍼뜨리면서 지구를 '하나의 세계'로 만들어왔다. 근대화는 결국 서구화이며, 모든 개발 도상국들은 서구 세계를 배워서 따라가기 위해 총력을 기울이고 있다. 그런데 바로 이러한 서구 지향적인 태도가 오늘날 생태 파괴의 주된 요인이 될 수 있음을 회슬레는 지적한다.

그는 서구적인 생활 수준을 보편화시킨다는 것은 지구를 생태학적으로 완전히 파괴하지 않고서는 불가능하다고 말한다. 지구의 모든 주민들이 제1세계 주민들처럼 그렇게 많은 에너지를 소비하고 쓰레기를 만들어내며 대기 중에 유해 물질을 퍼뜨리고 있다면, 파멸은 이미 오래전에 시작된 것이다. "서구 산업 사회의 발전 추세가 우리를 나락으로 추락시키지 않고서는 결코 지속될 수 없다는 사실은 오늘날 더 이상 논쟁의 여지가 없다. (……) 논쟁의 여지가 남는 것은 기껏해야 이러한 파멸이 언제 닥치는가 하는 시점의 문제 정도이다."[22]

회슬레는 생태학적 위기가 지금까지의 구조 틀을 해체할 것으로 내다본다. 그는 지금 우리가 새로운 구조 틀의 문턱에 서 있다고 말한다. 이제 "경

---

21 비토리오 회슬레, 『환경 위기의 철학』, 16~17쪽, 1990년 모스크바에서 행한 강연 내용을 담았다.
22 비토리오 회슬레, 『환경 위기의 철학』, 31쪽.

독일의 생태철학자
비토리오 회슬레(1960~)

제라는 구조 틀은 생태라는 구조 틀로 변화될 수밖에 없다"라고 확신한다.[23] 그래서 21세기의 제1철학은 '생태학'이 되어야 한다고 주장한다. 그리고 "생태학은 인간이 살아가는 다양한 자연적인 집들 중에서 공간적으로 가장 큰 집인 지구를 조망한다. 지구는 오늘날 자연적이며 문화적인 요소들로 이루어진 분리될 수 없는 통일성을 형성하고 있다."[24] 이 하나뿐인 우리의 삶의 터전을 지구 위의 모든 민족들이 평화롭게 더불어 사는 지구촌으로 만들려면 과학과 생태학이 손을 맞잡아야 한다고 충고한다.

회슬레는 현대 인류가 처한 절박한 상황을 낭떠러지로 돌진하는 기관차에 비유한다. "우리는 우리 모두를 태우고 낭떠러지로 돌진하는 기관차에 이성이 제때에 개입할 수 있을지, 그리고 (그 제동 거리가 길기 때문에) 제때에 이성이 열차를 정지시킬 수 있을지는 알지 못한다. 현대 세계에서 이러한 기관차는 무엇인가? 그것은 분명 경제이다. 경제의 유동적인 원칙, 즉 그 동력은 근대 철학에서 명백히 다루어지는 가치와 범주들이다. 그것은 제작 가능성에 대한 헛된 믿음이고, 양적 한계를 넘어서려는 의지이며, 자연에 대한 배려를 상실하는 것이다. 책임이 공허한 개념이 아니라 우리의 철학이라면 첫째, 새로운 가치들을 만들어내야 하며, 둘째, 사회와 경제를 주도

---

23 비토리오 회슬레, 『환경 위기의 철학』, 43쪽.
24 비토리오 회슬레, 『환경 위기의 철학』, 22쪽.

하는 세력에게 이러한 가치들을 계속 제공하되 그 시기는 가능한 한 빨라야 한다. 왜냐하면 그 시간이 임박해 있기 때문이다."[25]

회슬레는 새로운 가치들을 만들어내려면 고대의 자연 개념으로 되돌아가서 거기서부터 해결의 실마리를 찾아야 한다고 말한다. 인간과 자연의 화해 없이는 희망이란 있을 수 없기 때문이다. 그는 "다양하고 인간적인 자연 개념들의 발전이 더욱 높은 차원에서 고대의 자연 개념으로 되돌아감으로써 그 개념과 종합을 이룰 수 있을 것이라고 희망"한다.

그런데 인간과 자연의 화해는 근대의 주체성을 부정하는 것이 아니라 그것을 '지양'하여 더 높은 차원에서 고대의 우주에 대한 경건함으로 되돌아가는 것이라고 말한다. 그리고 "이러한 이상에는 계몽의 이상들이 포함되어야 한다. 이를테면 지구에서의 기아의 추방은 모든 도덕적 이상이 지니는 포기할 수 없는 요점이다. (……) 발전은 계속되어야 한다. 그러나 그것은 자신의 근원을 잊지 않고, 감사하는 마음으로 자신의 자연적이며 정신적인 전제들을 키워나가는 발전이어야 한다."[26]

우리는 근대화라는 서구화가 야기한 지구 파멸의 위기 앞에 우리의 전통적인 고대 자연 개념 또는 생명 개념으로 되돌아가야 할 당연한 이유를 갖고 있다. 왜냐하면 우리 한국인은 50년 전만 해도 그러한 자연 친화적이고 생명 존중적인 가치관 속에서 생활해왔기 때문이다. 5,000년 동안 우리 민족의 삶에 결과 무늬로 새겨져온, 생명과 더불어 살아온 논리와 말과 삶을 오늘날 되새기며, 죽임의 문화가 확산되어가는 현대에 새로운 살림의 기운을 불어넣어 생명 담론과 생명운동을 펼쳐야 하는 것이 오늘을 사는 한국인

---

25 비토리오 회슬레, 『환경 위기의 철학』, 90쪽.
26 비토리오 회슬레, 『환경 위기의 철학』, 190~191쪽.

의 사명이며 과제다.

생명학의 정립을 시도하면서 생명 담론이 어떤 논의의 지평에서 펼쳐져
야 할지 그 지평을 모색해보자. 동서양의 철학사를 되돌아보며 생명에 대한
담론 전체를 조망해보면서 지금까지 서양에서 토론되어왔던 논의들이 어
떤 것에 중점을 두었고, 어떤 조건 아래에서 어떤 시각을 강조했는지를 전
체적으로 훑어보도록 할 것이다.[27]

---

27 필자는 그동안 몇 편의 글을 통해 동서양의 생명 이해를 비교 연구했다. 이기상, 「생명, 그 의미의 갈래와 얼개」,
우리사상연구소 엮음, 『우리말 철학사전 2-생명·상징·예술』, 지식산업사, 2002, 97~135쪽; 「한국인의 삶
속에서 읽어내는 생명의 의미-살림을 위한 비움과 나눔」, 한국해석학회 엮음, 『종교·윤리·해석학』 철학과현실
사, 2003, 278~315쪽; 「김지하의 생명사건론-생활 속에서 이루어야 하는 우주적 대해탈」, 한국해석학회 엮
음, 『낭만주의 해석학』, 495~574쪽; 「생명학의 미래를 생각한다-지구 살림살이를 위한 생명학」, 『아름다운 모
심, 힘찬 살림-21세기 문명의 전환과 생명문화』, 세계생명문화포럼-경기2003 자료집(증보판), 경기문화재단,
2004, 169~184쪽; 「우리말 속에서 찾는 생명관」, 『비교문화적 접근을 통한 한국언어문화』, 제1차 국제학술대
회 발표논문집, 국제한국언어문화학회, 2004년 5월, 16~35쪽 참조.

2. 지구촌 시대의 동서 통합적 생명 담론을 위해

생명에 대한 논의를 펼쳐가면서 우리는 동아시아가 심정적으로 또는 생활 방식에서 볼 때 서양 사람보다 훨씬 더 생명 중심으로 살았음을 알 수 있다. 그럼에도 불구하고 지금 우리가 생명에 대한 논의를 전개하는 것은 오히려 생명 파괴로 인한 생태계의 위험이 극도에 달하면서 해결 방안을 찾는 가운데 생명이 철학적 화두로 떠올랐기 때문이다. 그러다 보니 생명 담론에 대한 주도권을 서양 사람들이 잡고 있는 가운데, 그들이 주도해나가는 논의에 동아시아 사람들이 끌려가는 형국이 되어버렸다.

오늘날 현대 지성인은 어떻게 하면 전수받은 전통과 문화로부터 생명에 대한 논의를 풍부하게 이끌어내고 활성화해서 지구촌 시대에 하나뿐인 지구 생명을 살려나갈 것인지에 뜻과 지혜를 모아 동서 통합적인 대안을 마련해야 할 시점에 이르렀다. 현대 인간이 직면하고 있는 문제 상황에서 보다 나은 인류의 미래를 위한 생명 담론이 펼쳐져야 한다. 이렇게 우리는 현대적 문제의식과 미래 지향적 시각에서 과거의 문화유산을 오늘날 새롭게 해석해야 한다. 그런 의미에서 김지하 시인도 "동아시아 생명 담론의 르네상스를 예비한다"라고 말한다.

동아시아 철학을 논의하는 데서 항상 문제가 되는 것은 언제나 그 논의가 문헌학적인 차원에서 끝나버린다는 데 있다. 문헌학적인 논의에서는 단순히 텍스트를 여러 새로운 각도에서 풀이해보려는 해석의 다양성에서 논의가 끝난다. 그러나 그렇게 해서는 그저 역사적인 사료의 고찰에 머물 뿐이다.

그런 해석이 오늘날의 문제의식과 맞물려야 한다. 우리는 그 텍스트와 그에 대한 해석이 오늘날 현대를 살아가는 우리에게 무슨 의미가 있는지 한번 물어보아야 한다. 오늘날 세계가 처한 문제의식을 먼저 분명히 하고, 그런 문제의식 아래 어떻게 살아야 할지에 대한 미래의 전망을 가지고 과거의 우리 문화유산을 되돌아보면서 거기서부터 새로운 가능성을 창출해내려고 노력해야 한다.

이런 의미로 동서 통합적인 대안을 모색한다고 했을 때, 그것은 동양과 서양이 서로 인류가 처한 문제 상황을 확인하고 미래의 가능성을 논의하는 가운데 서로의 과거 문화유산을 되돌아보면서 대안을 제시하며, 그 대안들을 서로 검토해야 함을 뜻한다. 과거 생명에 대한 동서양의 논의들을 생활 세계적인 맥락, 인식론적인 틀, 쟁점에 대한 흐름, 장점과 한계에서 다각도로 정리하고 검토하여 생명 현상을 총체적으로 그 구조와 층위, 얼개와 차원에서 구명하려고 시도해야 한다.

철학자로서 볼 때 생명 현상의 스펙트럼은 너무 넓고 광범위하다. 그것은 그야말로 삶의 모든 분야에 걸쳐 있다. 그렇기에 그것을 어느 한 사람이 다룬다는 것은 거의 불가능하다. 그 문제가 매우 어렵고 복잡하기 때문에 전체의 스펙트럼을 넓이와 깊이에서 있는 그대로 이해할 수 있는 시각과,

체계적으로 정리하여 이론화할 수 있는 개념의 틀이 마련되어야 그 현상에 합당하게 접근할 수 있으리라고 본다. 철학자는 오늘날의 생명 현상에 대한 맞갖는 이해의 지평을 열어 보여줄 수 있어야 한다.

3. 생명에 대한 학문(생명학)의 정립을 위한 고찰

생명이라는 의미를 담고 있는 서양말의 뿌리로는 그리스어인 'zoe, bios, psyche'가 있다. 'zoe'는 생명력의 의미를, 'bios'는 개별 생명체를, 'psyche'는 생명력으로서 혼의 의미를 강하게 간직하고 있다. 그런데 생명에 대한 학문(생명학)을 뜻하는 전문 용어를 만들기 위해 각각의 단어에다 종래의 방식으로 '-logie'를 붙이면, 이상하게도 '생명학'이 아닌 '동물학 Zoologie', '생물학 Biologie', '심리학 Psychologie'이 된다. 이것은 거꾸로 서양에서 생명 자체에 대한 논의가 부재했음을 증명한다. 이렇게 서양에서는 생명이라는 낱말을 엉뚱한 데 다 써버려 정작 생명 자체가 문제가 될 때 그것을 지칭할 기반이 없었던 셈이다.

그래서 현대에 들어와 생명 문제를 생태 문제로 보기 시작하면서 그것에 대한 학문을 지칭하기 위해 **'생태학**^{Ecologie}'이라는 용어를 만들어냈다. 'eco-'는 그리스어 'oikos'에서 왔고 이 단어는 '집, 거주, 주거'라는 의미를 갖고 있기에, 엄밀히 볼 때 생명과는 직접적인 관계가 없다. 인간이 만들어나가는 주변 환경의 문제를 다루다가 이런 문제의식으로 넘어오게 된 것이다.

세계생명문화포럼

환경은 본래 인위적인 작용이 가미된 상태를 지칭했던 낱말이다. 그것이 역으로 자연에 적용되면서 자연환경을 이야기하게 되었고 이제는 주로 인위적인 환경보다는 자연환경을 뜻하는 의미로 사용된 것이다. 요즘의 환경론자들은 환경학에서 인위적인 환경의 의미를 빼려고 생태학이라는 용어를 선호하는데, 거기에는 알게 모르게 서양의 철학사적 배경이 깔려 있다. 그러나 생태학에서도 주된 논의는 생명이라는 주제를 중심으로 전개되지 않는다. 그래서 '생명학'이라는 새로운 용어를 만들어서 우리의 전통적인 생명관과 학문관이 배어 있는 생명학(생명+학문)을 정립해보자는 것이 우리의 생각이다.[28] 생명이라는 주제를 갖고 우리 식으로 학문을 시도해보자는 것이다. 즉 생명에 대해 배워서 묻고, 물어서 배워 삶을 풍요롭게 만들자는 학문이 생명학이다. 하지만 이것을 영어나 다른 나라 말로 번역하기가 어렵다. 임시방편으로 'Life-culture(생명문화)'를 채택해서 로고스적인 의미를 빼냈다. 그럼에도 한국적인 생명의 고유함을 펼쳐 보이기에는 여전히 역부족이라고 할 수 있다.

동양과 서양 어디에서건 생명에 대한 논의는 늘 있어왔다. 그렇지만 오늘날 서양적인 논의는 한계에 부딪쳤다. 동아시아적인 대안으로 그 한계를 극복해야 할 시기가 온 것이다. 국내에서도 지금 생명에 관한 많은 책들이 나왔다. 그럼에도 서로 논의의 공통분모를 못 찾고 있는 것이 문제다. 각자 자기 이야기만 하지 남의 이야기를 귀담아 듣고 논쟁을 거쳐 자기 것으로 만들려는 생산적인 노력이 보이지 않는다. 마치 서로 벽을 보고 이야기하고 있는 듯하다. 담론 공동체가 없다는 것이 지금의 문제다. 서양은 어떤 이슈가 생기면 탐구 공동체가 형성되어서 재빨리 가장 기본이 되는 사태를 개념으로 정리하여 논의를 위한 길을 놓는데, 우리는 그렇지 못한 실정이다.

서양의 생명에 대한 논의를 개괄적으로 살펴보자. 먼저 생명 'zoe'에 '-logie'를 붙인 생명학인 'Zoologie'를 보자. Zoologie(동물학)의 강조점은 운동에 있다. 그래서 동물학이다. 생명체는 운동의 근원을 자기 안에 가지고 있다. 자기가 중심이 되어서 움직인다는 데 착안점을 두어 생명에 대한 논의의 핵심을 운동으로 보았다. 생명 현상의 주안점을 어디에 두었는지에 따

28 제1차 세계생명문화포럼-경기2003은 2003년 12월 수원에서 '21세기의 문명의 전환과 생명 문화'라는 주제 아래 문화학술마당을 펼쳤다. 이 대회에서 발표한 「수원 세계생명문화선언문」에서는 "현대 과학과 기술의 문제점을 토론하고, 현대 환경 사상을 포괄하면서 아시아에 고유한 창조적인 생명 문화를 구축하기 위한 토론이 이루어졌고, '생명학'이란 학문 분야를 제안했다"라고 밝혔다(『아름다운 모심, 힘찬 살림-21세기 문명의 전환과 생명문화』, 세계생명문화포럼-경기2003 자료집, 경기문화재단, 2004, 566쪽). '생명학의 정립'은 이런 배경 아래에서 우선 한국적인 전통 생명 사상을 연구하여 한국인의 삶 속에 녹아들어 있는 생명의 문화를 이론적·체계적으로 정리하여 새로운 삶의 지표로 삼아보자는 취지를 담고 있다. '생명학'이라는 이름은 또 하나의 생명에 대한 이론이 아니라, 삶 속에서 삶을 위해 형성된 삶의 지혜를 생명운동 차원의 커다란 얼개와 틀에서 정리하여 체계를 만들어 다시 삶을 위한 지침과 가치로 삼아보겠다는 생명 실천적 의도를 담고 있다. 삶과 앎이 분리되지 않고 이론과 실천이 따로 놀지 않는, 삶 속에서 좀 더 나은 삶을 위해 사람이 묻고 배운 삶의 지혜를 지침으로 만들어 다시 삶 속에 되먹임시키는 것이기에, 기존의 '생명론'이나 '생명관' 또는 '생태학'과 차별화하기 위해 '생명학'이라는 이름을 택했다.

라 그 논의들의 방향은 다르게 전개되어왔다. 그런데 Biologie(생물학)에서는 다르다. 여기서는 생명을 가진 것을 생물이라고 하듯이 운동보다는 개체 생명에 주안점을 두었고 생물을 일종의 유기체로 보았다. 운동을 포함하여 더 커진 차원이 생명 현상에 포함된다. 생명에 대한 논의에 운동뿐만이 아니라 운동 이외에 감지 능력까지 포함시켜야 한다고 생각하게 된 것이다. 그다음 'psyche'에 '-logie'를 붙인 'Psychologie'를 볼 때, 이를 흔히 심리학이라고 번역하지만 여기서 'psyche'는 오히려 혼에 가깝다. 그것은 생명력으로, 생명의 원천으로서의 혼을 뜻한다. 아리스토텔레스가 혼을 생혼, 각혼, 영혼으로 세분화했듯이 생명력으로서의 혼을 의미한다. 그러나 아리스토텔레스도 혼이 가지고 있는 중요한 특성은 정신임을 강조했다.

고대 서양에서 생명에 대한 논의는 이렇게 세 개념을 가지고 전개되었다. 조에^{zoe}는 운동으로서의 생명력을 강조하면서 쓰이며 생명 자체라는 의미로도 많이 쓰였다. 비오스^{bios}는 주로 생명체라는 의미로 생명을 가지고 있는 개별 생명체를 가리킬 때 사용되었다. 그리고 생명을 생명이게끔 하는 원리로서의 생명혼을 지칭할 때는 프시케^{psyche}가 사용되었다. 그렇기에 이는 심리보다는 정신이라는 의미를 더 강하게 함축하고 있다. 서양에서는 생명을 지칭하는 용어에 이미 로고스를 다 붙여버렸다. 그래서 20세기 중반에 들어서서 정작 생명을 주제로 하여 집중적으로 생명에 대한 논의를 시작했을 때 그를 지칭하기 위한 전문 용어가 남아 있지 않은 실정이었다. 그리하여 등장하는 것이 'life'에 'science'를 붙인 라이프 사이언스^{life science}(생명과학)라는 새로운 학문명이다. 그리고 현대 우리가 살고 있는 지구촌이 맞닥뜨린 어려움을 생각하며 그 문제를 해결하고자 새롭게 관심을 끌게 된 학문이 이칼로지^{ecology}다. 그런데 이칼로지는 생태학이고, 이 생태학의 어원은 '오이코스^{oikos}'다. 오이코스는 '집, 거주, 주거'를 의미하는 그리스어다. 따라서 생태학은 인간의 삶을 염두에 두고 그 삶이 인간의 살림살이 하나로만 이루어지는 것이 아니라 주변 환경과의 어우러짐과 화합 속에서 이루어진 다는 측면을 고려해서 생겨났다고 할 수 있다. 이처럼 생태학에는 애초부터 생명 존중이라는 개념이 들어 있지 않았다.

우리가 '생명학'을 얘기하며 생명에 대한 논의를 할 때, 생명운동을 물리 화학적인 운동으로만 본다면 거기에는 정작 생물학 고유의 생물학적인 운 동이 빠져버리게 된다. 생명의 고유한 차원인 생물학적인 운동을 감안할 때, 이 물리 화학적 운동 모델은 적합하지 않음이 드러난다. 그렇다고 헤겔 Georg Wilhelm Friedrich Hegel 처럼 정신의 자기 소외, 자기 생산, 자기 귀의 식으로 절 대 정신이 자기 자신으로 되어가는 과정을 운동으로 보는 프시케의 차원은 너무 관념적이다. 서양에서 생명에 대한 논의는 2,500년의 역사를 통해 매 우 다양하게 전개되어왔다. 그 논의는 어떤 측면을 강조하고 다른 측면은 간과하는 관심의 사안에 따라 변화하면서 지금까지 전개되어왔는데, 물리 학적 · 화학적 · 생물학적 · 심리학적 · 의학적 · 사회학적 · 환경학적 · 생 태학적 등등 지금 생명과 관련되어 논의되고 있는 시각은 무척 다양하다.

이런 문제의식 속에서 우리는 생명에 대한 논의를 그 다양한 구조와 계 기, 층위와 얼개를 고려하여 펼쳐나가야 한다.

4. 역사적 고찰에서 얻는
생명의 고유한 차원(독특함)

2,500년 동안 서양에서 전개되어온 생명에 관한 논의 가운데에서 철학적으로 문제가 되는 생명의 고유한 차원을 네 가지로 뽑아서 정리해보았다. 생명의 원리와 생명의 조건, 생명의 전개와 생명의 진화가 그러하다.

생명의 원리:
생명과 운동

생명의 원리는 운동적인 것과 관련이 있다. 전에는 생명이라는 낱말을 다양하게 생명, 생명체, 생명력을 지칭하는 의미로 혼용했으며, 지금도 우리는 그것들을 혼용하고 있다. 생명이라는 말이 다양한 의미로 지칭되는 것을 두고 다양한 방식으로 존재하는 생명체의 어떤 공통점 때문이라 생각하고 그 공통점이 무엇인지 숙고했다. 그래서 찾아낸 것이 '운동'이다. 그 밑바탕에는 그리스적인 세계관, 존재론, 자연

플라톤(BC 427~347, 좌)과 아리스토텔레스(BC 384~322, 우)

관이 깔려 있다. 아리스토텔레스는 신을 부동의 원동자(자기 자신은 움직이지 않으면서 다른 모든 것을 움직이는 존재)라고 말한다. 신마저도 운동의 관점에서 설명하고 있음을 볼 수 있다. 물론 여기서 얘기되는 운동은 근대인들이 생각하는 물리 화학적인 운동이 아니다. 운동을 이야기할 때 그것을 물리적인 운동으로 보느냐, 화학적인 운동으로 보느냐, 생물학적인 운동으로 보느냐에 따라서 생명에 대한 규정도 달라진다. 아리스토텔레스는 운동을 자기 운동으로 보았고 자기 운동이 생혼, 영혼, 각혼이라는 세 가지 차원에서 전개되는 것으로 보았다.

과연 이것이 어떤 방식으로 연결되어 있으며 여기에서 '생명이 무엇인가'라는 물음을 어떻게 제기할 수 있는지에 대해서 아리스토텔레스는 아무런 대답을 하지 않는다. 그는 생명체가 '물질과 혼의 합일체'라는 통상적인 견해를 받아들이고 있다. 그러면서도 학자들은 생명 자체에 대해 고대를 지나서 중세까지 이야기했다. 하느님은 생명 자체라는 말은 만고의 진리로 통한다. 고대 그리스적인 세계관에서는 생명 자체가 있다고 보았고, 이 생명 자체는 죽을 수가 없다고 생각했다. 생명 자체가 지구상에 존재하는 모든 것에 생명을 불어넣는 것으로 생각했다. 그러나 단순히 운동만을 가지고는 생명에 대한 논의를 합당하게 끌어나갈 수 없다는 것을 깨달은 학자들은 다른 시각을 찾으려고 노력했다.

생명의 조건:
생명과 전체

여기서는 생명의 전체 현상을 고려해야 한다는 방법적인 요구가 감안되고 있음을 확인할 수 있다. 우리는 생명의 조건을 한편으로는 개별 생명체의 생명 조건이라는 차원에서 볼 수 있고, 다른 한편으로는 생태학적 환경 조건이라는 차원에서도 볼 수 있다. 이러한 조건의 차원에서 본다면 그것은 물리화학적·사회적·생태학적·생물학적 등등의 차원에서 고찰이 가능하다.

생명의 조건 차원에서는 생명체가 가지고 있는 자기 보전의 능력과 환경 적응 능력을 고려하는 것이 주로 큰 시각으로 등장한다. 여기에는 비오스 bios의 차원이 그 밑바탕에 깔려 있다. 유기체가 일종의 모델이 되고 있는 것이다. 여기에는 생명에 대한 그물망적, 맥락적, 전일론적 시각이 깔려 있다. 부분과 전체를 염두에 두고 그 상관관계에 대한 논의가 진행되면서 근대 후반기에는 유기체 이론과 시스템 이론이 전개되어 나온다. 이것도 생명을 염두에 둔 생명에 대한 논의라고 할 수 있다.

생명의 전개:
생명과 역사

지금까지 생물학적 · 물리화학적 · 생태학적 · 유기체적 시각이 있었다면, 생명의 전개에서 새로운 시각이 가미되어 생명에 대한 논의를 풍성하게 만드는데 그것은 바로 역사학적인 시각이다. 자연 과학의 방법론에 대비하여 정신 과학의 방법론으로 역사적인 시각을 끄집어들인 것은 19세기 후반의 일이다. 역사적인 측면이 탐구의 중요한 차원으로 고려되면서 생명 현상도 일종의 '생명 사건'으로 보기 시작했다. 지금까지의 물리화학적 · 생물학적 생명 논의는 보편타당성과 검증 가능성의 바탕 위에서 전개되었고, 보편성이 주축을 이루고 있다. 그렇지만 역사학적인 관점에서는 사건이라는 관점과 사건이 가지고 있는 일회적인 성격이 고찰 대상이 된다. 생명의 조건에서 볼 때 똑같은 생명은 없다. 아울러 똑같은 생명체의 조건도 없다. 모든 생명체는 각기 다른 조건에 처해 있고 그 각기 다른 조건에서 나름대로 자기 생명의 역사를 펼쳐낸다. 아리스토텔레스의 경우 역사는 학문으로서는 불가능하다고 보았다. 그 시각은 고대 중세까지 통용되었다. 근대 후반에 들어서 역사가 학문으로 고찰되기 시작했다. 생명에 대한 고찰에 역사학적인 시각이 들어왔다는 것은 생명에 대한 논의에서 많은 변화가 일어나게 될 것임을 암시한다. 그로 말미암아 결국은 진화론이라는 새로운 이론이 등장하게 된다.

생명에 대한 논의는 그 전개에서 역사학적인 시각이 들어와 사건적인 특성이 가미되고 생명 현상이 전체적으로 사건적 · 과정적 성격을 지닌 것으로 고찰되면서, 자기 자신을 펼쳐나간다는 관점에서 다시 논의되기 시작했다. 그것은 곧 생명의 자기 보존, 자기 변화, 자기 쇄신이다. 감각을 지각하는 단계에서 촉발하고 수용하는 단계, 느끼는 단계, 경험하는 단계, 의식하는 단계, 학습하는 단계로 나아가는 것처럼 생명의 역사도 미미한 것에서부터 복잡한 것으로 발전해나가는 것으로 전개된다. 이것을 철학적인 개념으로 표현한다면 즉자존재, 즉 그 자체로 있는 것에서 차츰 자기 자신과 주변을 의식하며 시간을 의식하고 세계를 의식하는 방식으로 전개되어간다고 말할 수 있다. 그리하여 마지막에는 문화, 언어를 형성하며 세계를 형성하는 과정으로 펼쳐져나가는 것이다.

생명의 진화:
생명과 정신

문화는 생명과 어떤 관련이 있는가? 여기에서 문제는 생명을 최소 단위로 규정해야 한다고 주장하면서 물리화학적인 시각에 머물 것인지, 아니면 그것을 생물학적인 시각으로 획일화해 해석할 것인지, 아니면 의식 또는 자기의식의 차원을 생명에 대한 논의에 끌어들여야 할지, 왜 끌어들여야만 하는지 등이다.

생명 현상을 있는 그대로 본다면 어떤 형태로든 언어와 문화 형식이 들어와야 한다. 이것은 동서 통합적인 논의에서도 심층적으로 다루어져야 한다. 우리는 동양적인 논의에서 '신령'이라는 표현을 사용하는데, 그것이 학문 차원에서 논의되려면 먼저 개념의 세분화를 거쳐 정치함을 획득해야 한다. 그러려면 서구적인 방법론을 염두에 두고, 배울 것은 배워야 한다.

생명의 진화 차원에서는 생명체가 자기를 전개해나가는 과정뿐만 아니라 그 과정에서 종이 변화한다는 진화의 과정도 염두에 두어야 한다. 그리고 그것이 정신까지 진화하여 오늘에 이르렀다고 본다면 생명과 정신의 문제 또한 제기된다. 이렇게 될 때 이제 역사학적인 시각뿐만 아니라 종교적

진화하는 인간의 모습

시각까지도 개입됨을 보게 된다. 생명체 진화의 역사는 생명 진화의 이론을 어디까지 받아들이는가의 문제다.

생명체 진화의 역사와 그 메커니즘을 논의되어온 과정을 따라 간략하게 기술하면 이렇다. 이 메커니즘은 생명을 위한 투쟁에서 비롯된다. 이렇게 처음에는 종의 생존과 개체의 생존을 위한 투쟁이었던 것이 그다음에는 자기 생존이 되고, 더 나아가 사회 생존, 세계 생존이 되며, 그리고 지구 생존까지 확산되어간다고 할 수 있다.

생명과 정신의 차원에서는 진화가 인간이라는 개체 생명체에 이르러서야 진화의 객체에서 진화의 주체가 된다는 면이 강조된다. 이럴 때 생명은 초월과 만난다. '신은 생명이다'라는 종교의 논의를 어떻게 생명 논의의 주제로 삼아야 할지 생각해보아야 한다.

5. '생명 현상'의 다층위적 구조에 대한 기술

지금까지 이루어진 생명에 대한 역사적인 고찰을 염두에 두고 생명 현상의 다층위성을 다섯 가지로 세분하여 정리하면 다음과 같다.

생명의 물체성

생명이라는 것은 항상 현상으로 나타난다. 그것은 단순한 순수 생명으로 나타나는 것이 아니라 무언가 형태가 있는 것으로 등장한다. 생명은 구체적인 생명체로서 우리에게 나타나기에 그것은 생명의 형태를 갖춘 물체다. 그렇기에 그것은 체, 형태, 가[29]가 있는 현상(형태)이며 여기에는 겉과 속이 있다. 그것은 다른 것이 아닌 바로 그것, 다른 것과는 구별되는 것, 주변 환경과도 구별되는 것이며, 공간을 차지하며 물

---

29 '가'는 끝, 테두리를 나타내는 순우리말이다.

리화학적인 조건 아래 놓여 있는 어떤 것이다.

생명의 운동성

생명의 운동성을 공간 운동으로 볼 수도 있지만 그것은 그뿐만 아니라 변화 속에서 되어가는 것이며, 태어남에서 죽음까지 이어지는 변화의 운동성도 포함하는 것으로 보아야 한다. 이런 운동의 가장 기본적인 것으로 영양 섭취, 신진대사, 성장, 생식, 자기 복제 등을 들 수 있다. 가장 아래 단계로 우리는 감지성^{Sensitivität}인 자극에 대한 반응, 주변에 대한 반응 그리고 느낌 등을 거론할 수 있다. 여기서의 생물학적인 운동은 물리학적인 운동과 구별되는 일종의 자기 운동이다. 자기 운동일 때는 거기에 중심이 있다는 것이 전제된다.

생명의 주체성

생명에는 자기 자신성이 있다. 즉자존재에서 대자존재로 넘어가는 중간 과정에 희미한 대자존재의 흔적이 있다. 그것을 우리는 자기 보존, 자기 변화, 자기 쇄신, 자기 극복에서 발견할 수 있다. 이것은 생명체가 자기 생존의 행태뿐만이 아니라 집단적·사회적 행태를 보이고 환경적인 행태도 보임을 말한다. 여기서도 주체성의 차원이 있음을 알 수 있다. 그것이 집단 형성, 사회 형성, 문화 형성, 세계 형성으로 전개되어가는 것이다. 처음에는 단순히 내면성이 대자존재로 넘어가고 그것이 의식화되는데, 이 의식이 자기의식, 타자 의식, 세계 의식, 시간 의식 등 주체성의 다양한 현상으로 표출된다.

생명의 역사성

생명의 역사성 맨 아래 단계는 시간성이며 그 위는 총체성이고 그 위는 통합성이라 할 수 있다. 생명의 사건은 생명의 진화이며 자기 조직을 통한 진화다. 거대 분자가 자기 자신을 재생산하도록 자기 조직을 해나가는 것이다. 여기에는 생명에 대한 다양한 과학적 측면에서 논의가 이루어져왔는데, 정보의 성장으로 유전자 코드, 생명체의 근본 단위로서의 세포, 기능 정체성으로서의 생명, 열린 체계로서의 생명체, 생물학적 체계로서의 시간 역학을 보는 것, 고유 시간과 체계 기간을 구별하고 그것을 시간 의식, 자기의식, 세계 의식의 차원으로 세분화하여 고찰하는 방법들이 그러하다. 최종적으로 생명의 역사성과 관련지어 증대하는 복잡성으로의 진화에 대한 논의가 제기될 수 있다.

생명의 의식성과 단위

물리학자 장회익이 온생명과 낱생명을 이야기했을 때 가장 문제가 되는 것은 단위의 문제였다. 여기서도 단위의 문제를 다시 한 번 생각해보자. 단위는 독일어로 'Einheit'이다. 이 Einheit의 문제가 단위의 문제와 뗄 수 없는 관계에 놓여 있다. Einheit를 어떻게 번역하느냐에 따라 정의의 내용과 방향이 달라진다. 그것은 일자성, 하나, 하나임, 단일성, 통일성, 전체성, 총체성, 통합성으로 해석될 수 있다. Einheit의 의미는 이처럼 다양하고 복잡하다.

의자를 예로 들어보자. 여기에는 지금 20개 정도의 의자가 있다. 여기 이 하나의 의자가 단위로서의 의자라고 이야기될 수 있다. 이 의자를 단위로 삼아서 같은 의자가 20개임을 셀 수 있다. 우리는 비슷한 방식으로 생명을 생명이게끔 하는 Einheit(단위)를 확정해야 한다. 그래야만 그것을 기준으로 개개의 생명체를 생명체로서 하나둘 헤아릴 수 있다. 모든 존재하는 것들을 하나의 독립된 것으로 간주할 때 그것을 Einheit로 본다고 할 수 있다. 예를 들어 지금 우리가 살펴보았듯이 돌과 의자, 소나무 한 그루, 돼지 한 마리, 사람을 모두 다 똑같이 Einheit라고 말할 수 있는데, 이 경우 Einheit의 의미는 각기 다르다.

Einheit의 가장 기본적인 의미는 일자성(하나임)이다. 일자성(하나임)의 의미는 존재하는 모든 것들에 해당된다. 하나의 돌에서 바로 그 '하나의' 돌만을 고찰하고 나머지 다른 것들은 다 배제할 때, 이 돌의 Einheit를 우리는 '일자성'이나 '하나임'이라 말할 수 있다. 철학에서 이 일자성(하나임)은 일종의 초월 범주에 해당한다. 전통 철학에서는 일자성과 관련된 초월 범주를 다섯 가지로 분류한다. 그것은 하나임, 다른 것이 아닌 바로 그것임, 존재하는 어떤 것으로서의 대상이 될 수 있음, 참(진眞)이고 선善이다.

여기서 하나임은 바로 유일한 하나로 다른 것과 구별되어 존재하는 것이며, 존재하는 한 그것은 참이고 선한 것이다. 이것이 고대 중세까지 하나의 존재자에 대해 우리가 얘기할 수 있는 범주적 차원의 규정이다. 하나의 동일한 것으로서의 하나다. 예를 들어 소나무 한 그루가 100년 전에 여기 심어졌다고 하자. 지금 이 소나무의 형태는 100년 전과 많이 달라졌지만 그것은 같은(동일한) 소나무다.

일자성이나 '동일성'을 돌에도 똑같이 적용하여 말할 수 있다. 돌과 소나무, 돼지에도 마찬가지로 동일성을 말할 수 있는데, 이때의 동일성은—사르트르Jean Paul Sartre의 표현을 빌린다면—'자체 동일성'이다. 그것은 그것이 무엇인 바로 그것이다. 시간적인 차원을 고려할 때 Einheit의 차원에서 시간적인 차원이 가미되며 그로써 동일성의 차원이 가미된다.

Einheit로서의 소나무(좌)와 선(우)의 이미지

초월 범주는 모든 존재하는 것에 적용되는 그런 범주를 말한다. 그런데 의자나 돌, 동물과 인간이 의미하는 Einheit는 각기 다른 의미를 가지고 있다. 당연하다. 그런데도 단위라는 표현은 다 같은 단위로 표현된다. 우리는 '생명의 단위'라는 표현을 사용한다. 그런데 그 단위의 기준을 무엇으로 삼을지는 논의되어야 한다. 예를 들어 돌을 (생명) 단위의 기준으로 삼는다면 물리학적인 차원만을 강조하게 된다. 나무를 단위로 삼으면 식물학적인 차원을 부각시키는 것이다. 동물을 단위로 삼으면 운동적인 차원을 강조하는 것이다. 인간을 단위로 고려하면 의식의 차원, 정신의 차원이 가미된다.

동물을 말할 때 운동의 주체성 차원이 첨가되므로 통일성이 있고, 비록 희미하긴 하지만 자기 자신성도 있다. 또한 희미한 주체성의 흔적도 있다. 이 주체성의 흔적이 가장 강하게 나타난 것이 인간이며, 여기서는 총체성과 통합성을 이야기할 수 있다.

인간은 자기 자신을 의식할 뿐 아니라 자신이 속해 있는 주변을 의식하고 그 모든 것을 통합적으로 자기 안으로 끌어들인다. 강아지 한 마리가 한 강의실에 있다고 할 때, 이 강아지는 본능적으로 각인된 차원에서 주변을 돌아다니며 먹을 것을 찾아다니다 끝나겠지만, 인간인 우리는 여기 모여서 생명에 대한 논의를 할 수 있다. 우리 자신뿐만이 아니라 생명에 대한 논의의 역사를 쭉 훑어보며 미래를 어떻게 꾸려나가야 할지 걱정하고, 지구와 우주 안에 놓여 있는 모든 상황들을 문제 삼을 수도 있다. 인간이 가지고 있는 단위가 단순히 생물학적인 차원뿐 아니라 다른 차원도 함축하고 있음을 확인할 수 있다. 의식, 자기의식, 정신까지도 인간을 논의할 때 그 단위Einheit 속에 들어가 있음을 알 수 있다.

생명 현상의 차원에서 볼 때 물체의 경우는 그저 겉과 속이 있을 뿐이다. 그러나 아무리 미미한 생명체라도 그 안에는 내면성이 있다. 동일성은 다른 말로 '정체성'의 문제다. 단위에는 정체성이 같이 들어간다. '종의 보존'이라는 종의 정체성을 생명 현상의 핵심으로 본 것이 고대와 중세다. 고대와 중세에 '인간은 이성적인 동물이다'라고 했을 때, 여기서 인간은 개인으로서의 인간이 아니라 종으로서의 인간을 지칭한 것이다. 소크라테스는 죽어도 상관이 없지만, 소크라테스가 죽어도 인간이라는 종은 계속 보존되어야 한다. 이처럼 종의 보존을 강조했다.

그렇지만 '개별체성'에서는 더 이상 종의 보존보다는 개별 정체성, 즉 '자기 보존'이 중요한 관건이 된다. 진화론적인 입장에서도 자기 보존을 통한 종의 보존을 말하는데, 종의 보존이 곧 자기 보존인 것이다. 그런 차원에서 생명체는 생존을 위한 투쟁을 벌인다. 자기 보존의 차원에서 생명의 의식성을 고려한다면, 이제 생명체는 자기 보존에 머무는 것이 아니라 한 단계 더 나아가 (생명의 정체성은) '사회 정체성'으로 발전한다. 인간에게 이제는 더 이상 종이 문제되는 것이 아니라 어떤 사회를 이룰 것인가 하는, 즉 좀 더 좋은 사회, 좀 더 좋은 국가와 같은 사회 정체성이 문제가 되고 더 나아가 그것은 인류 보존, 지구 보존으로 확대되어나간다.

그렇다면 우리가 찾아야 하는 것은 '생명 정체성'의 문제인가? 우리는 어디에서 생명의 의식성을 보아야 할까? 생명의 역사, 전개의 차원에서 본다면 생명의 전개가 종의 보존에서 자기 보존으로 향하긴 하지만, 자기 보존에 머무는 것이 아니라 자기를 극복하는 차원으로 넘어감을 볼 수 있다. 자신을 쇄신하고 극복하고 초월한다. 이것을 플레스너^Helmuth Plessner와 같은 철학자는 '탈중심성'이라고 이름한다. 자기 자신성이 생명의 구조에 있는데 어느 단계로 들어서니 그것이 더 이상 자기중심성이나 자기 자신성이 아니라 탈중심성의 단계, 즉 자기 자신을 벗어나 자기 자신을 초월해가는 단계로 접어든다는 이야기다. 그렇기에 인간은 자기 생명을 진리 자체, 선 자체, 정의, 신을 위해 희생할 수 있다는 것이다. 생명의 의식성과 단위의 문제는 이렇게 단순히 생물학적인 조건에만 매여 있지 않고 그것을 넘어서 가능성의 나래를 펼치고 있다.

6. 생명과 인간:
살림지기로서 사람의 살림살이

우리는 인간이 생명체의 역사에서 마지막에 등장한 존재이며 생명의 역사에서 진화를 책임져야 하는 존재임을 알 수 있다. 생명을 어떻게 볼 것인지는 결국 인간을 어떻게 규정할 것인지와 뗄 수 없이 연관되어 있다. 우리가 인간을 어떻게 보았는지에 따라서 우리가 생명을 어떻게 보고 있는지도 귀결되어 나온다고 할 수 있다.

생명, 존재, 자연, 인간이 어떻게 서로 얽혀 있는지를 제대로 볼 줄 알아야 한다. 인간에 대한 정의가 문제다. 고대 그리스에서는 인간에 대한 정의를 조온 로곤 에콘zoon logon echon(언어의 능력을 갖춘 생명체)이라 했다. 조온, 즉 조에zoe(생명체)에서 인간을 보았던 것이다. 생명을 운동하는 생명체로 보았다. 기계론적인 생명관이 뿌리를 내리는 근대에서는 정신의 사물과 연장의 사물을 나누면서 인간을 정신을 가진 기계로 보았다. 이처럼 인간과 생명을 보는 관점은 항상 맞물려 있다.

한국적인 논의에서도 우리가 생명만을 따로 떼어서 고찰한다면 그 생명 현상은 절름발이가 된다. 인간을 어떻게 보았는지를 같이 논의해야 한다.

그래서 우리말의 일상 언어를 분석해본다. 나는 인간을 '사이 존재론'이라는 차원에서 사이를 잇는 사이 존재라고 규정한 바 있다. 존재 또는 있음의 의미를 규명하면서 나는 우리말 '**있음**'의 개념에서 네 가지 큰 의미의 얼개를 찾아냈다. 사이에-있음, 나타나-있음, 사르고-있음, 되고(되어)-있음이 그것이며, 이 가운데 사이에-있음이 가장 큰 비중을 차지한다는 것을 밝혀냈다. 서양에서 있음(존재)의 의미는 '차지하다, 점유하다, 소유하다'의 의미가 큰 축을 이룬다. 그리고 최종적으로 '현존하다'라는 의미로 통한다. 그렇지만 우리말에서 있음이라는 의미는 애초부터 서양과 같은 의미가 아니었다. 우리말의 사용 용례를 분석해보아도 그렇다. 나는 이것을 '사이에-있음'으로 보았고, 그것을 크게 네 가지로 분류하여 정리했다.

첫 번째는 빔-사이에 있음이며 그것은 우리가 잘 알고 있는 '(공간을) 차지하다, 가지다(갖추다)'라는 의미다. 두 번째 때-사이에 있음은 '머무르다, 경과하다, 사르고 있다'라는 의미를 띤다. 세 번째 몬(사람)-사이에 있음은 '작용하다, 되다'라는 의미를 갖는다. 그리고 네 번째 하늘과 땅 사이에 있음은 '나타나다, 생기다'라는 의미를 가진다.

사이 존재론은 한자로 우리에게 매우 친숙한 표현들로 전해 내려온다. 우리가 흔히 사용하는 시간時間, 공간空間, 물간物間, 인간人間, 천지간天地間이 그러하다. 이런 차원에서 한국인의 인간관을 '사이를 잇는 사이 존재'라고 규정하면서 빔 사이에서 빔-사이를, 사람과 사람 사이에서 사람-사이를, 때 사이에서 때-사이를, 하늘과 땅 사이에서 하늘과 땅 사이를 잇는 존재라고 정의하고자 한다.

사이 존재를 생각하면서 생명학적인 가치관을 도출해보면 빔-사이는 '나눔'이고, 때-사이는 '비움'이며, 몬(사람)-사이는 '섬김'이고, 하늘과-땅-사이는 '살림'이다. 이와 같이 살림, 섬김, 비움, 나눔이 사이 존재에서 끄집어낼 수 있는 가치관이라 본다. 살림, 섬김, 비움, 나눔은 살림을 생활화하는 살림살이의 방식이다. 이것이 우리말 속에 간직되어 있는 생명관이고 인간관이다. 현대 인류가 봉착한 절박한 문제는 간략하게 어떻게 이코노미economy와 에콜로지ecology의 틈을 조화롭게 메워나갈 수 있는지의 문제라고 말할 수 있다. 정치인들이 이 둘을 잘 조화시키는 문제를 국제 정치에서 원만하게 해결해야만 인류에게 희망이 있다.

그런데 경제학과 생태학은 어원이 똑같다. 둘 다 '오이코스oikos'에서 왔다. 이런 말뿌리를 고려하여 그 둘을 순수 우리말로 옮기면 그것이 '살림살이'다. 우리는 가정 살림살이, 부엌 살림살이, 학교 살림살이, 국가 살림살이, 국민 살림살이 등 모든 형태의 경제 행위를 살림살이라 한다. 에콜로지는 살림살이+학이다. 우리는 이코노미와 에콜로지가 충돌하지 않는 생활 세계에서 살았던, 살림살이를 중시하는 민족이었다. 우리는 생활, 삶 자체를 살림살이라 이름 붙였다. 우리나라에는 60년대까지 쓰레기가 없었다. 모든 것은 완벽하게 재활용되었다. 그런데 생활이 서구적인 형태로 변화하면서 우리의 생활에서도 이코노미와 에콜로지가 충돌하게 된 것이다. 그러므로 이제 어떻게든 그 둘을 인위적으로 조화로운 상태로 돌려놓아야 하는 단계에 이르렀다.

우리의 살림살이 모델은 생태학, 생명학에서 하나의 본보기가 될 수 있다. 우리는 우리의 삶을 이론적·반성적으로 되새기면서 우리가 무엇을 버리고 잊었는지, 잃은 것은 무엇인지를 되돌아보아야 한다. 동아시아적인 인문학의 르네상스뿐만 아니라 우리가 가지고 있었던 생활 방식의 르네상스를 통해서 그것을 새롭게 고찰하고 그 속에 간직되어온 삶의 문법과 논리를 읽어낸 뒤 논의의 장으로 끌어와서 개념으로 정리한다면, 지금 지구촌에서 논의되는 생명 담론에 크게 기여할 수 있으리라 믿는다.

제3장

생명,
그 의미의 갈래와 얼개

생명에 대한 논의가 본격적으로 전개되면서 우리는 생명을 정의하기가 얼마나 어려운지 새삼 깨닫게 되었다. 학자들은 자신의 관심과 시각에 따라 각자 다르게 생명을 규정하고 있다. 생명에 대한 일상적인 이해와 그것에 대한 학술 규정은 무엇보다도 하나의 세계 이해를 전제하고 있다. 각 시대와 문화에서 일상의 삶과 학술 탐구를 밑바탕에서 떠받치고 있는 세계관이 알게 모르게 죽은 것과 살아 있는 것, 비생명체와 생명체, 무기적 자연과 유기적 자연을 구별 짓는 데 보이지 않는 척도와 기준을 제공하고 있다. 이러한 세계 이해가 생명의 대상과 방법을 제한 규정하면서 가능한 학문적 고찰의 범위를 허락해준다. 따라서 무엇이 생명으로 통용되어야 하는지에 대한 결정 또는 규정은 일차적으로 세계상에 의존하여 이루어지고 있는 셈이다. 이 세계상 안에서 생명과 비생명을 결정짓는 척도가 발견되거나 정립되어야 할 것이다.

1. '생명'에 대한 정의의 어려움

생명이란 무엇인가? 이렇게 묻는 사람도 생명이 무엇인지는 알고 있다. 생명을 모르는 사람이 있겠는가? 우리들 모두가 생명이 아니겠는가? 이렇게 묻고 생각하고 대답하는 것도 우리가 생명이기에 가능하다.

생명에 대해서는 우리가 그것을 체험한다거나 보고 느낀다거나 하는 식의 대상화하는 어법이 오히려 낯설 지경이다. 생명이란 바로 우리 자신이고 우리가 생명 자체를 살고 있기 때문이다. 우리는 바로 우리 자신 안에서 생명을 보고 느낀다. 이는 더 이상 설명이 필요치 않은 자명한 사실이다. 우리 자신이 바로 살아 있는 생명체의 하나이며, 우리는 매일같이 주변에서 온갖 종류의 다양한 생명체들을 보고 대하며 살아간다. 그것은 물음이 필요 없는, 우리 일상의 생활 세계를 떠받치고 있는 바탕이고 전제다. 우리는 굳이 '생명이란 무엇인가?' 하는 물음을 던져야 할 필요성을 느끼지 않고 이 자명함 속에서 살아왔다.

철학의 역사를 되돌아볼 때도 우리는 비슷한 사실을 확인할 수 있다. 철학자들은 생명이 워낙 자명한 사실이라 물음을 던지기보다는 나름대로 알게 모르게 생명의 사실을 전제하고 그 바탕 위에서 각기 나름의 철학 이론을 펼쳐왔다. 생명이란 무엇인가라고 생명 자체에 대해 물음을 던지기 시작한 것은 철학의 역사에서도 극히 최근의 일이다. 20세기 말부터는 생명이 우리 시대의 가장 중요한 화두로 등장했다. 다양한 학문 분과에서 생명이라는 현상을 탐구하면서 생명의 본질, 구조, 기원, 원리, 조건, 구성 요소, 전개 등을 밝혀내느라 혈안이 되고 있다.

생명에 대한 논의가 본격적으로 전개되면서 우리는 생명을 정의하기가 얼마나 어려운지 새삼 깨닫게 되었다. 학자들은 자신의 관심과 시각에 따라 각자 다르게 생명을 규정하고 있다. 모든 분야의 수많은 학자들이 공감할 수 있는 공통의 정의는 내린다는 것은 불가능하다. 지금까지 학문 분야에서 제시된 생명의 정의는 크게 다섯 가지로 분류할 수 있다. 생리적physiological 정의, 대사적metabolic 정의, 유전적genetic 정의, 생화학적biochemical 정의 그리고 열역학적thermodynamic 정의가 그러하다. [30]

생명과 관련된 모든 문제를 여기서 다 다룰 수는 없다. 생명을 이해하기 위해 꼭 필요하다고 생각되는 사항들에만 논의를 국한하기로 한다.

앞으로 논의의 전체 폭을 둘러보기 위해 먼저 서양에서 제시된 생명에 대한 다양한 이론들을 크게 네 가지로 나누어 다루어볼 것이다. 그리고 다른 문화권인 동양, 특히 한국에서는 생명을 어떻게 이해했는지 대체적으로 특징지어보기로 한다. 또한 현대의 생명에 대한 일반적 이해를 알기 위해 일상 언어에서 표현되는 생명에 대한 언어 사용을 조사하여 근본이 되는 큰 얼개들을 간추려보기로 한다. 이러한 다양한 고찰 속에서 드러나는 생명의

---

30 장회익, 『삶과 온생명』, 168~169쪽 참조. (1975년 판 브리태니커 백과사전의 'Life' 항목, 893~894쪽 참조.)

본질 차원들을 몇 가지로 정리하여 설명하고, 마지막으로 자연 중심의 세계관에서 생명을 중시하며 살아온 한국인의 삶의 문법에서 21세기 생태계의 위기를 헤쳐나갈 새로운 인간상의 실마리가 없는지 살펴보기로 한다.

2. 서양의 생명에 대한 논의

생명에 대한 일상적인 이해와 그것에 대한 학술 규정은 무엇보다도 하나의 **세계 이해**를 전제하고 있다. 각 시대와 문화에서 일상의 삶과 학술 탐구를 밑바탕에서 떠받치고 있는 세계관이 알게 모르게 죽은 것과 살아 있는 것, 비생명체와 생명체, 무기적 자연과 유기적 자연을 구별 짓는 데 보이지 않는 척도와 기준을 제공하고 있다. 이러한 세계 이해가 생명의 대상과 방법을 제한 규정하면서 가능한 학문적 고찰의 범위를 허락해준다. 따라서 무엇이 생명으로 통용되어야 하는지에 대한 결정 또는 규정은 일차적으로 세계상에 의존하여 이루어지고 있는 셈이다. 이 세계상 안에서 생명과 비생명을 결정짓는 척도가 발견되거나 정립되어야 할 것이다.

유럽 생물학의 역사를 개괄할 때 대체로 우리는 한편에서, 하나의 총체적인 생명 있는 세계(물활론^{Hylozoismus})에 대한 다양한 표상에서 특별한 생명의 영역들을 제한 규정하려는 시도를 확인할 수 있다. 다른 한편에서는 총체적으로 죽은 (비유기체적) 세계(기계론^{Mechanismus})에 대한 표상에서 합리적인 기

획으로 생명의 영역들을 제한 규정하
려는 시도를 찾아볼 수 있다. 전자는 아
리스토텔레스가 근거 제시한 고·중세
의 고찰 방향이고, 후자는 데카르트[René
Descartes] 이후 생겨난 근대의 경향이다.
그 이후 우리는 전문 과학의 발달과 더
불어 이 두 극단을 종합하거나 절충해
보려는 다양한 시도들을 확인할 수 있
다. 대표적인 이론으로 진화론과 시스
템 이론을 들 수 있다.

물활론적 생명관을 주장한
아리스토텔레스(BC 384~322)

우주는 살아 있는 생명체:
정령론과 물활론

　　　　　　　　　인간은 온갖 종류의 존재하는 것에 둘러싸
여 있다. 인간은 자신이 만나고 경험하는 것을 이해하고 설명 가능한 것으
로 만들 때 안도의 숨을 내쉰다. 인간은 존재하는 것 전체를 어떻게든 이해
할 수 있는 것으로 만들려고 끊임없이 노력한다. 인간이 이렇게 주변을 둘
러보며 온갖 낯선 존재자들을 설명하여 낯익은 것으로 만들던, 인류 역사의
시초에 가장 쉽게 선택된 설명의 틀은 어디서든 자신과 비슷한 생명체를 보
는 고찰 방식이었다. 인간은 어디에서나 생명을 보았으며, 따라서 여기서
있음은 곧 살아 있음을 뜻했다. 존재는 곧 생명 존재였다. 땅이 살아 있어
땅 위의 모든 것을 먹여 살렸고, 하늘이 살아 있어 비, 바람, 천둥을 보내며
정확하게 낮과 밤을 교체하고 사계절을 유지할 수 있었다. 물, 불, 바람, 나

무, 돌 등 모든 것이 살아서 자신의 생명력을 마음껏 뿜냈다. 인간은 어디서나 생명을 보았다. 모든 것을 생명으로 보는 이와 같은 시각에서 가장 이해하기 어려운 것은 오히려 죽음이다. 죽음이 고대인들에게는 가장 풀기 어려운 수수께끼였다.

이렇게 모든 것을 살아 있는 것으로 보는 이론을 철학적으로는 '정령론 Animismus', '물활론物活論, Hylozoismus' 또는 '범영혼론Panpschismus'이라고 한다. 용어 사용에서도 두드러지듯이 '살아 있는 것'은 '혼 또는 영이 들어 있는 것'으로 이해되었다. 고대인들은 '혼ψυχη, psyche, anima'이 현실 세계 전체에 가득 넘쳐 곳곳에 자리 잡고 있는 것으로 보았다. 당시의 인간들은 '순전한 물질', 즉 혼이 없는 죽어 있는 질료를 발견할 수 없었다. 그들에게는 세계가 살아 있다고 보는 것이 자연스러운 가정이었고, 그들이 눈으로 보고 확인할 수 있는 주위의 현상들이 그 가정을 뒷받침해주었다.

그리스 철학에서는 생명을 지칭하기 위해 '혼' 이외에 다음의 두 단어, '$\beta \iota o \delta$ Bios'와 '$\zeta \omega \eta$ Zoe'를 많이 사용했다. 비록 이 두 단어가 그다지 구별 없이 서로 넘나들며 사용되기는 하지만 사람들은 때때로 그 두 단어 사이에서 의미의 차이를 확인한다.

'비오스'는 자주 인간 세계와 연결되어 사용되며 주로 삶의 기간, 삶의 양식을 지칭한다. 이 낱말은 언제나 철학자들의 '생애'에서처럼 전기(생애)를 지칭하는 데 사용된다. 특히 그것은 일상의 습관화된 삶을 지칭하는 데 쓰인다. 이와 다르게 '조에'는 좁은 의미에서 생명이라는 사실 자체—그것이 인간, 동물 또는 식물, 그 무엇의 생명이든 상관없이—를 지칭할 수 있다.

우리는 다르게 사용한 방향도 확인할 수 있다. '조에'는 추상적으로 '생명력'이라는 의미, 또는 더 나아가 '영원한 생명력'이라는 의미로 사용되고, '비오스'는 개별 생명체들이 구체적으로 시간과 공간 속에서 정해진 수명을 사는 '한시적 생명력'을 뜻한다. 라틴어에서는 아무 구별 없이 이 두 그리스 용어가 'vita'라고 번역된다.

플라톤에 이르러 비로소 처음으로 '생명'이 철학적 개념이 된다. 생명은 그에게 내적인 운동의 힘과 같은 것으로 간주된다. 살아 있는 것은 **자기 운동** 능력을 갖춘 것이다. 자기 운동이 생명을 이룬다. 생명의 원리는 영혼이다. 영혼은 생명 또는 자기 운동이다. 자기 자신을 움직이는 것이 그 운동에서 시작하거나 그칠 수 없기 때문에 그것은 불사불멸의 영혼이다. 생명은 이 개념의 대두와 함께 유럽 철학에서 **죽음의 반대 개념**으로 등장하게 된다. 이 개념들은 개별 생명체들의 운동을 파악하고 그 근거를 제시하기 위해서만 사용되는 것이 아니다. 그 개념들의 적용은 플라톤이 오로지 하나의 영혼을 갖춘 '완전한 생명체'라고 표현하는 전체 우주로 확산된다(『티마이오스Timaios』, 31 ab 참조).

아리스토텔레스는 생명을 **엔텔레키**(생령生靈)라고 지칭한다(『영혼에 관하여De anima』, II, 4, 415b 15 이하). 엔텔레키는 자기 자신 안에 목적을 가지고 있는 바로 그것이다. 따라서 생명은 자기 자신의 존재가 서술될 수 있는 무언가이다. 그것은 질료 자체에서 자신을 구현하고 견지하는 형상이다. 아리스토텔레스는 『형이상학Metaphysica』(제12권)에서 움직이지 않는 제1의 운동자에게 생명을 기술하는 것을 주저하지 않는다. 사유의 행위는 생명이고, 신은 바로 이러한 행위 그 자체다.

생명은 그 자체로 볼 때 그칠 수 없는 것이며 따라서 오직 다른 것에 의해서 종말을 맞이하기 때문에, 죽음은 대체로 죽은(생명이 없는) 존재와 같이 결핍된 것으로 이해되었다. 자신의 운동을 다른 어떤 것으로부터 제공받고 있는 그런 운동자만이 운동을 그칠 수 있으며, 운동의 근원인 생명 자체는 그칠 수 없다. 생명이 육(물)체에 혼을 불어넣어 준다. 육(물)체가 죽을 때 생명은 육체를 떠나지만 생명 자체는 끝없이 존재한다. 이와 같은 맥락에서 아리스토텔레스에게도 생명은 개별 존재자의 상태가 아니라 살아 있는 것이 자기의 주위 세계 및 다른 생명체와 공생하며 벌이는 포괄적인 과정이다. 영혼은 육(물)체를 그의 형상으로 이끌어 움직이게 하는 원리다. 영혼은 모든 질료의 변동 속에서도 물체의 형태를 보존해주는 그러한 유기체적 물체의 본질(그것이었던 바의 그것)이다. 아리스토텔레스에게는 개별 생명체에 하나의 영혼이 주어지고 개별 인간에게 불사불멸성이 주어진다는 것을 추론해내기 어렵다. 인간의 생명은 생명 일반과 구별되지 않았다.[31]

우주는 신이 창조한 정교한 자동 기계:
근대의 기계론적 생명관

우주 전체를 살아 있는 생명체로 보는 생명 이해는 그리스도교 세계관이 맹위를 떨치던 중세는 약간의 변화를 겪는다. 우주 전체에 세계 영혼이나 부동의 원동자로서 신이 어디에나 존재하기에 우주 자체가 나름대로 신령한 살아 있는 생명체라는 물활론적 생명관은 그리스도교의 창조설이 주된 세계 이해가 되면서 차츰 사라진다. 이제 우주는 그저 유일한 절대 신에 의해 창조된 피조물에 지나지 않는다. 우리는 우주 어디서도 신령한 힘인 영혼을 발견할 수 없고, 오직 신이 영원으로부터 창조한 영혼을 부여한 인간에게서만 발견할 수 있을 따름이다. 우주와 세계혼이 분리되고 물질과 영혼이 구별되며 세계 또는 물질이 영혼에 비해 하위

---

31 Josef Simon, "Leben", *Handbuch philosophischer Grundbegriffe*, München: Kösel Verlag, 1973, 844~845쪽 참조.

의 존재층에 속하는 것으로 해석된다.

　근대에 들어서 이러한 물질과 영혼의 분리가 가속화되었고 우주는 영혼이 없는 질량과 힘의 마당으로 설명된다. 현실 세계는 생명 특성들이 제거된, 물리화학 · 역학적으로 설명될 수 있는 현상의 총체가 된다. 이제 남는 것은 연장되어 있는 것의 순전한 속성들만이 들어설 공간과 그것의 수학적인 측량뿐이다. 그런 속성들은 정밀한 인식이라는 과학의 요청에 잘 들어맞고 그 요청을 충분히 충족시켜준다. 그리고 이 순전한 속성들은 인간이 자연에서 인식할 수 있는 것을 가리킨다. 이렇게 되어 인식할 수 있는 유일한 것인 순전한 속성들은 어느새 자연의 본질적인 것으로 둔갑한다. 한걸음 더 나아가 이 본질적인 것이 현실에서 유일하게 현실적인 것으로 간주된다. 이렇게 인식의 개념이 자연의 개념을 규정하게 된다. 그리하여 살아 있지 않은, 즉 죽은 것이 본래 의미에서 알 수 있는 것이 되어버린다. 이제는 살아 있지 않은 죽은 것이 '자연적인 것'으로 통하고 사물의 원래 상태로 고찰된다.

　이러한 **기계론**적 생명관의 물꼬를 튼 사람이 **데카르트**다. '생명' 개념의 역사에서 데카르트의 철학은 매우 중요하다. 왜냐하면 그가 생명에서 모든 형태의 중요성을 박탈해버리고 생명에 새로운 철학적 의미를 부여했기 때문이다. 모든 교의적인 내용에 대한 데카르트의 의심과 더불어 생명 개념의 규정도 근본적으로 다른 단계에 들어선다. 우선 생명을 신적 · 정신적 원리와 연결하던 생각이 완전히 뒤편으로 물러서게 된다. 전에는 이 신적 · 정신적 원리에 개별적인 생명체들이 그저 참여하거나 또는 적어도 거기에서 연역된 것으로 여겨졌다. 이제 사유는 오로지 자신의 순전한 수행(활동)에서 개념이 파악될 뿐이다. 데카르트의 연장된 사물과 사유하는 사물의 분리와 실체화는－명석 판명한 인식이라는 기준과 연결되어－단지 지시 개념에 불과한 생명을 더 이상 허용할 수 없었다.

데카르트는 인식하는 주체로서의 영혼을 대상 세계와 물체 세계로 분리했다. 그리하여 그는 혼을 빼앗긴 생명체의 육(물)체를 기계 장치로서, 자동 기계로서 이해하고, 연장된 사물과 운동에서 기하학적인 방식으로 구성해냈다. 그로써 이러한 다른 실체의 본질은 사유의 규정에서는 본질적으로 배제된, 또는 그것에 대해 외적인 그러한

기계론적 생명관을 주장한
데카르트(1596~1650)

실체의 본질로서의 연장이다. 이때 연장은 순수 인식적인, 관찰될 수 없다는 뜻이며 이러한 본질에 대해 유일하고 가능한 규정 방식은 오로지 측량 또는 비교뿐이다. 이러한 단초에서는 대상적인 것 내부에서의 어떤 질적인 구별도 완전히 사라진다. 그로써 또한 살아 있는 자연과 죽은 자연의 구별도 무너져버린다. '생명'은 이제 비과학적인 개념이 되어버린다. 살아 있는 것이라 지칭되는 대상들은 순전히 수학적인 비례 규정으로 소급되는 분석의 과제만을 과학에 남겨놓는다. 이러한 맥락에서 생명은 아무런 객관적인 의미가 없는 전통 형이상학의 잔재 개념일 뿐이다.

유기체는 순전히 기계론적으로 자동 기계의 모델에 따라 이해되어야 한다. 따라서 정신적인 능력을 가진 인간이 그러한 자동 기계와 구별되는 차이점은, 데카르트에 따르면 언어의 이성적인 사용이며 정신이 모든 사유 가

능한 상황에 적응할 수 있는 (적응) 능력이다. 따라서 궁극적으로는 오로지 정신으로만 서술될 수 있는 자유로운 자기 운동이다. 그로써 전수된 낱말의 의미에서 '생명'은 오직 자율적이며 생명으로부터 독립적으로 개념이 파악된 정신만이 소유하고 있는 것이 된다.

그렇지만 이로 인해 데카르트는 외부의 충격에 의하지 않고 자체적으로 움직이는 운동의 경우처럼 오직 그것들에게 부여된 힘에 의해서만 자기 운동이라는 원칙을 통해 해석되는 객관적인 현상들을 설명해야 하는 어려움에 봉착하게 된다.[32]

데카르트는 분석적 사고의 방법을 창조했다. 그 방법은 복잡한 현상들을 작은 조각으로 잘게 나누어, 부분의 특성들을 통해 전체의 움직임을 이해하려는 시도다. 데카르트의 자연관은 정신과 물질이라는 두 개의 독립적인 영역 사이의 근본적인 구분을 기초로 삼고 있다. 데카르트의 입장에서 생물을 포함하는 물질적 우주 전체는 하나의 기계이고, 이론상 그 기계는 가장 작은 부분으로 완전히 분해함으로써 이해될 수 있다.[33]

데카르트주의적 이원론은 생명의 본성에 대한 사변을 막다른 골목으로 이끌어갔다. 역학 원칙에 따르면 연장된 실체의 구조와 기능의 상응 관계는 아주 쉽게 통찰되고 설명될 수 있는 것이다. 그렇지만 생명의 사태와 같이 구조 더하기 기능 그리고 거기에 느낌과 경험(사유하는 실체의 존재 방식)까지 겹치면, 이들 사이의 연관 관계를 해명하는 문제는 난관에 봉착한다. 그리고 이와 더불어 생명이라는 사태 자체가, 이미 설명이 가능한 것처럼 보였던 생명의 육체적인 기능마저도 이해될 수 없는 것이 되어버린다.

---

32 Josef Simon, "Leben", *Handbuch philosophischer Grundbegriffe*, 846쪽 참조.
33 프리초프 카프라, 『생명의 그물』, 36~37쪽 참조.

진화하는 유기체들의 거대한 집합과 조직화:
진화론과 유기체설

진화론과 유기체설은 기계론적 생명관이 봉착한 문제들을 설명해내야 한다. 이 이론들에서 풀어내야 할 과제는 한편으로는 생명체의 발생과 전개에 관한 문제이고, 다른 한편으로는 환원적·분석적 고찰 방법이 간과하고 넘어간 전체와 부분의 밀접한 연관에 관한 문제다.

생명체를 자동 기계로 보는 기계론은 우리가 매일매일 일상생활에서 접하는 생명체들의 발생 현상을 제대로 설득력 있게 설명하지 못한다. 병아리가 알을 깨고 나와 자라서 닭이 되고, 어미 개에서 태어난 조그마한 강아지가 커다란 개로 성장하는 모습을 우리는 주변에서 쉽게 본다. 이러한 생명 개체의 발생에서 우리는 구성 요소들이 아주 작은 상태에서 완전한 형상으로 발전해가는 모습을 보는데, 그것은 의심의 여지 없이 기계 모형과는 판이하게 다른 어떤 것이다. 배^{胚, Keim}에서 고도로 조직된 개체가 발생되는 것을 볼 때 그것은 성장과 발전이 마치 미리 결정해놓은 계획에 따라 실현되고 있는 듯이 보인다.

'진화^{Evolution}'라는 개념은 원래 개체 발생 현상을 가리키는 용어였다. 진화 또는 발전의 개념은 종의 존재를 전제하고 있다. 왜냐하면 종이 부모 개체들을 통해 이미 결정되어 있는 계획을 직접 자식 개체들에게 전달하고, 그 계획은 자식 개체들에게서 생성되는 모든 구체적인 경우를 통해 발전해나가야 하기 때문이다. 모형 자체가 발전하는 것이 아니라, 배에서 성숙기로 향하는 모든 세대에서 모형이 새로이 만들어진다. 진화하는 것은 이미 배 속에 내포되어 있다. 배 속에 간직되어 있는 가능성은 앞선 세대들에게서 유전된다. 인과 관계의 측면에서 볼 때, 여기서의 생성자는 동일한 형상을 자기 안에 보유해서 후손들의 존재뿐만 아니라 형상^Form(또는 형식)도 함께 전해준다. 이러한 인과 유형은 원인과 결과라는 기계론적 연결고리와는 근본적으로 다르다. 이것은 형상인^形相因, causa formalis의 역할을 아주 강하게 부각하며, 거기에 덧붙여 작용인^作用因, causa efficiens의 존재까지도 표현하고 있다. 그런데 이 두 측면은 기계론적 생명관에서는 추방당한 것들이다.

현재 진화론에서 확실한 것으로 받아들여지는 사항들은 다음과 같다. 종들은 변한다. 종들은 그 조상들의 형질이 변화하는 연속선상에서 성장하며, 이들의 총체는 그들이 공유하는 조상에서 가지를 치고 뻗어나가는 계보를 형성한다. 이 계보에서는 단순한 것이 복잡한 것보다 선행하고, 이것에서 저것으로의 이행은 점진적으로 전개된다. 마찬가지로 확실하게 받아들여지고 있는 사실은, 돌연변이의 본질이나 원인이 아니라 돌연변이의 출현 자체다. 자연 선택은 경쟁 사태 및 경쟁자들 사이의 차이라는 두 전제에서 논리적으로 연역된 것이다. 경쟁 및 경쟁자들의 차이는 나름대로 사태 자체들이다.

데카르트는 동물의 생명을 마치 기계처럼 보고 기계 구조의 기능으로 고찰했다. 여기서는 구조가 일방적으로 기능을 결정하고 또한 설명해준다. 그러므로 데카르트의 이론은 구조를 분석해서 살아 있는 생명체와 관련하여 제기되는 모든 물음들에 대답하고 있다. 이와 반대로 **진화론**은 주어진 구조 유형 자체, 특정한 생명을 실현할 수 있는 조건 자체를 생명이 산출해내는 것으로 본다. 다시 말해 끊임없는 역동 체계의 결과물이자 잠시 동안 머무는 장소로서 말이다. 이때 역동적 체계도 그 자체로 '생명'으로 간주되어야 한다. 그러므로 생명은 이미 자신의 단순한 수단 상태, 즉 자신의 구조 장치 상태에서도 언제나 살 수 있는 능력으로 나타난다. 생명체는 자신의 수단과 능력을 애초부터 지니고 등장하는 것이 아니라 그 스스로가 고유하게 살 수 있는 능력을 성취하여 자기가 만들어낸 결과로서 갖는다. 이것이 바로 생명의 본성과 관련하여 발견된 사실들 가운데 가장 길게 영향을 미치는 것이다. 무엇보다도 이 발견은 현실에서 불변하는 본질들을 완전히 몰아냈다.

다윈주의의 시도는 스스로 가지를 치고 뻗어나가며 상승하는 생명 형식들을 산출하면서 전개되는 물질적인 자연의 자동운동을 설명한다. 그러나 다윈주의는 이런 식으로 이원론적인 필연성을 제거해서 홀로 남은 질료에 막중한 과업을 떠넘기게 된다. 이제 질료는 물리적인 조직화는 물론 더 나아가 '정신'의 근원까지도 해명해야 하는 과제를 떠맡아야 한다. 진화론은 정신적인 속성들이란 돌연변이의 역학적 놀이 속에서 출현하는 변덕이 심한 경우로 간주한다.

19세기에는 진화론 외에도 생명에 대해 새로운 해석을 시도한 다양한 과학적 흐름들이 있었다. 세포 이론, 발생학 그리고 미생물학에서 이룬 눈부신 발전은 생물학자들로 하여금 다시 한 번 기계론적 생명 개념을 확고한 이론으로 틀 지어보고 싶은 유혹을 불러일으켰다. 그러나 이러한 생물학 동향은 이미 그 내부에 뒤따라올 반동의 물결을 씨앗으로 잉태하고 있었다. 그것은 바로 생물 또는 생명 현상이 기계적 부분의 결합이 아니라 각 부분의 유기적 결합으로 이루어진다는 견해를 표방하는 유기적 생물학 또는 '**유기체설**organicism'이다. 세포 생물학은 수많은 세포의 하부 단위들, 그 구조와 기능을 이해하는 데 크나큰 진전을 이루었지만, 그 세포들이 어떤 기능으로 전체에 통합되어 들어가는지에 대해서는 거의 아무것도 설명해주지 못하고 있다.[34] 유기체설은 바로 이러한 결함을 해결하려는 시도의 하나다.

---

[34] 프리초프 카프라, 『생명의 그물』, 43쪽 참조.

살아 있는 것 그 자체에 대한 가장 낯익은 성격 규정은 살아 있는 것을 무기물과는 대비되는 유기물로 규정하는 것이다. 물론 우리가 만약 무기 화학과 유기 화학을 생각한다면, 그리고 유기 화학이 살아 있는 것 그 자체라는 의미에서의 유기물에 관한 학문과는 전혀 다른 학문이라는 사실을 생각해낸다면, 무기물과 유기물로 나누는 이러한 구별은 즉각 의문스러워지며 오해의 여지가 있음이 드러난다. '유기 화학'이 그렇게 일컬어지는 까닭은 유기물이 살아 있는 것이라는 의미로는 바로 그 유기 화학에 원칙상 접근 불가능하기 때문이다.

'유기적organisch'이라는 말에서 무엇이 살아 있는 것의 성격으로 의미되는지는 우리가 '유기체적organismisch'이라는 말을 할 때 더 잘 표현된다. 근본 논제를 보면 다음과 같다. '살아가는 일체의 모든 것은 다 유기체Organismus다.' '살아가는 개개의 모든 것은 각기 하나의 생명체이며, 이 생명체가 곧 유기체다.' 거기에는 동시에 다음과 같은 점이 놓여 있다. 즉 하나의 '살아 있는 실체', 하나의 살아가는 덩어리, 하나의 '생명 질료' 따위와 같은 개념은 일종의 '비개념'이다. 왜냐하면 이러한 뜻의 '질료'와 '실체'라는 말로써 정작 살아 있는 것의 유기체적인 차원은 부인되기 때문이다. 살아 있는 것은 언제나 유기체다. 살아가는 것을 각기 하나의 살아가는 것으로 그 단일성에서 규정하는 바로 그것은, 살아가는 것의 유기체적 성격이다. 생명의 단일성은 세포를 가리키는 말이 아니다. 다세포 생물은 사람들이 생각해온 것처럼 그렇게 세포들의 한 떼가 아니다. 오히려 단세포 생물이나 다세포 생물도 그것들이 유기체라는 점에서 각기 나름의 단일성을, 다시 말해 각기 나름의 특수한 본질적인 전체성을 띠고 있다.[35]

---

35 마르틴 하이데거, 『형이상학의 근본 개념들-세계-유한성-고독』, 이기상·강태성 옮김, 까치글방, 2001, 349~350쪽 참조.

주변 환경에 대응하여 자기를 조직해나가는 생명 체계:
생물 시스템 이론과 생태학

19세기 말 유기체적 생명론을 위해 두 가지 결정적인 인식이 행해졌다. 그 첫 번째 발걸음은 유기체가 띠고 있는 전체성이라는 성격에 대한 인식에 해당한다. 이미 수십 년 전부터 본래적인 연구에서 이러한 구조 연관이 잘 알려진 뒤로 전체성은 오늘날 유행처럼 돼버렸다. '전체성'이라 함은 다음을 말한다. 즉 유기체는 기본 단위 요소들과 부분들로 합성된 총합이 아니다. 오히려 유기체의 생성과 조직 구성은 매 단계 유기체의 전체성 자체에 의해 이끌리고 있다.

두 번째 발걸음은 동물이 자신의 주위 환경에 매여 있음에 대한 탐구가 띠고 있는 본질적인 중요성에 대한 통찰이다. 유기체가 자신의 주위 환경에 필연적으로 매여 있다는 것은 다윈주의에서 '적응'이라는 전문 용어로 토의된 현상이다. 그러나 진화론은 유기체가 눈앞에 있는 어떤 것이고, 그것이 그 밖에도 주위 환경과 관련 맺고 있음을 전제한다. 그러나 유기체는 그 자체로 있다가 그다음에 또 자기를 주위 환경에 적응시키지 않는다. 오히려 그때그때 하나의 특정한 주위 환경 안으로 자기를 순응시킨다.[36]

이러한 새로운 인식에 바탕을 두고 두 가지의 독특한 생명 이론이 대두된다. 하나는 생물 시스템 이론이고 다른 하나는 생태학이다.

생물 시스템 이론에서 '체계(시스템)'라는 말은, 체계를 이루는 부분들의 관계에서 체계의 본질적인 특성이 발생하여 통합된 전체를 이룬다는 것을 뜻한다. '시스템적 사고'는 어떤 현상을 더욱 큰 전체라는 맥락 속에서 이해하는 것을 말한다. 이는 그리스어 '$\sigma\upsilon\nu\iota\sigma\tau\alpha\nu\alpha\iota$ synhistanai, 함께 두다'에서 유래한

---

36 마르틴 하이데거, 『형이상학의 근본 개념들-세계-유한성-고독』, 425쪽 참조.

이 말의 가장 근본적인 의미라고 볼 수 있다. 어떤 현상을 시스템적으로 이해한다는 것은 문자 그대로 그것을 그 맥락 속에서 고찰함, 즉 그 연관성의 본질을 확인하는 것을 뜻하기 때문이다.[37]

시스템 생물학자들은 살아 있는 유기체, 즉 생물의 조직 특성 중 하나가 그 계층 본성에 있음을 강조한다. 실제로 모든 생물의 두드러진 특징을 살펴볼 때 시스템 속에 다층 구조를 생성하는 경향이 있음을 확인할 수 있다. 여기서 각각의 구조들은 부분들의 관점에서는 전체를 형성하지만, 동시에 그보다 큰 전체에 대해서는 부분이 된다. 가령 세포들이 모여서 조직을 이루고, 조직이 모여서 기관을 형성하며, 여러 기관들이 하나의 유기체를 구성하는 식이다. 이러한 다층 구조는 사회 시스템이나 생태계 안에서도 쉽게 찾아볼 수 있다. 우리는 생물 시스템 전체에서 그 밖의 살아 있는 체계들 속에 깃든 살아 있는 시스템을 발견할 수 있다.

20세기의 전반부에 유기체설 생물학자들이 개진했던 중요 개념들은 연결성, 연관성, 맥락 등의 측면에서 새로운 사고방식을 낳았는데, 그것이 곧 '시스템적 사고'다. 이러한 시스템적 관점에서 볼 때 유기체, 즉 생물 시스템의 가장 본질적인 특성은, 부분들은 가지고 있지 않은 전체가 드러내 보여주는 특성들이다. 이 특성들은 부분들 사이의 상호 작용과 연관성에서 생겨난다. 이 시스템이 물리적으로나 이론적으로 분리되어 고립된 요소들로 나누어질 때 이러한 특성들은 사라져버린다. 우리는 모든 시스템에서 개별 부분들을 식별할 수 있지만, 정확히 고찰해볼 때 이 부분들은 고립되어 있는 것이 아니다. 그리고 전체의 성질은 항상 부분들을 모아놓은 단순 합과는 다르다.

---

37 프리초프 카프라, 『생명의 그물』, 46쪽 참조.

20세기가 이룬 가장 큰 발견의 하나는 시스템이 분석에 의해 이해될 수 없다는 사실이다. 여러 부분의 특성들은 본질적인 것이 아니라 보다 큰 전체의 맥락에서만 이해될 수 있는 것이다. 따라서 이제 부분과 전체의 관계가 역전된다. 시스템 접근 방식에서 부분의 특성들은 전체의 조직이라는 측면에서만 이해될 수 있다. 따라서 시스템적 사고는 기본 구성 재료에 초점을 맞추지 않고 기본 조직 원리에 주목한다. 시스템적 사고는 분석적 사고에 반대된다는 점에서 '맥락적'이다. 분석이란 어떤 대상을 이해하기 위해 잘게 나눈다는 것을 뜻한다. 이와는 다르게 시스템적 사고는 그 대상을 더 큰 전체라는 맥락 속으로 통합시킨다.

생명체가 자신의 주위 세계와 맺는 관계에 주목하는 생명 고찰의 방향이 있으니 그것이 곧 **생태학**이다. '생태학Ökologie, Ecology'이라는 말을 처음 만든 사람은 1866년 독일의 생물학자 에른스트 헤켈Ernst Haeckel이다. 그는 생태학을 '유기체와 그 유기체를 둘러싼 외부 세계의 관계에 대한 과학'이라고 정의했다. 그리고 1909년에 야코프 폰 웩스퀼Jakob von Uexküll이 '움벨트Umwelt, 환경, 주위 세계'라는 말을 처음 사용했다.

생태학이라는 새로운 과학은 두 가지 새로운 개념을—집단과 연결망— 도입해서 시스템적 사고방식을 풍부하게 만들었다. 생태학자들은 생태학적 집단을 그 상호 관계를 통해 기능적인 전체 속으로 묶여 들어가는 생물들의 집단으로 봄으로써 생물에서 집단으로 그리고 다시 생물로 시야를 쉽게 옮길 수 있다.

오늘날 우리는 대부분의 생물이 생태학적 집단의 구성원일 뿐 아니라 그 자체가 복잡한 생태계이며, 그 속에서 상당한 폭의 자율성을 갖지만 그보다 작은 수많은 유기체들이 전체라는 기능 속에서 조화롭게 통일되어 있음을 잘 알고 있다. 따라서 생물 시스템 체계에는 생물, 생물의 부분 그리고 생물들로 이루어진 집단이라는 세 가지 종류가 있으며, 이 모두가 통합된 전체를 구성한다. 이 전체의 특성은 부분들의 상호 작용과 상호 의존에 의해 발생한다. 수십억 년에 걸친 진화 과정에서 셀 수 없이 많은 종들이 이처럼 단단하게 짜인 집단을 형성했기 때문에, 전체로서 그 체계는 마치 다중으로 창조된 거대한 생물과도 같다.

연결망이라는 개념이 생태학에서 점차 그 중요도를 더해가자, 시스템 사상가들은 모든 시스템 수준에서 연결망 모형을 사용하면서 생태계가 개별적인 생물들의 연결망으로 이해되듯 생물을 세포, 기관, 기관계의 연결망으로 보기 시작했다. 따라서 생태계에서 이루어지는 물질과 에너지의 흐름도 생물 속의 신진대사 경로의 연속으로 인식되었다.

생물 시스템을 연결망으로 바라보는 관점은 이른바 자연의 계층 구조에 대한 새로운 통찰을 열어주었다. 생물 시스템이 모든 수준에서 연결망이기 때문에, 우리는 생명의 그물을 연결망이라는 방식으로 다른 시스템(연결망)과 상호 작용하며 연결되어 있는 생물 시스템(연결망)으로 생각해야 한다. 예를 들어 우리는 생태계를 몇 개의 접속점을 갖는 연결망이라고 시스템적으로 생각할 수 있다. 그것은 각각의 접속점을 확대하면 그 자체가 하나의 연결망처럼 보인다는 뜻이다. 새로운 연결망 속에 들어 있는 각각의 접속점은 기관들일 수도 있고, 이 기관을 확대해보면 그 자체가 다시 하나의 연결망이 될 수 있으며…… 이런 식으로 계속 이어진다.[38]

이렇게 생명의 그물은 연결망에 들어 있는 수많은 연결망들로 이루어진다. 더 가깝게 들여다보면, 이 연결망의 접속점들은 크기마다 좀 더 작은 연결망임을 드러낸다. 우리는 이 시스템들을 배열해서 모두를 더 큰 시스템

---

38 프리초프 카프라, 『생명의 그물』, 56~57쪽 참조.

속에 넣어서, 피라미드처럼 좀 더 큰 시스템들 위에 작은 시스템들을 올려
놓으려는 경향이 있다. 그러나 이것은 인간 주관의 투영일 뿐이다. 자연에
는 '위'도 '아래'도 없다. 거기에는 어떤 계층도 존재하지 않는다. 자연에는
오직 다른 연결망 속에 들어 있는 연결망들이 존재할 따름이다.

3. 동양 또는 한국의 생명 이해

지금까지 우리는 서양에서 이루어진 생명
에 대한 논의를 개괄적으로 살펴보았다. 거기서 우리는 생명에 대한 이해가
각 시대의 세계관과 밀접하게 연관되어 있음을 확인했다. 물론 그것은 또한
세계관을 아우르는 형이상학적 논의의 맥락에 깊이 뿌리를 내리고 있다. 그
래서 서양에서 이루어진 생명에 대한 논의는 철학적 논쟁의 흐름과 궤를 같
이하며 문제 제기, 사태 분석, 해결 모색, 방안 제시 그리고 제시된 이론에
대해 다시 문제를 제기하는 등의 연속성을 띤 일련의 큰 이론 격전장을 방
불케 했다. 그리고 그 논의는 시대가 바뀌고 과학이 발전하고 기술이 정밀
해지고, 그에 따라 과학자들과 일반인들의 인식도 깊어지고 넓어짐에 따라
다른 맥락과 다른 빛깔 속에서 다양하게 전개되었다.

동양 또는 한국에서 이루어진 생명에 대한 논의 역시 세계관 또는 자연관
과 뗄 수 없는 연관 속에서 전개되어왔음을 확인할 수 있다. 동양에서는 서
양에서처럼 분석적 · 환원적 고찰 방식이 널리 퍼지지 못한 관계로 다각적
인 시각에 따른 다양한 문제 제기는 없었다. 전일적 또는 전체론적 시각과

관계론적 관점 아래에서 하늘과 땅 사이의 모든 만물이 서로 긴밀히 연결되어 생명의 힘을 받아 나누고 있다는 큰 생각이 다양한 생명관을 공통으로 묶고 있는 특징이라 할 수 있다.

이제 동양이나 한국에서 이루어진 생명 이해를 크게 세 방향으로 나눠 다뤄보고자 한다. 하나는 초기에 만연해 있던 생명관을 대표하는 무교적 생명 이해다. 그다음으로 천지인 합일 사상을 근간으로 하는 노장자적(도가적), 유가적 생명관을 정리해본다. 끝으로 존재하는 모든 것이 관계의 그물망으로 연결되어 있음을 강조하는 불교의 연기론적 생명관을 살펴볼 것이다.

세상은 신령으로 꽉 차 있다:
무교적 생명관

인류 역사의 초기에 세계 어느 곳에서나 그러했듯이 동양과 한국에서도 물활론적 자연관과 신령 숭배 사상이 널리 퍼져 있었다. 사람들은 인간은 말할 것도 없고 온갖 삼라만상에 신령이 깃들어 있다고 생각했다. 우주 만물에 신령이 깃들어 있다고 생각하는 데 그치지 않고 더 나아가 그것을 믿음의 대상으로 삼기도 했다. 이러한 신앙의 대상은 무척 다양했다. 가령 죽은 사람의 넋인 사령死靈은 물론이고 역사 인물의 넋인 위령威靈도 믿음의 대상이 되었다. 살아 움직이는 동물은 말할 것도 없고 나무와 풀 같은 식물에서 산·토지·강 같은 자연물, 그리고 해·달·별 같은 천체에 이르기까지 온갖 생물과 무생물이 숭배 대상으로 특별한 대접을 받았다. 심지어는 길가에 나뒹구는 돌멩이와 깨진 기왓장에도 신령이 깃들어 있다고 생각했다.

산신山神 신앙은 신령 숭배 사상과 토테미즘을 보여주는 좋은 본보기다.

아차산 대성암 삼성각의 산신도

혼히 산신령이라고 불리는 산신은 한민족과 같은 농경 민족에게는 물이나
비를 내리는 강우신이나 풍산신豊産神의 성격을 띨 뿐 아니라 사냥감을 풍부
하게 마련해주는 은혜자의 성격을 띤다. 그런가 하면 때로 어린아이를 낳게
하고 그 생명을 악귀로부터 막아주는 산육신産育神의 구실을 맡기도 한다. 산
신도山神圖에서도 잘 드러나듯이 산신의 신체神體는 백발에 수염이 있는 신선
과 호랑이다. 선풍도골仙風道骨 풍의 노인은 도가의 신선 사상과 관련이 있음
을 미루어 알 수 있지만, 호랑이는 혼령 숭배 사상이나 토테미즘과 맞닿아
있음이 틀림없다. 삼국 시대부터 조선 시대에 이르기까지 산신을 숭배하는
일은 그 역사가 꽤 길며, 국가에서 관장하여 제사를 지낼 만큼 산신 신앙에
대한 관심이 무척 컸다. 그리고 이러한 산신 신앙은 모든 자연물에는 신령
이 깃들어 있고, 바로 그 신령의 힘 때문에 생성이 가능하다고 믿은 신령 숭

배 신앙에 뿌리를 두고 있다.[39]

우리 무속에는 무려 273종에 이르는 신이 있다고 한다. 우리나라에서는 천지, 일월성신日月星辰, 비·바람·불 같은 자연신을 비롯하여 직능職能에 따른 신과 조상신 등 온갖 신을 섬긴다. 심지어는 시루성신이라고 하여 떡을 찌는 시루에도 신이 머물고, 이 신을 위해 제사를 지내기도 한다.

짐승 같은 생물은 말할 것도 없고 심지어는 돌과 옷 같은 무생물도 저마다 신령을 가지고 있다는 생각은 우리 선조들의 생명관을 잘 보여준다. 그들은 우주에 존재하는 모든 것들이 하나같이 신령한 힘에 의해 관장되며 서로 밀접하게 연결된 살아 있는 세계라고 믿었다. 저 하늘의 별들과 태양과 달을 비롯해 자연의 순환과 밀접하게 연결된 비·바람·불, 그리고 우리의 삶에서 없어서는 안 될 자연 사물들인 산·강·나무·바위 등에 신령이 깃들어 있어서 살아 움직인다고 보았다. 무교적인 신령관에서는 짜임새 있는 생명에 대한 논의를 기대하기는 어렵다. 왜냐하면 살아가면서 삶을 유지해 주는 모든 것을 신령한 힘의 도움이라고 단순히 믿고 그것을 생활화했기 때문이다. 그래서 우리는 여기서 생명이란 신령한 힘이 깃들어 있어서 살아 움직이는 것이라고 말할 수 있다. 그리고 존재하는 모든 것이 변화 속에 움직이고 있으니 그 모든 것을 넓은 의미에서 살아 있는 것으로 본 셈이다.

무교적 세계관에서 생명은 신이 주관하고 주재하는 것으로 간주되었다. 사람으로서 이러저러한 환경에서 태어나 이러저러한 건강 상태에서 살다가 어떤 사람을 만나 자식을 낳아 살고 그러다 죽고, 죽어서 혼령이나 잡귀가 되는 것 등 삶의 모든 과정이 알 수 없는 신령한 힘에 의해 이루어진다고 믿었다. 생명의 원리, 생명의 원동력, 개별 생명체의 본질과 구조적 특성,

---

39 김욱동, 『한국의 녹색 문화』, 29~30쪽.

살아 있음과 죽음의 엄격한 구별, 생명력으로서 신령의 본질과 역할 등이 세분화되어 고찰되지 않고 생명 현상과 연관된 모든 것이 대충 크게 '신령'이라는 신비한 힘으로 이해되고 설명되었다. 모든 것이 살아 움직이듯이 변화 속에 끊임없이 바뀌며 돌아가는 세상 전체를 살아 있는 것으로 보고 그 큰 힘을 신령으로 보았다. 그렇지만 유일한 절대자로서 신이 있어서 모든 것을 창조하고 질서 있게 잘 다스리는 것으로 설명하지는 않았다. 오히려 그때그때 삶의 필요에 맞춰 살아가는 데 중요한 자연물들에 신적인 특징을 부여하고 잘 보살펴줄 것을 기원했다.

자연은 천지 만물이 감응하는 거대한 생명체: 도가와 유가

무교적 세계관이 노장적 세계관 또는 유교적 세계관을 만나면서 한국인들의 자연관과 생명관도 달라졌다.

동양의 고전들에서 생명에 대한 구체적인 규정을 발견하기는 어렵다. 그러나 생명의 의미를 함축하고 있는 표현들은 많이 발견된다. 예를 들어 『주역周易』을 풀이한 『역전易傳』에서 우리는 다음과 같은 말들을 찾아볼 수 있다.

천지의 큰 힘을 생성이라고 한다天地之大德曰生.

만물을 낳고 또 낳음을 일컬어 역이라 한다生生之謂易.

만물이 그것을 바탕으로 삼아서 생겨난다萬物資生.

천지가 감응하여 만물이 화생한다天地感而萬物化生.

하늘은 베풀고 땅은 생성한다天施地生.

이로써 성명의 이치를 따르고자 하였다將以順性命之理.

천지가 있은 후에 만물이 생겼다^{有天地然後萬物生焉}.⁴⁰

'생명^{生命}'이라는 말은 원래 '성명^{性命}'이라는 말과 통하여 쓰였다고 한다. 『중용^{中庸}』에서 "천명지위성^{天命之謂性}"이라는 글을 찾아볼 수 있는데, 이때 '命'은 '명령하다'는 뜻 이외에 '부여하다'라는 뜻이 있다. 즉 천지 만물이 하늘로부터 그의 본성을 받았다는 측면에서 보면 성^性(바탈)이지만, 하늘이 천지 만물에게 각각 그의 본성을 부여했다는 측면에서 보면 명^命(하늘의 뜻) 인 것이다. 이러한 바탈^[性]과 하늘의 뜻^[命]이 합하여 성명^{性命} 또는 생명^{生命}이 라는 개념이 이루어졌다.⁴¹

이렇듯 동양에서는 생명을 천^天 또는 도^道에 서 얻는 것으로 보았다. 그리하여 그것을 천 지 만물의 본바탈을 '얻었다'라는 뜻을 지닌 덕^德(속알)이라는 개념으로 표시했다.⁴²

이때 천^天은 천공^{天空}, 천지^{天地}, 천연^{天然} 등 다 양한 의미로 쓰인다. 천공^{天空}은 하늘로서 육 안의 대상이고, 천지^{天地}는 우주 전체를 가리 키며, 천연^{天然}은 자연과 동의어다. 이 중에서 천지는 만물을 총칭한 도^道를 가리킨다. 즉 천 지는 우주이고 일체의 존재자인 만물은 그 안

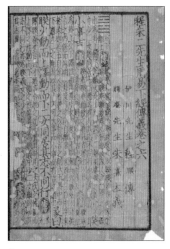

『주역』

---

40 곽신환, 「주역의 생생불식 사상」, 우리사상연구소 엮음, 『생명과 더불어 철학하기』, 철학과현실사, 2000, 249쪽 참조.
41 이강수, 「노장의 생명 사상」, 우리사상연구소 엮음, 『생명과 더불어 철학하기』, 276쪽 참조.
42 이강수, 「노장의 생명 사상」, 우리사상연구소 엮음, 『생명과 더불어 철학하기』, 278쪽 참조. 고대에 '德'은 '得' 과 통했다고 한다. 이렇게 본다면 덕이란 자연에서 얻어서 갖게 된 것이다.

에 있으며, 이러한 천지를 존재케 하며 지탱하고 변화하게 하는 것이 바로 도인 것이다.[43] 따라서 도는 우주의 존재 근거이자 작용 근거라고 할 수 있다.

도가에서 도는 천지 만물의 근원이다. 즉 일체의 존재와 힘의 근원으로 천지 만물을 움직이고 존재하게 한다. 이것은 스스로 존재한다. 또 움직이는 데 다른 어떤 것을 필요로 하지 않는다. 도는 아무것도 하지 않지만[無爲] 천지 사이에 존재하는 사물이라면 어떤 것이나 그에 의하지 않고서는 존재하거나 움직일 수 없다[無不爲]. 함이 없이 스스로 그러한[無爲自然] 것인 도道에서 얻어[得] 가진 만물의 본바탈이 바로 속알[德]이다. 이것은 단지 인간의 경우에만 한정되는 것이 아니다. 왜냐하면 자연계에 존재하는 일체의 것은 모두 도에서 나오기 때문이다. 따라서 자연계의 일체 사물은 존재론적으로 동등하다. 도의 관점에서 본다면 인간과 자연이 동등한 것으로 통일될 수 있다.[44]

동양 문화권에서는 하늘과 땅 그리고 인간이 조화로운 통일을 이루며 어우러 사는 천지인 합일의 자연 중심적 또는 자연 동화적 삶을 이상적인 삶으로 생각했다. 여기에서 인간의 과제와 의무 그리고 역할을 어떻게 보느냐에 약간의 차이가 있긴 하지만 대체적으로 자연 중심적 세계관이라는 큰 틀에서는 벗어나지 않는다. 이러한 세계관이 허용하는 생명관의 특징을 몇 가지로 정리해보자.

첫째, 가장 눈에 띄는 특징으로 전체론적 또는 전일론적 관점을 들 수 있다. 여기에서 핵심 개념으로 등장하는 것이 천天, 자연自然, 도道 등이다. 노자

---

43 이강수, 「노장 철학의 자연관」, 한국불교환경교육원 엮음, 『동양 사상과 환경문제』, 모색, 1997, 85쪽; 「노장의 생명 사상」, 『생명과 더불어 철학하기』, 294쪽.

44 이효걸, 「동양 철학의 환경윤리학적 태도」, 송상용 엮음, 『생태문제와 인문학적 상상력』, 128~129쪽 참조.

는 비록 도를 감각적으로 인식할 수는 없지만, 어떤 형이상학적 관념으로 보지 않고 경험 세계 안에 실재하는 것으로 본다. 또한 도는 자기 동일성을 갖는 근원적 통일체로서 다른 존재에 의존하지 않는 만물에 앞선 존재이자 만물을 형성할 수 있는 가능태이기도 하다. 이러한 도가 가진 성질은 우선 형체가 없으므로 볼 수 없고 개념적으로 포착하기는 어렵지만, 그것은 언제 어디서나 변함없이 늘 운동하고 있다. 만물에 나타나는 도의 작용은 만물의 법칙이며, 동시에 인간에게는 행위 준칙이다. 모든 사물의 변화와 운동을 이끄는 도의 기본 법칙은 원래의 상태로 '되돌아감'이다. 원래 상태로 되돌아가는 이 기본 운동 법칙으로 현상은 언제나 대립적인 두 가지 힘이 서로 의존하여 바뀌며 갈마드는 관계가 된다. 도의 이러한 성격은 현상의 표면에만 고착된 인간의 편협한 시각을 넓혀 드러나지 않는 면까지 함께 보는 전체 시각으로 이끈다.[45]

도는 자연을 본받으며 함이 없으나 하지 못하는 일이 없는 것으로, 어떤 의지와 목적을 갖는 인격적 신은 아니다. 노자는 인간의 삶의 법칙이 '도가 자연을 본받는다'는 사상과 자연은 도덕적 관념으로 사물 세계를 이끌어가지 않는다는 '자연의 무의지와 무목적성'을 바탕으로 한 자연법칙을 따라야 한다고 주장한다. 다시 말하면 위와 같은 자연법칙을 기준으로 하여 인간 사회의 자연화를 꾀하며 인간 중심적으로 과도하게 조작된 인간 문화의 해체를 촉구하고 있다.

둘째, 생명의 두드러진 현상을 끊임없는 변화와 무궁한 산출력에서 보고 있음이 잘 드러난다. 만물의 창조는 하늘의 다스림[主宰]과 땅의 마무리[完成]로 그 역할이 분담되어 있다. 이때 천지[天地]는 음양[陰陽]을 대표하는 세력이다.

---

45 이효걸, 「동양 철학의 환경윤리학적 태도」, 송상용 엮음, 『생태문제와 인문학적 상상력』, 125쪽.

이 천지 음양의 도가 만물을 고무한다. 즉 만물을 낳고 생장 활동을 하게 한다. 더 나아가 그것들을 '날로 새롭게 한다', 즉 천지 만물의 고동 작업을 쉬지 않고 이루어지게 한다. 이렇게 천지의 만물을 날로 새롭게 함을 '성대한 덕德'이라고 했다. 이때 성대한 덕은 "천지의 큰 덕을 생이라고 한다"에서의 '큰 덕'과 같다. 따라서 만물이 날로 새롭게 됨이 생生이다. 그런데 이러한 생, 즉 만물의 날로 새로워짐은 한 번 그치는 것이 아니라 계속적이다. 그래서 '성대한 힘盛德'이라고 한다. 그런데 천지가 사물을 날로 새롭게 하는 힘은 천지 안에 존재하는 모든 것에 미친다. 그래서 '큰 사업大業'이라고 한다.[46]

만물의 생성은 천지에 의해 이루어진다. 천지는 끊임없이 만물을 산출한다. 그것은 항구하다. 생명의 본질은 신神[47]이고 생명 현상은 역易이다. 만물은 시작이 없고 끝이 없음無始無終 속에 끊임없이 달라지며 변해간다. 이러한 사고는 세계에 대한 영속적이고도 전체적인 관점을 갖게 한다. 또한 모든 대상을 죽은 것이 아닌 살아 있는 것으로 보게 해주어 그에 대해 사람들이 늘 주목하며 대처하도록 만든다.

셋째, 천지 만물이 서로 감응하고 있음이 강조된다. 만물은 서로 감응 관계에 있다. 태극과 음양으로 설명되는 세계는 만물이 한 몸임을, 그리고 개체와 부분은 나름대로 동일하고도 정연한 질서 위에 있음을 전제한다. 즉 자연은 하나의 거대한 유기체인 셈이다. 따라서 그것의 한 부분으로 내가 속해 있기에, 천지의 마음이 곧 내 마음이며 내 마음이 곧 천지의 마음이어서, 내 마음이 바르면 천지의 마음도 바르고 천지의 기운이 순하면 내 마음의 기운도 순하다고 간주된다. 천지 만물은 한 몸이므로 그 안에 있는 모든

---

46 곽신환, 「주역의 생생불식 사상」, 우리사상연구소 엮음, 『생명과 더불어 철학하기』, 250쪽 참조.
47 신神은 천지 기능의 오묘함을 나타내는 용어다.

부분들은 서로 감응하여 어긋나지 않는다. 따라서 일체의 사물들을 따로 떼어내 개별자, 고립자로 보는 시각이 배제된다. 또한 만물은 한 몸이기에 하나의 같은 기운에 따른 소통 가능성을 갖는다. 그리고 존재와 존재 사이를 활발하게 오가는 기운의 교류는 궁극적으로 신神의 상태인 것이다.

넷째, 생명의 본질이 오묘한 힘[神通, 神命]에 있고 생명 현상은 변화에서 드러난다. 천지의 기능이 오묘함을 나타내기 위해 신이라는 용어가 사용되는데, '신무방神無方'이라는 말은 바로 그러한 오묘한 신이 일정한 방향과 위치를 갖지 않음을 뜻한다. 이에 반해 사물은 일정한 형체를 갖고 있다. 따라서 그것은 움직이면 정지함이 없고, 정지하면 움직임이 없다. 다시 말해서 사물은 서로 소통함이 없다. 그러나 신은 움직이면서 움직임이 없고 고요하면서 고요함이 없다. 그렇기 때문에 모든 만물에 두루 유통流通할 수 있고 천지 만물이 서로 감응할 수 있는 것이다. 신에게는 형체가 없기에 일정한 방향도 위치도 없다. 신이 곧 변화고 변화가 곧 신인 셈이다. 천지 만물을 그 변화 속에서 하나의 전체로 파악하려는 전일론적인 시도가 돋보인다.[48]

인연으로 서로 의존하고 있는 거대한 생명의 그물: 불교의 생명관

불교에서도 생명生命이라는 말이 직접적으로 사용되지는 않았다. 대신에 수명壽命이라는 말이 자주 사용되었다. 그리고 생명체는 유정有情이나 중생衆生이라는 말로 표현했다. 그것은 인간은 물론 크고 작은 동물뿐만 아니라 식물까지 포함한 모든 생명체를 포괄하는 말

---

48 곽신환, 「주역의 생생불식 사상」, 우리사상연구소 엮음, 『생명과 더불어 철학하기』, 251~253쪽 참조.

이다.[49] 즉 중생이란 '목숨을 가진 것들'이다. 또한 중생이란 '부처가 될 바탕', 즉 불성을 지닌 존재다. 불성은 '여래의 성품', 즉 '부처가 될 요소'다. 또한 유정有情은 무정無情에 맞서는 말이다. 여기에서 정情은 정식情識 또는 업식業識의 약칭으로 인식 능력, 판단 능력, 사고 능력 등을 가리킨다. 따라서 '유정'이란 인식 능력, 판단 능력, 사고 능력 등을 지닌 존재를 일컫는 말이며, '무정'은 그러한 능력을 지니지 못한 존재를 말한다.

유정물과 무정물은 불성佛性을 지니고 있는지 그렇지 못한지에 따라 구별된다. 불경에서는 살아 있는 것은 모두 불성을 지니고 있다고 말하며, 중생이란 정식을 지닌 유정물을 가리킨다고 했다. 따라서 유정과 무정의 구분은 정신 작용의 유무에 의한 구별이며, 불성의 유무도 그에 따른 것이다. 이러한 입장은 초기 불교에서 찾아볼 수 있는데 이후 『화엄경華嚴經』에서는 생명 현상이 없는 무정물無情物에까지도 부처의 성품인 불성이 있어 성불한다고 했다. 이것은 연기설緣起說과 업설業說에 의한 존재의 끝없는 변화 가능성에 대한 설명이라고 볼 수 있으며, 생명에 대한 적극적인 해석이라고 할 수 있다.[50]

불교는 자아와 세계를 연기적으로 인식한다. 인식의 능력을 지닌 나[六根]는 나를 둘러싼 환경 세계[六境]를 통해 일체를 인식한다. 나의 눈, 귀, 코, 혀, 몸, 의식은 사물, 소리, 냄새, 맛, 촉감, 대상과 인연으로 연관되어 있어서 서로서로 관계한다.

존재의 일차적 정의를 시간적으로 변화하고[變] 공간적으로 거리끼는[礙] 것이라고 할 때, 시간은 이 변화의 지속을 표현하는 용어이고, 공간은 무수

---

49 진월, 「불교의 생명 사상」, 우리사상연구소 엮음, 『생명과 더불어 철학하기』, 철학과현실사, 2000, 176쪽 참조.
50 고영섭, 「불교의 생태관―연기와 자비의 생태학」, 송상용 엮음, 『생태문제와 인문학적 상상력』, 148~151쪽.

『화엄경』

한 타자들과 관계를 맺어 거리낌을 주는 범위를 말한다. 그러므로 인식과 행위의 주체인 정보[正報]와 그 결과를 담는 그릇인 의보[依報]는 연기적인 관계망 속에 있다.[51] 나의 행위[六識]는 어떠한 대상을 보고 듣고 맡고 맛보고 부딪치고 의식하는 것으로 나의 삶의 영역[十八界]을 만들어간다. 그리고 그 행위는 주변의 다른 것과 서로 인연으로 연관되어 활동한다. 때문에 내 마음속의 과거, 현재, 미래로 구성되는 나의 삶[一切]은 이러한 '육촉[六觸]의 연기'로 통칭되며 108가지 행위로 나타난다.

연기[緣起]는 연[緣]이라는 타자를 통해 나를 규정하는 원리다. 그 어디에도 타자를 부정하는 단독자로서 나는 존재하지 않는다. 나는 변화하는 존재[諸行無常]이고, 나라고 할 만한 것이 없는 존재[諸法無我]이며, 오직 타자의 전제 위에서만 존재하는 폭포수 같은 의식의 흐름[阿賴耶識] 덩어리일 뿐이다.

연기론은 모든 생명을 평등하게 바라본다. 유정의 사물이나 무정의 사물

---

51 육체(인간)는 직접적인 과보이므로 정보[正報]라 하고, 의식주, 부모, 가족, 사회 등은 간접적인 과보이자 정보가 의지하는 것이므로 의보[依報]라 한다.

이나 모두 동등하게 인식한다. 뿐만 아니라 연기론은 시간적으로 변화하고 공간적으로 거리끼는 존재에 대한 인식 전환의 원리로 자리하고 있다. "나의 욕망 공간의 확장이 남의 욕망 공간에 대한 장애를 최소화(현실적 인간) 또는 무화(보살적 인간)하는 인식의 틀"로서 말이다. 이 틀은 세계를 자아화하고 자아를 세계화할 때도 마찬가지다.[52]

불교의 자비심은 다른 생명을 살리기 위해서는 자기의 생명까지도 희생하는 지극히 이타적인 것이다. 불교의 생명 이해는 불보살이 발견하고 실천하는 연기와 자비의 관점에 서 있다. 보살은 불법을 배우고 펼치기 위해 자신의 몸을 기꺼이 던지는 존재다. 나아가 보살은 생명을 지닌 존재를 살리기 위해서 자신의 목숨까지 기꺼이 희생하는 존재다. 생명에 대한 보살의 이러한 행위는 인간과 세계를 향한 동체[同體] 대비심[大悲心]의 발휘를 존재 이유로 삼기 때문에 가능하다.[53]

불전에서 보살은 마땅히 언제나 '섬기고 따르는 마음[孝順心]'과 '함께 기뻐해주고 슬퍼해주는 마음[慈悲心]'을 일으켜 방편으로 모든 중생을 구호한다고 말한다. 불전에서는 소극적으로 '무엇 무엇을 하지 말라!'라고 말하기보다는 더 나아가 적극적으로 '무엇 무엇을 하라!'라고 촉구한다. 이를테면 '살아 있는 것들을 죽이지 말라[不殺生]'에 그치지 않고 더 적극적으로 '살아 있는 것들을 살려주라[放生하라]'라고 말한다.[54]

불교 생명관의 독특함을 우리는 다음과 같이 정리할 수 있다. 불교의 생명관은 한마디로 연기론적 생명관이라고 부를 수 있다. 가장 먼저 눈에 띄는 특징은 여기서는 독자적인 실체를 인정하지 않는다는 점이다. 다른

---

52 고영섭, 「불교의 생태관」, 송상용 엮음, 『생태문제와 인문학적 상상력』, 149쪽 참조.
53 고영섭, 「불교의 생태관」, 송상용 엮음, 『생태문제와 인문학적 상상력』, 152쪽 참조.
54 고영섭, 「불교의 생태관」, 송상용 엮음, 『생태문제와 인문학적 상상력』, 155쪽 참조.

것과 완전히 따로 떨어져 존재하는 독립적인 실체로서의 나는 없다. 나는 나와 무수하게 연결된 타자를 통해서만 규정될 수 있다. 나라는 존재, 타자, 세계, 그리고 나의 인식과 행위, 관계 맺음과 세계 형성 등 모든 것이 이러한 연기라는 관계의 그물 속에서 생겨났다 없어질 뿐이다. 나를 포함해 변화하지 않는 것은 없다. 모든 것은 변화 속에 있고 그 변화의 원인 또한 보이지 않는 인연으로 서로 연결되어 있는 전체의 그물망 속에서 찾아야 한다.

두 번째 특징은 생명체의 범위가 무척 넓다는 것이다. 초기에는 불성을 지닌 존재로서 인식 능력과 판단 능력 등의 사고 능력을 갖춘 유정물만을 생명체로 보았지만, 나중에는 그렇지 못한 무정물까지도 불성을 갖춘 것으로 보아 생명의 범위가 존재하는 모든 것으로 확장된다.

세 번째는 생명 범위의 확장에 그치지 않고 모든 생명체를 내 몸같이 대하라는 생명 존중 사상이 두드러지게 부각된다는 것이다. 생명체를 죽이지 말라는 소극적인 금지의 계율에서 한 걸음 더 나아가 생명체를 살게끔 돌보라는 살림의 태도를 명하고 있다.

하늘과 땅 사이에 존재하는 모든 것이 인연으로 서로 연결되어 있어서 다른 것의 도움 없이는 개별 생명체가 살아갈 수 없음을 강조하는 불교의 가르침은 우주 전체가 하나의 거대한 생명 그물로 짜여 있음을 말하고 있는 셈이다. 서양에서 생명에 대한 오랜 논쟁 끝에 도달한 생물 시스템 이론과 생태학이라는 것이 동양에서는 이미 오래전부터 불교의 가르침 속에서 명령되고 권장되어온 삶의 방식이라는 사실은 현대를 살아가는 우리에게 많은 것을 시사해준다.

제4장

한국인의 삶 속에서
읽어내는 생명의 의미

'생명^{生命}'에서 '생^生'이라는 글자는 '땅에서 싹이 돋아나는 것'을 형상화한 글자라고 한다. 이 글자에서 읽어낼 수 있는 의미는 '하늘과 땅 사이에서 하늘과 땅의 큰 힘을 받고 땅을 뚫고 하늘을 향해 새 싹을 틔워 그 사이에 존재하게 됨'이다. '명^命'자의 의미는 높은 사람이 관청에서 무릎 꿇고 하늘로부터 '령^令' 받은 것을 말하여 선포한다는 뜻을 담고 있다. 이러한 명^命에는 명령, 천명, 운명 등의 의미가 담겨 있는데, 그중에서도 가장 큰 것은 천명^{天命}이라는 의미다. 따라서 우리는 생명이라는 우리말에서 다음과 같은 뜻을 읽어낼 수 있다. 하늘과 땅의 큰 덕으로 하늘과 땅 사이에 나서 살아가는 모든 것이 생명이다. 인간은 하늘과 땅 사이에 존재하면서 천지 만물과 더불어 지구 살림살이를 꾸려나갈 것을 명령받은 살림지기로서 모든 생명체에서 하늘의 뜻을 읽을 수 있어야 하며, 그 신비로운 생명의 사건에 '사이 존재'로서 책임감을 갖고 동참해야 한다.

1. 한국인의 일상 속에 새겨진
   세계관과 생명 이해

동서양 철학의 역사를 개괄해볼 때 우리는
생명에 대한 논의의 다양한 방향들을 확인할 수 있다. 동양에서는 대체로
천지인 합일 또는 자연 동화적 세계관 속에서 자연 전체를 살아 있는 신비
한 힘으로 보았다. 그러한 큰 시각 아래에서 만물을 살리고 기르는 자연에
순응하며 살아가야 하는 인간의 역할을 강조하는 천인합일적 삶의 태도를
강조했다. 대체로 인간 중심적이 아닌 자연 중심적인 관점에서 전체로서의
생명을 중시했다. 생명이라는 것을 인간이 알 수 없는 신비한 관계에 의해
서로 얽혀 보이지 않는 관계의 그물망을 짜고 있는 것으로 본 것이다. 특히
불교에서는 존재하는 모든 것이 보이지 않는 인연에 의해 짜인 생명의 그물
이라고 설명한다.

그런가 하면 서양에서는 다양한 형이상학적 이론들이 논쟁을 펼치며 맞
대결을 벌이는 가운데 생명에 대한 논의가 전개되어왔기에 생명에 대한 이
해도 그에 따라 다양하게 변모해왔다.[55] 그 큰 흐름을 열거하면 다음과 같
다. 우주 만물을 살아 있는 생명체라고 보는 초기의 정령론 또는 물활론은

시스티나 성당의 천장 벽화 〈천지창조〉

그리스도교의 영향을 받아, 우주를 창조주인 신에 의해 무에서부터 창조된 피조물로 바라보게 된다. 우주는 더 이상 살아 있는 생명체가 아니라 신에 의해 창조되고 보존되는 한낱 피조물, 즉 만들어진 작품일 따름이라는 시각 이다.

 이러한 창조론은 기계론적 생명관에 물꼬를 터준다. 근세에 들어서서 우 주는 정교하게 만들어진 기계라는 이론이 점차 과학자들 사이에 설득력을 얻게 된 것이다. 그러다가 생물종이라는 것이 불변하는 것이 아니라 변화한 다는 사실을 발견함으로써 기계론은 진화론에 자리를 내주게 된다. 분자생 물학의 대두로 생명의 기원과 구조를 밝히려는 연구가 활성화됨으로써 생 명을 구성의 기본 단위로 환원시켜 설명하려는 시도가 행해지는 한편, 생명

55 한스 요나스, 『생명의 원리-철학적 생물학을 위한 접근』, 한정선 옮김, 아카넷, 2001 참조.

을 제대로 이해하려면 생명을 생명이게끔 하는 전체의 맥락을 보아야 한다는 유기체적 또는 전일론적 주장도 대두된다. 그리고 이 둘의 통합을 모색하는 생태론 또는 생물 시스템 이론도 등장하게 된다.

세계가 하나가 된 세계화 시대에 우리 한국인이 생명을 통상 어떻게 이해하고 있는지, 일상 언어에서 사용되는 표현들을 살펴보면서 정리해보자. 이를 통해 동서양의 사상사에 등장하는 생명에 대한 이해가 우리의 삶 속에 어느 정도 녹아 있는지를 확인할 수 있다. 그런 가운데 우리가 일상생활에서 어떤 생명의 원칙을 생활화하면서 삶 속에 새겨 넣고 있는지를 발견할 수 있을 것이다.

2. 생명에 대한 일상적 이해와 우리말 속 생명의 의미

생명은 일반적으로 "목숨을 지니고 존재한다"라는 의미에서 '**목숨**'이라는 뜻으로 가장 많이 사용된다. '목숨'은 '숨을 쉬며 살아가는 원동력'을 말한다. 목숨을 지니고 있음은 목숨이 떨어져나가 죽어버린 것이 아닌 상태, 곧 '**살아 있음**'이다. 따라서 살아 있음의 상태를 지칭하는 생명은 죽어 있음과는 대비되는 상태를 말한다. 죽은 것과 산 것을 구별 짓는 기준이 목숨이며 생명이다. 죽은 것이 아닌 살아 있는 것은 생명이 있는 물체라 해서 **생명체** 또는 **생물**이라고 부른다. 목숨을 지니고 살아 있는 것은 여기서 어떤 구체적이고 개별적인 물체, 즉 물질적인 것을 가리킨다. 이때 죽은 것 또는 순전히 물질적인 것(무생물)과 생물을 구별해주는 생명의 징표는 무엇보다도 '**움직임**', '꿈틀거림', '운동'이다. 엄밀한 의미에서 생명체는 남에 의해 움직이지 않고 스스로 움직인다. '**자기 운동**'이 살아 있음의 표징이다. 자기 운동을 하려면 운동의 활력원을 자신 안에 갖고 있어야 한다. 자신 안에서 열(에너지)을 만들어내 힘으로 바꿔 돌릴 수 있어야 한다. 그렇게 열과 힘을 얻어 내려면 자신이 갖고 있는 생명의 에너지를 태우는 것을 '사른다'고 한다. 자기 운동을 하는 생명체는 끊임없이 자신의 몸을 태우고 살라 열돌이와 힘돌이를 유지하는 '**사름**'으로 살아간다. 삶은 사름이다.

생명은 죽음과 뗄 수 없이 밀접하게 연관되어 있다. 죽을 수 없는 것은 살 수도 없다. 생명은 죽음에 의해 테두리 쳐지고 죽음에 의해 규정받는다. 생명에서 '생生' 자는 '살 생'일 뿐 아니라 그보다 앞서 '날 생'이다. 살아 있는 생명체는 모두 언젠가 새로 생겨난 것들이다. 그리고 또한 언젠가 그 목숨을 다하고 결국에는 죽을 것이다. 생명은 태어남과 죽음 사이의 기간이다. 그래서 생명에는 살아 있는 기간이라는 의미의 '**수명**'이라는 뜻도 있다. '날 생'의 의미를 갖고 있는 생명에는 '**태어남**'의 뜻만 있는 것이 아니다. 거기에는 또한 '**낳음**'의 의미도 포함되어 있다. 태어남이 있으려면 낳음이 있어야 한다. 삶이 죽음으로 테두리 쳐 있음에도 죽음을 넘어 삶이 계속 유지되려면 죽음을 넘어설 수 있는 방책이 있어야 한다. 생명체는 바로 그 해법의 신비를 자신 안에 갖고 있다. 그것이 바로 낳음과 태어남의 겹구조다. 낳음을 받은 나는 생명의 마당에 참석하여 생명의 놀이를 계속 이어가려면 죽음이 나를 덮치기 전에 또 하나의 다른 나를 낳아야 한다. 낳음을 통한 생식의 사건이 없다면 생명은 죽음에 의해 끝장을 보게 될 것이다.

생명체는 태어남과 죽음 사이의 기간 동안 목숨을 유지하며 살아간다. 살아 있음이라는 생명의 의미는 '**살아감**'이라는 지속과 과정의 뜻을 담고 있다. 구체적으로 살아가는 일정한 기간 동안의 삶의 지속과 과정을, 다시 말해 태어남과 죽음 사이의 살아가는 동안을 흔히 간략하게 '**삶**'이라고 말하기도 한다. 모든 생명체는 자신의 태어남과 죽음 사이의 때를 살아가면서 섭취 · 소화 · 발육 · 성장 등을 통해서 끊임없이 자신을 **변화**한다. 그러한 변화 속에서도 생명체는 동일한 자기임(**자기 정체성**)을 잃지 않고 유지한다. 오히려 변화의 조짐을 보이지 않는 것은 죽은 것으로 통한다. 이러한 삶은 일정한 때-사이에 의해 한정될 뿐 아니라 또한 공간에 의해서도 제약을 받는다. 모든 생명체는 물체를 가진 존재자로서 일정한 공간을 점유하며 살아간다. 그래서 '살다'라는 말에는 **'거주하다, 거처하다'**라는 뜻이 있다.

이렇게 열거한 넓은 의미의 생명 활동을 우리는 **'살다'**라는 동사로 표현한다. '살다'는 숨을 쉬며 자기 생명의 원동력을 끊임없이 '살라' 목숨을 이어나감을 뜻한다. 목숨의 불꽃을 사르면서 삶 속에 머무르려 애쓰는 모든 생명체는 자기 자신을 유지하고 보존하려 버둥거린다. 생명체의 살아 있음 또는 살아감은 우리가 흔히 자연 현상에서 관찰할 수 있는 물리적 변화와는 다르다. 생명체에서 우리는 삶의 구심점 같은 것을 발견할 수 있다. 그러한 살려는 '의지'를 우리는 **자기 자신성**이라 이름 붙일 수 있다. 변화의 축을 자신 안에 두고 스스로를 움직이고 자신을 보존하려 애쓰며 그러기 위해 끊임없이 주변 환경에 신경 쓰면서 그에 적절히 대처하려고 노력한다. 그렇게 하기 위해서 자기 자신을 계속 바꿔나가면서 쇄신하고 갱신하고 향상한다. 생명체에서 우리는 이러한 자기 현상, 자기 보존, 자기 변화, 자기 쇄신을 확인할 수 있다. 여기서 한 걸음 더 나아가 생명체는 이 '자기'를 자신의 개별적이고 구체적인 물질적 '여기와 지금'에 국한하지 않고 '종種, Gattung, art'의 형태로 계속 유지해나가려는 경향을 갖고 있다. 무생물과 비교할 때 가장 눈에 띄는 특징은 생물이 갖고 있는 바로 이러한 **자기 복제** 능력이다.

인간의 '생명'에 대한 이해는, 자신의 생활 주변에서 흔히 마주치는 구체적인 생명체에서부터 시작되지만 거기에 국한되지는 않는다. 인간은 자신을 비롯해 주변에 있는 모든 것이 신비한 생명의 힘에 감싸여 있음을 느낀다. 이 땅 자체가 살아 있음을, 아니 이 우주 자체가 살아 있음을 몸으로 경험하며 산다. 존재하는 것은 곧 살아 있는 것이다. 그렇지만 우리는 우리 주변에서 끊임없이 많은 생명체가 태어나 살다가 결국에는 죽어버림을 확인한다. 따라서 우리가 보는 구체적인 생명체는 생명력을 부여받아 살아가다가 그 생명력이 다하면 죽게 되는 셈이다. 그렇다면 구체적인 생명체에 생명을 불어넣어 살아 있게 하는 생명력은 무엇인가? 무엇이 구체적인 생물들로 하여금 살아 있게 할 뿐 아니라 자신들의 종을 퍼뜨려 계속 살아남게 하는가? 인간은 이렇듯 생명 현상을 대하면서 '생명'에 대해 물음을 던지기 시작했다. 그리고 우리는 물음은 똑같지만 문화권과 세계에 따라 물음을 대하는 태도가 다름을 앞에서 살펴보았다.

영어의 'life'—불어의 'vie', 독일어의 'Leben'—는 우리말로 대개 '생명'이라고 번역한다. 그러나 우리가 일상생활에서 말하며 쓰는 '생명'이라는 말에는 저 단어에서는 감지할 수 없는 다른 어떤 것이 느껴진다. 그것이 무엇일까? 생명이라는 글자를 풀이해보면 그것이 무엇인지 감을 잡을 수 있다. '생명生命'에서 생生이라는 글자는 '땅에서 싹이 돋아나는 것'을 형상화한 글자라고 한다. 이 글자에서 읽어낼 수 있는 의미는 '하늘과 땅 사이에서 하늘과 땅의 큰 힘을 받고 땅을 뚫고 하늘을 향해 새 싹을 틔워 그 사이에 존재하게 됨'이다. 생명에서 명命이라는 글자 또한 중요한 의미를 지니고 있다. 명命은 '입 구口' 자와 '명령할 령令' 자가 합쳐진 글자로, '령令' 자는 관청 안에서 무릎 꿇고 있는 사람의 모습을 형상화한 글자라고 한다. 관청에서 높은 사람이 하늘에서 명 받은 것을 선포하는 것이 '령令'인데, 모든 명령 선포가 입으로 이루어지기에 그 점을 분명히 하여 '입 구口' 자가 덧붙은 것이다. 따라서 '명命'자의 의미는 높은 사람이 관청에서 무릎을 꿇고 하늘로부터 령令 받은 것을 말하여 선포한다는 뜻을 담고 있다. 이러한 명命에는 명령, 천명, 운명 등의 의미가 담겨 있는데, 그중에서도 가장 큰 것은 천명天命이라는 의미다.

따라서 우리는 생명이라는 우리말에서 다음과 같은 뜻을 읽어낼 수 있다. 하늘과 땅의 큰 덕으로 하늘과 땅 사이에 나서 살아가는 모든 것이 생명이다. 살아 있는 모든 것, 살아 있게끔 하는 모든 것이 하늘의 명을 받은 '생명'들로서, 하늘과 땅의 힘돌이와 열돌이, 숨돌이와 피돌이에 참여하고 있다. 인간은 하늘과 땅 사이에 존재하면서 천지 만물과 더불어 지구 살림살이를 꾸려나갈 것을 명령받은 살림지기로서 모든 생명체에서 하늘의 뜻을 읽을 수 있어야 하며, 그 신비로운 생명의 사건에 '사이 존재'로서 책임감을 갖고 동참해야 한다.

3. 한국 생명 사상의 뿌리와 흐름

생명과 평화를 사랑하는
한민족(배달겨레)

동북아시아에서 한민족은 동이족^{東夷族}으로
알려졌다. 동이족인 한민족은 자신들을 예^濊 또는 맥^貊으로 자처했다. 예^濊는
동쪽을, 맥^貊은 밝음을 뜻했다. 한민족은 동에서 환히 비치는 태양의 광명을
받았다는 의미에서 예맥, 한^{韓=桓: 밝음}을 자기 부족의 이름으로 택했다. 예로
부터 태양이 떠오르는 동쪽 하늘은 생명의 시작이며 근원처로 간주되었다.
그 생명은 매일 아침 새로워지며 땅과 사람 그리고 만물에게 생명의 숨을
불어넣어 준다.[56]

동북아 일대의 산천 이름, 사람 이름 등에 백^{白: 밝} 자가 많은 것도 이런 역
사적 배경과 무관하지 않다. '白^밝'은 '희다'와 '밝다'를 뜻한다. '白'은 밝
고 따뜻한 햇빛을 나타낸다. 한민족은 스스로를 '배달의 겨레'라고 불렀는
데, 이때 배달은 '밝달'이고 그것은 '밝은 땅'을 뜻한다.[57]

---

56 박재순 외, 『한국 생명 사상의 뿌리』, 이화여자대학교출판부, 2001, 39~40쪽 참조.

고대 동북아시아에서 한민족은 생명을 사랑하고 서로를 아끼는 문화 민족으로 인정받았다. 고대 중국인들은 한민족에 대한 찬사를 아끼지 않았다. 『후한서後漢書』, 「동이전東夷傳」 서문에는 이렇게 쓰여 있다.

동이족이 남긴 옥신상

동방을 이夷라고도 한다. 이夷란 (……) 어질고 물건 살리기를 좋아해서 만 가지 물건이 땅에 뿌리박고 난다는 말이다. (……) 그들은 천성이 유순하여 올바른 도리로 인도하기가 쉬워서 군자가 죽지 않는 나라다. (……) 동이들은 (……) 즐겁게 술 마시고 노래하고 춤추며, 변관 쓰고 비단 옷을 입는다.

또한 『예기禮記』, 「왕제편王制篇」은 서융西戎, 남만南蠻, 북적北狄을 비난하면서, 동이東夷는 "어질어서 만물을 살리기를 좋아한다"라고 말한다.[58]

중국의 『산해경山海經』은 예맥, 숙신 등 동이족, 한민족을 '호생불살생군자지국好生不殺生君子之國'이라고 표현한다. '호생'은 '산 것을 좋아한다, 살리기를 좋아한다, 생명을 사랑한다'는 뜻이다. 그리고 '불살생'은 '산 것 죽이기를 좋아하지 않는다'는 뜻이다. 민족성이 그렇다는 말이다. 엄밀히 따져서 민족성이라는 것이 존재하는가 하는 철학적인 질문을 제기할 수 있겠지

---

57 서정범, 『우리말의 뿌리』, 고려원, 1996, 40쪽 이하 참조. 배달은 '밝달'이고 '달'은 땅의 옛말이므로 '밝은 땅'을 뜻한다.

58 박재순 외, 『한국 생명 사상의 뿌리』, 40쪽 참조.

만, 실제로 죽이는 것을 좋아하지 않는 민족적 근성이 있다는 것이다. 그래서 군자의 나라라고 했다. 이는 우리 민족이 평화를 사랑하는 동시에 생명 또는 산 것을 좋아하고 살생을 좋아하지 않는 근본을 가지고 있다는 이야기다.[59]

단군 신화의 생명 사상

『삼국유사三國遺事』에 나오는 단군 신화에 의하면 환인桓因의 서자 환웅桓雄이 천하를 자주 생각하여 인간 세계를 탐구했는데, 아버지가 그 뜻을 알고 아래를 보니 삼위태백三危太白이 홍익인간弘益人間 함 만한 곳이라, 여기에 내려보내서 세상을 이치로 다스리게 했다. 사람이 되기를 바라던 곰은 인내와 극기로 여자가 되어 환웅과 혼인하여 단군왕검檀君王儉을 낳았다. 1,500년 동안 다스리다가 중국 세력에 밀려난 단군은 아사달에 숨어서 산신이 되었다.

단군 신화에 대한 해석은 매우 많고 관점도 무척 다양하다. 여기서는 단군 신화가 담고 있는 생태학적 인식과 자연 친화적 홍익인간 사상에 주목한 민속학자 임재해의 해석을 살펴보기로 한다.[60] 그에 의하면 단군 신화의 서사적 구조는 크게 볼 때 신과 인간, 동물 사이에서 전개되고, 주무대는 태백산 신단수로 설정되어 있다. 건국 시조인 단군의 출현은 신과 동물, 하늘과 땅 사이에서 이루어지는데, 거기서는 신도 인간을 동경하고 동물도 인간을 동경하는 인본주의적 성격이 분명하게 드러난다. 천신인 환웅이 인간 세상

---

59 김지하, 「모심과 살림의 미학-생명 사상의 역사와 철학」, 모심과살림연구소 엮음, 『모심 侍』, 2005, 22쪽.
60 임재해, 「단군 신화를 보는 생태학적인 눈과 자연친화적 홍익인간 사상」, 『단군학 연구』 제9집, 단군학회, 2003년 12월 30일, 115~157쪽.

무씨사당 화상석에 담긴 단군 신화

을 동경한 나머지 마침내 지상으로 내려올 뿐 아니라, 동물인 곰과 호랑이도
사람이 되고자 굴 속 수행을 한다. 인간이 신과 동물의 중심에 있으면서도,
신과 동물이 함께 만들어가려는 세계가 바로 단군 신화의 인간 세상이다.

그러나 이때의 인간 세상은 인간만으로 이루어져 있지 않다. 환웅이 태백
산 신단수 밑에서 인간 세상을 다스리는 과정에 우사雨師 · 운사雲師 · 풍백風伯
등 기상을 관장하는 신격이 등장하는가 하면, 곰과 호랑이 등 동물들까지 출
현하여 사람이 되려고 동굴 속에서 쑥과 마늘을 먹는다. 그리고 사람으로 변
신한 곰네(웅녀熊女)가 환웅과 만나 비로소 단군을 낳는데, 그 단군은 죽어서
산신이 된다. 인간중심주의의 세계상이 전개되는 것이 아니라 인간과 자연
이 생태학적으로 공생할 뿐 아니라, 신과 인간, 동물이 존재론적으로 순환하
는 인본주의 세상이 펼쳐지고 있다. 그러므로 홍익인간 이념은 이처럼 자연
과 공생하는 인간 세상, 다른 존재로 전환되고 순환하는 세계상과 만난다.

임재해는 하늘과 땅이 만나고, 신과 동물이 만나 하나의 온전한 인간으로
태어나는 단군을 생태학적 인간이라고 말한다. 생태학적 인간이란 달리 말

하면 자연의 아들이자 자연 속의 인간이다. 자연, 곧 천지天地를 인간의 부모로 인식해온 자연관은 민속 신앙의 전통 속에서 현재까지 유지되고 있다.

단군 신화에서 흥미로운 점은 신화의 세 주체인 환웅과 곰, 그리고 단군이 제각기 신, 동물, 인간이면서 그 자체로 존재하지 않고 다른 존재로 비약한다는 점이다. 신과 동물, 인간은 절대적 존재가 아니라 순환적 존재로 묘사되고 있다. 단군 신화에서 말하는 홍익인간의 이념은 자연을 수단화하여 인간만을 널리 이롭게 하라는 '인간중심주의'가 아니라, 신과 동물의 조화 속에서 인간과 자연이 서로 공생하며 순환하는 생태학적 세계를 이룸으로써 '인간 세상에 존재하는 모든 생명'을 널리 이롭게 하는 '홍익생명주의'라 할 수 있다.

단군 신화의 자연 친화적 요소를 좀 더 가까이 살펴보려면 자연물에 해당되는 산과 나무의 요소에 주목할 필요가 있다.[61] 먼저 신성한 공간으로 이야기되는 산을 보면, 삼위태백의 하나로 지목된 태백산과 산신이 된 아사달의 백악산이 있다. 이들 산은 모두 신이 머무는 신성한 산이다. 태백산이 신시神市의 공간이자 천왕의 공간이며 천신의 공간이라면, 아사달은 도읍의 공간이자 인왕의 공간이며 산신의 공간이다. 단군 신화는 산신의 기원을 말하는 산신 신화이기도 하다. 한민족은 예로부터 자연을 사람처럼 살아 움직이는 실체로 인식하고 자연의 신령을 믿는 가운데 산신령을 믿어왔다.

---

61 대종교에서 천진天眞이라 부르는 단군의 모습엔 어깨와 허리에 푸른 나뭇잎이 돋아 있다. 황해도 구월산 삼성사三聖祠에 모셔져 있는 단군상도 비슷한 모습으로 형상화되어 있다고 한다. 신화의 세계에서 볼 수 있는 자연 속 인간의 표상이다. 단군 신화에서 곰과의 교접을 위해 내려온 환인桓因. 天神. 하늘님의 아들 환웅桓雄은 신단수神檀樹, 곧 신령스런 박달나무(188) 아래로 내려왔다. 그래서인지 '단군檀君'의 단은 주로 '밝'으로 해석되지만, 글자 그대로 '박달나무 사람'으로 읽히기도 한다. 주요섭, 「동도동기東道東器의 생태담론을 위한 시론」, 모심과살림연구소 엮음, 『모심 侍』, 187~188쪽 참조.

환웅이 지상으로 올 때 태백산 신단수에 내려와 좌정했기에 환웅 산신의 신체는 신단수인 셈이다. 무리 3,000을 거느리고 신단수 밑에서 신시를 열었다고 하니 신단수는 무성한 숲일 가능성이 크다. 신단수는 신수神樹로서 나무 개체를 일컫는 말이면서 또한 신단수를 포함하는 신성한 숲, 곧 신단 쑤神壇藪를 일컫는 말이다. 중요한 것은 이 신단수 아래에서 건국 시조인 단군의 잉태가 이루어진다는 점이다. 신단수는 인간 세계가 열리는 태초의 공간이자 생명이 비로소 잉태되고 출산되는 창조의 공간이다. 한민족의 마을이나 고을을 지켜주는 지역 공동체의 신격 역할을 해온 당나무의 전통은 지금까지 이어져오고 있다.

단군 신화가 이상으로 그리는 인간 세상은 산과 숲을 무대로 하늘과 땅, 신과 동물이 만나 인간을 잉태하는 천지인天地人 삼재론三才論 및 천지부모天地父母 사상이 그 토대를 이룬다. 따라서 신과 인간, 동물과 식물, 비바람과 구름이 공생적 세계관을 이루되 자연을 인간의 부모로 삼는다는 점에서 자연 우위적 인본주의라 할 수 있다.[62]

17세기 이전, 즉 자본주의가 태동하여 자연을 지배와 개조의 대상으로 삼기 이전에는 대체로 지구상의 모든 민족과 문화가 생태 친화적이었다. 사람들은 자연 속의 삶에 자족하며 살았다. 단군 신화에서부터 이어져 내려온 한국의 생태적 사유도 나름대로 일관된 흐름을 보이고 있다. 단군으로 형상화된 무속적인 자연관과 삼재三才의 세계관이 가장 깊은 핵심을 이루고 있으며, 그것은 후에 신선 사상, 접화군생接化群生의 풍류도로 이어지게 된다. 이후 불교와 유교가 지배 문화가 되면서 민중 속으로 가라앉았던 무속 문화와 삼재론적 세계관은 근대에 이르러 동학과 증산교를 비롯한 민족 종교 속에서

---

62 임재해, 「단군신화를 보는 생태학적인 눈과 자연친화적 홍익인간 사상」, 『단군학 연구』 제9집, 115~157쪽 참조.

꽃 피우게 된다.

한민족의
생명 사상의 전개

밝고 따뜻한 생명을 추구한 한민족의 삶과
정신을 드러내는 알갱이 말은 '한'이다. '한'은 한민족의 삶의 밑뿌리를 드
러내고 한민족의 근원적인 생명 체험을 드러낸다. '한'은 한민족의 정체를
나타내는 말이다. 한국, 한민족, 한겨레, 한글, 한얼, 한울, 한아님 등등. 우
리 한국인의 심성에 깊이 깔려 있고 넓게 퍼져 있는 개념은 바로 '한'이며,
우리에게 한얼이 빠지는 것은 얼빠진 허수아비가 되는 것과 같다. "'한'이
우리 생활의 등뼈다. (……) 그리고 그것을 인격화하여 대표하는 것이 한님
곧 하나님 또는 환인이다."[63] '한'은 예로부터 오늘에 이르기까지 한국인
의 사상을 밑받침하고 있는 마음 바탕이다.[64]

'한'의 말뜻은 매우 복합적이고 다양하다. '환하다, 크다, 임금(우두머리),
높음, 온전함, 대략, 하나, 많은, 무릇, 모든, 바른, 넓은, 가운데.' 이 말 속에
상반된 의미들이 담겨 있다. 이런 다양한 의미를 지닌 '한'의 어원은 무엇일
까? 학자들은 '한'이 환하다=해=밝음[日]에서 온 말이라고 본다. 한은 환히
밝다는 '환[桓]'을 뜻한다. 한울은 끝이 없는 넓이의 울타리다. 한울의 밝음은
동에서 비치는 환한 밝음이다. 환한(밝은) 한울은 생명의 씨의 근원이다. 한
민족의 한=밝 사상은 하늘과 태양과 신을 하나로 보는 사상이다.[65]

---

63 함석헌, 『뜻으로 본 한국역사』, 함석헌 전집 1, 한길사, 1993, 105쪽.
64 박재순 외, 『한국 생명 사상의 뿌리』, 42쪽 참조.
65 박재순 외, 『한국 생명 사상의 뿌리』, 42~43쪽 참조.

밝고 환한 세상은 하나로 통하는 세상이고 전체가 다 드러나는 세상이다. '한'은 한민족의 근원적 생명 체험이고 생명 이해다. '크고 하나이며, 밝고 환함'을 지향하는 '한' 사상은 생명을 조화롭고 포괄적인 실제로 본다. 생명은 하나면서 전체다. 분화하면 많음이 되고, 다양한 많음이 수렴/통전되면 하나로 귀결된다. 한민족은 생명의 대립적인 차별적 현상 속에서 조화, 균형, 상보 상생하는 생명운동을 보았다. 한민족은 하늘과 땅, 초월과 내재, 성과 속, 형태와 비형태가 생명 속에 결합되어 있음을 체험했다. 하나이면서 전체를 포괄하는 '한'으로서의 생명 이해와 생명 체험은 자연 생명 세계와 '하나 되고, 어울리며, 어우러지는' 삶으로 나타난다. 한국인의 이러한 삶은 자연에 대한 예술 문화적 태도에서 잘 드러난다.

'한'으로서의 한국적 생명관과 생명 이해는 도덕관과 생사관으로도 나타난다. '한' 사상은 '온'(전체=큼=많음)과 '낱'(개체=하나), 선과 악, 삶과 죽음을 함께 본다. 선(한 사람)과 악(한 사람)을 대립적으로 보지 않고 상대적이고 유동적으로 본다. 선이 악이 될 수도 있고 악이 선이 될 수도 있다. 선과 악을 높은 차원에서 부정하면 일치가 된다. 이 일치에서 새로운 고차적 선이 생긴다. 이 부정-일치의 과정은 무한히 진행된다. 선과 악이 이원적이지 않고 일원적이다. 한민족은 죽음을 삶의 연장으로 보았다. 그래서 한민족에게는 조상을 섬기는 일이 굉장히 중요했다. 죽은 사람이 산 사람과 내통한다. 사람의 생사가 양극적인 것이 아니고 큰 하나이므로, 죽은 영혼이 산 사람을 음조陰助할 수 있다. '한' 사상은 조화의 사상, 평화의 사상이다. '낱'으로서의 '한'이 있으므로 분열을 두려워하지 않고, '온'으로서의 '한'이 있으므로 전체주의의 질고를 두려워하지 않는다.[66]

---

66 박재순 외, 『한국 생명 사상의 뿌리』, 44~45쪽 참조.

'한'의 사상에서 보면 둘은 하나이고 하나이면서 둘이다. '한'이라는 하나의 존재가 '크다(전체)'와 '하나다'라는 이원적 구조를 가지고 있는 일원적 존재로 이해될 때는 '묘합妙合(신묘한 조화)'으로밖에 설명할 수 없다. 삶은 다양하고 다원적이며 복잡하고 중층적이면서도 구체적인 하나의 생명체로 존재한다. 모든 생명체는 우주적 요소들과 생명 작용의 묘합이다. '한' 사상은 이러한 생명 현실을 충실히 반영한다. '한' 사상은 조화와 원융, 역동적인 일원론을 담고 있다. 양극화, 분리, 대립, 배제, 갈등의 논리와 사고는 삶의 본질과 현실에 충실한 한민족의 기본 정서와 사유에 낯설다. '한' 사상은 무한히 포용적이고 동화적이며 낙관적인 사고다.[67]

이러한 묘합의 원리로서 '한' 사상은 외래 종교와 사상을 흡수 동화하면서 한민족의 종교와 사상을 형성하는 원리가 되었다. 유불선儒佛仙 삼교를 포함하는 한민족의 현묘지도玄妙之道를 최치원崔致遠은 풍류도風流道라 했다. 이 심원하고 미묘한 풍류도는 '한' 사상을 가리킨다. '한'의 정신과 원리가 유불선 삼교를 포용하고 융합하여 현묘한 풍류도를 이루어냈다. '한' 사상은 원효의 원융무애圓融無碍, 화쟁사상和諍思想으로 표출되고, 고려의 의천義天(대각국사大覺國師)과 지눌知訥(보조국사普照國師)이 조계종의 기초를 닦은 교선일여敎禪一如의 사상으로 이어진다. 이을호에 의하면 송대 유학을 유입한 이후 고려 말에서 조선조 말까지 '한' 사상의 명맥은 끊겼다. 그러나 조선조에 기고봉, 이율곡, 정다산 등이 '한' 사상의 명맥을 잇고 있다고 본다. '한' 사상은 장구한 단절의 위기를 맞았지만 민속이나 민중의 피 속에 잠겨 있었다. 그러다가 19세기 서세동점의 위기를 맞은 한민족은 위대한 민중 종교들을 통해, 다시 말해 대종교의 '한아님' 신앙, 동학의 인내천人乃天, 증산교의 신명神明과

---

67 박재순 외, 『한국 생명 사상의 뿌리』, 45쪽 참조.

해원상생懺寃相生, 원불교의 은恩 사상에서 '한' 사상을 활짝 꽃피웠다. 19세기에 태동한 이러한 민중 종교들은 하나같이 민족적 자주성을 확립하고 세계 평화의 길을 제시했다.[68]

최치원의
생명 존중 사상

소장학자 최영성은 한국 사상은 생명을 존중하고 평화를 애호하는 것이 그 기본 정신이라 할 수 있으며, 유불도 사상이 뿌리를 내리면서 이러한 생명 존중 사상이 더욱 넓게 퍼지고 더욱 체계화되었다고 말한다.[69]

최치원은 우리나라 역대 선유先儒 중에서 '동東'에 함축된 의미와 상징성을 의식하고, 이를 글로 표출하여 '동'의 의식과 문화와 인간론을 전개한 역사상 최초의 인물이라 할 수 있다. 그는 어려서 당나라에 유학을 갔다가 29세에 신라로 귀국한 뒤 여러 글에서 조국의 위대함을 예찬했는데, 으레 '동방東方'과 '동인東人'이 그 화두가 되었다.

'동방'은 자연 현상이 시작되고 만물이 비로소 피어나는 '생명의 방위'다. 활발발活潑潑하게 살아 움직이는 방위이기에 '동방'이라고도 했다. '동'은 우리말로 '새'인데 '새'가 들어가는 낱말을 보면 '샛바람(동풍東風)', '새 밝, 새벽, 샛별(동명東明), 새봄(초춘初春)', '날이 샌다(계명啓明)', '물이 샌다(누설漏洩)', '새것(신新)' 등의 예에서와 같이 '처음', '시작', '새로움', '밝음' 등의

---

68 박재순 외, 『한국 생명 사상의 뿌리』, 45~46쪽 참조.
69 최영성, 「고대 생명 사상의 원류와 생성–최치원을 다시 읽는다」, 『한국의 생명담론과 실천운동』, 세계생명문화포럼-경기2004 자료집(증보판), 경기문화재단, 2005, 21~39쪽 참조.

부산 해운대에 위치한 최치원(857~?) 동상

의미를 지닌다. 또 '새파랗다'의 경우처럼 '지극'을 의미하기도 한다. 우리의 고유 사상을 '밝사상'이라 하여 밝음과 연관시키는 것도, '빛은 동방으로부터ex oriente lux'라는 말을 인용할 필요조차 없이 동방과 직결된다.

앞에서 예로 든 새벽 해와 봄바람은 모두 동방에서 비롯하는데, 새벽 해는 온 누리에 광명을 비춰주고, 봄바람은 만물이 생장하도록 최촉催促한다. '지상의 열매를 맺게 한다'라는 말은 동방이 생명의 방위임을 말한다. 최치원은 우리 동인의 어진 인성이 '천하의 어두움을 깨고 땅 위의 열매를 맺게 하는' 물성物性과 같이 '천지생물지심天地生物之心'과 '호생지덕好生之德'으로 충만해 있다고 했다.

최치원은 우리나라 사람을 '동인^{東人}'이라 하고, 또 우리나라를 '동국^{東國}'이나 '대동^{大東}' 또는 '해동^{海東}' 등으로 자랑스럽게 일컬었다. 동방이 만물시생지방^{萬物始生之方}이라는 의미에서 '동국'이라는 칭호를 자랑스럽게 생각했다. 그는 『사산비명^{四山碑銘}』에서 자신의 동방관을 집중적으로 전개했으며, 우리 동인의 어진 성품에 대해 나름의 독특한 논리를 펼쳤다.

오상^{五常}을 다섯 방위로 나누어 동방^{動方}에 짝지어진 것을 인심^{仁心}이라 하고, 삼교에 이름을 붙이되 정역^{淨域}을 나타낸 것을 불^佛이라고 한다. '인심'이 곧 부처이니 부처를 능인^{能仁}이라 일컬음은 이를 본받은 것이다. 욱이^{郁夷}(우리나라)의 유순한 성원^{性源}을 인도하여 가비라위^{迦毘羅衛: 釋迦}의 자비의 교해^{教海}에 닿도록 하니, 이는 돌을 물에 던져 물결이 퍼져 나가는 듯하고, 빗물이 모래를 모으는 것같이 쉬웠다. (……) 지령^{地靈}은 이미 '호생^{好生}'으로 근본을 삼고, 풍속은 '호양^{互讓}'으로 주를 삼았음에랴. 화락은 태평국의 봄이요, 은은한 상고의 교화라.[70]

우리 태평국의 승지^{勝地}는 사람들의 성품이 매우 유순하고, 대지의 기운은 만물을 발생시키는 데 모아졌다. (……) 선^善을 따르는 것이 물 흐르는 듯하다. 이런 까닭에 군자의 풍도^{風度}를 드날리고 부처의 도에 감화되어 젖는 것이 마치 붉은 인니^{印泥}가 옥새^{玉璽}를 따르고 쇠가 거푸집 안에 들어 있는 것과 같다.[71]

동방을 만물이 처음으로 피어나는 방위라는 의미에서 '동방^{動方}'이라 했

---

70 최치원, 『역주 최치원 전집 1-사산비명』, 아세아문화사, 1998, 257~258쪽.
71 최치원, 『역주 최치원 전집 1-사산비명』, 142~143쪽.

다. 그리고 동방은 '인방仁方'이며 계절로 치면 봄(춘春)에 해당한다는 점을 시사했다. 위에서 '태평국의 봄'이라 한 것은 '호생위본好生爲本'과 연결되는데, 우리 동방은 항상 생명체를 생겨나게 하는, 춘의春意가 발동하는 생명의 방위이기 때문이다. 즉 우리 동인은 애초부터 어진 마음과 뭇 생명체를 살리기 좋아하는 '호생지덕'을 갖추었다는 것이다. 그는 동방은 '인仁'에 배합되므로 우리나라 사람들의 성품은 어질고 유순할 수밖에 없으며, 이는 지기地氣가 그렇게 시킨다고 하였다. 그의 이른바 '지지사연地之使然'이라는 말이 바로 그러하다.

이 논리는 대부분 유가의 경서經書와 중국 역사서에 근거를 두고 있다. 특히 '호양부쟁互讓不爭'(『산해경』), '인이호생仁而互生'『풍속통風俗通』, '천성유순天性柔順'(『후한서』) 등은 우리 동인의 천부적인 민족성을 특징적으로 말해준다. 특히 그가 동방의 위대함을 예찬하면서 '지기地氣가 만물을 발생시키는 데 모아졌다地合發生」'라고 한 것은 '생生의 철학', '생명 사상'과 관련하여 중요한 단서라고도 할 수 있다.

『산해경』에는 우리나라 상고대 국가의 하나인 군자국君子國과 청구국青丘國에 대한 기록이 있다. 청구국의 '청'이 동방을 의미하듯 동방은 여러 가지 중요한 의미를 지닌다. 『이아爾雅』에서는 "동쪽으로 해 뜨는 곳에 이르면 그곳이 태평이다. 태평국 사람들은 어질다"라고 하였고, 『회남자淮南子』에서는 "동방에 군자국이 있다"라고 했다.

『후한서』, 「동이전」에는 이렇게 기술되어 있다.

『예기』, 「왕제王制」에 말하기를, '동방을 이夷라 한다' 하였다. '이夷'란 '저低'이니 어질고 살리기를 좋아해서 만물이 땅에 뿌리박고 생겨남을 말한다. 그러므로 그들은 천성이 유순하여 올바른 도리로 인도하기가 쉬운지라, 군자가 죽지 않는 나라가 있기에 이르렀다. (……) 그런 까닭에 공자도 구이에 가서 살고 싶어 했던 것이다.

최치원은 "생기고 변화하며 생기고 변화하는 것이 동방(진^震)을 터전으로 한다"라고 하면서, '생화생화^{生化生化}'라는 말을 했다. '생화^{生化}'란 '생성과 변화' 또는 '생육^{生育}과 화성^{化成}'이라는 말로 이해할 수 있다. 생성은 변화를 위한 생성이고 변화는 새로운 생성을 위한 모태가 된다. 또 이것은 우주 만물의 생^生·장^長·성^成·수^遂 과정이 모두 화^化인 것과 같다. '생화생화'는 생생지리^{生生之理}를 말한 것과 같다.

최치원은 '夷, 易也'라고 풀이한다. 이^夷가 '평탄^{平坦}', '평이^{平易}' 등의 의미로 사용된 예는 빈번하다. 『후한서』에서 '도리로써 사람들을 인도하기가 쉽다'라고 한 말에 근거하여, 교화 또는 제화^{濟化}가 쉽다는 뜻으로 풀이했다. 한국 고유 사상의 본령을 '생^生'과 '화^化' 두 축으로 압축하여 논하는 것이다. 최치원의 「난랑비서^{鸞郎碑序}」 첫머리 내용을 보면 이렇다.

우리나라에 현묘한 도가 있는데 이를 '풍류^{風流}'라고 한다. 교^教를 설^設한 근원은 『선사^{仙史}』에 자세히 실려 있거니와, 내용은 곧 삼교를 포함^{包含}하는 것으로서, 군생을 접촉하여 감화(변화)시킨다. 이를테면, 들어와 부모에게 효도하고 나아가 나라에 충성하는 것은 노사구^{魯司寇: 孔子}의 주지^{主旨}와 같고, 무위^{無爲}로써 세상일을 처리하고 말없는 가르침을 행하는 것은 주주사^{周柱史: 老子}의 종지와 같으며, 모든 악한 일을 하지 않고 모든 착한 일을 받들어 행하는 것은 축건태자^{竺乾太子: 釋迦}의 교화와 같다. (『삼국사기(三國史記)』 권4)

여기에서 중요한 개념인 '포함삼교^{包含三教}'와 '접화군생^{接化群生}'을 살펴보자.

'포함包含'은 '본래부터 그 속에 들어 있다'라는 뜻이다. 따라서 최치원이 '포함삼교'라 하여 세 가지 예를 든 것은, 삼교 사상의 핵심적 요소를 가지고 풍류 사상의 실체를 해석한 것이 아니라 풍류도의 핵심 강령이 삼교 사상의 중요 요소와 부합한 것으로 파악했음을 시사한다.

최치원은 '화化'를 자주 말했다. 그러나 '접화接化'라는 말은 그 전고를 찾기 어렵다. '화'에는 '교화', '감화', '덕화', '변화' 등 여러 의미가 있다. '접화군생'은 단군 신화에 나오는 '재세이화在世理化'의 '화' 전통을 잘 계승한 것이라 할 수 있다. 여기에서 '화'는 두 가지 측면에서 이해될 수 있다.

하나는 신神과 물物이 각각 변화하여 신물통일체神物統一體로서의 인간 존재가 생성되는 원리를 뜻함이니, 이는 바로 자연의 생성 변화 원리를 말한다. 다른 하나는 만물과 군생群生을 다스려 세계를 변화시키는 이른바 이화理化를 뜻한다. 여기서 '홍익인간'의 도덕적 교화 원리가 전개되는 것이다. 그런데 이러한 두 가지 내용의 변화 원리는 어떤 관계를 갖는가. 대체로 객관적인 천지자연의 생성 변화 원리를 내면화해서 인간 주체적으로 자각했을 때 신명神明의 덕이 체득되는 동시에 비로소 신이 인간에게 준 천명天命, 즉 신의 명령으로서의 도덕적 교화 원리가 밝혀지는 것이다.

'접화군생'은 '홍익인간'보다 그 뜻이 더욱 넓은 한국 고유의 '어짊'의 표현이요, 풍류도의 범생물적인 생생生生의 자혜慈惠를 의미하는 말이다. 초목 군생이나 동물에까지도 덕화德化를 베풀어 생을 동락동열同樂同悅토록 하는 것을 '접화군생'이라 표현한 것이다.

접화군생은 뭇 생명과의 교감과 소통을 절묘하게 표현하고 있다. 김지하는 접화군생 네 글자에 생명론 또는 생태론의 핵심이 모두 들어 있다고 주장한다. 그가 생명의 가장 큰 특성으로 꼽는 영성, 관계성, 순환성, 다양성이 이 네 자로 표현될 수 있다는 것이다. 즉 접接은 관계성, 화化는 순환성, 군群

은 다양성, 생生은 영성이라고 부를 수 있다. 나아가 접화군생의 풍류風流(문화 운동으로서 환경운동)를 통하여 천지 만물을 내 몸같이 여기며 진실로 아끼고 사랑하는 천지공심天地公心의 인간, 『천부경天符經』을 빌려 말하면 사람 안에 천지와 우주가 통일되어 있다는 인중천지일人中天地一의 인간으로 거듭나는 데서, 환경운동, 생태운동, 생명운동이 다시 시작되어야 한다고 말한다.[72]

포함삼교가 '체體'라면, 접화군생은 '용用'이라 하겠다. 최치원이 말하는 '화化'는 자연의 생성 변화 원리이자 도덕적 교화 원리이기도 하다. 주로 감화感化 · 덕화德化 · 제화濟化의 의미로 사용되면서 때때로 변화의 의미로 사용되기도 한다. 이와 같이 최치원은 우리 고유 사상을 '생'과 '화'의 두 축으로 이해하면서, 생명 존중의 단계에 머물지 않고 모든 생명체를 감화感化 · 변화變化 · 교화敎化시키는 단계까지 끌어올렸다.

최한기의 생명 우주관:
생생한 기운이 쉼 없이 움직이는 우주

소장학자 이현구는 「생명 사상으로 읽는 최한기崔漢綺의 기학氣學」[73]에서 최한기의 생명 우주관을 설명한다. 그에 따르면 혜강 최한기의 기학에서는 우주의 근원을 기氣로 본다. 만물은 기에서 나오고 기로 되돌아간다. 이 기의 속성을 최한기는 '활동운화活動運化'라는 네 글자로 집약하여 표현했다. 이 네 글자는 기의 생명성活, 운동성動, 순환성運, 변화성化을 표현한 것으로 해석된다. '활동'의 두 글자를 최한기는 '생기상

---

72 주요섭, 「동도동기의 생태담론을 위한 시론」, 모심과살림연구소 엮음, 『모심 侍』, 192쪽 참조.
73 이현구, 「생명 사상으로 읽는 최한기의 기학」, 『한국의 생명담론과 실천운동』, 41~47쪽.

최한기(1803~1877)의 지구 전후도

동^{生氣常動}' 네 글자로 풀이했다. '생생한 기가 쉼 없이 움직이는' 양상이 우주의 근원적 존재 양상이며, 이러한 생기상동은 광대한 우주 진화의 과정으로 전개된다. 최한기는 『성기운화^{星氣運化}』에서 활동운화하는 기를 '운화기^{運化氣}'라 부르고, 이로부터 성기^{星氣}, 성운^{星雲}, 성단^{星團}과 여러 은하, 태양계, 지구, 만물이 생겨난다고 설명한다. 그러므로 만물은 기에서 생겨났으며, 또한 기에 둘러싸여 존재한다.

최한기는 전통적 생명 우주관을 새로운 내용으로 구성했다. 최한기의 '기학'은 세계를 운화運化의 세계로 보고, 운화를 크게 세 등급으로 나눈다. 대기운화大氣運化, 통민운화統民運化, 일신운화一身運化라는 삼등 운화론이다. 일신운화는 대체로 개인 영역이고, 통민운화는 사회 영역이며, 대기운화는 자연 영역이다. 하나의 인간은 운화기로부터 생명을 받고, 부모로부터 몸을 받고, 사회에서 문화적 교양을 받아 이루어지는 존재다. 여기서 운화란 활동운화活動運化를 줄인 말로, 간단히 풀면 '살아 움직이고 변하는' 성질을 형용한 표현이다. 모든 존재는 시간성과 역사성의 관점에서 보면 변화의 과정에 존재한다는 사상이다.

최한기는 중국을 통한 서양 학문의 영향을 받아 새롭게 기氣라는 개념을 갖고 살아 움직이는 생명의 우주를 설명하려고 노력했지만, 그의 기학에서는 한국의 전통적인 생명 사상이 두드러지게 표출되지는 않는다. 최치원의 포함삼교와 접화군생의 정신을 이어받은 것은 민중을 생명의 주체로 일깨운 동학東學이다.

동학의 생명평화 사상

동학연구가 오문환은 서양과는 다른 동아시아의 독특한 생명 접근 방식에 유의할 것을 주문한다. 그에 의하면 동양의 철학자들은 생명을 과학의 시각으로 본 것이 아니라 성심론誠心論이라는 독특한 인간론에서 접근한다. 동학도 이러한 동양학적 전통에서 크게 벗어나지 않는다. 따라서 오문환은 동학의 생명 사상에 대한 고찰도 과학적이기보다는 전통적인 우주론·성심론·심학의 맥락에서 다가가야 한다고 말한다.[74]

역易에 의하면 생명은 하늘이 개체 존재에 부여한 명령이나 수명의 뜻으로 쓰인다. 역은 '하늘[乾]의 변화가 각기 본성과 생명을 바르게 한다'고 했다. 개별자들에게 내면화한 성품과 생명을 바르게 하는 것이 건도乾道의 변화라는 것이다. 개별 성품과 개별 생명은 하늘의 변화 운행을 통해서 올바르게 될 수 있다는 뜻이다. 생명이 하늘의 길과 연계되어 논의되고 있는 것이다.

동학에는 '불연기연不然其然'이라는 연구 방법이 있다. 불연기연이란 사물의 그러한 측면과 그렇지 않은 측면을 동시에 연구해야 한다는 뜻이다. 즉 누구나 감각으로 쉽게 보고 듣는 유형적 측면과, 보아도 보이지 않고 들어도 들리지 않는 무형의 측면을 동시에 연구해야 한다는 말이다. 생명의 경우도 '불연기연'으로 살펴보아야 할 것이다. 몸을 철저하게 해부하면 생명의 구조를 밝힐 수 있고, 살아 움직이는 몸을 엄밀하게 분석하면 생명의 기능을 알아낼 수 있다. 그러나 생명의 구조와 기능을 잘 분석하여 완전히 알았다 하더라도 생명을 완전히 알았다고는 할 수 없다. 생명을 완전히 알려면 마음을 알아야 하며 마음을 알려면 마음 너머도 알아야 한다. 생명의 보이지 않는 면을 동학에서는 불연不然이라 한다.

동학에서는 생명의 참모습을 주문呪文 스물한 자로 그려낸다. 해월海月 최시형崔時亨은 "주문 삼칠 자는 대우주·대정신·대생명을 그려낸 천서"라 했다.[75] 이 말은 삼칠 자로써 우주 전체, 정신 전체, 생명 전체의 참모습을 그려냈다는 뜻이기도 하다. 대생명이란 개체 생명이 아닌 전체 생명을 뜻한다. 또는 생명의 실상을 말한다.

흥미로운 것은 주문 스물한 자 중 다양성을 하나로 통일시키는 기운인

---

74 오문환, 「동학의 생명평화 사상」, 『한국의 생명담론과 실천운동』, 49~68쪽.
75 "지기금지 원위대강 시천주 조화정 영세불망 만사지至氣今至 願爲大降 侍天主 造化定 永世不忘 萬事知"를 일컫는다.

금金의 치음ㅅ, ㅈ, ㅊ이 들어간 글자가 거의 절반인 열 자에 이른다는 사실이다. 이로써 우리는 스물한 자 주문이 기운을 하나로 집중시키는 힘이 강함을 알 수 있다. 그 하나의 집중 대상은 물론 천주天主다. 수운水雲 최제우崔濟愚는 주문을 '지극히 하느님을 위하는 글'이라고 했다.

해월은 주문 스물한 자를 말하지만 다른 곳에서는 생명의 문제를 본 주문本呪文 열세 자에 있다고 말한다. 즉 "대신사의 주문 열세 자[76]는 천지 만물 화생의 근본을 새로 밝힌 것"이라 했다. 이 중에서도 "'시천주 조화정'이 만물 화생의 근본"이라고 하여 생명 실상은 '시천주 조화정'에 담겨 있음을 분명히 했다.

동학에서 만물 화생의 근본은 두 가지로 논의된다. 먼저 모든 생명은 안에 천주를 모시고 있다(시천주侍天主)는 점이다. 다음으로 모든 생명은 천지조화와 하나로 통해 있다(조화정造化定)는 점이다. 주문은 이러한 생명의 실상을 선명하게 알고 실상에서 벗어나지 않는 구체적인 수행법이라 할 수 있다. 동학의 생명 사상은 생명의 보이는 측면에 대한 연구라기보다는 생명의 보이지 않는 측면에 대한 연구다.

'생명이 하늘에 달렸다人命在天'

장흥에 위치한 동학농민혁명 기념탑

---

76 열세 자는 "시천주 조화정 영세불망 만사지侍天主 造化定 永世不忘 萬事知"이다.

거나 '하늘이 만민을 낳았다[天生萬民]', '생명이 하늘에 달려 있다'는 표현은 생명의 보이지 않는 측면을 말한다. 생명이 우주적 혼원일기[混元一氣]와 호흡한다는 것 또한 생명의 보이지 않는 측면에 관계된다. 그런데 이러한 식의 '생명 형이상학'은 '생명'에 대한 형이상학적 담론이 아니라 구체적 생명이 형이상의 세계와 긴밀한 관계에 있다는 점을 밝힌다. 생명은 눈에 보이고 느끼는 구체적 현상으로 기연[其然]이나 생명은 보이지 않고 느낄 수 없는 형이상의 불연[不然]의 세계에 뿌리내리고 있다는 점을 분석한다는 점에서 우리는 그것을 '생명 형이상학'이라 할 수 있다.

동학이 보는 생명의 실상은 한마디로 '시천주[侍天主]'로 표현될 수 있다. '천주를 모시고 있다'는 의미는 모든 존재의 가장 깊은 내면에 천주가 있다는 뜻이다. 모셨다는 것은 자기 안에 또 다른 존재인 신령이 있음을 의미하며, 그 신령이 참자신이라는 뜻이다. 모실 때 안으로만 새로운 경계가 펼쳐지는 것이 아니라 밖으로도 기운이 관통됨이 있다. 또 다른 표현으로 수운은 자신의 도는 다름이 아니라 '자기가 자기 되는 것일 뿐[我爲我而非也]'이라고 했다. 앞의 내가 '작은 나'라면, 뒤의 나는 '큰 나'라고 할 수 있다. '큰 나'란 일반적으로 참나[眞我], 본성, 불성, 본체, 성체[性體] 등으로 표현할 수 있다. 내 안에 이러한 '본래의 나'가 존재하는 것이 생명의 참된 모습이다.

결국 수운이 깨달은 것은 자기 생명의 중심이라 할 수 있다. 그리고 이 자리는 지금까지의 그 어떤 것으로도 갈 수 없는, '그렇지 않은' 불연의 세계라 했다. 이 세계를 알 수 있는 길은 오직 천주의 눈을 통해서 뿐이라 하겠다. 그러므로 수운은 천주에 붙여보면 그렇지 않은 것들이 모두 그렇고 그렇게 된다고 했다. 수운은 존재의 실상 또는 생명의 실상을 본 것이다. 이처럼 동학은 자기 생명의 실상을 깨닫는 데서 시작되었다.

그런데 해월 최시형은 여기에서 더 나아가 인간 생명뿐만 아니라 우주 안의 모든 무생명체들도 천주를 모시고 있다는 사실을 알려준다. 해월은 우주 만물의 시천주적 실상을 열어 보여준다. 동학은 티끌에서부터 최고의 영명한 사람까지 모두 천주를 모시고 있다고 주장한다.

해월은 한 어린이가 나막신을 신고 마당을 급히 지나갈 때 가슴을 쓸어내렸다고 한다. 이는 무생명체인 땅도 아픔을 느낀다는 뜻이다. 해월은 땅을 어머니 살처럼 여기라고 말했다. 땅을 살아 계신 어머니로 본 것이다. 땅에서 나온 곡식을 어머니의 젖이라 하여, 음식을 먹을 때는 언제나 우주의 빼어난 기운인 사람이 우주의 원기인 곡식을 먹기 때문에 '하늘이 하늘을 먹는다[以天食天]'라는 식고食告를 드리라고 했다.

해월은 도통道通이라는 것이 저 높은 곳에 있는 것이 아니라 밥 먹을 때 식고의 이치를 잘 아는 데 있다고 했다. 밥 한 그릇에 천주가 있다. 밥 한 그릇에 자연의 협동이 있고, 사람들의 노동이 있고, 하늘의 이기理氣가 있다. 밥 한 그릇을 제대로 먹는 곳에 도통이 있다.

무생명체에도 천주가 작용하기 때문에 해월은 사물도 하늘로 공경하라고 가르친다. 이것이 경물敬物 사상이다. 해월은 경물에 이르러야 비로소 도덕의 극치에 이른다고 했다. 다시 말해 자연 사물도 그 중심에는 하늘을 모시고 있다는 사실을 깨달아 공경할 때, 천지기화의 덕에 합치되어 덕이 우주 만방에 미치게 된다는 말이다. 덕이 우주 만물에 미치면 내 마음이 우주 만물의 기운과 통하여 만물과 자유로이 소통하게 된다. 마음이 자연 만물과 소통하게 되면 나와 자연 사물 간의 소통을 가로막았던 일체의 장애물이 걷히면서 어떤 사물에도 마음이 매이지 않고 자유롭게 통하게 된다. 수운은 마음이 자연 만물과 완전 소통하여 자연 운행의 흐름과 한 치도 어긋나지 않고 움직이는 것을 무위이화無爲而化라 했다. 무위이화는 우주 만물의 자연성을 터득했음을 뜻한다.

의암義菴 손병희孫秉熙는 티끌이 자욱한 물질세계를 습관천習慣天이라 하고, 둥글고 둥글며 가득하고 가득한 마음 세계를 유정천有情天이라 하며, 비고 비어 고요하고 고요한 성품 세계를 무형천無形天이라 표현했다. 풀어보자면 물질도 하늘이고, 사람도 하늘이며, 성품 본체도 하늘인데 차이가 갈라지는 것은 그것이 티끌이냐, 거기에 정이 있느냐, 비었느냐에 있을 뿐이라는 것이다. 물질은 습관 또는 관성의 법칙으로 천주를 모시고 있고, 사람은 좁게는 유형의 사물부터 무형의 우주 본체 끝까지 정情을 줄 수 있는 천주를 모시고 있으며, 성품 또는 본체는 비고 비었으며 고요하고 고요할 뿐인 형상 없는 천주를 모시고 있다는 뜻이다. 그러므로 우주에 하늘을 모시고 있지 않은 존재는 없다. 천주는 단지 차원에 따라서 달리 이해될 뿐이다. 자연에서는 관성으로, 사람에게는 정으로, 천지에서는 무형으로 존재하는 것이다.

의암에 따르면 자연 사물과 사람 그리고 성품은 모두 천주를 모시고 있지만 오직 사람만이 아무런 움직임이 없는 무형천과 관성만이 지배하는 습관천을 하나로 관통할 수 있는 정情을 가지고 있다. 사람은 마음으로 한편으로는 고요한 무형의 세계를 보고, 다른 한편으로는 티끌 세상의 유형의 세계를 깨달아 두 세계를 하나로 관통할 수 있는 존재다. 사람이 이처럼 견성각심見性覺心할 수 있는 것은 모두 정이 있기 때문이다. 성품을 본다는 것은 모셔져 있는 고요한 하늘을 본다는 뜻이며, 마음을 깨닫는 것은 활발하게 움직이는 일체의 기운 운동을 빠짐없이 깨닫는다는 뜻이다. 즉 일체의 인과법에 의해 움직이는 활동 모두를 깨닫는다는 뜻이다.

그러므로 사람들이 물질에 모셔져 있는 천주의 본체 또는 성품의 천주를 마음으로 관통할 수 있는 것이다. 마음이 없다면 고요는 고요대로, 티끌은 티끌대로 존재할 뿐이다. 마음이 그 둘 사이에 있어 하나로 연결하는 중추 역할을 한다. 마음만이 두 세계를 하나로 관통할 수 있기 때문에 마음공부를 통해서만이 하늘을 알고 자연 사물도 알 수 있다. 또한 마음을 통해서 신을 자신 안에 모시고, 자연의 기운과 완전히 통하게 된다.

의암은 습관천을 몸으로, 유정천을 마음으로, 무형천을 성품으로 설명하면서 몸 하늘[身天]과 성품 하늘[性天] 그리고 마음 하늘[心天]이라는 표현을 사용한다. 마음공부를 통해서만이 신천[身天]과 성천[性天]을 알 수 있기 때문에, 마음하늘을 닦지 않으면 사람은 생명의 실상인 천주 모심을 알지 못한다.

동학에서는 생명의 중심은 조용하지만 생명의 활동은 활발하다고 가르친다. 생명의 중심은 천주이고, 천지 부모이며, 성품이다. 생명의 중심은 고요, 적정, 물들지 않음, 흔들리지 않음, 불생불멸, 무루무증[無漏無增] 등으로 표현된다. 반면 생명 활동은 활활발발, 운동, 물듦, 흔들림, 생멸, 인연, 인과법 등으로 표현된다.

동학은 모든 생명이 천지조화에 합일되어 있음이 생명의 두 번째 실상이라고 말한다. 생명은 본래 아무런 제약 없이 우주 기운과 하나로 연결되어 있으며 완전히 자유롭다. 생명의 실상으로부터의 옮김은 천주로부터의 옮김이며 천지조화와의 소통을 막는 것이다. 그러므로 "불이[不移]는 인간에 의한 생명 파괴와 맞서 있다"(김지하). 옮김은 '자유롭고 무궁무진하게 확장하는 생명의 본성에서 떨어져 나가는 것'이다. 옮긴다는 것은 생명의 실상에서 멀어짐을 뜻한다.

동학에서는 아무런 움직임이 없는 무극대도[無極大道]에서 생명이 나오는 것은 전적으로 하나의 기운 때문이라고 본다. 하나의 기운이 무극대도에 잠겨 있으면 어떤 활동이나 드러남도 없지만, 밖으로 표출되면 활동으로 드러나고 창조와 변화가 시작된다. 최초로 드러나는 하나의 기운이 지기 또는 혼원일기다. 창조는 이러한 하나의 기운에서 나왔다. 지기 또는 혼원일기에서 음과 양이 나왔고 우주 만물은 모두 한 기운에서 나왔다. 즉 혼원한 하나의 기운이 우주 만물을 관통하고 있는 것이다. 동학의 강령 주문 '지기금지 원위대강至氣今至 願爲大降'은 바로 이 기운이 내려와 나의 기운과 하나로 통하게 해달라는 기도 주문이다.

하늘의 기운과 하나로 통하는 것을 수운은 조화정造化定이라 했다. 조화란 창조와 변화의 약어다. 우주 만물은 모두 천주의 창조와 변화에 의해 탄생했다는 것이다. 천지조화는 억지나 인위가 아니라 말 그대로 천지자연처럼 스스로 그렇게 무위이화에 의해 이루어지는 것이다. 그러므로 수운은 조화란 곧 무위이화라 했다. 천지가 우주 만물을 자동으로 창조하고 변화시킨다.

'조화정'은 자연이 봄·여름·가을·겨울에 걸쳐서 이슬·비·서리·눈을 내려 뭇 생명들을 기르듯이 사람도 똑같이 외부의 강제나 억지 없이 자연스럽게 뭇 생명들에게 인의예지仁義禮智의 마음을 베푼다는 뜻이다. 조화정은 이미 하늘의 덕, 하늘의 마음과 하나가 되었기 때문에 사람은 움직일 때나 고요할 때, 번성할 때나 실패할 때를 막론하고 하늘의 명령에 따라서 생각하고 말하고 행동한다는 의미다. 수운은 이를 생명의 실상으로 보았다. 천덕天德을 베푸는 것이 본래적 생명의 자연스러운 활동이라는 것이다.

해월은 조화를 끊임없는 창조성 자체로 이해한다. 조화란 하늘의 쉬지 않는 창조성이다. 조화란 쉬지 않는 하늘의 정성을 뜻한다. 생명의 실상은 부단한 창조성 자체 또는 활발한 활동성일 따름이다. 해월은 또한 조화와의 합일(정定)을, 무궁한 천지조화와 한 줄기로 통해 있기 때문에 모든 생명은 예외 없이 서로 동포 관계에 있다고 풀이한다. 해월은 음양의 두 기운이 매달려 있는 근원을 음수陰水라고 불렀다. 음수란 눈으로 보는 물과 달리 보이지 않는 물이라 했다. 생명의 보이지 않는 관계성을 가리키는 것이다. 해월은 "나의 한 기운은 천지 우주의 원기와 한 줄기로 통했다"라고 말한다. 생명은 우주적 기운과 하나로 통해 있기 때문에 자연 사물과 내가 한 동포이고, 나와 다른 사람들이 한 동포이며, 나와 천지이기天地理氣가 하나의 동포라 하겠다.

이렇게 볼 때 생명의 실상은 동포성이다. 동포성은 연기법緣起法을 포함한다. 연기법은 이것이 있으므로 저것이 있다는 개체의 우주적 인과성을 다루지만, 동포란 한 걸음 더 나아가 근본 원천을 말함으로써 만화귀일萬化歸一의 통일성을 강조한다. 인과법이 범우주적 연기를 강조한다면 동포성은 같은 배胚에서 나온 동일성을 강조한다. 여기서 우리는 동학이 함축하고 있는 자연 생태주의를 읽을 수 있다.

의암은 생명을 성심誠心으로 설명한다. 성에는 생명을 만들어낼 수 있는 보이지 않는 근본 재료와 함께 근본 이치가 구비되어 있다. 이를 받아서 활동을 시작하여 탄생시키는 것은 결국 마음 기운이다. 자기 안에 성의 원리 원소를 받아들여 능히 활동하기 시작하면 그것이 마음이다. 이로써 고요한 성품을 자기 안에 간직한 마음의 활동이 나타난다. 이 마음의 활동성이 의암이 보는 생명의 두 번째 실상이다.

의암은 생명의 참모습을 자유로 본다. 의암은 마음의 참실상을 자유심이라 했다. 자유심에는 무엇이 되려고 하는 마음도 없고, 무엇을 반드시 하려는 마음도 없으며, 무엇을 얻으려는 마음도 없다. 그것은 우주 만유와 완전히 하나가 되어 유형의 장애물이든 무형의 장애물이든 일체의 걸림이 없는 경지다. 자유는 자연과 함께 무위이화한다. 곧 일체의 억지로부터 떠난다. 자유는 나도 떠나고 너도 떠나고, 하늘도 떠나고 땅도 떠나고, 오로지 진리 본연의 길을 걸으며 진리 본연을 행할 따름이다. 이것이 참생명의 모습이다.

이제 동학에서 생명의 완성으로 보는 평화에 대해 살펴보자.

동터오는 개벽의 모습

　먼저 평화를 내적 평화와 외적 평화로 구분할 필요가 있다. 내적 평화는 마음의 평화이고, 외적 평화는 외적 관계의 평화다. 마음의 평화는 편안한 마음을 뜻한다. 수운은 편안함이 무극대도에 있으며 천주에 있다고 하였다. 개인의 편안함뿐만 아니라 공동체의 평화도 하느님이 마련해주기 때문에 안심하라고 한다. 수운은 온갖 외적 암울함과 혼란 그리고 갈등 속에서도 오직 자신의 가장 깊숙한 곳에 모시고 있는 천주를 회복하는 데서 평화의 길을 찾았다.

　동학에서는 본래의 나는 하늘에 매이지도 않고 물질에 물들지도 않으며 바람에 흔들리지도 않기 때문에 일체 존재를 오직 여여[如如]한 마음으로 대할 수 있다고 말한다. 갓난아기와 같은 때 묻지 않은 마음을 회복하는 것이 나에게 가장 이로운 일이고[自利心], 남에게도 최상의 선이며[利他心], 모든 사람들의 근본이기 때문에 모두에게 이로우며[共和心], 모든 사람들의 마음이 하나로 통했기에 자유로우며[自由心], 이것이 바로 극락의 마음[極樂心]이라 한다. 이 마음이 생명의 본래 마음이며, 자연스러운 마음이다. 여기에 다다를 때 마음은 영원한 평화에 이른다.

모든 사람이 하늘 마음을 자기의 생각과 말 그리고 행동의 표준으로 삼을 때 평화가 도래한다. 이를 '개벽開闢'이라 한다. 개벽은 먼저 마음이 하늘과 땅에 열려 하늘·사람·땅의 경계가 사라지는 새로운 지평의 열림이며 완전 개방이자 완전 소통이다. 먼저 내가 열리면 주변이 그 영향을 받는다. 마음을 개벽한 사람은 봄바람과 같아서 억지로 하지 않아도 자연스럽게 겨울 외투를 벗고 싹을 틔우며 꽃을 피운다. 자연처럼 무위이화하여 주변을 바꾼다. 이것이 두 번째로 살펴본 생명의 본래 모습이다. 생명은 하나의 우주 기운으로 관통되어 연결되어 있고 협동하기 때문에 이곳의 작은 변화는 저곳에 큰 변화를 가져온다. 생명의 실상은 음양이 갈라지기 이전의 혼원한 한 기운이기 때문에 이곳에 이르러 내적 평화를 이룬 사람은 반드시 그 덕을 온 천하에 펴서 외적 평화를 가져온다.

개벽은 지극히 내면적 사건이면서 동시에 우주적 사건이다. 내적 평화에 이른 사람은 오로지 위하고 위하는 마음[爲爲心]뿐이며, 우주 만물을 자식처럼 보는 천지 부모의 마음뿐이기 때문에 창생에게 덕을 베푸는 일 이외에 다른 관심이 없다. 내적 평화는 신으로부터도 자유롭고, 물질로부터도 자유로우며, 사람으로부터도 자유롭다.

오문환은 이렇게 결론짓는다. 동학에 따르면 자기 안에 천주를 모시고 있음을 보는 것이 견성見性이고, 모든 존재자들이 자기 밖에 천지조화의 기운과 연결되어 살아간다는 것을 아는 것이 각심覺心이다. 견성각심을 해야 새 하늘과 새 땅이 열리고, 개벽을 해야 내적 평화와 외적 평화가 도래한다.

개벽은 한편으로는 자기 안의 하늘을 열고 다른 한편으로는 자기 안의 자연성을 여는 것이다. 그리하여 근대성이 잃어버리게 만든 인간 최고의 벗인 신과 자연을 동학의 개벽이 되찾아주고 있는 셈이다.

제5장

다석 생명 사상의
영성적 차원:
읗일름을 따르는 몸사름

다석은 유럽이라는 절대 중심에서 벗어나 지구 위의 모든 사람들이 평화롭게 더불어 살 수 있는 삶의 원칙을 찾는 데 일생을 바친 사상가다. 우리는 지금 온갖 이념과 세계 종교가 뒤섞여 공존해야 하는 다원주의 시대를 살아갈 새로운 삶의 문법을 필요로 하는 시점에 와 있다. 다석은 그 해법을 위해 평생 노장 사상, 불교 사상, 유교 사상 그리고 그리스도교 사상을 아우르는 통합적인 사상을 찾아내려고 애쓴 지구촌 시대의 사상가다. 다석은 이러한 세계 철학적인 문제를 풀어갈 해결의 실마리를 바로 한국인의 영성적 심성, 자연 친화적 생활 방식, 통합적 사유 얼개, 우리말의 상생적 문법에서 찾을 수 있다고 보았다. 다석은 "글자 한 자에 철학 개론 한 권이 들어 있고, 말 한마디에 영원한 진리가 숨겨져 있다"라고 생각하고, 우리말 속에 녹아들어가 있는 천지인 합일의 영성적 세계관에 주목한다.

1. 현대의 생명 위기와 영성

혹자는 다석^{多夕} 류영모^{柳永模}의 생명 사상이라는 말을 들으며, 도대체 글을 남기지도 않은 사람인데 생명에 대한 이야깃거리가 있기나 한지 의심할 것이다. 그러나 그가 남긴 몇 쪽 안 되는 글을 보고 그가 반평생 명상하며 적어놓은 『일지』를 살펴보면, 우리는 평생 그를 붙잡았던 화두가 다른 것이 아닌 '생명'이었음을 확신할 수 있다. 다석은 쉼 없이 줄기차게 여러 각도에서 생명에 대해 생각하고 또 생각했다. 생각이 곧 기도라는 그의 말을 떠올릴 때, 생명에 대한 그의 생각은 어느 하릴 없는 사람의 심심풀이 공상이 아니다. 다석은 마치 자신의 삶 전체를 생명이라는 놀음판에 판돈으로 걸고 죽기 살기의 모험을 벌이듯 치열하게 살다 갔다. 그의 생명 사상은 단순한 생명에 대한 이론이나 학설이 아니다. 그것은 그가 자신의 모든 삶을 바쳐 증거하고 증명한 한 편의 생명 증거다. 삶이 곧 생명 사상이며, 사상이 곧 삶인 그런 경우는 인류 역사에서 찾아보기 힘들다.

다석 생명 사상의 독특함은 한마디로 그 영성 차원에 있다. 그리고 21세기 인류의 평화로운 공존과 상생을 위해 가장 필요한 것이 바로 이 영성적 차원이다. 왜 그런지 간략하게 살펴보자.

20세기 대표 철학자의 한 사람인 마르틴 하이데거는 20세기 서구 문명이 퍼뜨리고 있는 지구 파손, 생태계 파괴와 인간성 말살의 위험을 아주 차갑게 비판한다. 그는 이성 중심, 존재자 중심, 인간 중심의 삶과 사유 방식이 퍼트리는 지구적, 아니 우주적 지배의 논리와 그 폐해를 간파하고 새로운 사유에 의한 새로운 시작의 필요성을 강력하게 주장한다. 그러려면 무엇보다도 인간이 자신의 생활 세계에서 쫓아낸 '**성스러움**'의 차원을 되찾아와야 한다고 말하며, 그것을 "오직 신만이 우리를 구원할 수 있다"[77]라는 말로 표현했다. 서구의 이성이, 존재하지 않는다고 몰아낸 다양한 형태의 무無(없음, 텅 빔)에 대한 전적으로 새로운 관계 맺음과 경험만이 인류에게 구원의 희망을 열어줄 수 있다는 이야기다.

하이데거 외에도 동서양의 많은 지성인들은 21세기가 새로운 영성, 새로운 종교성, 새로운 정신성의 시대가 될 것이며 되어야 한다고 힘주어 말한다.[78] 이제까지는 '있는 것(존재자)'과 인간이 이성理性으로 관계 맺는다고 생각했다. 그러면 '없는 것(무, 공, 허)'과는 어떻게 관계 맺을 수 있는가? 그것은 바로 '**영성**'으로써다. 이미 서양에서도 오래전에 신비주의자들이 그러한 영성에 관해 이야기했다. 한국이 낳은 위대한 영성가인 다석 류영모에 의하면 영성은 우리말로 '얼'이다. 우리 자신이 '**얼**(얼나)'이기에 우리는 '얼(한얼, 성령)'과 관계를 맺을 수 있다. 다석은 하느님이 거룩한 이유에 대해

---

77 M. Heidegger, "Spiegel-Gespräch mit M. Heidegger", *Antwort. Martin Heidegger im Gespräch*, Neske: Pfullingen, 1988, 99~100쪽. "오직 신만이 우리를 구원할 수 있다. 나는 구원의 유일한 가능성이 여기에 있다고 본다. 즉 사유와 시작이 (사유자와 시인이 사유와 시작에서) 신이 나타날 수 있도록 또는 신의 부재가 거두어지도록 예비하는 데 있다."

78 대표적인 사람으로 아놀드 토인비, 루돌프 오토, 테야르 드 샤르댕, 앙리 베르그송, 카를 라너, 베른하르트 벨테, 하비 콕스, 달라이 라마, 숭산, 법정, 틱낫한, 현각 등을 들 수 있다.

다석 류영모(1890~1981, 좌)와 마르틴 하이데거(1889~1976, 우)

서도 하느님은 사물과 인간이 있는 것처럼 그렇게 '있이 있는' 것이 아니라 '없이 계심'의 방식으로 있기에 '거룩하다'고 이야기한다. 동양과 한국에서는 눈앞의 자명한 있이 있음보다도 오히려 이러한 불명확한 '없이 있음'을 더 중시했다.

그것이 우리에게는 하늘[天]로 표현되었고, 거룩함으로 공경받았다. 바로 이 거룩함과의 관계 맺음을 회복하지 않는다면 21세기 영성 시대는 도래하지 않을 것이며 인류에게 희망은 없을 것이다. 21세기 이 땅의 지성인들이 해야 할 과제는 바로 우리 삶의 문법에 녹아 있는 고유한 한국적인 영성을 찾는 일이다.

다석은 유럽이라는 절대 중심에서 벗어나 지구 위의 모든 사람들이 평화롭게 더불어 살 수 있는 삶의 원칙을 찾는 데 일생을 바친 사상가다. 우리는 지금 온갖 이념과 세계 종교가 뒤섞여 공존해야 하는 다원주의 시대를 살아갈 새로운 삶의 문법을 필요로 하는 시점에 와 있다. 다석은 그 해법을 위해 평생 노장 사상, 불교 사상, 유교 사상 그리고 그리스도교 사상을 아우르는 통합적인 사상을 찾아내려고 애쓴 지구촌 시대의 사상가다. 다석은 이러한 세계 철학적인 문제를 풀어갈 해결의 실마리를 바로 한국인의 영성적 심성, 자연 친화적 생활 방식, 통합적 사유 얼개, 우리말의 상생적 문법에서 찾을 수 있다고 보았다.[79]

다석에 의하면 말을 보이게 하면 글이고, 글을 들리게 하면 말이다. 말은 하느님의 마루뜻[宗旨]을 나타내기 위한 것이고, 글은 하느님을 그리는 뜻[思慕]를 나타내기 위한 것이다. 그렇기 때문에 우리는 우리말 속에서 말 건네오는 하느님의 소리를 귀 기울여 듣는 법을 배워야 한다. 그래야만 좋은 문학, 좋은 철학이 나올 수 있다. 지금같이 남에게서 얻어온 것, 외국어를 갖고서는 우리의 사상을 키워나갈 수 없다. 다석은 "글자 한 자에 철학 개론 한 권이 들어 있고, 말 한마디에 영원한 진리가 숨겨져 있다"라고 생각한다.[80] 다석은 우리말 속에 녹아 들어가 있는 천지인 합일의 영성적 세계관에 주목한다.

먼저 젊은 다석의 생명 체험을 실마리 삼아 그가 어떻게 생명 문제에 접근했으며 어떤 시각에서 생명을 통찰하게 되는지를 고찰해보자. 그다음 '생명[生命]'을 '덧없는 삶[無常生], 비상한 옹일름[非常命]'으로 이해한 그의 생명 사상의 단초를 살펴보자. 그런 뒤 이 둘을 나누어서 좀 더 상세하게 다루도록 한다. 삶은 사름이라는 몸생명의 몸살이를 사름과 숨 쉼의 관점에서 고찰한

79 이기상, 『이 땅에서 우리말로 철학하기』, 살림, 2003; 『다석과 함께 여는 우리말 철학』, 참조. 필자는 이런 시각에서 또 다른 곳에서 다석의 사상을 정리했다.
80 박영호, 『다석 류영모의 생애와 사상』 하, 다석사상전집 7, 문화일보사, 1996, 132쪽.

다. 그다음 생명이란 하늘로부터 받은 바탈을 태우는 것이라는 얼생명의 의미를 말숨과 우숨(얼숨) 그리고 얼나의 하루살이를 갖고 살펴본다. 그리고 이런 고찰을 바탕으로 해서 삶의 실상은 몸을 번제의 제물로 바치는 제사라는 의미를 '식사는 장사며 제사'라는 설명 아래 고찰할 것이다. 마지막으로 다석의 생명 사상이 오늘날 우리에게 어떤 실천적 의미를 갖는지 살펴보도록 한다.

2. 청년 다석의 생명 체험

          다석의 일생은 참생명을 찾아 나선 구도의 삶이었다. 그는 일찍부터 어떻게 사는 것이 참된 삶인지 고민하며 그것에 대해 깊이 사색했다. 이런 깊은 사색 뒤에 나온 생명에 대한 그의 생각의 한 올을 그가 1918년 잡지 『청춘』에 처음 발표한 「오늘」에서 확인할 수 있다.[81] 다석은 여기에서 "산다는 것은 때와 곳을 옮기면서 곧 내 생명을 변증하면서 일을 하는 것이니 나와 남과 물건 세 편이 연결하는 가운데 생명이 소통하면서 진리를 나타내며 광명^{光明}이 따른다"라고 말하고 있다. 다석은 산다는 것이 주어진 공간(빔-사이)과 시간(때-사이)에서 나와 남과 물건을 연결함으로써 생명이 소통하여 진리가 나타나도록 하는 것이라고 이야기한다. 그리고 그때 그는 벌써 그렇게 자신의 생명력으로 개척하여 쓴 그의 글의 세계에 오늘 우리가 우리의 생명력을 가지고 들어가서 그와 사귈 수 있음을 예측하고 있다. 젊은 다석은 생명력을 발휘하여 나와 남과 물건을 연결시키

---

81 류영모, 「오늘」, 박영호 엮음, 『오늘』, 성천문화재단, 1993, 8~16쪽.

는 일(작업)을 통해 인간이 하루 동안에도 수백 세계를 가를 수 있다고 노래한다. 그러면서 그는 삶의 실상을 '오늘 여기 나'에서 볼 것을 종용하며 "오늘 오늘 산 오늘!"이라고 외친다. "산 오늘은 살게 써서 산가 싶게 살아야 한다."[82] 다석은 자신의 첫 글을 이렇게 끝맺는다.

하루 동안에도 열백 세계가 갈릴 수 있고, 하루라는 것은 늘 오늘이라는 현실로 나타나는 것을 안다면, 오늘에 자족 아니할 수 없고 자활^{自活} 아니할 수 없다. 만반^{萬般} 사물로 인연이 닿는 대로 만나는 사람 사람, 열리는 세계 세계에 오직 오늘, 신성한 오늘, 나의 진여^{眞如}한 생명력을 지성으로 발휘하여 한갓 나를 대하게 된 그들의 생명력과 투합^{投合} 일치하기를 바란다.[83]

1923년 『동명』에 기고한 글 「자고 새면」에서 다석은 어느 정도 자신의 생명 사상의 큰 밑바탕을 그려 보이고 있다. 매일매일 오늘을 살며 1만 2,000일을 산 날인 1923년 1월 19일 다석은 "인생 1만 2,000 밤을 자고 새면 과연 무엇을 하는 것인가? 무엇을 이룬 것인가?"라며 스스로에게 묻는다. 그러고는 이렇게 대답한다.

오직 생명이니라. 사는 것이니라. 모든 것이 참되게 살기 위하는 것뿐이니라. 정말 과거에 한 것이 무엇이냐 하면, '이 지금 나의 목숨을 이룬 것이라' 대답하

---

82 류영모, 「오늘」, 박영호 엮음, 『오늘』, 12쪽.
83 류영모, 「오늘」, 박영호 엮음, 『오늘』, 15~16쪽. 이러한 '오늘살이'에 대한 강조에서 우리는 후일 다석의 '하루살이' 삶의 실천을 내다볼 수 있다. 다석은 「오늘」이라는 글을 『논어』, 불경, 성경의 구절을 인용하면서 끝맺는다. 그의 생명에 대한 확신을 읽을 수 있는 대목이다. "아침에 도道를 들으면 저녁에 죽어도 좋다." (『논어』) "사람의 생명이 호흡 간에 있느니라."(불경, 『42장경』) "내일은 내일 염려할 것이요, 한 날 괴로움은 그날에 족하니라." (『신약성서』, 「마태복음」)

겠노라. 과거 1만 2,000일 중에 잘한 것이 있었을 것 같으면 지금 나에게 귀한 내용이 되었을 것이요, 잘못한 일이 있다면 그만큼 지금 나의 내용이 빈곤하고 결함이 있었을 것이로다.[84]

이렇게 다석은 자신의 오늘의 삶이 우주적 생명 사건에 미치는 영향에 대해 깊이 생각했다. 그는 하나의 원인이 하나의 결과를 단독으로 결정하는 것이 아니라 반드시 천만의 멀고 가까운 인연을 따라서 하나의 결과 또는 천만의 결과를 맺게 되는 것이라고 본다. 그래서 무슨 공적을 개인 한 사람이 이룬 것이라 할 수도 없고, 어떤 죄과가 어느 한 사람만의 행위라고만 할 수도 없다는 것이다.[85]

그리하여 "지금의 나는 천고 만유를 인연한 업과業果"이며 동시에 "억조 후생의 일인一因이 되는 것이니" 어찌 그 의의가 깊지 아니하며 책임이 중요하지 않다고 할 수 있겠는가? 지금의 내 한 몸이 존재하기 위해 6, 70년 전에 반드시 4대 조부모 될 인물이 생활에 분투하였을 것처럼 50대 전이나 100대 전에는 무량수의 사람들이 인因을 닦았을 것이다. 그러므로 여기서 우리는 생명의 신비한 가치를 볼 때 무량수가 곧 하나의 수數요, 하나의 수가 곧 무량수인 것을 증험으로 알 수 있다고 다석은 말한다.

혈통만 볼 때도 우리는 지금 나의 생명이 무량수의 다른 사람들과 인연이 닿아 있음을 알 수 있다. 한 걸음 더 나아가 우리 생활에 꼭 필요한 의식주를 고려할 때 나는 억만 무수의 생물, 무생물과 연결되어 있음을 볼 수 있으며, 그 모든 것이 나의 생명을 중심으로 기막히게 통일되어 맺어 있음을

---

84 류영모, 「자고 새면」, 김흥호 엮음, 『제소리-다석 류영모 강의록』, 솔, 2001, 395쪽.
85 류영모, 「자고 새면」, 김흥호 엮음, 『제소리-다석 류영모 강의록』, 396쪽 참조.

알 수 있다. 그렇게 볼 때 "이 몸 하나가 훗날 100대에 억조를 번식게 할 인因이 될 수도 있지만, 그 인을 끊고 일시에 생의 대명大命을 완료하는 수도 있는 것"이다. 다석은 여기서 이미 인간은 몸으로의 삶을 영위하면서 하늘의 뜻을 이루려는 사명을 깨달아야 함을 암시하고 있다. 그래서 우리의 몸 하나로 "천년의 가치[値]를 일각에 표현할 수도 있고, 일각의 가치를 천년에 늘이는 수도 있다"라고 말한다.[86] 다석은 이렇듯 일찍부터 생명의 신비스러움에 매료되었다.

네 생명을 보라. 현실에 있어서 오히려 신비하고 목전에 가장 영광된 것은 오직 생명뿐이니라.

하루아침에 깨어서 생명을 본 이는 모든 것이 없어도 오히려 자중자락할 것이요, 모든 세상 것이 오직 이 생명을 거룩하게 이루게 하도록 쓰게 되는 경우에만 의미가 있고, 가치가 있는 줄로 보게 될 것이니라.[87]

청년 다석은 생명의 신비를 몸과 얼(정신)로 느꼈다. 몸으로서의 나가 지금까지의 모든 생물, 무생물과 하나로 연결되어 있으며 바로 지금의 나가 우주적 생명 사건의 첨단(끝)임을 알게 되었다. 그리고 나는 이어 이어 나에게까지 이어져온 우주적 생명줄을 계속 잇기 위해 생명 사건을 지펴나가는 땔감이 돼야 할 사명을 타고났음을 깨달았다. 나의 생명生命에서 오늘을 살게 써서 생의 대명大命을 이루라는 하늘의 뜻(천명天命, 옹일름)을 읽어낼 수 있을 때 내가 하늘로부터 받은 바탈, 곧 사명使命을 다하는 것임을 체험한다. 이러한 다석의 생명 체험은 훗날 그의 삶을 이끄는 길잡이가 된다.

86 류영모, 「자고 새면」, 김흥호 엮음, 『제소리-다석 류영모 강의록』, 397쪽.
87 류영모, 「자고 새면」, 김흥호 엮음, 『제소리-다석 류영모 강의록』, 397쪽.

3. 생명의 젓가락:
덧없는 삶[生], 비상한 울일름[命]

보통 생명을 이야기할 때 학자들이 필수적인 요소로 드는 것이 영양 섭취(신진대사)와 자기 복제(생식 작용)다. 먹지 않고도 살 수 있는 생명체란 없다. 개체 생명 보존을 위해서 영양 섭취는 필수적이다. 그런데 생명이 낱생명일 뿐이라면 생명의 사건은 진작 끝났을 것이다. 낱생명은 태어남과 죽음으로 테두리 쳐진 유한한 생명이기 때문이다. 그래서 낱생명은 살아 있는 동안 자기와 비슷한 후손들을 생산해내서 생명의 줄이 이어질 수 있도록 힘쓴다. 종족 생명 보존을 위해 짝짓기를 통한 생식 작용은 필수적이다. 그래서 생명체에게 식욕과 종족 번식 욕구는 자연적으로 부여된 본성이라고 말할 수 있다.

따라서 우리는 영양 섭취(식食)와 생식 활동(색色)을 배제하고 생명을 이야기할 수 없다. 그런데 이것은 생물학적 차원에서 다뤄지는 생명 이야기다. 외국의 다른 말과 달리 우리말 '생명'에는 생물학적 차원 외에 형이상학적 차원이 담겨 있다.[88] 그것은 명命의 차원으로서 천명天命과 성명性命을 가리킨다. 다석은 생명이라는 현상을 '몸을 살라 하늘의 명을 성취하는 사건'으로 본다. 몸이라는 상대생명을 제물로 바쳐 하나인 한얼이라는 절대생명을 이어나가는 것으로 설명하고 있다. 몸으로서의 내가 죽고 얼로서의 내가 한얼과 하나가 되는 것이 내 삶의 본디 의미다. '생명生命'은 본래 그 낱말의 뜻이 '살라는 옹일름(하늘의 뜻)'으로서 그 말 속에 두 차원을 함축하고 있다.[89]

그래서 다석은 생물학적 차원의 식食과 색色을 버려야만 하늘의 뜻을 따르는 참생명을 얻을 수 있다고 말한다. 어머니와 아버지가 생산해서 낳은 나는 짐승의 성질을 타고난 짐승이나 다름없다. 이 짐승의 성질은 남의 것을 빼앗아서라도 가지려는 탐욕의 본능을 가지고 있고, 남과 싸워 이기려는 투쟁의 본능을 지니고 있으며, 암컷과 교미하여 종족을 번식시키려는 음욕의 본능을 가지고 있다. 다른 생물들도 영양 섭취와 생식이라는 본능을 타고나지만, 자연적 필요에 따라서 먹어야 할 때만 먹고 짝짓기해야 할 때만 짝짓기한다. 그리고 생물들은 종국에 각기 나름대로 자신들의 몸을 바쳐(살라) 우주 생명을 이어나가는 방식으로 하늘의 뜻을 성취한다. 그런데 인간만이 식욕과 음욕에 빠져 식사와 남녀 관계가 마치 삶의 목적인 듯 동물만도 못하게 살고 있다. 다석은 이렇게 탄식한다.

---

88 이기상, 「생명. 그 의미의 갈래와 얼개」, 우리사상연구소 엮음, 『우리말 철학 사전 2-생명·상징·예술』, 97~135쪽; 이기상, 「한국인의 삶 속에서 읽어내는 생명의 의미. 살림을 위한 비움과 나눔」, 한국해석학회 엮음, 『종교·윤리·해석학』, 278~315쪽 참조.

89 다석은 1961년 7월 22일 「생명生命」이라는 시를 일지에 적어놓는다. 아래 이 시를 김흥호의 풀이와 함께 옮긴다.

「생명生命」
천명시성명天命是性命   천명은 내 속에 들어와 성명이 되고
혁명반정명革命反正名   혁명은 언제나 정명으로 돌아가자는 것이요
지명자립명知命自立命   지명은 정신을 일깨우는 것이고
사명필복명使命必復命   사명은 하느님께로 돌아가는 것이다.
하늘에서 와서 땅을 이기고 정신을 일깨워 하늘로 올라가는 것이 생명이다.

류영모, 『다석일지』 1, 홍익재, 1990, 831쪽; 김흥호, 『다석일지 공부-류영모 명상록 풀이』 4, 솔, 2001, 161쪽.

이 세상은 잘못되었다. 삶의 법칙이 잘못되었으니 못되었다는 것이다. 세상 사람은 삶의 법칙을 식색食色으로 생각하고 있다. 재물에 대한 애착과 남녀에 대한 애착이 인생이라고 생각하고 있다. 이것이 못된 것이다. 세상은 그것이 못된 것인 줄도 모르고 있다. 못된 것을 바로잡자면 밥도 처자도 잊어야 한다. 잊어버려야 한다. 식색으로 사는 것은 음란이요, 전란이다. 못된 세상을 바로 살게 하는 것이 구원이다. (……) 구원이란 외적인 제도를 고치자는 것이 아니다. 내적인 얼을 바로잡자는 것이다. (……) 식색이 사는 것이 아니라 말씀이 사는 것이다. 본 생명인 얼은 한없이 풍족하다. 하느님의 말씀은 마르지 않는다. 그러므로 목마르지 않다. 성신의 운동이 말씀이다. 생명이 영원함을 알면 당장 시원해진다.[90]

다석은 식색의 물신物神을 초월하지 못하면 우리의 정신 생명이 자라지 못한다고 본다. 언제나 먹을 것을 삼가고 남녀를 조심해야 한다. 후손이 끊기는 것을 걱정하지 말고, 정신이 끊어지는 것을 걱정해야 한다. 몸생명 보존에만 넋을 잃지 말고, 얼생명을 찾는 데 정진해야 한다. 그런 의미에서 다석은 이렇게 말한다.

우리의 숨은 목숨인데 이렇게 할딱할딱 숨을 쉬어야 사는 생명은 참생명이 아니다. 하느님의 성령을 숨 쉬는 얼생명이 참생명이다. 영원한 생명에 들어가면 코로 숨 쉬지 않아도 끊어지지 않는 얼숨이 있을 것이다. 내가 어쩌고저쩌고 하

---

90 류영모, 박영호 엮음, 『죽음에 생명을 절망에 희망을―다석어록』, 홍익재, 1993, 142쪽. 이 책은 다석이 종로 YMCA 연경반에서 행한 강의들을 담았다. 다석은 신神에 대해 다양한 표현들을 사용한다. 하나님, 한알님, 한나님, 하늘님, 하느님, 한울님, 한얼님 등이 그것이다. 이 글에서는 전개의 일관성을 위해서 '하느님'이라는 표현으로 통일한다.

는 제나는 소용이 없다. 숨 안 쉬면 끊어지는 이 목숨은 가짜 생명이다. 하느님의 성령인 말숨(말씀)을 숨 쉬지 못하면 사람이라 하기 어렵다. 하느님이 보내는 성령이 얼나인 참나다. 석가의 법심, 예수의 하느님 아들은 같은 얼나인 영원한 생명이다.[91]

이 몸생명은 가짜 생명이다. 참생명은 얼생명이다. 가짜 생명인 몸생명은 죽어야 한다. 죽음이 있어야 한다. 그런데도 사람들은 이 세상에서 가짜 생명을 연명하는 데만 궁리하고 골몰하고 있다. 그래서는 안 된다. 사람의 몸은 벗어버릴 허물이요 옷이다. 사람의 주인은 얼[靈]이다.[92]

어머니 배에서 나온 것이 참나가 아니다. 속알이 참다. 겉사람(몸)은 흙 한 줌이요, 재 한 줌이다. 그러나 참나인 얼나[靈我]는 우주와 지구를 통째로 싸고 있는 호연지기[浩然之氣]의 나다. 그것은 지강지대[至剛至大]하여 아무도 헤아릴 수 없고 아무도 견줄 수가 없다.[93]

다석에 의하면 하느님이 보내시는 얼(성령)이 참다. 거짓 나가 죽어야 참나가 산다. 나(자아)가 완전히 없어져야 참다. 그리고 참나는 얼이기에 하느님과 하나다. 참나와 하느님은 얼이라 하나로 이어져 있다. 그리하여 유한과 무한이 이어진다. 그것이 영원한 생명이다. 진선미의 얼생명이다.[94]

91 류영모, 박영호 풀이, 『다석 류영모 명상록-진리와 참나』, 두레, 2000, 93쪽.
92 박영호, 『다석 류영모의 생애와 사상』하, 220쪽.
93 박영호, 『다석 류영모의 생애와 사상』하, 220쪽.
94 박영호, 『다석 류영모의 생애와 사상』상, 다석사상전집 6, 문화일보사, 1996, 290쪽 참조.

자꾸 바뀌고[變易], 자꾸 사귀고[交易], 그 가운데 바뀌지 않는 불역不易의 생명을 가져야 한다. 바뀌는 것은 상대생명이요 바뀌지 않는 것은 절대생명이다. 바뀌는 것은 겉나요 바뀌지 않는 것은 속나이다. 절대세계는 상대세계를 내포하기 때문에 바뀌면서 바뀌지 않는 것이라고 해야 한다. 변화하는 겉나(몸)에서 변화하지 않는 속나(얼)로 솟나면 무상無常한 세상을 한결같이 여상如常하게 살 수 있다.[95]

상대적 존재란 있어도 없는 것이지만 전체인 하느님에게서 받은 직분(사명)이 있어 존재의 값어치를 얻는다. 우리는 나 자신이 상대적 존재라는 것을 알아야 한다. 상대적 존재는 날 수가 많은 작은 것들로서, 없다가도 있고 있다가도 없어지는 것을 말한다. 절대적 존재는 모든 개체를 포괄하는 전체, 유일 절대의 존재로서 없이 있어 비롯도 마침도 없다. 한마디로 상대적 존재인 개체는 유시유종有始有終이고 절대적 존재인 전체는 무시무종無始無終이다. 그런데 개체인 우리는 전체인 하느님을 잃어버렸다. 이제 개체가 할 일은 전체로 돌아가 전체를 회복하는 것이다. 개체의 참생명은 전체이기 때문이다. 전체를 회복하고 전체로 복귀하는 것이 영원한 삶에 드는 것이요, 참된 삶을 이루는 것이다.[96]

이상의 말에서 우리는 얼추 다석의 생명 사상의 알짬을 가늠할 수 있다. 인간을 비롯한 모든 낱생명은 참생명이 아니다. 낱생명들은 나서 살다가 죽어 없어지는 나들이와 죽살이를 거듭하는 상대적 존재로서 상대생명일 뿐이다. 참생명은 이 모든 상대생명을 감싸면서 그것들을 살게 하는 절대생명으로서 얼생명이다. 결론부터 말하면 우주 생명으로서 이 얼생명은 텅 빔

95 류영모, 박영호 풀이, 『다석 류영모 명상록―진리와 참나』, 136~137쪽.

96 류영모, 박영호 풀이, 『다석 류영모 명상록―진리와 참나』, 308쪽 참조.

또는 빈탕한데로서 하늘이며 한얼이다. 모든 낱생명들은 자신들의 생명의 몸집을 태워 바치는 번제를 통해 우주 생명의 수레바퀴를 돌리는 데 동참하고 있다. 그런데 인간은 자신의 생명에서 몸의 차원만이 아니라 얼의 차원도 있음을 깨닫고 있다. 얼생명으로서 인간의 얼나는 우주 생명인 한얼과 하나다. 가짜 생명인 몸나에 매달리지 않고 이 몸나를 끝까지 깨고 참생명인 얼나로서 솟날(솟아 날) 때, 사람은 한얼과 하나 되어 하늘의 뜻을 실천할 수 있다. 이 점을 좀 더 자세히 살펴보도록 하자.

4. 삶은 사름, 몸생명의 몸살이

몸사름:

생명의 불꽃을 사름

우리말 '사람'이라는 말은 '삶'에서 나왔다. '삶'은 '살다'에서 나왔다. 그리고 '살다'는 '사르다'에서 나왔다. '사르다', '살다', '삶', '사람'으로 이어진다. '사르다'는 일종의 '기운을 사르다', '그리하여 열을 내다', '에너지를 사르다', '열을 돌려서 힘을 만든다' 등을 뜻한다. 열돌이와 힘돌이가 사르는 것이다. 인간만이 사르는 것이 아니라 살아 있는 것은 모두 사르는 삶을 이어간다. '살다'라는 낱말에 간직되어 있는 우리 민족의 상상력과 기억을 파헤쳐본다면 그 밑바탕에는 연소 작용, 즉 불을 사르는 현상이 놓여 있음을 알 수 있다. '살다'라는 말은 원초적으로 보아 불이 타고 에너지가 정지 상태에서 운동 상태로 옮아간다는 뜻에서 비롯하였다고 할 수 있다.[97]

이렇듯 '산다'는 것은 따지고 보면 '불을 일으키는 것'이다. 생명을 사르

---

97 정호완, 『우리말의 상상력』, 정신세계사, 1991, 227쪽 참조.

얼김과 숨김이 일으키는 사름 속에서 말과 생각과 신이 통한다.

려면 바람이 필요하다. 다석은 이 바람을 얼김 또는 숨김(숨님)이라고 부른
다. 우리는 보통 호흡을 통해서 숨을 들이마시고 내쉰다고 생각한다. 그러
나 그것은 잘못된 생각이다. 호흡의 주체는 우리가 아니다. 잘 살펴보면 숨
김이 우리의 몸속으로 들어왔다 나가는 것이다. 그래서 우리는 '들숨 날숨'
이라고 말한다. 보이지 않는 생명의 숨김이 낱생명 안으로 들고나지 않는다
면 모든 생명체는 숨이 막혀 죽을 수밖에 없다. 사람은 숨 쉬면서(호흡하면
서) 산화^{酸化} 작용을 하며 생명의 불꽃을 일으킨다. 이러한 얼김과 숨김이 일
으키는 사름 속에서 숨만 통하는 것이 아니라 말(말숨)도 통하고 생각(뜻숨)
도 통하며 신(얼숨)도 통한다. 다석은 이렇게 말한다.

나는 언제나 코에 숨이 통하고, 귀에 말이 통하고, 마음에 생각이 통하고, 영혼이 신에 통하는 삶을 생명이라고 한다. 생명은 통해야 살고 막히면 죽는다. 깊이 느끼고 깊이 생각하여 마음을 비게 하고 마음을 밝게 하면 우리 마음속에 깨닫게 되는 것이 있으니 그것은 우리의 목숨을 키우고 생명을 키워가는 것이다. 그래서 깊이 느끼고 높게 살게 하는 것, 깊이 생각하고 고귀하게 실천하는 그것이 생명의 핵심임을 알게 된다. 우리가 밥을 먹는 것도, 잠을 자는 것도 이 우주의 기운이 올라가고 빛이 내려옴도 다 우리의 목숨을 키우기 위해서 있다. 우주와 세계와 인생이 모두 목숨 키우기 위해 있다.[98]

그러나 다석은 목숨을 가지고 사는 것을 탐하면 그것은 얼빠진 사람이며 거짓 삶이라고 말한다. 반대로 삶을 가지고 천명을 완성한 사람은 참사람이요 진실이다. 마음을 가지고 몸에 집착하면 망령이고, 몸을 가지고 마음을 살리는 것이 진실이다. 천명을 완성하기 위한 수단이 육체의 삶이다.[99]

사람이 몸으로 숨 쉰다는 것은 산화 작용을 한다는 것이다. 이때 맘으로는 자아自我의 심주心柱에 하느님으로부터 오는 얼의 불을 붙여 생명의 불꽃, 말씀의 불꽃이 타오르도록 해야 한다. 나(자아自我)를 얼로 불태워 참나인 영생의 나로 거듭나도록 해야 한다.[100] 몸 나를 살라 참생명의 불꽃이 타오르게 해야 한다.

다석은 생명의 성화로聖火爐에 생명의 불을 태우느냐 못 태우느냐를 늘 생각해야 한다고 말한다. 그것은 곧 생각을 불사르는 것이고, 그로써 정신이 높아진다. 그럴 때 자꾸 말이 터지게 된다. 다석은 자신이 말을 자꾸 하는

---

98 류영모, 박영호 엮음, 『죽음에 생명을 절망에 희망을-다석어록』, 197쪽.

99 류영모, 김흥호 풀이, 『다석 류영모 명상록-류영모 일기』 1, 성천문화재단, 1998, 44쪽 참조.

100 류영모, 박영호 엮음, 『죽음에 생명을 절망에 희망을-다석어록』, 40쪽 참조.

이유도 거기에 있다고 강조한다. 우리말에 태우는 것을 사른다고 한다. 생각의 불꽃을 태우는 것은 말씀을 사뢰는 것이다. 우리 속에 생각의 불꽃을 사르는 것이 있으니 말씀을 사뢰지 않을 수가 없다. 우리를 사람이라고 하는 것도 말씀을 사뢰는 중심이라는 뜻이다. 그래서 사람에게는 불꽃이 있게 마련이다.[101]

낱생명의 사는 살림이란 물질을 번제 드려(불살라서) 그 피어오르는 불꽃으로(만물의 끝은 꽃이요, 꽃은 불꽃이다) 우주의 생명 사건에 참여하는 것이다. 사람이 섭취한 식물도 필경은 피로 피고야 말 꽃이요, 불꽃이다. 한 사람이 가진 적혈구가 24조 개로 피어 돌아간다는 것을 생각하면 그것은 꽃바다며 불꽃 바다로서 동산보다도 더 큰 바다로 여겨지지 않겠는가?[102] 다석은 만물의 끝으로 된 이 피(에너지)가 불꽃, 곧 번제라고 말한다. 그 불꽃을 반드시 위로 올라가는 꽃내(향기)로 씌워서 살라야, 사람이 사름, 말씀을 사름, 불을 사름이, 동일사同一事, 동일사同一詞가 된다고 말한다. 거룩한 생각(사상)으로 살라 올려야만 한다. 머리를 무겁게 하여 떨어뜨리며 하는 생각은 사람을 죽게 하지만, 머리를 위로 우러러 들게 하는 거룩한 생각은 사람을 영원히 살리는 불꽃이다. 이런 생각을 못하므로 사람의 머리가 아픈 것이고, 이런 생각을 계속하면 머리가 성향로聖香爐의 상구上口로 거룩한 불꽃을 온전히 위로 정精하게 올리는 임무를 하니 머리가 더욱 시원할 것이며, 전성단全聖壇(전신)의 제물祭物(에너지)도 치열하게 탈 것이다.[103]

---

101 류영모, 박영호 엮음, 『죽음에 생명을 절망에 희망을-다석어록』, 40~41쪽: 김흥호 엮음, 『제소리-다석 류영모 강의록』, 213쪽 참조.
102 류영모, 김흥호 엮음, 『제소리-다석 류영모 강의록』, 328쪽 참조.
103 류영모, 김흥호 엮음, 『제소리-다석 류영모 강의록』, 328쪽 참조.

숨 쉼:
목숨과 말숨

다석에 의하면 숨은 피를 돌리기이고, 피는 양분을 옮기기이며, 양분은 일할 힘을 내기이고, 힘은 양분을 얻는 것과 목숨을 돌아보는 모든 일을 하기 위함이니 숨을 위한 일이요, 일을 위한 숨이다.[104] 다석은 사람이 코로 숨 쉬는 호흡에서 한얼 또는 하느님의 숨 쉼을 본다. 다시 말해 숨 쉼을 곧 하느님의 숨어 쉼이라고 풀이한다.

사람은 일생 동안 9억 번 호흡한다. 숨을 들이쉬는 것이 사는 것이며 숨을 내쉬는 것이 죽는 것이다. 그러니 한 번 들이마시고 한 번 내쉬는 것은 한번 낳다가 한 번 죽는 것이나 다를 바 없다. 한 번 숨 쉬는 데서 생(生)의 덧없음과 명(命)의 보통 아님을 볼 수 있다. 숨을 한 번 들이쉬고 한 번 내쉬는 것이 곧 생명의 내용이다. 나무의 경우 나뭇잎은 돋아났다 지지만 나무는 그대로 있다. 여기에서 우리는 변하는 것 속에 변하지 않는 것을 본다. 사람의 경우에도 몸과 맘의 나로는 변하면서 얼의 나로는 변하지 않는데, 바로 그것이 영생하는 것이다. 다석에 의하면 생명의 비결은 한결(常)을 알아 그 가운데 드는 것이다. 영원한 현재가 되는 것이다. 얼의 생명이 되어 하느님과 하나 되는 것이다.[105]

그렇게 볼 때 목숨은 기쁨이다. 사는 것은 기쁜 것이다. 생각하는 것은 기쁜 것이다. 생각하는 것은 위로 올라가는 것이다. 생각하는 것이 기도다. 기도는 하늘에 올라가는 것이다. 참으로 하느님의 뜻을 좇아 하느님께로 올라간다는 것이 그렇게 기쁘고 즐거울 수가 없다. 인생은 허무한 것이 아니

---

104 류영모, 김흥호 엮음, 『제소리-다석 류영모 강의록』, 388쪽 참조.
105 류영모, 박영호 엮음, 『죽음에 생명을 절망에 희망을-다석어록』, 202쪽 참조.

다. 생각은 진실한 것이다. 삶이 덧없어도 목숨처럼 만이라고 생각한다. 인생이 허무한 것 같아도 목으로 숨 쉬듯이 한 발자국씩 올라가면 하늘에까지 도달할 수 있다. "육체로 사는 생生은 무상하지만 정신으로 사는 명命은 비상한 것이다. 비상은 보통이 아니라는 말이다. 독특하다는 것이다. 사명을 깨닫고 사는 삶은 독특한 것이다. 무상생無常生 비상명非常命이다."[106] 숨은 코로만 쉬는 것이 아니다. 정신으로도 숨을 쉰다. 정신의 숨이 생각이다.[107]

다석은 한 걸음 더 나아가 "생명이란 하느님의 숨어 쉼"이라고 말한다. 마치 나무에게 태양이 숨어 쉬는 것이나 같다. 가을이 되고 봄이 되는 것은 태양의 숨 쉼이다. 태양의 숨 쉼에 따라 나무가 자라나고 나무가 시든다. 사람이 나고 죽는 것도 태양의 숨 쉼이다. 그런데 사람의 숨 쉼은 동물의 숨 쉼과는 다르다. 거기에는 하느님의 숨 쉼이 겹쳐 있다. 다석의 제자 김흥호는 이것을 이렇게 풀이한다. "하느님의 숨 쉼은 말숨 쉼이요 문화 문명의 창조다. 하느님은 우주를 창조하고 사람은 문화를 창조한다. 이것이 사람이 하느님의 아들이란 징표다. 문화의 창조, 이것은 쉴 수가 없다. 그런데 사람들은 자기의 사명을 잊고서 문화 창조를 안 하고 동물처럼 새끼나 치려고 한다. 이것이 죄악이다. 하느님은 쉬지 않고 우주를 창조하고 계시다. 이것이 하늘 소식이다. 우주는 나타났다가는 숨고, 계속 창조와 진화는 이어지고 있다. 이것이 하느님의 숨 쉼이요 우주와 세계와 인생의 창조이다."[108]

다석은 성령의 바람을 범신汎神으로 보고 범신이야말로 진정한 생명운동이라고 말한다.[109] 우리는 성령의 바람으로 정신적인 숨 쉼을 한다. 성령이

---

106 류영모, 박영호 엮음, 『죽음에 생명을 절망에 희망을-다석어록』, 174쪽.

107 류영모, 김흥호 엮음, 『제소리-다석 류영모 강의록』, 259~260쪽 참조.

108 김흥호, 『다석일지 공부-류영모 명상록 풀이』 2, 솔, 2001, 227~228쪽; 류영모, 『다석일지』 1, 304쪽 참조.

109 류영모, 박영호 엮음, 『죽음에 생명을 절망에 희망을-다석어록』, 215쪽 참조.

바로 우리 맘의 얼이며 참나다.[110] 다석은 성령과 통하는 사람은 모든 생명에서 하느님의 마루(뜻)를 읽어내고 그것을 곰곰이 생각하여 말로 세워(말슴) 말로 쓰면서(말씀) 하느님의 소식을 전해주며 말숨을 쉬는 말씀(말숨)살이를 산다고 말한다.

다석에 의하면 사람의 살림살이는 단순히 먹고 자식을 낳는 몸살이로 끝나서는 안 된다. 몸집 속에 몸을 사르며 위로 올라가는 생명의 향기를 피우는 참생명의 꿈틀거림에 마음을 열어야 한다. 깊은 생각 속에 말 건네오는 하느님의 마루(뜻)를 귀 기울여 듣고 그것을 사람의 말로 잡아서 세우고 그 말을 써서 하느님의 뜻을 다른 사람들에게 전하는 방식으로 자신의 사명을 다하는 말씀(말숨)의 살림살이를 해야 한다. 다석은 이렇게 말한다.

> 말씀이 곧 하느님이다. 우리 생명은 목숨인데 목숨은 말씀하고 바꾸어놓을 수 있다. 공자를 『논어』와 바꾸어놓는 것처럼 말이다. 우리에게 생각이 끊이지 않고 말씀이 끊이지 않는 것은 누에가 실을 뽑는 것이다. 그리하여 목숨이 말씀 속에 들어가게 된다. 이것이 인생이다. 누에는 죽어야 고치가 된다. 죽지 않으려는 생각은 어리석은 일이다. 실을 뽑았으면 죽어야 한다. 죽지 않으려는 억지 마음은 버려야 한다. 죽지 않으려고 하지 말고 실을 뽑아라. 집을 지어라. 생각의 집, 말씀의 집, 사상의 집을 지어라. 내가 가서 있을 집을 예비하는 것이다. 내가 가서 있을 집을 지어놓는 것이 이 세상에서의 삶이라 할 수 있다. 이 세상은 거저 있으라는 것이 아니다. 우리는 말씀의 집을 지으러 왔다. 실 뽑으러 왔다. 생각하러 왔다. 기도하러 왔다. 일하러 왔다. 말씀의 집을 지어야 한다.[111]

---

110 류영모, 박영호 엮음, 『죽음에 생명을 절망에 희망을-다석어록』, 233쪽 참조.
111 류영모, 박영호 엮음, 『죽음에 생명을 절망에 희망을-다석어록』, 177~178쪽.

다석에 의하면 시작했다 끝이 나는 것은 몸의 세계다. 그러나 끝을 맺고 시작하는 것은 얼의 세계다. 낳아서 죽는 것은 몸이요, 죽어서 사는 것은 얼이다. 얼은 제나(몸나와 맘나)가 죽어서 사는 생명이다. 다시 말해 형이하^{形而下}에 죽고 형이상^{形而上}에 사는 것이다. 단단히 인생의 결산을 하고 다시 새 삶을 시작하는 것이다. 회개요 회심이다. 얼에는 끝이 없고 시작만 있을 뿐이다.[112] 그런 삶이 하늘에서 받은 바탈을 태우며 전체인 빈탕한데로 돌아가는 참생명이다.

112 류영모, 박영호 풀이, 『다석 류영모 명상록-진리와 참나』, 91~92쪽.

5. 생명은 바탈태우

말숨과 우숨(얼숨)

　　　　　　　　　이제 웋일름(천명天命)에 따라 자신의 바탈을 태워 말숨을 쉬면서 성령의 얼김을 우주에 펴차는(우주 만물에 펼쳐 채우는) 얼생명의 양태를 살펴보자.

　다석에 의하면 우리말 '말'은 '마루'에서 나왔다. 하느님의 마루(뜻)라는 의미가 우리말 '말'의 밑바탕에 깔려 있다. 말은 하느님의 마루다. 하느님의 마루가 우리의 얼 속으로 들고날 때 우리 안에서는 생각의 불꽃이 튀게 된다. '말숨'은 그렇게 튀는 생각에 답하면서 하느님의 마루를 우리의 말로 세우는 것이다. 그리고 그렇게 하느님의 마루를 세우기 위해 인간의 말을 쓰는 것이 '말씀'이다. 이렇듯 말숨을 쉰다는 것은 영원을 그리워하며 하느님의 뜻을 생각하는 것이다. 우리 속에 타고 있는 참의 불꽃을 태우는 것이다.

　다석은 이때 속알 또는 바탈이라는 낱말을 즐겨 쓴다. 그리고 바탈이 '받할'에서 나온 것으로 풀이한다. '받할'은 '받'과 '할'이 모여 만들어진 글자로서, '받'은 우리가 하늘로부터 받은 것을 의미하고, '할'은 그 받은 것을 갖고 해야 할 바를 뜻한다. 따라서 '바탈'은 인간이 하늘로부터 부여받은 본성으로 살아가면서 실행해야 할 바를 가리킨다. 그것은 동양 사상에서 흔히 쓰는 성性에 대한 우리말인 셈이다. 우리가 하늘로부터 받은 우리의 속알, 바로 그 안에 새겨져 있는 하느님의 뜻이, 즉 성性과 명命이 이런 식으로 연관되어 있다.

'말씀을 산다' 또는 '말숨을 쉰다'는 것은 목숨을 쉬는 것과는 다르다. 우리는 코로 숨을 들이마시고 내쉬면서 목숨을 연명하며 육체적인 몸살이를 살아간다. 그런데 말숨을 쉰다는 것은 하느님의 뜻을 계속 이어나가는 문화를 창조한다는 뜻이다. 목숨의 차원에서 인간은 자연적인 삶을 이어나가지만, 말숨의 차원에서는 문화 창조를 이어나간다. 그렇기에 우리의 목숨은 말숨으로 바뀌어야 된다. '공자'가 '논어'가 되어야 한다는 말이다. 목숨으로서의 공자는 죽고 말숨으로서의 논어가 살아남아야 한다.

말숨살이는 우리 안에 새겨진 하늘의 뜻을 찾아 세워서 그 뜻과 일치해 살기 위해 몸살이 차원의 삶을 끝내고 뜻살이(얼살이)의 삶을 시작함을 말한다. 이것이 새로운 삶의 기본이다. 깨끗이 끝내고 새로 시작하는 것이다. 나를 끝까지 깨부수어 비우고 새로운 나를 시작하는 것이다. 몸으로서의 나를 끝낼 수 있을 때 비로소 얼로서, 뜻으로서 나를 시작하여 채울 수 있다. 공자가 논어가 될 때 목숨이 말숨을 쉬고 목숨이 말씀 속에 들어가게 된다. 공자는 논어를 씀으로 인해 하느님의 말(마루)을 씀 속에서 사라져가게 한 것이다. 다석은 이렇게 말한다.

말숨(말씀)은 숨의 마지막이요, 죽음 뒤의 삶이라고 할 수 있다. 말숨 쉼은 영원을 사는 것이다. 말숨을 생각하는 것은 영원을 생각하는 것이요, 말숨이 곧 하느님이기도 하다. 말숨(말씀) 쉬는 것이 하느님을 믿는 것이요, 하느님을 사는 것이다. 말숨은 우리 속에 타는 참의 불이다. 속에서 장작처럼 쓰이는 것이 말숨이다. 참이란 맘속에 쓰이는 것이다. 중용이란 우리 맘속에서 쓰인다는 말이다. 우리 맘속에 영원한 생명의 불꽃이 타고 있다. 하느님의 말씀이 타고 있다. 그것이 생각이다. 사람은 하느님의 말숨이 불타는 성화로이다. 이것이 현존재다. 하느님의 말숨을 숨 쉬지 못하면 사람이라고 하기 어렵다.[113]

말숨이 곧 하느님이기에 우리는 말숨을 쉬면서 몸이 아닌 얼로 숨을 쉬는 것이다. '얼'로 숨 쉬는 한 말숨은 다른 말로 '얼숨'이기도 하다. 그것은 하늘에 있는 한얼(우주 생명)과 하나가 되어 쉬는 숨이다. 그러기에 얼숨은 또한 '우숨(우주적인 숨)'이다. 가장 큰 우숨은 절대생명과 하나 되는 가운데 모든 것을 초월해서 짓는 웃음(우숨)이다.[114] 얼숨은 바로 존재의 소리를 듣고 그에 따라 사는 양상이며, 그 임무는 우주 안의 보이지 않는 한얼을 우주 만물 속에 펴차는 데 있다. 다석은 유비적으로 "그리스도는 하느님의 펴참이다"라고 말한다. 다석에 따르면 우리는 가슴에 생명의 숨길을 가지고 있고 배(속)에는 얼뜻을 가지고 있다. 태양과 씨알이 하나가 되듯 우리의 얼나가 한얼을 만나서 하나가 되어야 한다. 씨알이 태양을 만나 바탈이 터서 자라 나무가 될 때 태양과 하나가 되듯, 우리의 속알(바탈)이 한얼을 만났을 때 비로소 우리도 나무가 될 수 있다. 다석은 이처럼 생명의 잎과 바탈의 꽃과 얼뜻의 열매라는 차원을 고루 헤아려서 인간 참생명의 길을 유추해낸다. 우리는 생명의 숨결을 받아 잎사귀를 키우고 우리의 바탈을 꽃피워 얼뜻의 열

---

113 류영모, 박영호 엮음, 『죽음에 생명을 절망에 희망을-다석어록』, 205쪽.
114 류영모, 김흥호 엮음, 『제소리-다석 류영모 강의록』, 76쪽. "언제 숨이 질지 모르는 것이 인생이다. 숨지기 전에 숨을 길러놓아 영 지지 않는 목숨을 길러내는 것이 오늘의 할 일이다. 그 길은 목숨을 말숨으로 바꿔놓는 일이다. 목숨을 말숨으로 바꾸고 말숨을 웃숨으로 바꾼다. 웃숨ㅈ?을 웃는 말숨만이 영원한 목숨에 들 수가 있다."

매를 맺는다.[115]

생명의 첨단 '이 제 긋'

　　　　　　　다석은 우주적 생명을 이어받아 지금 여기 살고 있는 낱생명으로서의 나를 '긋'이라 즐겨 표현한다. 광대한 우주 생명의 역사의 흐름 속에 하나의 점에 불과한 나지만 내 안에 불타는 하늘의 일름(명命)을 깨달을 때, 나는 하늘과 하나 되어 생명의 역사를 함께 써가는 얼나로 솟날 수 있다. 이렇게 몸생명을 깨끗이 끝내고 참생명의 역사에 동참하는 몸나로서의 나의 결단을 다석은 '가온찍이'라고 표현한다.

　　나는 이 민족의 한 끄트머리 현대에 나타난 하나의 첨단이다. 나의 정신은 내가 깨어나는 순간순간 나의 마음 한복판에 긋을 찍는다. 가온찍기(군)이다. 이 한 긋[點]이 나다. 나는 한 끄트머리이며 하나의 점이며 긋수이기도 하다.[116]

　　다석은 긋과 관련지어 '이 긋, 제 긋, 이 제 긋'이라고 다양하게 표현하며 설명한다. '이 긋'은 가없는 무한 시간이 계속 이어져 내려와 지금까지 연속된 시간의 긋(끝)을 표현하는 말이다. 우주의 시작부터 이어 이어 내려오는 그 시간의 끝이 지금 우리가 살고 있는 시간이다. 태극 이전 무극으로부터 이어 내려오는 그런 긋이다. '나'는 그 무한한 시간으로부터 이어져서 오늘에 이른 존재이기에 '이 긋'이다. 그러기에 이 긋은 시간줄, 생명줄이 이어

---

115 김흥호, 『다석일지 공부-류영모 명상록 풀이』 1, 510쪽 이하 참조.
116 류영모, 박영호 엮음, 『죽음에 생명을 절망에 희망을-다석어록』, 30쪽.

져 내려온 끝을 말한다.

'제 긋'은 제각각 자기의 긋을 가리키는 말이다. 생명의 시간이 계속 이어 이어 내려와 지금 여기 이곳, 이 나라, 이 땅, 이 민족에서 각자의 제 긋이 된다. '이 제 긋'은 무한한 시간이 이어 이어 내려와 각자의 선택 없이 바로 지금 이 자리에 있는 나에게 이어져 있음을 일컫는 말이다. 긋은 시간의 긋(끝), 공간의 긋(끝)이다. 텅 빈 무한 공간에다 원을 그리고 그 원을 태극이라고 한다면(이것은 그 밖이 무극임을 전제로 한다) 나라는 존재는 이 원 안의 보이지 않는 아주 작은 한 점에 불과하다. 그것이 제 긋이다. 무한한 생명이 이어져 내려온 것이 이 긋이고, 그것을 내가 이어받아 차지하고 있는 끝이라는 측면에서 볼 때 그 긋이 제 긋이다. 나의 '이 제 긋'은 150억 년이라는 태극의 역사 안에서 볼 때 오래 살아야 100년 정도이니, 그것은 그야말로 찰나와 같은 짧은 순간에 불과하다. 바로 이것이 이 제 긋이다.

나의 긋은 무한한 시간과 공간, 즉 시작과 끝이 없는 영원한 '때-사이'와 가없는 '빔-사이'에 떨어진 한 방울 물과 같다. 그렇지만 그런 나와 마당을 싸돌아다니는 한 마리의 강아지는 본질적으로 다르다. 그것은 인간이 하는 가온찍기의 역할 때문에 그렇다. 강아지 한 마리가 가지고 있는 '결' 속에도 우주의 모든 것이 들어 있다. 그렇지만 강아지는 그것을 의식하지 못한다. 강아지도 '때-사이'를 이어 여기까지 왔지만 강아지는 의식적으로, 주체적으로 그 사이를 이어나가지 못한다. 그렇지만 인간의 '때-사이'는 우주의 시작까지도 거슬러 올라가고 '빔-사이'는 우주 공간 밖까지도 벗어난다. 그러기에 인간은 사이를 잇는 존재다.

나에게서 이어지는 생명의 숨줄은 단순한 육체적 목숨으로서의 숨줄이 아니다. 우주의 시작부터 이어져 내려오는 생명의 숨줄을 이어주는 것, 이 모든 것을 생명으로, 숨으로 채우고 있는 것은 한얼이다. 바로 인간이 몸으로서의 나가 아닌, 이러한 한얼과 일치될 수 있는 내 안의 얼을 깨울 때, 그리하여 내 안에 있는 본래의 나를 찾을 때, 내 안에 있는 얼나로서의 내가 솟나(솟아 나) 얼나로 살 때가 바로 '가온'이다. 내가 나의 본바탈 한가운데를 찍어 적중시키는 것이다. 다석은 가온찍기(ㄱ) 하는 인간을 '긋'으로 다음과 같이 설명한다.

우리의 숨줄은 하늘에서부터 내려온 나다. 성령은 나다. 그래서 제일 중요한 것이 있다고 한다면 우리의 숨줄인 영원한 생명줄을 붙잡는 것이다. 붙잡은 생명줄이 이 '긋'이다. '긋'은 숨줄 긋이다. 이 숨줄 긋을 붙잡는 것이 가온찍기(ㄱ)이다.[117]

나는 가고 가며 오고 오는 시간의 영원함을 여기서 만나는 것이다. 단순히 몸으로서의 내가 자신을 꽃피우는 차원이 아니라, 우주 전체 진화의 역사 속에 숨겨져 있는 하느님의 뜻을 읽어낼 수 있고 그 뜻과 일치하는, 그 뜻이 품고 있는 얼과 나를 일치시키는 것이 가온찍기다. 다석은 가온찍기를 몸과 맘의 차원보다는 뜻과 얼의 차원에서 강조한다. 다석은 우리말에서 읽어낼 수 있는 사이에-있음(사이 존재)으로서 인간의 사명을 다음과 같이 '가온찍기'로 설명한다.

나라는 것의 무한한 가치를 자각하고 날아가는 새를 화살로 쏘아 맞히듯이 곧이곧고 신성하고 영특한, 영원한 나의 한복판을 정확하게 명중시켜 진리의 나를 깨닫는 것이 가온찍기(ㄱ)이다. 나의 마음속에 영원한 생명의 긋이 나타난 것이

---

117 류영모, 박영호 엮음, 『죽음에 생명을 절망에 희망을—다석어록』, 41~42쪽.

다. 기역(ㄱ)은 니은(ㄴ)을, 그리고 니은(ㄴ)은 기역(ㄱ)을 서로 높이는데 그 가운데 한 점을 찍는다. 기역과 아오(·)라는 한 점과 합치면 '가'가 되어가고 영원히 간다. 아오(·)의 오와 니은이 합치면 '온'이 된다. 가고 가고 영원히 가고, 오고 오고 영원히 오는 그 한복판을 탁 찍는 '가온찍기(ㄹ)'야말로 진리를 깨닫는 순간이다. 찰나 속에 영원을 만나는 순간이다. 그래서 생각하고 또 생각하고 하늘을 그리워하고 또 그리워하며 곧이 가온찍기(ㄹ)가 인생의 핵심이다. 그러나 깨닫는 가온찍기로 끝나는 것은 아니다. 끝끝내내 표현해보고 나타내보고 나타내보여야 한다. 내가 내 속알을 그려보고 내가 참나를 만나보는 것이 끝끝내내이다.[118]

'끝끝내내'와 관련지어 다석이 즐겨 쓰는 표현 가운데 '깨끗이'라는 말이 있다. 이 말은 '끝까지 깨부수어 자기 자신을 없애버린다'는 뜻이라고 다석은 풀이한다. 또는 몸으로서의 나를 깨서 몸나와는 끝장을 보라(끝내라)는 뜻이다. 몸으로서의 나는 언젠가는 끝이 난다. 나의 몸은 내가 모르는 사이 시작되었고 그 끝을 향하여 간다. 육체의 삶이란 이렇게 시작되고 그렇게 끝이 난다. 하지만 얼나는 그와 같이 시작하고 끝나는 것이 아니다. 얼로서의 나는 거꾸로 먼저 끝을 내야만 한다. 몸나가 끝나는 그때부터 얼나가 시작된다.

얼나의 하루살이

　　　　　　　　　　　다석은 '사이에 있는' 인간을 그 사이에 따

---

118 류영모, 박영호 엮음, 『죽음에 생명을 절망에 희망을―다석어록』, 31쪽.

라 네 가지 차원으로 구별하여 다룰 수 있다고 본다. 빔-사이를 차지하고 있는 몸으로서의 '몸나'는 나의 전부가 아니다. 사람-사이를 오고 가는 마음으로서의 '맘나'도 나의 전부가 아니다. 시간 속에 살며 때-사이를 잇는 역사적 주체로서의 '제나(뜻나)'도 나의 전부가 아니다. 무엇보다도 하늘과 땅 사이를 잇고 있는 '얼나'로서의 나가 참나다. 얼로서의 나가 우주의 얼인 '한얼'과 서로 통하기 때문이다. 다석은 노장 사상과 무속 종교가 너무 몸나에만 관심을 보였다면, 불교는 너무 맘나에만 치중했고, 유교는 너무 맘나의 공동체인 '가*'에만 신경을 쏟았으며, 기독교는 종말론적인 역사관 속에서 제나의 구원에만 유의했다고 지적한다.

다석은 이 모든 '나'의 차원들을 나름대로 다 살리면서 궁극적인 참나인 '얼나'로서의 삶에 정진해야 한다고 가르친다. 그래서 몸을 건강하게 보존하며 ('몸성히'), 마음을 놓아 보내며 ('맘놓이'), 자신의 속알(바탈) 속에 새겨진 하느님의 뜻을 찾아 그 뜻을 태우며(=바탈태우, 뜻태우) 살아야 한다고 말한다. 온 우주, 모든 빔, 모든 사이 속에 없이 계시며 모든 생성 소멸과 변화를 주재하는 하느님의 성령인 한얼과 소통하여 하늘과 땅 사이에 있는 모든 것을 살리고 섬기며, 자신을 나누고 비우는 우주적 '살림살이'를 사는 우주인이 될 것을 다석은 우리에게 조용하게 이른다.

하늘의 뜻을 이루며 살아야 하는 '얼나'는 '바탈태우'의 삶을 살아야 한다. 내 안에 주어져 있는 뜻(바탈), 속알을 태워야 하는 것이다. 나 혼자만 잘 살 것이 아니라 가족, 사회, 국가라는 공동체를 위해서, 그리고 더 나아가 인류 문화와 세계 평화, 지구와 우주를 위해서 내가 받은 바탈과 속알, 내 안에 새겨져 있는 깔, 꼴, 결을 찾아 태워서 모든 공동체가 한얼을 품을 수 있도록 살라는 것이다.[119] 무한 경쟁 속에 무한 소유를 부추기고 무한 소비를 조장하면서 욕망을 고무풍선처럼 한없이 키우고 있는 현대인에게 하나뿐인 삶의 터전인 지구가 쓰레기통과 도살장으로 변해가고 있다. 우리 인간이 다석의 가르침처럼 얼나로서 살림, 섬김, 비움, 나눔의 우주적 살림살이에 동참한다면 이 지구는 아직 희망이 있다.

　얼숨으로 살아야 하는 삶은 '하루살이 삶'이다. 그러한 삶을 대표적으로 산 사람이 바로 다석이다. 다석은 자신의 나이를 몇 살이라 표기하지 않고 몇 날을 살았는가 날수를 세어 말했다. '하루살이'는 말 그대로 하루를 사는 살이를 말한다. 다석은 칠성판에서 자고, 먹고, 읽고, 사색하고 사람들을 맞으며 생활했다. 새벽에 칠성판에서 일어나 하느님께 하루를 새로 주심에 대해 감사드리고 냉수마찰을 했다. 다시 그 칠성판 위에서 자신만의 독특한 가부좌를 하고 동서양의 경전들을 읽으며 사색했다. 그리고 저녁 한 끼니만을 들었다. '다석^{多夕}'이라는 호도 그저 '많은 저녁'이라는 의미다. "나의 저녁은 그저 많을 뿐이다. 그렇지만 하느님의 저녁은 영원하다." 밤이 되면 다시 칠성판에 누우면서 "이제 나는 우주와 하나가 된다"라며 죽음을 맞이하는 마음으로 다석은 잠자리에 들었다.

　다석은 예순다섯이 되던 해에 "나는 내년에 죽을 것"이라고 예언한다. 그 말을 들은 제자들은 선생님의 말씀도 제대로 적어놓은 것이 없는데 돌아가신다니 이 무슨 청천벽력 같은 말씀이냐며 속기사를 동원해 다석의 강의를 기록한다. 이렇게 하여, 『죽음에 생명을 절망에 희망을 – 다석어록』[120]이

---

119 류영모, 김흥호 엮음, 『제소리-다석 류영모 강의록』, 57쪽. 김흥호는 이렇게 풀이한다. "나는 이어 이어 예 한 점이 내가 아닐까. 이 한 점에 힘이 붙고 능력이 붙고 수가 생겨 몸성히 마음놓이 이것이 내가 아닐까. 마음이 놓일 때 마음은 비어 진리를 담을 그릇이 준비되고 몸성히 불이 될 때 몸은 살아 임을 그리워하게 된다. 목숨 쉼은 불사름이요, 말씀 쉬면 물 씻음이니 깨끗하게 비고 아름답게 태워서 새로운 바탈을 내놓음이 숨쉬는 한 목숨이요, 영원히 이어나갈 이 목숨이기에 맘 비고 몸성히 숨 쉬는 한 목숨이다. 나의 바탈을 비고 비어 참을 그리는 것인데 몬으로 지어 먼지가 되면 흙덩이처럼 가득 차 새로운 바탈을 내지 못하고 힘도 없고 수도 없어 숨도 못 쉬는 흙덩이가 되고 만다."

120 류영모, 박영호 엮음, 『죽음에 생명을 절망에 희망을-다석어록』.

라는 책이 씌어진다. 이것이 다석의 유일한 강의록이다. 그런데 1년이 지났는데도 다석이 살아 있으므로 사람들이 놀라서 물었다. 다석은 "나는 이미 몸으로는 죽었다. 그리하여 하루하루를 산다"라고 말했다. 사람들이 그의 말뜻을 제대로 알아듣지 못했던 것이다. 1년 뒤의 삶은 목숨이 아닌 얼숨을 의미한 것이었다. 다석은 하루를 '할우'라 표기하기도 했다. '할'은 무엇을 할 것임을 말하고 '우'는 '위^上'를 가리킨다. 우리의 하루는 끊임없이 한얼에게로 올라가는 '할우'가 되어야 하는, 그런 하루살이를 위한 '하루'인 것이다. 다른 말로 그것은 얼생명을 사는 '얼살'이다.

식사는 장사며 제사

　　　　　　　　다석은 얼나로서 얼살이가 어떠해야 하는지를 자신의 삶으로 보여주었다. 탐욕과 성냄 그리고 음욕이라는 세 가지 못된 욕망의 뿌리를 근원부터 뽑아버리고 하루 한 끼만 먹으며 25년간의 결혼結婚을 해혼解婚으로 풀고 40여 년간 금욕 생활을 한다. 식사에 대한 그의 생각이 독특하고 오늘날의 우리에게 시사하는 바가 많기에 여기서는 그것만을 좀 더 살펴보기로 한다.

　다석은 "식사食事는 장사葬事다"라는 충격적인 말을 했다.[121] 우리가 먹는 음식은―그것이 동물이냐 식물이냐의 차이는 있지만―모두 생명체다. 우리 자신이 살기 위해 먹는 식사라는 것이 다른 생명체들의 죽음이라는 희생을 통해서 이루어지고 있다. 그렇기에 따지고 보면 매 끼니가 장례식인 것

121　류영모, 박영호 엮음, 『죽음에 생명을 절망에 희망을―다석어록』, 355쪽. 다석은 이렇게 말한다. "우리 입이란 열린 무덤이다. 식물, 동물의 시체가 들어가는 문이다. 식사食事는 장사葬事다."

이다. 우리는 내가 살기 위해서 끊임없이 무언가를 죽이고 있다. 그렇기에 다석은 "식사는 장사다"라고 말한 것이다. 그런데 모든 생명체가 이 지구에서 평화롭게 더불어 살려면 이와 같은 장례를 될수록 적게 치러야 한다. 그것을 실천하기 위해서 다석은 하루 한 끼니만(일일일식一日一食) 들었다. 그러면서도 91세까지 장수했다.

하루 한 끼니만 먹을 때 나머지 두 끼니는 내 몸과 내 살을 먹는 셈이 된다. 그것은 내 몸을 제물로 바치는 산 제사나 다를 바 없다. 그래서 다석은 이렇게 말한다.

하느님께 예배드리는 극치는 하루에 한 끼씩 먹는 일이다. 그것은 정신이 육체를 먹는 일이며 내 몸으로 산 제사를 지내는 일이기 때문이다.[122]

나아가 다석은 식사가 곧 제사라고 말한다.

사람은 모든 것을 먹으면 그것이 피가 되고 그 피는 뜻이 있어서 위로 올라가니, 향불 모양으로 사상을 피워 올리는 것을 먹고 사는 것이 사실이다.[123]

밥 먹고 자지 말고, 밥 먹고 깨어나도록 밥을 먹어야 한다. 밥은 제물祭物이다. 바울은 너희 몸은 하느님의 성전이라고 한다. 우리 몸이 하느님의 성전일 줄 아는 사람만이 능히 밥을 먹을 수 있다. 밥은 하느님께 드리는 제사이기 때문이다. 내가 먹는 것이 아니라 하느님께 드리는 것이다. 내 속에 계시는 하느님께 드리

122 류영모, 박영호 엮음, 『죽음에 생명을 절망에 희망을-다석어록』, 52쪽 참조.
123 류영모, 박영호 엮음, 『죽음에 생명을 절망에 희망을-다석어록』, 91쪽 참조.

는 것이다. 그러니까 밥을 먹는다는 것은 예배요, 미사다. 내가 먹는다고 생각하는 사람은 제물을 도적질하는 것이다.[124]

다석은 하느님의 뜻을 이루기 위해 밥을 먹어야 한다고 말한다. 예수는 십자가에 자기를 바쳤는데, 이때 '바쳤다'는 말은 밥이 되었다는 말이다. 밥이 되었다는 말은 밥을 지을 수 있는 쌀이 되었다는 의미다. 쌀이 되었다는 말은 다 익었다는 뜻이다. 성숙하여 무르익은 열매가 된 것이다. 인생은 무엇인가? 무르익는 것이다. 제물이 되는 것이다. 밥이 되는 것이다. 밥이 될 수 있는 사람만이 밥 먹을 자격이 있다. 완전한 사람, 성숙한 사람이 아니고는 밥을 먹을 자격이 없다.[125]

다석에 의하면 인생의 목적은 제물이 되는 것이다. 인생이 밥을 먹는 것은 자격이 있어서도 아니고 내 힘으로 먹는 것도 아니다. 하느님의 은혜로, 수많은 사람의 덕으로, 대자연의 공로로 주어져서 먹는 것이다. 밥이 되기까지는 태양빛과 바다의 물과 그 밖의 온갖 신비가 총동원되어야 한다. 그러니까 밥은 우리가 거저 받는 하느님의 선물이다. 인생뿐만 아니라 일체가 하느님에게 바쳐지기 위한 제물이다. 일체가 밥이다. 다석은 인생이란 밥을 통해 우주와 세상이 얻는 영양은 무엇일까 묻는다. 그것은 곧 말씀이라고 답한다. 인생이란 밥에는 말씀이 있다. 성령의 말씀이 있다. 온 인류를 살리는 우주의 힘이 되는 성령의 말씀이 있는 것이다.[126]

다석에 의하면 인생은 짐승처럼 자기의 육체를 바치는 밥이 아니다. 인생은 밥을 먹고 육체를 기르고, 이 육체 속에 다시 성령을 담아 정신적인 밥

124 류영모, 박영호 엮음, 『죽음에 생명을 절망에 희망을-다석어록』, 186쪽.
125 참조 류영모, 박영호 엮음, 『죽음에 생명을 절망에 희망을-다석어록』, 187쪽 참조.
126 류영모, 박영호 엮음, 『죽음에 생명을 절망에 희망을-다석어록』, 188쪽 참조.

인 말씀을 내놓을 수 있는 그런 존재다. 인생은 육체적 제물이 되지 않는다. 그것은 영적인 제물이다. 인생에서 제물이 되는 것은 말씀이지 목숨이 아니다. 목숨은 껍데기요, 말씀이 속알이다.

6. 없이 계신 하느님,
   없이 살아야 하는 인간

　　　　　　　서양 사람들이 생각하는 최고의 개념 틀은
'있음(존재)'인데, 우리에게는 그 있음보다 훨씬 위에 '없음[無·空·虛]'이라는
더 큰 개념의 틀이 있다. 그렇기에 그들과 우리의 이해의 지평은 다르다. 없
음에 대해 이야기할 때 (이성으로는 할 수) 없는 것에 대해 말한다고 지적하는
사람이 있다. 그렇다! 그런 이야기들은 분명 말이나 개념으로 명확하게 잡
을 수 있는 차원의 것이 아니다. 그 차원은 그것을 경험한 사람에게만 이해
된다. 무의 경험, 없음의 경험, 빔의 경험을 한 사람은 있음이 전부가 아님
을 깨닫고 있다.

　　다석은 우리의 있음의 경험으로는 도저히 잡을 길 없는 절대 공간과 무한
시간을 이름할 수는 없지만 억지로 이름하여 한늘(절대 공간인 '한'+무한 시
간인 '늘'), 하늘, 한아(한), 하나, 한얼, 하느님, 하나님, 한얼님, 한 나[大我], 한
웋님이라 불렀다. 다석에게는 이러한 온전한 것, 깨지지 않은 것, 모든 것을
담고 있는 것, 어떤 것도 그것을 벗어날 수 없는 것이 거룩하고 성스러우며
신적인 것이다.

무한한 시간을 자기 안에 품고 있는, 저 침묵의 끝을 알 길 없는 어두운 우주 공간이, 무한히 뻗어가는 바닥 없는 검푸른 심연의 푸른 창공이, 지나온 역사와 앞으로 닥쳐올 미래의 사건까지도 다 자신의 영원한 고요와 적막 속에 내려다보고 있는 저 하늘이, 성스러우며 전형적으로 신적인 것이다. 그렇게 깨끗하고(=모든 끝을 끝까지 깨부수는) 거룩한 신적인 '있음'은 유한한 있음의 관점으로 본다면 없는 것이나 다름없다. 그래서 다석은 이러한 하느님의 있음을 '없이-있음'이라고 이름한다.

> 허공은 맨 처음 생명의 근원이요 일체의 근원이다. 처음도 없고 마침도 없는 하느님이다. 허공은 우리의 오관으로 감지해서 알 수 있는 것이 아니다. 허공은 무한하고 영원한 것이다. 잣알 하나 깨어보니 빈탕이라는 그따위 허공이 아니다. 단 하나의 존재인 온통 하나가 허공이다. 환상의 물질을 색계라 한다. 유일 존재의 허공에 색계가 눈에 티끌과 같이 섞여 있다. 허공은 하느님의 맘으로 느껴진다.[127]

다석은 무에서 유가 유래하고, 무 없이 존재가 있을 수 없음을 이렇게 서술한다.

> 아주 빈 것[絶代空]을 사모한다. 죽으면 어떻게 되나. 아무것도 없다. 아무것도 없는 허공이라야 참이 될 수 있다. 무서운 것은 허공이다. 이것이 참이다. 이것이 하느님이다. 허공 없이 진실이고 실존이고 어디 있는가. 우주가 허공 없이 어떻게 존재할 수 있는가. 허공 없이 존재하는 것은 없다. 물건과 물건 사이, 질과

---

127 류영모, 박영호 풀이, 『다석 류영모 명상록-진리와 참나』, 152쪽.

빔 속의 빛 ⓒ 전규완

질 사이, 세포와 세포 사이, 분자와 분자 사이, 원자와 원자 사이, 전자와 전자 사이, 이 모든 것의 간격은 허공의 일부이다. 허공이 있기 때문에 존재한다.[128]

없음이 일으키는 바람에 얻어맞을 수 있는 사람만이 그러한 없이 있음을 느끼고 깨닫는다. 눈으로 볼 수 없고 지성으로도 잡을 수 없으며 이성으로도 알 수 없는 다른 차원의 시각으로 그 없음을 알아볼 수 있는 얼의 눈이 있을 때만 이 독특한 없이-있음을 느낄 수 있다. 다석은 그러한 없이 있는 텅 빔, 빈탕한데가 절대생명이고 하느님이며 성스러운 존재, 거룩한 존재라고

128 류영모, 박영호 엮음, 『죽음에 생명을 절망에 희망을-다석어록』, 161쪽.

말한다. 그는 없이 계신 하느님을 그리워하며 없이 살았다.

끝으로 다석의 생명 사상에서 우리가 배워 실천할 수 있는 영성적 삶의 모습은 어떤 것인지 알아보도록 한다.

다석을 공부하면서 글쓴이가 나름대로 끄집어낸 영성적 가치관은 살림, 섬김, 비움, 나눔의 가치관이다. 다른 말로 '살림살이'의 영성이다.[129] 이것을 그리스도교 용어로 표현한다면 살림은 생명 사랑, 섬김은 하느님 사랑, 비움은 자연 사랑, 나눔은 이웃 사랑이라 할 수 있다.

이 네 가지 가치를 우리의 삶 속 가치로 승화시켜 생활할 때 우리의 지구는 희망이 있다. 그것은 한마디로 존재하는 모든 것과 사이좋게 사이를 나누며 사는 '지구 살림살이'이다. 빔-사이, 사람(몬)-사이, 때-사이 그리고 하늘-땅-사이를 사이좋게 나누며 사는 생활이다. 사람은 이 사이를 이어주어야 하는 존재다.

사람은 살림을 알고 살림을 살아야 하는 살림지기다. 우리말 '생명'에는 살아야 한다는, 살려야 한다는 하늘의 명령이 간직되어 있다. 우리에게 생명체는 태양의 힘을 받아 땅을 뚫고 솟아나서 하늘과 땅 사이에 존재하는 모든 것들이 해당된다. 생명이라는 낱말 자체가 하늘의 명을 받고 하늘을 향해 올라가는 삶의 모습을 형상화한 것이다. 존재하는 모든 것 속에 있는 한얼과 일치하여 모든 것 속에서 한얼(하느님)을 알아보는 것이 '얼나'로서 인간의 사명이다.

다석의 말대로 얼나로서 참생명을 사는 삶의 모습은 어떠해야 하는가?

---

129 필자는 그동안 살림살이의 가치관에 대해 몇 편의 글을 발표했다. 졸저, 「세계화와 동아시아 가치. 나눔과 섬김 속의 살림살이」, 만해사상실천선양회 엮음, 『2003 만해축전』, 35~89쪽; 「생명학의 미래를 생각한다-지구 살림살이를 위한 생명학」, 『아름다운 모심, 힘찬 살림-21세기 문명의 전환과 생명문화』, 105~123쪽; 「김지하의 생명사건론-생활 속에서 이루어야 하는 우주적 대해탈」, 한국해석학회 엮음, 『낭만주의 해석탈』, 495~574쪽; 「삼신 할매 신화에서 읽어내는 한국인의 살림살이 이성」, 『해석학 연구』 제20집, 2007년 가을호 참조.

첫째로 우리가 명심해야 할 것은 "식사는 장사며 제사"라는 다석의 말이다. 이 정신을 이어받는다면 우리는 먹는 행위부터 생명 사상을 실천할 수 있을 것이다.

우리가 먹는 모든 음식은 생명체이며 이들의 죽음을 통해 우리의 생명을 연장시키고 있다. 꼭 필요한 양만을 먹고 버리는 음식물 쓰레기를 줄이려고 노력할 때 생명 사랑과 더불어 자연(비움) 사랑을 함께 실천할 수 있다. 우리가 1년에 버리는 음식물 쓰레기가 우리나라에서만 십수조 원에 이른다고 한다. 그것을 줄여 기아에 허덕이는 사람들과 나눌 수 있다면 생태(살림) 사랑과 더불어 이웃 사랑(나눔)도 실천할 수 있다.

둘째, 앞서 언급했던 마더 데레사의 "나눔 없이 평화 없다"라는 말을 명심할 필요가 있다.

인류 역사상 지금처럼 굶어 죽는 사람이 많은 적이 없다고 한다. 그런데 그 원인은 결코 먹을 것이 부족하기 때문이 아니다. 지금 지구상에 있는 것만으로도 68억 인구가 충분히 먹고살 수 있다. 그렇지만 인간은 먹고 남아서 버리는 한이 있어도 그것을 나누려 하지 않는다. 이것이 이른바 선진국의 경제 논리다. 그러나 나눔이 없는 한 세계 평화를 기대할 수 없다. '식사는 장사다'라는 정신으로 한 끼니 나누는 삶을 실천할 수 있다면, 우리는 더욱 많은 사람들을 굶주림에서 벗어나게 할 수 있다. 다석처럼 하루 한 끼니만 먹을 수는 없더라도 먹는 것을 조금만 줄여 그 줄인 만큼을 굶주리는 사람에게 나눠줄 수는 있을 것이다.

셋째, 다석의 가온찍기 하루살이의 삶에서 많은 것을 배울 수 있다.

우리는 소유 중심에서 나눔과 비움 중심으로 삶의 자세를 바꿔야 한다. 나눔을 통한 비움, 비움을 통한 나눔을 실천해야 한다. '이 제 긋'으로서 이어 이어 나에게까지 이어져온 내 생명의 '긋'은 내가 살아 있는 동안 한얼의 뜻을 깨달아 한얼과 더불어 우주 또는 지구 살림살이에 동참할 것을 가르친다. 그러려면 나는 없이 살며 이 몸을 나누고 비우다 종국에는 텅 빈 속으로 사라져야 한다. 몸나를 끝내고 얼나로 솟나야 한다. 나는 매일매일 자신을 비우고 '할 우(하루)'를 실천해야 한다. '한웋'인 위로 올라가려 노력해야 한다. 오늘이 마지막 날이라는 생각으로 살아야 한다. 우리는 나눔과 비움의 한 방법으로 장기 기증, 시신 기증을 할 수 있다.

넷째, 다석의 사상을 이어받아 함석헌咸錫憲처럼 "생각하는 백성이라야 산다"라는 것을 명심하고 실천해야 한다.

생각에는 '드(되)는 생각', '하는 생각', '나는 생각'이 있다. 그런데 많은 사람들이 드(되)는 생각은 하면서도 하는 생각과 나는 생각에는 신경을 쓰지 않는다. 이래서는 안 된다. 적극적으로 주체적으로 창의적으로 하는 생각과 나는 생각 훈련을 많이 해야 한다. 하이데거는 생각에는 '셈 생각'과 '뜻 생각'이 있다고 말했다. 하지만 우리는 셈 생각은 많이 하면서도 뜻 생각은 별로 하지 않는다. 우리의 일상생활에서 하느님의 일름(명령), 한얼의 숨결, 존재의 뜻을 읽어내어 거기에 응답하려고 노력해야 한다. 스스로 생각하고 그 뜻을 찾아갈 때 그에 대한 대답이 '나는' 생각이다. 생각하는 백성이 되려면 침묵, 명상, 생각 속에 한얼과 일치하는 삶을 생활화해야 한다. 진리 찾기와 참나 찾기를 함께 실천하려고 노력해야 한다.

다석은 하느님의 없이 계심같이 그렇게 없이 살 것을 가르치고 있다.

가르치는 것은 모두 다 제일 마루(종宗=하느님)로 가라고 가르치는 것이지요. 턱 깨닫고 나가는 시간이 있어야 해요. 학學은 각覺으로 가자는 것입니다. 교敎는 각覺으로 성불成佛하면 깨끗해집니다. 깨끗은 깨끝입니다. 상대계가 아주 끝이 나도록 깨트리면 진리인 절대가 나타납니다. 참나를 깨닫는 것이지요. 깨끝이면

아멘입니다. 다 치워야지요. 없도록 치워야 해요, 아직도 덜 치워 남아 있으면 덜 없지요. 덜 없으면 더럽지요. 덜 치워 덜 없는 것이 더러운 것입니다.[130]

---

130 류달영 외, 박영호 엮음, 『동방의 성인 다석 류영모』, 성천문화재단, 1994, 172쪽. 다석은 1963년 1월 11일의 일지에 아래와 같은 시 한 수를 기록했다.

〈몸 밝 빛탕〉
덜 없다 다 없어야 한다. 아주 없어야 한다.
몬이 지고 티가 끌는 깨끗조차 없어야 한다.
거룩히 몬 ~ 티 나부랑 치이 비히 다 돼 없.

류영모, 『다석일지』 2, 홍익재, 1990, 86쪽; 박영호 엮음, 『다석 류영모의 얼의 노래』, 두레, 2004, 168쪽 이하.

제6장

함석헌의 생명학적 진리: 살라는 하늘의 절대 명령

함석헌의 일생 화두는 생명, 평화, 진리라는 세 마디로 요약할 수 있다. 함석헌은 '생명'을 한마디로 '살라는 하늘의 뜻'으로 풀이한다. 생명체는 그러한 하늘의 뜻을 받고 이 세상에 존재하게 된 개체들이다. 따라서 우주에서 생명체의 등장은 우주의 역사를 본래의 역사인 생명의 역사로 전환시키는 하늘의 뜻이 이루어지고 있음을 가리킨다. 개개의 생명체들은 다 살라는 하늘의 뜻을 받아 자신의 개체 생명을 불살라 우주 곧 생명의 역사를 돌리는 데 동참한다. 생명체의 본래적인 삶의 목적은 우주 역사의 전개에 참여하여 자신의 몫을 다하는 것이다. 생명체는 자기 안에 새겨진 하늘의 뜻을 읽고 그에 따라야 한다. 그것이 이 생명체가 추구하고 이행해야 하는 진리다. 진리를 이런 의미로 알아들을 때 그것은 더 이상 인식론적 진리가 아니고 생명학적 진리다. 생각하건대 함석헌은 이러한 생명학적 진리가 씨올들의 삶과 말 속에 새겨져 오늘날까지 전해 내려오고 있다고 믿고 있다.

1. 삶의 진리, 앎의 진리, 사람(삶앎)의 진리

          나는 여기서 함석헌의 독특한 사상적 면모를 '생명학적 진리'라고 표현하기로 한다. 함석헌의 일생 화두는 생명, 평화, 진리라는 세 단어로 요약할 수 있다. 이 셋은 뗄 수 없이 밀접하게 연관되어 있는데, 이 글에서는 생명과 진리의 관련을 생명학적 진리라는 개념으로 잡았다. '생명학적 진리'라는 개념은 그 자체로 벌써 예사의 진리가 아님을 함축하고 있다. 철학에서는 진리 하면 으레 인식론적 진리를 떠올린다. 낱말, 개념, 명제가 실제 사물이나 사태와 일치하는지 여부에 따라 참과 거짓이 판단된다. 진리는 이러한 인식 또는 앎과 연관되어 가리새 구실을 하는 참가리인 셈이다. 이처럼 생명학적 진리라는 표현에는 진리가 우선적으로 관련되어 있는 본질적 차원은 인식이나 앎이 아니라 생명이라는 주장이 강조되어 있다.

  함석헌은 '생명'을 한마디로 '살라는 하늘의 뜻'으로 풀이한다. 생명체는 그러한 하늘의 뜻을 받고 이 세상에 존재하게 된 개체들이다(생명학적 차이). 따라서 우주에서 생명체의 등장은 우주의 역사를 본래의 역사인 생명의 역사로 전환시키는 하늘의 뜻이 이루어지고 있음을 가리킨다. 개개의 생명체들은 다 살라는 하늘의 뜻을 받아 자신의 개체 생명을 불살라(에너지로 태워) 우주, 곧 생명의 역사를 돌리는 데 동참한다. 생명체의 본래 삶의 목적은 우주 역사의 전개에 참여하여 자신의 몫을 다하는 것이다. 생명체는 자기 안에 새겨진 하늘의 뜻을 읽고 그에 따라야 한다. 그것이 생명체가 추구하고 이행해야 하는 진리다. 진리를 이런 의미로 알아들을 때 그것은 더 이상 인식론적 진리가 아니고 생명학적 진리다.

그런 진리는 인식의 진리가 아니고 삶의 진리다. 삶이 온갖 난관에 부딪히며 온몸의 상처로 배우는 삶 속의 진리다. 그것은 곧 개개의 생명체가 자기 안에 하늘의 뜻인 '씨올'을 키워내는 알음의 진리, 앓음의 진리다. 이 아픔의 경험이 앎(지식과 지혜)이 된다. 삶의 진리가 앎의 차원에 이르러 개념적 체계로 얼개와 틀을 탄탄히 만든다. 진리는 삶을 아는 삶앎의 진리가 되고, 그것은 곧 하늘의 뜻을 깨달은 사람의 진리가 된다.

서양의 진리는 그 시작부터 사태 인식과 그에 대한 명확한 표현에 맞춰져 있다. 그것을 로고스적이라고 할 수 있을 것이다. 그래서 학자들은 서양의 역사가 한마디로 이성 중심적이라고 기술하기도 한다. 그것은 진리가 표현된 낱말과 개념의 뿌리와 그 역사를 살펴보아도 바로 알 수 있다. 한국에서 진리의 역사는 로고스 중심이 아니었다. 우리에게 진리는 우선적으로 삶의 진리였다. 그것은 무엇보다도 진리를 표현하는 우리말 사용에서 확인할 수 있다. 우리말 안에 민족의 기억이 갈무리되어 있고 존재의 소리가 담겨 있고 하늘의 뜻이 새겨져 있음을 염두에 둘 때, 우리는 우리말에 결과 무늬로 아로새겨져 오늘 우리에게까지 전해 내려오는 삶의 진리를 읽어낼 수 있어야 한다.

함석헌은 바로 우리말에서 우리 겨레의 삶의 진리를 읽어내려고 노력했다. 그 말은 양반과 지식인 들이 백성들을 속여서 지도자로 군림하려고 다른 나라에서 빌려온 어려운 외국어(한문, 일본, 영어)가 아니라 이 땅의 '씨올'들이 반만년의 역사와 전통에서 매일같이 사용해온 우리말이다. 함석헌은 우리 삶에서 우리의 말과 글, 우리의 글월(문화文化)이 돋아나온다고 하며, 우리말로 할 수 없는 종교 · 철학 · 예술 · 학문이 있다면 아무리 훌륭해도 그만두라고 외친다.[131] 함석헌의 모든 말과 글은 씨올들의 삶에서 길어낸 삶의 진리다. 이것을 우리는 무엇보다도 '생명'과 '삶' 그리고 '참(진리)'을 풀이하는 그의 글에서 확인할 수 있다.

131 함석헌, 「우리 민족의 이상」, 『뜻으로 본 한국역사』, 347쪽 참조.

2. 진리의 사건과 서양 철학의 대응

'진리'를 둘러싼 논쟁

인간의 역사와 더불어 진리에 대한 물음은 항상 제기되어왔다. 철학 또는 학문의 형성과 함께 진리에 대한 논의는 더욱 분명한 꼴을 갖추고 이론화되고 체계화되었다. 20세기 들어 진리를 둘러싼 논쟁은 새로운 국면을 맞는다. 실증 과학이 참된 명제를 위한 의미 비판 기준을 내세우며 진리에 대한 발언권을 자연 과학에만 제한시키는 듯한 주장들을 펼쳤기 때문이다. 여기에 비트겐슈타인 Ludwig Josef Johan Wittgenstein은 결정적인 철학적 뒷받침을 제공한다. "참된 명제들의 총체는 전체 자연 과학(또는 자연 과학의 총체)이다."(『논리철학논고』 4. 11) 이러한 주장에 동조하는 논리실증주의자들은 형이상학의 명제들, 윤리학과 도덕 분야의 발언들, 예술 분야의 진술은 참과 거짓을 가릴 만한 가치도 없는 헛소리라고 주장한다.

다른 한편 이러한 진리 개념의 축소에 대응하여 많은 철학자들이 전통적인 진리 개념을 복원하고자 논쟁터로 뛰어들었다. 그 가운데 대표적인 사람이 바로 "진리의 본질은 자유다"라고 주장한 마르틴 하이데거다. 그런데 그의 말이 진리와 자유의 연관성에 대한 최초의 발언은 아니다. 잘 알려져

히브리어로 쓰인 성서 사본

있듯이 『신약성서』 「요한복음」에 "진리가 너희를 자유케 하리라"(8장 33절)라는 유명한 말이 있다. 그렇지만 이는 어디까지나 종교적 차원에서 행해진 발언이며 믿음을 전제한 교의적 명제이지, 근거가 제시되거나 해명된 철학의 명제는 아니다. 그런데 하이데거는 진리의 본질을 논하는 철학 논문에서 진리의 본질이 자유라고 주장하고 나선 것이다.

진리와 관련된 이런 문제들을 진지하게 생각한다면 진리에 대한 새로운 물음을 제기할 준비가 되어 있는 셈이다. 우리는 진리를 사건으로 이해해야 한다고 주장하는 하이데거의 논의에 귀를 기울일 필요가 있다. 그는 진리사건이 인간 본질의 역사와 더불어 벌어지고 있는 해방의 사건이라고 말한다.

진리는 평온한 안식 속의 소유가 아니다. 즐거움 속에 어떤 입각점에 평온하게 앉아서 거기에서부터 다른 사람들을 가르치는 그런 것이 아니다. 오히려 진리 (비은폐성)는 오직 끊임없는 해방의 **역사**(사건) 속에서만 **일어난다.**"[132]

진리사건과 더불어 존재자가 우리에게 개방된 것으로 열어 밝혀진다. 그렇기에 진리사건은 곧 존재사건이며, 그래서 그 둘을 합쳐서 하이데거는 존재진리사건이라고 이름하기도 한다. 인간의 거기-있음(현존재)은 역사의 흐름 속 생생한 삶의 세계에 있음으로써 있는 그대로의 존재자를 존재하게끔 하는, 열린 마당을 열어서 밝히는 진리사건에 개입하는 참여사건이다. 인간이 없다면 진리사건도 없다. 인간의 역사는 진리를 둘러싼 투쟁의 역사다. 이 투쟁의 역사가 이어져 내려와 지구촌 시대인 현대에서는 동서양의 문화권을 가로지르는 진리에 대한 논쟁으로 펼쳐지고 있다.

서양의 진리 개념

　　　　　　　　　　　먼저 오늘날 우리는 진리를 어떻게 이해하고 있는지부터 알아보자. 서양에서 행해진 진리에 대한 논의를 좇아가기 위해 독일어는 진리를 어떻게 규정하고 있는지 살펴보자. 『두덴*Duden*』 독일어 사전은 진리를 이렇게 정의한다.

　진리

　1) 참임. 사태와 그것에 대해 말하고 있는 발언(명제)과의 일치. 올바름.

---

132 마르틴 하이데거, 『진리의 본질에 관하여-플라톤의 동굴의 비유와 테아이테토스』, 이기상 옮김, 까치글방, 2004, 101쪽.

2) 실제의, 참된 사태 내용, 사실.[133]

현대 독일에서 사용되는 일상용어를 살펴보면 진리는 '참임'을 뜻하는데, 그것은 우선 발언(명제)의 참임을 의미한다. 발언(명제)에서 이야기되는 사태가 실제의 사태와 일치할 때 그것을 참된(진리) 명제라고 하며, 바로 여기에 진리의 일차적 의미가 있음을 독일어는 말해준다. 또한 독일어는 발언(명제)에 대해서뿐 아니라 사태에 대해서도, 사람에 대해서도 '참'이라고 말한다. '진짜(참) 금', '진정한(참된) 친구'에서처럼 말이다.

하이데거는 '진리의 자리는 명제(발언)이며 그 본질은 일치 또는 올바름'이라는 생각이 알게 모르게 서양의 철학과 학문 또는 과학을 2000년 넘게 지배해왔으며, 이러한 학문(과학)적 자명함이 일상인의 삶을 보이게 보이지 않게 각인해왔다고 주장한다.[134] 그에 따르면 그것은 서양의 이성 중심, 로고스 중심, 존재자 중심의 사유 경향과 무관하지 않다. 하이데거는 철학하는 사람이라면 이러한 진리의 본질에 대한 자명성을 한 번쯤 문제 삼아야 하지 않느냐고 반문한다. 그래서 그 자명함의 뿌리를 찾기 위해, 서양 철학의 시작에서 그리스인들은 진리를 어떻게 경험하고 그것을 어떻게 표현하려고 노력했는지를 추적해보아야 한다고 말한다.

그리스인들의 진리에 대한 근본 경험을 통해 우리가 알 수 있는 독특한

---

133 "Wahrheit. 1) das Wahrsein; die Übereinstimmung einer Aussage mit der Sache, über die sie gemacht wird; Richtigkeit. 2) der wirkliche, wahre Sachverhalt, Tatbestand." *Duden(hrsg.)*, *Das große Wörterbuch der deutschen Sprache*, in 6 Bänden, Mannheim/Wien/Zürich: Dudenverlag, 1981, 2833쪽.

134 백종현의 진리 규정에서도 비슷한 생각이 엿보인다. "맞는 말, 올바른 사고, 참다운 인식에서 진리는 드러난다. 그런데 다시 생각해보면, 말은 사고나 인식의 표현이다. 그러므로 진리는 사고나 인식 그리고 이것들의 언표에서 드러난다. 다시 말하면 진리(참)는 사고, 인식 혹은 언표의 형식을 빌려서 드러난다." 백종현, 「진리」, 『우리말 철학사전 3-감각 · 근대 · 개인』, 지식산업사, 2003, 337쪽.

몇 가지 사실은 다음과 같다. 먼저 진리를 표현하는 낱말이 일치나 올바름의 의미를 함축하는 오늘날의 진리 개념과는 거리가 있음을 확인할 수 있다. 진리에 대한 그리스어 표현인 '알레테이아^{αληθεια}'라는 낱말은 '비은폐성'을 뜻한다. 그것은 낱말의 구성에서도 결여태적인 표현으로서 무언가 부정적인 것을 가리킨다. 즉 은폐되지 않은 상태, 은폐가 제거된 상태를 표현하고 있다. 따라서 그리스인들은 '은폐/비은폐'라는 근본 경험의 지평에서 진리를 파악하고 있음을 알 수 있다. 비은폐성을 의미하는 진리는 그 유래를 은폐에 두고 있는 셈이다.

그다음 이 비은폐성이 먼저, 그리고 무엇보다도 존재자에 서술되는 것이지, 명제나 인식 또는 사유에 통용되는 것은 아니라는 점이다. 그렇지만 은폐의 장막을 찢어낼 수 있는 탈은폐의 힘을 지니고 있는 존재자가 없다면, 비은폐성이라는 진리의 사건은 일어날 수 없다는 점도 그 안에 함축되어 있다. 자연은 스스로를 숨기기를 좋아하기 때문에 자연 본성에 따른 자연 존재에서는 탈은폐의 사건을 찾을 수 없다. 플라톤은 이 점을 이데아와 누우스로, 아리스토텔레스는 로고스로 표현했다. 은폐된 자연에 진리의 빛을 밝히는 존재가 곧 인간 존재이며, 이러한 진리의 역사와 더불어 인간의 역사도 시작된 것이다. 인간의 참여 없이는 진리사건은 일어날 수 없다.

숨기기를 좋아하는 자연과 밝히기를 좋아하는 인간이 벌이는 진리사건에서 강조의 축이 서서히 드러나 눈앞에 있는 것으로 옮아가기 시작한다. 비은폐된 존재자에게 시선이 집중되면서 관심이 사물이나 사태(존재자)에 부가(서술)된 비은폐되어 있음(비은폐성)에 쏠리고 그러한 서술에 흥미를 갖게 된다. 철학의 관심이 사물(사태)의 드러나 있음(비은폐성)에서 드러나 있는 사물(사태)로서의 존재자로 옮겨가고, 그렇게 눈앞에 있는(현존하는) 것 자체로 옮겨가면서 서술 또한 현존하는 것에 국한된다. 나중에는 이것이 뒤 바뀌어 서술이 현존하는 것을 규정하는 것으로, 즉 로고스가 존재자를 규정하는 것으로 넘어가게 된다.

하이데거는 이렇듯 이미 서양 철학의 시작에 비은폐성으로서의 진리가 서술의 올바름으로 전환되는 사건이 보이게 보이지 않게 진행되었음을 밝혀낸다. 플라톤의 동굴의 비유를 끌어들인다면, 초기 그리스인들은 동굴 밖으로 나와 태양 아래에서 사물들을 보았는데 머지않아 그 후손들은 동굴 속으로 들어가 동굴 벽면의 그림자를 보면서 그것만이 진리라고 주장하게 된다는 것이다.

2000년 동안 전승의 자명함에 의존하고 일상의 자명성을 기준으로 삼아 진리의 자리는 명제이며 그 본질은 일치(올바름)라고 주장하는 사람은 진리 사건에 참여함이 없이 진리로 주어지는 그림자에 만족하며 그것만을 소비하는 동굴 속의 죄수나 다름없다. 동서양이 만나 세계를 하나로 만들고 있는 지구촌 시대에 우리 모두는 각자의 동굴에서 나와 진리의 태양빛 아래로 나가려고 노력해야 한다. 다른 역사와 문화 속에 살아온 이 땅의 철학도는, 우리의 선조들이 진리를 근원적으로 어떻게 경험했으며 그것을 어떤 개념으로 잡으려고 노력했는지를 밝혀내야 한다. 우리의 선조들은 이 땅에서 벌어진 진리사건에 근본적으로 어떤 자세로 참여했으며 그것을 어떤 말의 틀에 담으려 시도했는지 구명해야 한다. 세계화가 곧 서양화인 듯 착각하여 자진해서 서양의 땅굴로 기어들어가 서양 진리의 죄수가 되지 말고 우리 진리의 밝은 태양빛 아래 인류 모두를 동참시키려 노력해야 할 것이다.[135]

---

135 이기상, 「역사 속의 진리사건-진리가 비은폐성에서 올바름으로 변함」, 『하이데거 연구』 제9집, 2004년 봄호, 199~246쪽 참조.

3. 우리말 진리 개념의 사용 지평

오늘날 우리말 '진리' 또는 '참'이 어떤 의미로 사용되고 있으며 그것이 어떤 이해의 지평을 가리키는지 살펴보도록 하자. 우리말 사전은 진리를 아래와 같이 규정하고 있다.

진리眞理

1) 참된 이치. 또는 참된 도리. 만고불변의 진리.

2) (논) 명제가 사실에 정확하게 들어맞음. 또는 논리의 법칙에 모순되지 아니하는 바른 판단. 형식적 의미로 사유의 법칙에 맞는다는 의미에서의 사고의 정당함을 의미한다.

3) (철) 언제 어디서나 누구든지 승인할 수 있는 보편적인 법칙이나 사실.[136]

여기서 우리가 확인할 수 있는 것은 사전에 실린 '진리' 개념이 본래의 우

---

136 국립국어연구원, 『표준국어대사전』, 두산동아, 2000, '진리' 참조.

리 개념이 아니라 서양에서 유입된 것이라는 사실이다. 그렇다면 우리에게
는 우리 나름의 진리 개념이 없다는 말인가? 아니다. 우리는 우리의 일상생
활에서 '진리'를 다르게 불러왔을 따름이다. 그러한 일상적 사용의 '진리'
가 서양의 진리 개념과 부합하지 않으므로 그 필요에 맞춰 새로운 개념을
만들어냈고 그것이 바로 '진리眞理'라는 개념이다.

　우리 생활 세계에서의 진리사건을 근원적으로 파헤치려면 무엇보다도
진리에 해당되는 우리말이 무엇인지를 파헤쳐보아야 한다. 일상에서 우리
가 자주 사용하는 말은 '진리'가 아니라 '진실'이거나 '참'이다. 서술어로
는 '참된', '옳은', '올바른', '맞는' 등이 주로 사용된다.[137] 이 서술어들의
뜻을 잘 새겨볼 때 독일어에서 '진리' 개념의 핵심을 이루는 '올바름' 또는
'일치'라는 의미 방향이 여기에도 있음을 확인할 수 있다. 그러나 그 의미
맥락을 자세히 좇아가보면 큰 차이가 있음도 발견할 수 있다. 독일어에서는
구체적이고 실제적인 사물이나 사태에 방향을 맞추는 일치가 전면에 부각
되는 반면, 우리말에서는 참됨과 올바름의 기준이 물론 사실이나 사태와도
연관되지만 우선적으로 이치와 도리, 가치와 규범 등과 같은 당위적인 차원
으로 방향 잡혀 있음을 알 수 있다. 다시 말해 지식이나 명제와 같은 인식론
적 차원이 아닌 실제적인 삶의 수행과 관련된 살림살이의 차원이 드러나는

137　"진실眞實: 거짓이 없이 참되고 바름." "참: 사실이나 이치에 조금도 어긋남이 없는 것." "참되다: 진실하고 올바
르다." "옳다: 1) 사리에 맞고 바르다. 2) 격식에 맞아 탓하거나 흠잡을 데가 없다." "올바르다: 말이나 생각, 행
동 따위가 이치나 규범에서 벗어남이 없이 옳고 바르다. =똑바르다." "바르다: 1) 겉으로 보기에 비뚤어지거나
굽은 데가 없다. 2) 말이나 행동 따위가 사회적인 규범이나 사리에 어긋나지 아니하고 들어맞다. 3) 사실과 어
긋남이 없다. 4) 그늘이 지지 아니하고 햇볕이 잘 들다." "맞다: 1) 문제에 대한 답이 틀리지 아니하다. 2) 말, 육
감 따위가 틀림이 없다. 3) (앞 사람의 말에 동의하는 데 쓰여) '그렇다' 또는 '옳다'의 뜻을 나타내는 말. 4) 어떤
대상이 누구의 소유임이 틀림이 없다. 5) 어떤 대상의 내용, 정체 따위의 무엇임이 틀림이 없다. 6) 어떤 대상의
맛, 온도, 습도 따위가 적당하다. 7) 크기, 규격 따위가 다른 것에 합치하다. 8) 어떤 행동, 의견, 상황 따위가 다
른 것과 서로 어긋나지 아니하고 같거나 어울리다. 9) 모습, 분위기, 취향 따위가 다른 것에 잘 어울리다." 국립
국어연구원, 『표준국어대사전』 참조.

것이다.

이는 우리말의 '참-거짓'의 말의 뿌리를 살펴보면 더욱 분명해진다. 우리는 진리나 참에 대립하는 낱말을 통해 그 낱말이 놓여 있는 이해의 지평을 확인할 수 있다. '거짓', '어긋남', '그름', '틀림' 등이 그러하다.[138] 여기에서도 이 낱말들이 발언(명제)이 사실이나 사태와 일치하지 않는 거짓 또는 허위 발언이라는 인식론적 의미를 띠지 않는다는 점은 분명하다. 이 용어들도 우리의 말이나 행동, 상태나 조건 등이 사리나 어떤 정해진 특정한 기준과 틀에 맞지 않음을 뜻한다.

그러면 우리말에서 '참-거짓'의 말뿌리는 어디에서 찾을 수 있는가? '참'이란 동사 '차다[滿]'에서 갈라져 나온 파생 명사이고, '거짓'은 거죽 또는 겉[表面]에서 나온 말이다.[139] 여기에서 우리는 우리의 진리 개념이 "속이 꽉 들어찬 것–속은 텅 비어 있으면서 겉만 번지르르한 것"을 대립시킨 일상의 사용 맥락에서 얻었음을 확인할 수 있다. 농경 문화에서 곡식, 낟알, 과실을 주로 다루는 사람들의 세계관과 시각이 반영되었음을 알 수 있다. 생활 세계가 다르면 세계관과 인생관 그리고 가치관도 다를 수밖에 없다. 그리고 그에 따라 '진리'를 받아들이고 이해하는 지평도 다르다.

이와 같이 간단하게 진리와 연관된 우리말의 중요 낱말들의 의미와 용례, 맥락과 뿌리를 훑어본 결과, 이 땅에서의 진리사건이 서양과는 다른 지평에

---

138 "거짓: 1) 사실과 어긋난 것. 또는 사실이 아닌 것을 사실처럼 꾸민 것. 2) 이치[理] 논리에서 진릿값의 하나. 명제가 진리가 아닌 것이다. 참과 거짓." "어긋나다: 1) 잘 맞물려 있는 물체가 틀어져서 맞지 아니하다. 2) 기대에 맞지 아니하거나 일정한 기준에서 벗어나다. 3) 서로의 마음에 틈이 생기다. 4) 방향이 비껴서 서로 만나지 못하다." "그르다: 1) 어떤 일이 사리에 맞지 아니하다. 2) (주로 과거 시제에 쓰여) 어떤 일이나 형편이 잘못되어 바로잡기 어렵거나 잘될 가망이 없다. 3) (주로 과거 시제에 쓰여) 어떤 상태나 조건이 좋지 아니하다." "틀리다: 1) 셈이나 사실 따위가 그르게 되거나 어긋나다. 2) 바라거나 하려는 일이 순조롭게 되지 못하다. 3) 마음이나 행동 따위가 올바르지 못하고 비뚤어지다." 국립국어연구원, 『표준국어대사전』 참조.

139 정호완, 『우리말의 상상력』, 162~163쪽 참조.

서 일어났고 일어나고 있음을 감지할 수 있다. 서양의 인식론적 진리와는 다른 진리사건이 우리의 역사와 문화에서 전개되었다. 나는 그것을 인식론적 진리와 대비시켜서 '생명학적 진리'라 이름하고자 한다. 생각하건대 함석헌은 이러한 생명학적 진리가 씨올들의 삶과 말 속에 새겨져 오늘날까지 전해 내려오고 있다고 믿는다. 그래서 그는 민족의 기억이며 존재(하느님)의 소리인 우리말에서 우리 겨레에게 건네지는 '진리'의 독특한 의미를 읽어낼 수 있다고 생각한다.

다음에서 우리는 함석헌이 어떻게 우리말 '진리(참)'를 풀어내는지 살펴보면서 우리의 진리 개념이 어떤 지평에서 우리에게 주어져 이해되고 있으며, 그 개념의 폭은 어떠한지 고찰하기로 한다.

4. 생명학적 진리: 삶의 진리, 진리의 삶

우주와 생명 그리고 씨올

함석헌의 '참(진리)'에 대한 풀이를 생명학적 관점에서 보아야 할 정당한 근거는 그의 사상의 핵심이 '생명'에 있기 때문이다. 그에 따르면 우주 자체가 스스로 발전하려는 하나의 뜻을 가진 생명체다. 그것을 과학적으로 보면 생명의 진화이고, 종교적으로 표현하면 하늘나라 또는 정토의 완성이다.[140] 함석헌은 우주 전개의 역사를 생명의 진화 과정으로까지 보았다.

> 역사는 영원의 층계를 올라가는 운동이다. 영원의 미완성곡이다. 하나님도 죽은 완성이라기보다는 차라리 영원의 미완성이라 하는 것이 참에 가깝다. (……) 역사는 (……) 그저 되풀이하는 것은 아니다. (……) 산 것이기 때문에 그 운동은 (……) 자람이다. 생명은 진화한다.[141]

---

140 함석헌, 「뜻으로 본 한국의 오늘」, 『두려워 말고 외치라』, 함석헌 전집 11, 한길사, 1993, 387쪽 참조.
141 함석헌, 『뜻으로 본 한국역사』, 1, 57쪽.

역사는 자라나는 생명이다. 이렇게 볼 때 우주는 생명을 위해 존재한다. 그리하여 그것은 또한 생명으로 인해 더욱 본래적으로 존재하게 되는 것이다. 우주와 생명은 서로 다른 것이 아니다. 생명은 우주의 꽃이며, 이것은 또한 저것의 뿌리다. 그런즉 생명과 우주는 하나를 이루는 삶 그것이다. "우주는 삶 그것이다. 자라는 것이다."[142] 다른 곳에서 함석헌은 이렇게 말한다.

이 우주는 자치하는 우주란 말이요, 이 생명은 자유하는 생명이란 말이다. (……) 자유야말로 생명의 근본 바탈이다. 진화to evolve하는 것이 생명이다. 생명이 진화하는 것이기 때문에 역사는 혁명적to revolve이 아닐 수 없다. 역사가 혁명의 과정이라면 인생이 어찌 저항적이 아닐 수 있겠는가?[143]

생명의 길은 끊임없는 반항의 길이다. 우주의 역사는 생명의 스스로 함이 온갖 시련을 견뎌내며 자기 주장을 펼쳐나가는 생명 펴참(과학)과 진화의 마당이다. 고난과 시련이 없는 생명의 전개란 없다. 고난이 곧 생명의 원리다. 온갖 부대낌과 충돌 속에서 물질은 자기 안에 생명의 틈새를 틔우고, 생명체는 고난과 시련 속에서 자기 안에 정신의 씨올을 영근다. 정신은 알이 드는 알음(앓음)을 통해 자기의 몸과 마음속에 우주 생명(하늘)의 뜻을 결과 무늬로 수놓는다. 따라서 생명의 역사는 생명이 맞춤(적음)과 대듦(거부) 그리고 지어냄(창조)을 통해 자기주장을 펼치면서 생명체 속에 하늘의 뜻을 씨올로 새겨 넣는 앓음의 역사다. 세계 역사는 씨올로서의 민초들이 자기 안

142 함석헌, 「성서적 입장에서 본 세계역사」, 『역사와 민족』, 함석헌 전집 9, 한길사, 1993, 33쪽.
143 함석헌, 「저항의 철학」, 『인간혁명의 철학』, 함석헌 전집 2, 한길사, 1993, 178쪽.

에서 역사하는 하늘의 뜻을 깨달아 읽고 그것을 실행에 옮기려고 노력하는 화답의 장이다.[144]

이런 생명학적 배경을 두고 함석헌의 진리 풀이를 뒤좇아보자. 함석헌은 「진리에의 향수」라는 글에서 '삶의 진리, 진리의 삶'에 대해 이야기를 펼친다. 그의 글을 바탕으로 삼아 '삶의 진리'와 '참의 진리'에 대한 그의 사상의 큰 얼개를 재구성해보자. 이 글에서 함석헌은 스승 류영모의 시 「참」을 풀

함석헌(1901~1989)

이하면서 자신의 삶과 참에 대한 생각을 정리해나간다. 그가 즐겨 읊은 류영모의 시 「참」을 읽어보자. 여기에는 참(진리)에 대한 사랑이 구구절절 배어 있다.

참 찾아 예는 길에

한 참 두 참 쉬잘 참가

---

144 함석헌의 생명 사상을 다룬 글로 다음의 것들을 참조했다. 박재순, 「함석헌의 생명 사상」, 『유영모 선생과 함석헌 선생의 생명 사상 재조명』, 오산 창립 100주년 기념 학술세미나 발표집, 2005년 11월 28일, 27~50쪽; 박재순, 「함석헌 사상의 내용과 성격」, 함석헌기념사업회 엮음, 『씨울의 소리』 제181호, 2004년 11~12월, 44쪽; 박재순, 「씨울 사상의 핵심: '스스로 함', '맞섬', 서로 울림」, 함석헌기념사업회 엮음, 『함석헌 사상을 찾아서』, 삼인, 2001, 101~122쪽; 박재순 외, 「함석헌의 생명 사상」, 『한국 생명 사상의 뿌리』, 107~159쪽; 장회익, 「온 생명과 함석헌 생명 사상」, 함석헌기념사업회 엮음, 『씨울의 소리』 제175호, 2003년 11~12월, 68~91쪽; 김하풍 「생명과 믿음-함석헌 선생의 사상」, 함석헌기념사업회 엮음, 『함석헌 사상을 찾아서』, 79~99쪽. 이외에도 김상봉, 「함석헌의 '뜻으로 본 한국 세계역사'」, 함석헌기념사업회 엮음, 『씨울의 소리』 제183호, 2005년 3~4월, 15~53쪽 참조.

참 참이 참아 깨 새

하늘 끝 참 밝힐 거니

참 든 맘 빈 한 아 참

사뭇 찬 참 찾으리.[145]

함석헌은 이 시를 앞세워 '참'에 대한 우리말 풀이를 시작한다.

삶이 참이다

진리에 대한 함석헌의 독특한 생각, 다시 말해 삶과 진리의 뗄 수 없는 밀접한 연관을 드러내는 '생명학적 진리관'은 "삶이 참"이라는 그의 말에서 잘 나타난다. 우주가 곧 자라나는 생명이라면 우주의 진리는 당연히 생명의 진리일 수밖에 없다. 우주의 전개와 더불어 우주 생명의 날줄에 맞춰 개체 생명들이 자신들의 씨줄을 엮어 우주의 역사를 짜나가는 것이 낱생명들의 구체적인 삶이다. 그렇다면 참(진리)을 어디서 찾을 것인가? 삶 바깥에 참이 있을 수 있는가? 자기의 삶을 사는 것보다 참되고 진실한 것이 어디에 있는가? 이렇게 볼 때 온갖 형태와 방식의 삶이 다 참이다.

그렇다면 이제 우리는 "삶이 무엇인가?"라는 물음을 던져야 하지 않는가? 그러나 함석헌은 삶의 현상에 이성을 앞세워 인식론적으로 접근할 수 없다고 말한다. 우리는 삶이 무엇인지 알 수 없다. 안다는 것은 이성의 등장

---

145 함석헌, 「진리에의 향수」, 『인간혁명의 철학』, 161쪽. 김흥호는 류영모의 시 「참」에 대한 풀이를 자신이 펴낸 류영모 강의록에서 소개하고 있다. 류영모, 김흥호 엮음, 『제소리-다석 류영모 강의록』, 36쪽 참조.

불 밑에서 하는 일이다. 그런데 이성의 등잔은 생명의 태양에 등을 돌리고 앉았을 때 내 그림자 속에서만 켜지는 반딧불이다. 그러나 우리는 그 등불로 어느 구석을 비쳐봐도 그것이 태양 아님을 밝힐 수 있다.[146]

> 삶보다 더도 없고, 삶보다 덜도 없다. 그에서 더 큰 밖이 있을까? 그에서 더 작은 속이 있을까? 삶에 좋다가 있을까? 삶에 언짢다가 있을까? 삶은 저밖에 모르는 것이요, 삶은 저도 모르는 것이다. 삶은 이래도 참이요, 거짓이래도 참이요, 사실이래도 사실이요, 꿈이래도 사실이다.[147]

그렇다면 함석헌은 무슨 근거로 삶을 참이라고 주장하는가? 함석헌은 삶 뒤에는 언제나 절대의 명령이 있다고 말한다. 우리 일상어 '생명生命'에는 '생生은 명命이다'라는 뜻이 들어 있다. 삶은 하나의 현상이 아니라 하나의 명령이다. 내가 이 세상에 태어나 살아갈 때 그것은 단순히 '살아 있다'가 아니라 '너는 살아라'라는 명령을 수행하고 있는 것이다. "생生은 선택을 불허한다." 살 수 있으면 살고, 살 수 없으면 말자는 그런 삶이 아니다. 생명은 '살라'는 하늘의 절대 명령이다.[148] 삶은 그 명령에 따라 자신의 삶을 사르는 것이다. 삶은 필연이고 절대다. 따라서 하늘의 명령에 따라 사는 온갖 형태의 삶이 다 참인 것이다.

그렇다면 이 지구상에서 볼 수 있는 무수한 생명체의 삶의 현상들과 행태들이 곧 참인가? 그것이 참의 한 면모를 드러내긴 하지만, 그것이 곧 참은

---

146 함석헌, 「새 삶의 길」, 『인간혁명의 철학』, 208쪽 참조.

147 함석헌, 「진리에의 향수」, 『인간혁명의 철학』, 162~163쪽.

148 함석헌, 「평화 운동을 일으키자」, 『생각하는 백성이라야 산다』, 함석헌 전집 14, 한길사, 1993, 29쪽 참조.

아니라고 함석헌은 대답한다. 삶이 참이라고 했을 때, 참을 어디에서 찾아야 할지 방향을 가리킨 것이지 삶 그 자체가 모두 참이라는 이야기는 아니다. 그래서 이번엔 '참이 무엇인가?'라는 물음을 던진다. 여기에서 함석헌은 삶과 참의 관계를 좀 더 설명한다. 삶이 참인 것은 삶이 참을 찾기 때문이라고 말한다.

찾음이 참이다

"참 찾아 예는 길에 / …… / 하늘 끝 참 밝힐 거니." 함석헌은 인간의 삶은 참을 찾아 참을 이루려는 노력이라고 말한다. 인간이 살아가면서 해대는 모든 짓거리가, 그 최종 지향점을 고려해볼 때 결국 참을 찾기 위한 버둥거림이다.

물을 때도 참을 찾는 것이요, 대답할 때도 참을 찾은 것이다. 알겠다 해도 참을 이름이요, 모르겠다 해도 참을 하자 해서 한 것이다. 든 것은 참을 쳐든 것이요, 버린 것도 참을 붙들기 위해 한 것이다. 인생은 옛날도, 이제도, 이다음에도, 참을 찾는 거다.[149]

그런데 지금 우리는 삶에서 찾는 그 참이 무엇이냐고 물음을 던진 것 아닌가? 이에 대해 함석헌은 이러한 찾음이 곧 참이라고 말한다. 찾는 과정이 참이라는 말이다. 참이 어디 글처럼 숨어 있어서, 보물처럼 감춰져 있어서 찾는 것이 아니라는 말이다. 참과 찾음은 서로 다르지 않다. 찾는 그것이 곧

---

149 함석헌, 「진리에의 향수」, 『인간혁명의 철학』, 162쪽.

참이다. 오히려 찾아서 얻을 수 있는 것은 참이 아니고, 지켜서 둘 수 있는 것은 참이 아니다.[150]

언제부터란 것도 없고, 언제까지란 것도 없다. 찾음이 찾음을 찾고 찾이움이 찾이움한테 찾이워진다. 기(可)도 아니(否)가 되는 세상이 될 수 있고, 아니도 기가 되는 시대가 올 수 있다 해도 찾음만은 찾음대로 변할 줄이 없다. 찾음은 참이다. (……) 찾기만 하면 참이다. 얻어도 참, 못 얻어도 참, 찾음이 얻음, 얻음이 찾음이다.[151]

인간의 삶은 찾음이다. 삶은 이렇게 참을 찾아가는 가운데 자라면서 되어간다. 삶이란 영원한 미완성이다. 인생은 채 되지 못한 것, 채 되지 못해 채 되기를 찾는 것, 채 됨을 채우려 할수록 차지 않는 그런 것이다. 인생의 본향은 하늘에 가 있다. 올라가도 올라가도 끝이 없는 것이 하늘이다. 어디서도, 언제도, 거기가 끝인 곳이 하늘이다. 인생은 채 되지 못한 채로 된 것이다. 채 됐다면 채 못 된 것이다.

인생은 찾아가는 것이다. 보고, 듣고, 맡고, 먹고, 부딪치고, 생각하고, 하는 모든 것이 다 오직 찾는 일이요, 가는 일이다. 그렇다고 어디서 어디로 간다는 것이 아니다. 어디가 있으면 끝이 있을 것 아닌가? 끝이 있다면 삶은 삶이 아닌 것 아닌가?

삶은 살아감에 있고 참은 찾아감에 있다. 영원히 볼 수 없고, 들을 수 없고, 배부를 수 없고, 느낄 수 없고, 생각해낼 수 없고, 만들어내고 붙잡을 수 없다. 영원

---

150 함석헌, 「진리에의 향수」, 『인간혁명의 철학』, 163쪽 참조.
151 함석헌, 「진리에의 향수」, 『인간혁명의 철학』, 163쪽.

히 할 수 없기 때문에 찾는 대로 참이다.[152]

길이 참이다

함석헌은 이와 같이 생명을 '살라'라는 하늘의 뜻(명령)이라 풀이하고, 개개 생명체의 삶은 그런 명령에 따라 살아감이라고 해석한다. 삶을 참이라 한다면 삶이 그런 하늘의 절대 명령에 따라 이 세상에 생겨나 살아가기 때문이다. 그런 의미로 볼 때 하늘의 뜻에 따라 움직이는 모든 것이 참인 셈이다. 그러나 인간은 단순히 하늘의 명령에 따라 존재하게 되었을 뿐 아니라 그 하늘의 뜻을 찾아 그 뜻에 맞춰 살아가야 할 의무와 책임을 짊어진 특출한 존재다. 인간은 '스스로 해나가는' 우주의 정신을 이어받아 스스로 참을 찾아 그 참에 따라 살려고 노력해야 한다. 그런데 하늘의 뜻인 참은 완성된 물건으로 손에 넣을 수 있는 것이 아니다. 유한한 존재인 인간은 가없는 하늘의 뜻을 말로도 글로도 생각으로도 잡을 수가 없다. 인간은 그저 참을 찾아 긴 인생의 길을 걸어갈 뿐이다. 인간의 삶(살음)은 살아감이고, 살아감은 자라남이며 되어감이고, 되어감은 될 바를 찾아감이고, 찾아감은 길을 감이다. 이렇게 참을 찾는 찾음이 삶이고, 주어질 수 없는 참임에도 계속 찾는 한 삶은 참이다. 삶은 참을 찾아 길을 나섬이며 길을 감이다.

그래서 함석헌은 이제 길이 참이라고 말한다. 그렇지만 우리가 하루에도 수십 번씩 여기저기 나다니는, 이미 놓인 그런 길들이 참이라는 말은 아니다. 오히려 인생의 길에는 정도正道가 없다. 갈 길이 있는 것이 아니다.[153]

---

152 함석헌, 「진리에의 향수」, 『인간혁명의 철학』, 165쪽.

길이 참이다. © 전규완

감이 길이다. 도道함이 도다. 길이 하늘에 있는 것 아니요, 땅에 있는 것 아니요, 내게 있는 것 아니다. 길이 길에 있다. 있는 것이 길이다. 그러나 또 길은 아무데도 없다. 도할 수도 없다. '도가도 비상도 명가명 비상명道可道 非常道 名可名 非常名' (노자). 길을 내는 것이 삶이요, 참이다. 살고 난 뒤에 길이 있으나, 길을 더듬어가도 삶은 없고 참은 없다.[154]

함석헌은 사람이 길을 낸 것도 아니며 길을 걷는 것도 아니고, 길에 떨어진 한 알이 사람이라고 말한다. 차라리 실에 비유해서, 실이라는 무한히 긴 실오리에 맺힌 한 코가 사람이다. 그 맺힌 코에 하늘 바람이 드나들어 그것

---

153 "길이란 바로 가자는 것이지만, 길이야말로 헤매는 물건이다. 어떤 의미로는 바른 길, 곧 도(진리)란 애초에 있지 않다고 말할 수도 있다." 함석헌, 「새 삶의 길」, 『인간혁명의 철학』, 203쪽.
154 함석헌, 「진리에의 향수」, 『인간혁명의 철학』, 165쪽.

을 '숨'이라 하고 '혼'이라 한다. 다른 비유를 들어, 부는 이 없이 나오는 끝없는 음악의 한 울림이 사람이라고 말한다. 사람은 길에서 나서 길 위에서 갈리며 걸어가다가 길 위에서 죽는 길넬애비다. 그러나 또 강이 모든 물방울의 흐르고 남은 것인 양 길이란 모든 인생, 모든 숨이 쉬고 남은 것이다.

길 위에 던져진 존재인 사람에겐 고향도 집도 없다. 영원의 길넬애비에게 무슨 집, 무슨 고향이 있겠는가? 어떤 왕궁에 태어났대도 결국 길바닥에 난 것이요, 어떤 길가에서 죽었대도 결국 제 집에서 죽은 것이다. 함석헌은 들고나고 하여 대중할 수도 걷잡을 수도 없는 것이 맘이요, 생명이라고 말한다.[155]

그리고 길은 긴 것이다. 길이기 때문에 길다. 가도 가도 '다 됐다'가 없는 것이 길이다. 그렇기 때문에 길은 영원한 길이요, 옛 길이다. 길은 또한 기르는 것이다. 길을 가면서 사람은 자란다. 간다는 것은 자라는 것이다. 그래서 『중용』에 이르기를 "길은 잠깐도 떠날 수 없는 것이니, 떠날 수 있다면 길이 아니다"라고 했다.

이상이 함석헌이 우리말에서 끄집어낸, 삶이 갖는 참(진리)과의 밀접한 연관의 면모들이다. 살라는 하늘의 뜻(명령)을 따르는 한, 참을 찾아 나선 진지한 찾음인 한에서 삶은 참이다. 그 참이 유한한 삶 속에서 획득될 수 없는 것이기에 삶은 끝없는 찾음이다. 그런 한에서 삶은 길이고 길을 감이며 길을 넘이다. 인간은 길 위에서 태어나 길 위에서 죽는 길 위의 존재다. 이 길이 사는 동안 끝이 없이 길게 이어지기 때문에 우리말은 그것을 '길'이라 이름하고 있다. 그리고 참을 찾아 나선 길을 가면서 사람이 많은 것을 경험하며 자라기 때문에 길은 또한 기르는 것이기도 하다.

---

155 함석헌, 「진리에의 향수」, 『인간혁명의 철학』, 166쪽 참조.

5. 참의 진리

참은 참[滿]이다

참은 빔[虛]이다

　　　　　　　　"하늘 끝 참 밝힐 거니 / 참 든 맘 빈 한 아 참."

함석헌은 이제 우리말 참(진리)에서 펼쳐지는 진리사건에 눈을 돌린다. 우리말 참에 각인되어 있는 삶의 진리를 읽어내기 위해 참과 연관된 우리말 놀이에 주목한다. 함석헌은 그 가운데서 '그득 들어차다'의 명사형인 '참'과, '잠시 쉬어가는' '참'과, '참다'의 '참음'을 삶의 참을 나타내는 중요한 의미로 끄집어내어 설명한다.

　'참'은 무엇보다 '충만함, 그득 들어참'을 뜻한다. 어느 한구석 이지러진 데가 없는, 조금이라도 빈 곳이나 틈, 흠집이라곤 없는 온전함을 의미한다.[156] 삶이 참을 찾음이라 했을 때 이 경우 참은 바로 이러한 온전함이다. 그런데 그러한 온전함은 무한이고 절대이며 영원이다. 유한한 상대 세계의 시간을 사는 인간으로서는 결코 이를 수 없는 것이다. 하지만 그럼에도

---

156 함석헌, 「진리에의 향수」, 『인간혁명의 철학』, 168쪽 참조.

인간은 그러한 참을 찾아야 한다. 그것이 성서에는 이렇게 표현되고 있다. "하늘에 계신 너희 아버지의 온전하심같이 너희도 온전하라."(「마태복음」5 장 48절)

참을 찾는 인생은 무한을 지향하는 것이며 절대 세계를 그리는 것이며 영원을 꿈꾸는 것이다. 그래서 "우주를 다 주어도 아니 바꾸려는 것이 생명이요, 천년을 살고도 하루같이 여기는 것이 마음이다 (……) 우리는 백이나 천을 살기 위해 나온 것이 아니요, 영원을 살기 위해 있는 것이며, 수만금 수억금을 가지기 위해 사는 것이 아니요, 무한을 가지기 위해 사는 것이다. 그렇기 때문에 있다 하면 없음이요, 곱다 하면 미움이요, 잘됐다 하면 잘못함이다. 모든 수식은 한정할 뿐이다. 부분이 전부가 아니라면 유한은 참이 아니다."[157]

그럼 그 참은 무엇으로 채워야 온전함이 될 수 있는가? 무한을 물건으로 채울 수는 없다. 즉 유(有)로 채울 수는 없다. 더하면 더할수록 오히려 그것은 온전함을 깰 뿐이다. 그렇기 때문에 충만은 차라리 무(無)라 하고 허(虛)라 한다. **참은 빔이다.** 허즉실(虛則實)이라 했듯이 비면 찬 것이다. 이른바 있다는 것, 많다는 것, 찼다는 것은 참 참의 한구석을 떼어놓은 것일 뿐이다.

삶을 충실히 한다는 말은 알속 있게 한다는 말인데, 삶은 물질이 아니므로 알속 있게 함은 무슨 물건을 가져다 채워서 될 일이 아니다. 참(眞)은 참(滿)이지만, 빈틈없이 가득한 것이 참이지만, 그것은 채워서 될 것이 아니고 도리어 참 참은 빔(虛)으로야 될 수 있다. 그러므로 삶을 다부지게 한다는 말은 보이는 살림에 달라붙으란 뜻이 아니다. 방 안을 비워야 환해지듯이 참 삶은 내 속에서 될수록 모든 것을 내쫓아야만 될 일이다.[158]

---

157 함석헌, 「진리에의 향수」, 『인간혁명의 철학』, 168쪽 참조.

참 사랑은 누구도 사랑하지 않음이요, 참 앎은 아무것도 알지 않음이요, 참 온전히 함은 아무것도 하지 않음이다. 누구도 사랑하지 않기 때문에 모든 것을 사랑하고, 아무것도 아끼지 않기 때문에 모든 것을 사랑하고, 아무것도 알지 않기 때문에 모르는 것이 없고, 아무것도 하지 않기 때문에 하지 않는 것이 없다. 영靈이 가난한 자가 하늘나라를 차지한다는 것은 이 뜻이다. 빈 마음은 무한한 마음이니 못 들어갈 것이 없다. 비었으니 차지 않았나? 영은 빈 것이다. 정신은 빈 것이다. 하나님은 아니 계신 이다. 어디도 언제도 어떤 모양으로도 아니 계시기 때문에 어느 시간에도 못 갈 곳이 없고, 못 할 일이 없다.[159]

함석헌은 이것을 빛에 비유한다. 빛은 물질이 아닌데 모든 것이 그 안에 있다. 빛은 밝은 것이다. 빈 맘에야 밝음이 있고 밝은 것이 참이다. 빛은 빛 자체로 충만하고 완전한 것으로, 빛에는 제한도 차별도 없다. 반짝하는 불꽃 하나가 온 세상을 불사르고 사방 세계를 비추듯이 참은 참 그대로 목적이며 수단이요, 원인이며 결과요, 있으며 없다. 모든 종교가 생명의 근본 자리를 빛이라 설명하는 것은 우연이 아니다.

참은 하나다

"참 든 맘 빈 한 아 참 / 사뭇 찬 참 찾으리."
그득한 참, 온전한 참은 하나일 수밖에 없다. 비어서 모든 것을 담고 있는 빈 참은 하나일 수밖에 없다. **참은 하나다.** 함석헌은 스승 류영모의 우리말

158 함석헌, 「새 삶의 길」, 『인간혁명의 철학』, 207쪽 참조.
159 함석헌, 「진리에의 향수」, 『인간혁명의 철학』, 169쪽.

풀이를 따라 '하나는 한、요, 한아요, 한아[我]요, 큰 나요, 나'라고 말한다.

그것은 이름도 없고 형용할 수도 없다. 그래 하는 말이 나다. 하나 둘 하는 것은 하나가 아니다. 수로 헬 수 없는 것이 하나다. 도[度]·양[量]·형[衡]으로 표할 수 없는 것, 마음으로 생각할 수 없는 것이 하나다. 내가 알 수 있으면 하나가 아니다. 하나가 나를 냈고 내 생각을 일으킨 것이다.[160]

함석헌은 '하나'는 누가 만든 것이 아니라 그 자체로 있는 것이라고 말한다. 그래서 '나[生, 我]다'라고 말한다. "나는 나다" 하는 이가 하나다. 생명의 원리는 자[自]다. 자유·자재·자생·자멸·자진·자연. 그저 자연이다. 제대로 저절로 그런 것이다. 참은 참이지, '왜 참'이란 것은 없다. 그렇기 때문에 하나님은 이름을 묻는 모세를 향해 "나는 있어서 있는 자"라고 하였다.[161]

그러나 여기에서도 '있다'는 할 수 없이 하는 말이다. 있다면 없음에 걸리고, 없다면 있음에 걸린다. 그런데 참은 있음과 없음 모두를 넘어서 있다.

참은 있음도 만들고 없음도 만드는 이다. 모든 생각이 나에서 나오고 나로 돌아가기 때문에 생각을 할 때는 '나' 할 수밖에 없고, 모든 첫소리가 '아'요, 깊어질 수 있는 데까지 깊어진 소리가 '하'기 때문에 생각이 지극해 감탄할 때는 '아' 하거나 '하' 하는 것같이, 뜻의 지극한 곳을 말할 때 그 이상 더 할 수가 없어서 '하나 혹은 한아' 한 것이다. 하나는 형의 지극한 것과 뜻의 지극한 것이다. 합해 표시된 말이다. 참은 하나요, 하나님은 참이다.[162]

---

160 함석헌, 「진리에의 향수」, 『인간혁명의 철학』, 169쪽.
161 함석헌, 「진리에의 향수」, 『인간혁명의 철학』, 169쪽 참조.

이렇듯 함석헌은 참에서 있음이 나오지만 '있는' 것이 참도 아니요 '있던' 것이 참도 아니라고 말한다. '있을 것, 있어야 할 것'이 정말 참이다. 시始가 종終을 낳는 것이 아니라 종이 시를 낳는다. 신화는 있던 일이 아니요, 있어야 할 일이다. 그런데 20세기 문명은 신화를 잃어버렸기에 참혹한 병신이다. 신화는 이상이다. 이상이므로 처음부터 있었을 것이다. 알파 안에 오메가가 있고, 오메가 안에 알파가 있다. 그러나 이 문명이란 것은 알파도 오메가도 잃은 중간이다. 중간은 죽은 것이요, 거짓이다. 이 사실에 붙는 문명은 죽은 문명이요, 거짓 문명이다.[163]

함석헌은 이와 같이 참을 존재나 사실의 차원에서 보지 않고 '있을 것, 있어야 할 것'으로 미래와 이상의 차원에서 본다. 그득한 참, 비어 있는 참, 모든 것을 담는 참, 온전한 참, 그래서 하나인 참은 공간적으로 하나일 뿐 아니라 시간적으로도 하나다. 과거와 현재 그리고 미래를 아우르는 하나다. 그 참은 시간 속에서 시간과 더불어 끝나지 않고 계속 자라나며 되어가는 것이다. 참은 무한이며 영원이며 절대다.

참 마음, 찬 마음

"사뭇 찬 참 찾으리." 그렇다면 이 참을 어떻게 하면 만날 수 있는가? 함석헌은 참 든 마음으로야 가능하다고 말한다. 그리고 우리 마음에는 이미 참이 와 있다고 말한다. 그렇기 때문에 참된 마음, 참되지 못한 마음이 따로 있는 것이 아니다. 엄밀히 말해 마음은 참이다. 참이 벌써 우리 마음에 와 있기 때문에 우리 마음은 참이며 또한 그래서

162 함석헌, 「진리에의 향수」, 『인간혁명의 철학』, 170쪽.
163 함석헌, 「들사람 얼民草精神」, 『인간혁명의 철학』, 135쪽 참조.

참을 찾는다. 그리하여 참을 찾아 나섬이 곧 참이 된다.

참이 들지 않는 것은 마음이 아니다. 다시 말해 참을 찾지 않는 마음은 마음이 아니다. 마음은 참을 찾는 것이다. 함석헌은 선뿐 아니라 악도 그 바탕은 참에 있다고 말한다. 돈을 모으자 생각하는 것도 참을 찾는 데서 나온 것이며, 살인과 강도를 하는 것도 참을 찾는 데서 나온 것이다. 참을 찾노라 한 것이 그리된 것이다. 길은 길인데 바로 가지 못하고 꼬부라진 것이다. 참 마음은 그것을 펴 꼿꼿이 하고 올바로 해야 하며 섞인 것을 없애고 순수하게 해야 한다. 그것이 참 찾음이며 수양이고 믿음이요, 새로 남이다.[164]

함석헌은 내 마음 안에 들어와 있는 참에 맞춰 참답게 살려면 찬 마음을 가져야 한다고 말한다. 참으로 그득 찬 마음을 찾기 위해, 다시 말해 텅 빈 마음을 이루기 위해 차갑고 냉철한 마음을 가져야 한다.

차지 않고 빌 수 없고, 비지 않고 밝을 수 없고, 밝지 못하고 충만할 수 없고, 충만하지 않고 온전할 수 없다. 차야 한다. 감정은 뜨거운 것이요, 오성(지성)은 찬 것, 감정은 내게 붙은 것, 오성(지성)은 이理에, 전체에 붙은 것, 그러기 때문에 차면 뚫린다. 뚫린 것이 참이다. 뚫는다 함은 유有를, 물物을 뚫는 것이다. 그것을 뚫어야 무한의 저쪽이 내다보인다. 그것을 통찰이라, 달관이라 한다.[165]

찬 마음은 선뜩한 마음이다. 선뜩한 마음은 시퍼런 칼날이 목 주위를 스쳐 지나갈 때 느끼는 서늘함이다. 생사生死, 유무有無, 선악善惡의 두 끝머리를 다 잘라버리고 참을 정면으로 직시할 때 그 모양이 마치 시퍼런 서슬의 칼

---

164 함석헌, 「진리에의 향수」, 『인간혁명의 철학』, 170쪽 참조.
165 함석헌, 「진리에의 향수」, 『인간혁명의 철학』, 170~171쪽.

날을 쭉 뽑아 까만 하늘에 견주어 바라봄 같다는 말이다. 사물에, 사건에 붙들리지 않고 그 모든 것을 꿰뚫고 전체를, 참을 보려면 여기에도 저기에도 쏠리지 않는 냉철한 마음을 가져야 한다. 그것을 '사뭇 찬' 마음이라고 한다. 그것은 사뭇 찬 직直. 곧다이다. 그리고 사뭇 찬 것이면 냉冷한 것이요, 철徹한 것이요, 만滿한 것이요, 극極한 것이다. 이 모든 것에 대해 '참'이라는 말밖에 또 무슨 말을 할 수 있겠는가.[166] 그래서 "사뭇 찬 참 찾으리"다.

참 마음은 찬 마음이다. 찬 마음은 그득 찬 마음이며, 빈 마음이며, 아무데도 쏠리지 않는 찬 마음이며, 전체를 꿰뚫어보는 찬 마음이다. 참 마음이 찬 마음으로서 참이 들어 참으로 깨끗해지기 위해 사뭇 찬 참을 찾는다.

참은 참이다

"한 참 두 참 쉬잘 참가 / 참 참이 참아 깨 새."
우리말의 '참'에는 지금까지 말한 '참되다', '참답다'와는 아무 연관이 없는 듯한 '참'이라는 말이 있다. 이 '참'은 '쉬어 간다'라는 의미를 갖고 있다.[167] 위에서 말한 참과 구별 짓기 위해 우리는 한자 '참站: 우두커니 설 참'을 덧붙여 사용하기도 한다. 그런데 함석헌은 이런 의미의 '참'도 삶의 진리와 연관되어 있는 것으로 풀이한다. 그리고 이 '참'은 또 '막 그럴 참이었다'라는 말에서

---

166 '참'의 부사와 감탄사의 용법을 생각하면 이 말이 이해된다. "(부) 참으로 [사실이나 이치에 조금도 어긋남이 없이 과연 = 실實로]. (감) 1) 잊고 있었거나 별생각 없이 지내던 것이 문득 생각날 때 내는 소리. 2) 매우 딱하거나 어이가 없을 때 내는 소리. 3) 감회가 새롭거나 조금 감탄스러울 때 나오는 소리. 4) 매우 귀찮을 때 내는 소리." 국립국어연구원, 『표준국어대사전』 참조.

167 "참: 1) 일을 하다가 일정하게 잠시 쉬는 동안. 2) 일을 시작하여서 일정하게 쉬는 때까지의 사이. 3) 일을 하다가 잠시 쉬는 동안이나 끼니때가 되었을 때에 먹는 음식. 4) 길을 가다가 잠시 쉬어 묵거나 밥을 먹는 곳. 5) 무엇을 하는 경우나 때. 6) 무엇을 할 생각이나 의향." 국립국어연구원, 『표준국어대사전』 참조.

처럼 '무엇을 할 생각이나 의향'을 나타내기도 한다. 함석헌은 이 두 가지 의미를 염두에 두고 삶에서의 '참'을 풀어 보인다.

삶은 참 찾아가는 길이기 때문에 또한 참은 쉬어 가는 참이기도 하다. 길을 가다가 잠깐 쉬는 곳이 참^站이다. 참은 참 쉴 곳이 아니지만 그 참을 표시하는 것이다. 인생은 가는 것이지만 또 쉬는 때가 있어야 한다. 쉬어서 가고 가서 쉰다. 쉼 없이 활동하는 것만을 아는 것은 인생의 반면만을 아는 것이다. 다른 반면을 말하면 인생은 쉬기를 요구한다. 그렇기 때문에 우리말에서 생명을 '숨'이라 한다. 숨을 쉬어야 살고 숨을 멈추면 죽는다. 그런데 숨을 쉬는 것(식息)은 활동인 동시에 휴식하는 것이다.

우리는 살면서 길을 가다가 한 참 두 참 쉬어야 한다. 그러나 이때의 참은 참을 찾아가는 데 필요한 힘을 얻기 위해서다. 사뭇 찬 참을 이룰 수 없는 이 세상에 정착해서 쉬려고 집을 짓거나 고향을 만들어서는 안 된다. 우리가 참으로 쉴 곳은 한 참 두 참일 뿐인 이곳이 아니기 때문이다. 절대의 안식을 누릴 수 있는 참 쉴 곳, 즉 참 참은 그득 찬 참, 텅 빈 참뿐이다. 그래서 어느 종교나 생명의 마지막 지경을 절대의 안식으로 표현한다. 참이 내 집은 아니지만 참이 있어야 내 집에 갈 수 있듯이, 참이란 나로 하여금 영원히 활동하게 하지만 또 나를 쉬고 안정하게 한다. 안정이 있고서야 활동을 할 수 있다.[168]

그러나 **참은 아무래도 참이다.** 쉴 곳이면서 쉴 곳이 아니다. 그래서 한 참 두 참만 찾으며 다리 뻗고 쉬려 해서는 안 된다. 참은 영원한 참에서 참이 되지, 한 참 두 참에 다 되는 것이 아니다. 하나, 둘 할 수 있는 것은 참이 아니다. 땅 위의 길은 가다가 쉬고 잘 참이 있으나 인생의 길에는 감으로 쉬고 깸

168 함석헌, 「진리에의 향수」, 『인간혁명의 철학』, 166쪽 참조.

으로 자야 한다. 영혼(얼)은 쉬어버리면 잠들고 잠들어버리면 죽는다.[169]

　그득 찬 참, 온전한 참, 텅 빈 참, 하나인 참은 무한과 절대와 영원 속에서
나 이루어질 수 있는 '있을 것, 있어야 할 것'으로서 모든 되어가는 생명체
들이 지향하는 이상이다. 유한한 시간과 공간 속에서 물질의 바탕 위에 자
기만의 깔과 꼴을 만들어가며 생명 진리의 역사에 동참하는 낱생명들은 우
주 생명의 숨을 받아 나날을 한 참 두 참 절대 안식을 향한 길로 삼아 숨을
쉬면서 살아간다.

참은 참음이다

　　　　　　　　　"참 찾아 예는 길에 / …… / 참 참이 참아
깨 새." 그렇기 때문에 참은 깨는 일이다. 어느 순간도 눈을 감지 않는 것이
참이요, 삶이다. 혼의 눈은 깜빡임이 없다. 이 세상이란 한밤이다. 썩어 없
어질 육신에게 밤은 자기 위해 있는 것처럼 보이지만, 얼의 사람인 산 사람
에게 밤은 깨서 새기 위한 것이다. 사람은 낮에 물질을 보지만 밤에는 영靈
을 본다. 낮이 유한을 가르쳐준다면 밤은 무한을 전해준다. 그것을 듣기 위
해, 참과 속에 찾아오는 영원의 사자를 만나기 위해 뜬눈으로 새워야 하는
것이 이 인생의 밤이다.[170]

　참은 '참음'이다. 내 안에 참을 들게 하는 것이다. 내 안에 들어와 있는 참
을 깨닫는 것이다. 참을 깨달으려면 깨끗해야 한다. 육신을 끝까지 깨트려
버려야 한다. 잘라버려야 하고 살라버려야 한다. 깨어 있어야 하기 때문에

---

169 함석헌, 「진리에의 향수」, 『인간혁명의 철학』, 167쪽 참조.
170 함석헌, 「진리에의 향수」, 『인간혁명의 철학』, 167쪽 참조.

참아야 한다. 졸음을 참아야 하고 피곤을 참아야 하고 아픔을 참아야 하고 낙심하기를 참아야 한다. 참음 속에 참이 든다. 마치 앓음(앓음) 속에서 알이 들어 씨울이 되는 것처럼 말이다. 이 세상은 참을 곳이다. 더럽기 때문에 참아야 한다. 생명의 알갱이(참)가 없기 때문에 거짓(거죽, 껍데기)이고, 그렇기에 또한 더러운 것이다.

참음 속에 참이 들게 하는 참음에는 끝이 없다. 십년공부를 했더라도 하룻밤을 못 참으면 나무아미타불이다. 모든 것에 끝을 내고, 자기는 무엇에도 끝을 보여주지 않는 것이 참음이요, 참이다.

넓고 넓어서 용납 못할 것이 없는 바다 같은 것이요, 높고 높아서 그 그늘 아래 쉬지 못할 자가 없는 큰 나무 같은 것, 낮고 낮아서 받아들이지 못할 구정물이 없는 골짜기 같은 것, 부드럽고 부드러워 못 가 있을 곳이 없는 물 같은 것, 작고 작아 못 들어갈 틈이 없는 원자 같은 것, 그것이 참음이다.[171]

우리말 참과 참음이 관련되어 있다고 본 함석헌은 앎과 앓음도 연관되어 있는 것으로 본다. 함석헌은 한마디로 "앎은 앓음이다"라고 말한다.[172] 그리하여 "철학도 종교도 앓는 소리"라고 말한다. 씨울은 앓는 존재다. 알이 들자고 앓는다. 알이 드는 날 앎이 올 것이다. 마찬가지로 씨울은 참이 들 때까지 참아야 한다.

171 함석헌, 「진리에의 향수」, 『인간혁명의 철학』, 168쪽.
172 함석헌, 「새 나라 꿈틀거림」, 『인간혁명의 철학』, 246쪽.

참은 맞섬이다

그러면 어떻게 이 세상을 참아내 내 안에 그 참이 들도록 할 수 있는가? 참을 어떻게 맞닥뜨려야 하는가? 참을 어떻게 경험해서 그에 맞춰 내 삶을 꾸려나가야 하는가? 함석헌은 이에 대해 **"참은 맞섬"**이라고 대답한다. 무언가에 딱 맞서는 것, 직면하는 것이 진리라고 말한다. 맞서지 않고는 하나도 모른다. 직면하는 것이 정말 무엇(실재實在)인지 직면하기 전에는 알 수 없다. 맞서(직면直面)면 들여다볼 수 있다(응시凝視한다). 들여다보지 못하는 것은 눈이 아니요, 들여다보는 눈엔 하나밖에 없다. 그것이 참이라고 함석헌은 말한다. 내 마음이 헤매기 때문에 밖에 여러 가지가 생기는 것이다. 마음은 스스로 하나일 수 있고 스스로 여럿일 수 있다. 창조도 하고 인식도 한다. 그러므로 맞섬은 하나만 아는 일이다. 아는 것이 아니라 하나를 하는 일이다. 하나는 하나를 해서만 볼 수 있고 알 수 있다. 그렇기 때문에 맞섬은 마주섬(대립對立)이 아니라고 함석헌은 말한다.[173]

그에 의하면 진리를 체험해야 한다는 말은 바로 이 뜻이다. 체험은 몸으로 부대껴 앎이다. 몸으로 하기 전엔 참이 아니다. "마음이 옹근(순일純一) 것이 함(행동行動)이요, 함이 맺힌 것이 몸이다."[174] 눈이 있어서 보는 것이 아니라 보아서 눈이며, 귀가 있어서 듣는 것이 아니라 들어서 귀다(생명의 지향성). 체험이란 몸소 경험한다는 말인데, 이때 '경經'자의 뜻은 '지난다'는 말이다. 내가 불을 경험했다는 것은 불 속을 지나왔다는 말이며, 내가 불 속을 뚫고 지나왔으면 불은 내 속을 뚫고 지나간 것이다. 내가 불을 알았고 불이 나를 알았다. 이제 나와 불은 남남 사이가 아니다. 불이 내 마음이요, 내가

---

173 함석헌, 「새 삶의 길」, 『인간혁명의 철학』, 204~205쪽 참조.
174 함석헌, 「새 삶의 길」, 『인간혁명의 철학』, 205쪽 참조.

불의 몸이다.

여기서 함석헌은 '경經'자를 조금 더 깊이 풀이한다. 우리는 그 자를 '날 경' 하기도 하고 또 '글 경' 하기도 한다. '날'이란 베를 짤 때 처음에서 끝까지 길이로 늘어놓은 실을 이른다. 그것이 끊어져서는 베를 짤 수 없다. 이때의 날이란 말은 '날 일日'에서 나왔는지 모른다고 함석헌은 말한다. 날 일이 끝이 없는 것과 같이 날 경經도 끝이 없다.[175]

함석헌은 이와 같이 '끝없다'라는 뜻, '늘 있다', '변함없다', '떳떳하다'라는 뜻에서 종교의 가르침을 경經이라 한다고 지적한다. 베 짜기에서 그 '날'에 대

참은 맞섬이다. ⓒ 김홍근

해 가로로 왔다 갔다 한 것을 '씨'라 한다. '씨'를 쓰지 않고는 베를 짤 수 없다. 씨실이 될수록 처음부터 끝까지 끊임없이 날아놓은 날(경經, 일日) 사이를 쪽쪽이 왔다 갔다(지내) 해야만 좋은 베가 될 수 있다. '날'이 영원히 변하지 않는 선험적 진리라면, '씨'는 말씨·솜씨·마음씨 같은 말이 가리키는 우리의 행동이다. 씨가 날 사이를 왔다 갔다 하듯이 우리의 몸과 마음이 날 일日

175 함석헌, 「새 삶의 길」, 『인간혁명의 철학』, 205~206쪽 참조.

마다 날 경^經 사이를 틈 없이 지내야 우리 삶이 있다.[176]

길게 삶과 참에 대해 이야기했지만 문제를 간단히 하면 그저 삶이 있을 뿐이다. 길도 그렇다. 살았으니 뜻이 있고, 뜻이 있으니 움직임에 겨눔이 있고, 겨눔이 있으니 길과 한데가 있지, 삶 하나만 없다면, 죽었다면, 길이고 다른 데고 바로건 그름이건 있을 여지가 없다(**삶의 지향성**). 옳으니 그르니는 움직임 자체에 이미 있는 것이고, 감(행^行)은 삶 속에 벌써 있는 것이다. 세계란 것이 먼저 있고 나서 그 한 모퉁이에 내가 버섯 돋듯 나온 것이 아니라, 세계 속에 벌써 내가 있었고 내가 있음으로 세계가 있다.[177]

생명학적 차이

이같은 함석헌의 삶과 참에 대한 해석에 많은 사람들이 이의를 달 수 있다. 그리고 그러한 이의들에 대한 답변들을 통해 생명과 진리에 대한 논의는 폭과 깊이를 더해갈 것이다. 그것들은 바로 우리가 우리 삶의 현장에서 우리의 눈으로 우리 스스로 잡아낸 생생한 삶과 참에 대한 논의가 될 것이다. 우리에게 필요한 것은 바로 그러한 살아 있는 논쟁을 통한 이론의 구성과 학문의 정립이다.

앞으로의 논쟁에 문을 열어놓은 채 여기서는 앞서 말한 삶과 참에 대한 함석헌의 풀이에서 우리가 얻을 수 있는 귀결, 읽어낼 수 있는 메시지가 무엇인지 두 가지만 끄집어내도록 하겠다.

무엇보다 눈에 띄는 것은 생명과 생명체의 구별이다. 이것을 나는 생명

---

176 함석헌, 「새 삶의 길」, 『인간혁명의 철학』, 206쪽 참조.
177 함석헌, 「새 삶의 길」, 『인간혁명의 철학』, 207쪽 참조.

학적 차이라고 이름하고자 한다. 함석헌은 살라는 명령을 내리는 하늘의 뜻으로서의 생명과, 그에 따라 구체적인 시간과 공간 속에 존재하며 자신의 에너지를 사르는 개별체의 생명(=삶)을 구별하고 있다. 그다음은 우주 안에 존재하는 모든 것이 생명을 향해 존재해간다고 보는 점이다. 이것을 나는 생명의 지향성이라고 명하고자 한다. 함석헌은 유생·무생·물질·정신 할 것 없이 모두 한 생명 또는 한 뜻의 차원적인 나타남으로 보고 있다.

우주 안에 존재해온 모든 것, 앞으로 존재하게 될 모든 것을 아우르는 하나(한아)가, 다른 말로 하늘의 뜻이거나 우주의 마음이 우주를 생명을 향해 발전해나가도록 하며, 더 나아가 생명으로서 진화하며 전개되도록 이끌고 있다. 이 하나는 태초부터 생명의 싹을 틔우려는 마음을 우주 속에 품고 있었다. 이 보이지 않는 숨겨진 마음이 물질로 하여금 생명을 향해, 생명은 마음(의식)을 향해, 마음은 정신(영혼)을 향해 전개되도록 작용하고 있다. 그리하여 우주와 생명은 둘이 아니라 하나다. 그 비롯의 시간과 공간을 염두에 두면 우주고, 그 이룸의 시간과 공간을 고려하면 생명이다.

우주의 시작과 더불어 존재하게 된 모든 개체들은 이러한 우주적 생명의 사건에 참여한다. 우주 안의 모든 개체들은 자신의 몸집을 태워 우주의 생명을 살리며 돌리는 방식으로 생명의 사건에 자신의 몫을 다한다. 낱생명들은 우주 생명의 날줄에 자신의 씨줄을 엮으면서 생명 진화의 베 짜기를 함께 한다. 그러한 개체들의 삶의 참(진리)은 하나이며, 텅 비고 그럼에도 그득 찬 생명의 참에 자신을 맞춰나가야 한다. 이렇게 낱생명들이 자신들의 삶에서 스스로의 삶을 불사르며 따라야 하는 생명의 참(진리)은 더 이상 인식론적 진리가 아니라 생명학적 진리다.

함석헌은 생명과 평화를 사랑하는 우리 민족이 추구한 참은 다른 것이 아닌 바로 이러한 생명의 참이라고 말한다. 그리고 이러한 삶의 진리가 바로 우리말 '참'에 표현되어 있다고 보았다. 우리말 '참'은 그 근본적인 의미를 보면 그것이 다른 말로 '진실眞實'을, 다시 말해 진짜 속 알갱이를 뜻하는 데서도 드러나듯이 삶 속에서 몸으로 부대끼며 얻은 알음(앓음, 앎)을 통해 자기 속에 맺은 참열매를 가리킨다. 거기서 우리는 말로 표현된 사태가 실제의 사태와 일치하는지를 판별하는 가리새로서 인식론적 진리의 꼬투리도 발견할 수 없다. 우리는 여기서 사람의 삶을 씨올이 땅에 떨어져 싹을 틔우고 그것이 자라서 나무가 되어 열매를 맺고, 그 열매가 다시 땅에 떨어져 썩어서 새로 싹을 틔우는 과정으로 보았음을 알 수 있다.

이러한 삶의 지평에서 생겨난 '참'은 다양한 참의 용법을 만들어냈다. 그것이 우리가 앞에서 본 참(滿)으로서의 참, 빔으로서의 참, 쉬어 감으로서의 참, 참음으로서의 참 등 여러 의미로 갈라져 나간 것이다. 이러한 의미의 갈래들이 삶으로서의 참에 어떻게 연결되며 어떤 생명학적 의미를 갖는지는 앞으로 다루어야 할 주제다. 그리고 생명학적 차이를 고려하여 생명의 진리와 삶의 진리를 구별하고 체계적으로 생명학적 진리를 이론화해야 하는 일도 앞으로 남은 과제일 것이다.

6. 생명의 진리와 생명학

지금까지 우리는 함석헌의 독특한 참(진리)에 대한 풀이를 비교적 자세하게 고찰했다. 혹자는 그것이 우리가 이제까지 흔히 알고 있었던 진리 개념과는 너무나도 동떨어져 아무 근거도 없이 우리말을 멋대로 해석한 주관적인 생각일 뿐이라고 한마디로 무시하려 들 것이다. 그렇지만 통상적인 견해만을 어떤 생각의 옳고 그름을 판단하는 기준으로 삼는다면 그것은 너무나 안이한 태도다. 100년 전 우리가 하늘같이 믿었던 우리의 전통적 세계관, 인간관, 가치관이 이제 한낱 역사적 사실로 기록되고 있음을 안다. 그렇기 때문에 우리는 다시금 오늘날 자명하다고 생각하며 아무런 물음을 던지지 않는 진리 개념에 한 번쯤 의혹의 눈길을 보내야 한다. 거기에 알게 모르게 이데올로기적 요소가 숨어 있지는 않은가 하고.

앞에서 우리는 지금 우리가 사용하고 있는 진리 개념이 서양 문명의 유입과 더불어 우리의 생활 세계 속에 뿌리를 내린, 서양 학문의 영향을 짙게 받은 서양 개념임을 지적했다. 그리고 서양의 진리 개념이 서양의 전통적인 사고방식에 따라 로고스적이고 인식론적으로 언어에, 발언(명제)에 방향 잡혀 있다고도 이야기했다. 그런데 동아시아의 전통은 로고스적 · 이성적 · 인식론적이기보다는 오히려 전일적 · 통전적 · 관계적이라고 이해된다. 그렇다면 동아시아의 진리 개념을 서양의 진리 잣대로 해설하고 평가하는 것은 분명 문제가 있다. 우리는 이 문제의 일면을 한국의 독특한 진리 개념을 풀어헤침으로써 드러내려고 시도했다.

서양의 진리가 말(로고스)과 명제에 방향을 맞춘 인식론적 진리라고 한다면, 함석헌이 풀이하는 한국인의 진리는 삶에 초점을 맞춘 생명의 진리라고 할 수 있다. 인간의 주관적인 사유, 인식, 판단, 발언, 행위가 강조되는 진리가 아니라 하늘에서 부여받은 명령을 자기의 바탈에서 알아보고 거기에 따라 살아가는 생명生命을 따르는 삶의 진리 말이다.

인식에서 가장 중요한 것은 사물 또는 사태를 개념으로 파악하는 일이다. 인식이라는 것이 사물(사태)을 잘 관찰하고 그에 맞갖은 방식으로 머릿속에서 표상하여 개념으로 잡으면, 인간은 그 개념을 갖고 사물(사태)의 본질에 맞는 판단을 내려 그에 따라 올바르게 행위하려고 노력한다. 이러한 인식론적 이성이 주관하는 진리는 인식 주체와 인식 객체, 인간과 사물, 사유와 대상, 정신과 물질을 구분하는 이분법적 도식 속에서 펼쳐질 수밖에 없다. 이러한 이성적인 사고에서는 사물의 근거 또는 원리(원칙)를 찾거나 사태의 원인을 찾는 방식으로 최종 근거나 제1원인을 찾아나가는 방식으로 논리가 전개된다. 그 방법은 주로 분석을 통한 종합이다. 세부적인 요소들로 분해하여 가장 핵심이 되는 요소(원자)를 찾아서 그것을 갖고 전체의 그림을 종합적으로 그려내는 환원론적 방법을 주로 쓰는 것이다. 그 밑바탕에는 인과론적 시각이 깔려 있다. 모든 것은 어떤 원인에 의해 형성된 결과물이라는 시각 말이다. 따라서 모든 사물과 사태에는 그것을 지금의 그것이 되게끔 만든 근거와 원인이 있다. 이성이 해야 할 일은 바로 이러한 근거와 원인의 바탕 위에서 일어나고 생겨난 사태와 사물을 제대로 알아보는 일이다. 이성적인 판단이란 다른 것이 아닌 바로 사실에 입각한 판단이다. 우리는 여기에서 서양의 이성이 인식 차원에서는 근거와 원인을 찾고, 행위 차원에서는 이유를 찾는 원인 규명과 정당화에 치중함을 이해할 수 있다.

그러나 사태에 대한 인식이 아닌 생명을 따라 사는 삶(을) 앎에서 중요한 것은 인식이 아니다. 말이나 개념의 차원이 아니다. 여기서는 삶 자체가 문제가 된다. 목숨을 유지하며 살아 있다는 사실, 살아가야 한다는 사실이 중요하다. 그렇게 살면서 나라는 생명체를 비롯해 살아 있는 모든 것은 하늘에서 부여받은 존재의 뜻 또는 삶의 의미를 알아들어 그것에 따라 살아야 한다. 하늘로부터 '살라는 명령(생명生命)'을 부여받은 생명체는 존재하는 다른 모든 것과 보이지 않는 생명(존재)의 연을 맺고 있다. 어떤 것도 혼자서는 살 수 없다. 존재하는 모든 것은 보이지 않는 생명(존재)의 그물망으로 서로서로 연결되어 있다. 천상 세계, 지상 세계, 지하 세계의 존재들도 서로 연결되어 있다. 보이는 것이 전부가 아니다. 보이지는 않지만 그 사물 또는 생명체의 이치나 본성을 깨쳐서 알아들을 수 있어야 한다. 이 사물들은 서로 관계의 끈으로 연결되어 서로서로 결과를 만들어내는 인연으로 얽혀 있다. 하나하나 따로 떼어놓아서는 사물이나 생명체를 있는 그대로 잡아낼 수 없다.

이러한 생명의 진리를 추구하는 학문을 우리는 '생명학'이라고 이름하고자 한다. 생명체가 아닌 생명 자체에 대해 학문적 논의를 펼쳐보자는 것이다. 서양에서는 생명과 생명체의 차이에 주목하지 않고, 생명체에 대한 연구를 생명에 대한 연구로 착각했다. 그렇지만 생명과 생물(생명체)은 구별되어야 한다. 생명은 생물(생명체)이 아니다. 그런데 일상에서나 학문적 논의에서나 흔히 이 차이가 간과되고 생명과 생명체를 구별 없이 마구 뒤섞어

쓴다. 생명과 생명체 사이에서 발견되는 차이를 생명학적 차이라고 이름해 보자. 서양의 사상사에서는 이 차이가 간과되어왔다.

회슬레는 '생태학이 우리 시대의 제1철학이다'라고 말한다.[178] 제1철학 은 고대 아리스토텔레스 시대에는 신학이었다. 근대에는 인식론이었고 20 세기 초에는 언어학이었다. 그런데 20세기 말 이제 제1철학은 생태학이어 야 한다고 회슬레는 주장한다. 지구촌 시대에 생명 또는 생태와 얽힌 문제 가 가장 시급히 해결해야 할 중요 사안인데, 그 현상이 매우 복잡해서 도저 히 한 분야가 맡아서 해결할 수가 없기 때문에 그렇게 불려야 한다는 것이 다. 21세기 인류가 풀어야 할 모든 문제들은 서로 다층적으로 연결되어 있 으며 그것을 어떤 식으로 지혜롭게 해결해나가는지가 현대 지식인들이 일 차적으로 짊어져야 할 과업이다. 그러므로 무엇보다도 학제 간의 논의가 필 요한 중요한 시점이다. 생태학의 문제는 결국 경제의 문제이기도 하다. 경 제 성장과 인류 복지와 연계되어 있고, 그것을 조화롭게 해결해야 하는 국 제 정치와도 연관되어 있다. 생명에 대한 문제는 지구 위에 존재하는 모든 것과 연결되어 있다.

최근에 와서 이렇게 생명의 이해 지평에서 현대의 중요 문제를 새롭게 보 려는 분위기가 무르익고 있다. 많은 학자들이 생명과 생명체를 구별하는 생 명학적 차이를 고려해 이리저리 복잡하게 얽히고설킨 생명의 실타래를 풀 어보려고 시도한다. 우주의 시작에 이미 생명의 싹을 틔우려는 마음이, 생 명의 지향성이 들어 있었기에 그 한 생명을 피우기 위해 우주는 150억 년 이 상을 그렇게 울며(천둥치며) 몸서리쳤던 것이다. 이제 우리는 함석헌의 생명 학적 진리관에서 읽어낼 수 있는 이러한 생명학적 차이와 생명의 지향성을

---

178 비토리오 회슬레, 『환경 위기의 철학』 참조.

실마리로 삼아서 세계 학술계가 기다리고 있는 새로운 차원의 생명에 대한 논의의 물꼬를 터야 한다. 우리 민족이 예로부터 생명과 평화를 사랑해왔다면 민족의 기억이 갈무리되어 있는 한글 말에서 생명 중심의 세계관, 인간관, 가치관을 끄집어낼 수 있을 것이다. 함석헌은 스승 류영모의 뒤를 좇아 바로 이 길을 간 것이다. 아직도 망설이며 외국의 잘나가는 이론과 학문을 기웃거리는 오늘날의 어리석은 지식인들에게 함석헌은 이렇게 외친다.

우리말로 할 수 없는 종교 · 철학 · 예술 · 학문이 있다면 아무리 훌륭해도 그만두시오. 그까짓 것 아니고도 살 수 있습니다. 우리 삶에서 글월(문화^{文化})이 돋아나오지, 공작의 깃 같은 남의 글월 가져다 아무리 붙였다기로 그것이 우리 것이 될 까닭이 없습니다.[179]

179 함석헌, 「우리 민족의 이상」, 『뜻으로 본 한국역사』, 347쪽.

제7장

김지하의 생명 사건학: 생활 속의 우주적 대해탈

우주 생명과 우주 진화에 대한 김지하의 거대 담론은 우주의 전 역사와 신을 포함한 존재하는 모든 것을 다 아우르는 총괄적 구상이다. 그것은 또한 스스로 주장하고 있듯이 드러난 질서에만 얽매이지 않고 숨겨진 질서에 더 비중을 두고서 우주 생명을 꿰뚫고 있는 생명의 논리를 잡으려는 역설적인 노력이다. 그것은 드러난 질서에 대한 드러난 연구 성과를 다 감안함과 동시에 숨겨진 질서에 대한 탐구에도 주목해야 하는 대단히 광범위한 작업이다. 한마디로 동서양을 포함해 전 세계에서 지금까지 다뤄진 생명에 대한 논의를 다 고려해 종합적으로 통합해내야 하는 과제임을 스스로 천명하고 있다. 그래서 우리는 김지하의 생명에 대한 논의에서 과학과 종교, 철학과 사상을 다 아우르며 그 경계를 자유롭게 넘나드는 사유의 자유로움을 발견할 수 있다. 김지하는 자신의 주장을 뒷받침하고자 현대 과학의 이론과 발견을 최대한 활용하고 있다.

1. 전환기의 조짐들: 이성에서 영성으로!

김지하는 현대의 많은 사상가들이나 미래 학자들과 더불어 현대 사회가 새로운 시대로 옮겨가는 과정에 놓여 있다고 지적한다. 이를 나타내는 개념들로 정보화 사회, 제3 또는 제4의 물결, 자본주의 이후의 사회, 탈근대, 에코토피아 등이 있다.[180]

어느 시대에나 그 시대의 모든 것을 압축해 표현한 간략한 하나 또는 몇 가지 개념이나 화두가 있어 사회를 이끌어갔는데, 현대에는 그러한 개념들이 너무 많은 느낌이다. 문자 그대로 카오스의 시대이니, 질서 이전의 카오스가 더 중요한 관심이 되어 카오스 이론이 등장하기도 했다. 이 모든 것은 이 시대가 단위 문명의 전환이 아닌 인류 문명사 전체의 대전환기임을 드러내고 있는 것이다. 그러나 김지하는 아무리 혼란스러워도 그 혼란의 다원성과 함께 다원성 자체의 질서를 관통하는 하나의 개념을 찾을 수 있고, 또 찾아야 한다고 본다. 그 까닭은 다층위적이고 다차원적이며 다핵적 · 다중심

---

180 김지하, 『생명과 자치−생명 사상 · 생명 운동이란 무엇인가』, 17쪽 참조.

적인 이 현실의 복잡성을 그대로 받아들이면서도 동시에 그것을 우리 스스로 주동적인 삶의 동일 위상에서 산 채로 통합해야만 하기 때문이다. 그런데 김지하에 의하면 이 통합이 '다양한 것의 폭력 없는 통일론' 따위의 밋밋하고 안일한 논리에 의한 단순화여서는 안 된다. 전반적인 분산과 해체 속에서 근원적이고 새로운 차원이 질적으로 유기화되고 복잡화된 가운데 통합되어 나와야 한다.

우리는 16, 17세기 이래 서양 근대 과학의 놀라운 발전에 힘입어 우주와 지구 그리고 인간의 삶을 완벽하게 이해하고 있으며 그에 입각해 세계를 가장 탁월하게 조직·개조했다고 자부해왔다. 그런데 그 자부심이 지금 철저히 깨지고 있다.

여름에 찾아드는 살인적인 무더위, 지구 북반구의 무더위와 홍수, 남반구의 한파와 폭설, 지진과 화산 활동의 폭발적 증가, 절기의 대변동, 엘니뇨 현상, 이산화탄소 배출량의 급증, 그로 인한 지구 온난화, 그리고 그 원인인 극에 달한 지구 생태계의 파괴 등은 분명 인간 문명의 방향이 잘못되었음을 경고하고 있다. 그뿐만 아니라 지금 우주와 지구 질서 자체에 큰 변화가 오고 있음을 알려준다.

김지하는 현대 과학이 이 현상들을 제대로 해명하지 못하고 있다고 본다. 그렇다면 분명 지금의 과학에 문제가 있는 것이다. 이것은 급기야 사람들로 하여금 과학성 자체를 의심하게 만들었고, 과학의 방법론에 대해 전반적으로 다시 생각하게끔 만들었다. 근원적인 대전환이 요구되는 시점이며 이른바 패러다임의 전환이다. 그런데 무엇에서 무엇으로의 전환인가?

김지하는 여기에서 전 인류 문명사를 관통해온 로고스 중심의 태양 시대가 막을 내리고 있다는 문명사적 예측에 동의한다. 5만 년 전 '호모 사피엔스 사피엔스' 출현 이후 최대의 전환점일 것으로 본다. 에로스, 가이아, 카오스 등의 신화가 인문학과 사회과학, 자연과학의 형태로 부활하고 있는 현상은 그냥 지나칠 일이 아니다.[181]

"거대 물질 우주에로의 인류 의식과 과학적 모험의 확장, 미시 생명 우주에로의 깊은 탐색의 세밀화, 세계화와 지방화의 동시 진행, 통합과 탈통합, 지역 공동체 통합과 연방 해체, 민족 분규의 만연, 농업·식량 위기의 심화와 세계 인구의 폭증, 선진국의 환경 붐과 제3세계의 개발 붐, 북의 국민 국가 퇴조와 남의 국민 국가 열풍, 빈부 격차의 세계적 심화, 전 지구적 초국적 자본 팽창과 기업 내부의 축소 지향과 경영 구조 혁신, 초국가적 시민 연대 형성과 원리주의적 민족주의의 발호, 그리고 동북아 경제가 지금 보여주는바 역내 무역량의 급증 등 이른바 '축운동', '안으로 굴러들기 현상', 즉 수렴 작용과 동시에 진행되는 세계 시장에로의 팽창적인 확산 운동 등등"[182]에서 생명 논리인 **역설의 시대**가 오고 있음을 볼 수 있다고 김지하는 말한다. 이 역설은 이성적 합리주의와는 인연이 멀다.

"또한 전 지구적인 신경망으로서의 텔레커뮤니케이션, 정보 고속도로 건설 추진과 함께 확산되는 다핵적 다중심적 다차원적인 네트워크 현상, 전자 민주주의, 프리고진적 민주주의, 분산적 민주주의 담론의 출현, 지방자치 주민자치의 새 사회 창조 가능성에 대한 재조명과 함께 확산되고 있는 포스트모더니즘의 해체주의, 다원주의, 이른바 '많은 것들의 폭력 없는 통일론', 여행, 무역, 관광, 유민, 이민, 외국인 노동자 등의 전 지구적인 이동 확대의 겹치기 현상과 극도의 개인주의, 이기주의 문화의 팽배, 이 모든 것

---

181 김지하는 신과학 일부에서 말하듯 물고기좌에서 물병좌로의 우주 이동이라는 점성술 이야기도 그냥 허술히 흘려버릴 것은 아니라고 말한다. 김지하, 『생명과 자치-생명 사상·생명 운동이란 무엇인가』, 17쪽 이하 참조.
182 김지하, 『생명과 자치-생명 사상·생명 운동이란 무엇인가』, 22쪽.

러시아 영화 〈Kin-dza-dza〉(1986)에 등장하는 포스트모더니즘 공동체, 창의적 발상이 돋보인다.

들은 다 근대적 이성과 담론 체계로는 이해도 해명도 할 수 없는 일종의 카오스 현상"[183]이라고 김지하는 말한다. 이 모든 현상들은 지금까지 인식 틀로써는 설명할 수 없는 무엇이 나타나고 있음을 가리킨다. 도대체 어떤 개념을 통해서 이를 다원적이면서도 총괄적으로 이해할 수 있을까? 김지하는 그것을 있는 그대로, 다원적이면서 총괄적으로 이해하여 잡아낼 수 있는 개념은 없을까 고심한다.

　　여기서 그는 일본의 산업 첨병인 노무라[野村] 종합연구소의 「창조 전략」이라는 보고서를 끌어들인다. 이 연구소는 "21세기가 정보화에서 창조화로

183　김지하, 『생명과 자치-생명 사상 · 생명 운동이란 무엇인가』, 22~23쪽.

중심이 이동한다"라고 내다본다. 경제력 중심에서 문화적 창의력 중심으로, 비트^{bit}에서 창조적 발상량으로, 데이터 중심에서 아이디어 중심으로, 그리하여 컴퓨터에서 컨셉터, 즉 '창조적 발상 지원 시스템'으로 중심이 이동할 것이라고 본다. 이것은 무엇을 뜻하는가? '문화적 창조력'은 지식이 아닌 삶의 지혜의 산물이며, 정보가 아닌 적극적 상상력의 결과이고, 결국은 생활 속에서의 깊은 **영성**을 바탕으로 한다. 다시 말해 이성의 한계를 영성적 능력으로 극복하자는 발상이다. 김지하에 의하면 영성이란 사실 언제나 우주적·무의식적 영성이지만 특히 현대와 미래에서의 영성은 전 우주적이고 전 지구적인 생태적·무의식적 영성이다. 그리고 이런 영성에 기초한 창의력의 핵심인 재능은 인간과 삼라만상의 뛰어난 교감 능력과 예감에 바탕을 둔 재능일 수밖에 없다. 창조적 재능의 기준은 시대마다 다르지만, 특히 현대에서 그 재능의 기준은 바로 이 깊고 깊은 생명적 교감과 영적 예감의 능력에서 나온다.[184]

인간 이성의 합리화가 이루어놓은 최첨단 기술 문명 시대에 우리는 이성으로써는 도저히 설명되지 않는—그래서 카오스라고 칭할 수밖에 없는—수많은 역설적인 현상들을 접하고 있다. 이성에 의한 질서의 극치에서 인간은 역설적이게도 지금까지 온갖 수단과 방법을 통해 내몰려고 한 카오스를 그 자체에서 가장 분명하게 대면한다.

여기에서 김지하는 이성의 논리 속에 들어올 수 없었던 이 역설이, 이 카오스가 바로 우리로 하여금 새로운 인식의 대전환을 요구하고 있는 것으로 본다. 우리는 이제 이성으로 벌어지고 있는 그 모든 현상을 설명할 수 없음을 인정하고, 무엇이 잘못되었고 우리가 무엇을 간과했는지를 되돌아보며

---

184 김지하, 『생명과 자치—생명 사상·생명 운동이란 무엇인가』, 24~25쪽 참조.

겸허하게 인정할 것은 인정해야 한다. 이성으로 생명 현상을 파악할 수 없음을 직시해야 한다. 이성의 틀 안에 잡힌 '생명'은 더 이상 생명이 아니라 주검임을 바로 보아야 한다. 그래서 이성이 극치에 이른 현대에 죽음과 죽임과 주검이 판을 치고 있음을 제대로 볼 수 있어야 한다.

생명의 논리인 역설은 영성으로 읽어내야 한다. 과학의 세계가 아닌 우리 일상의 생활 세계에는 예로부터 영성에 바탕을 둔 삶의 지혜가 주도권을 잡아왔다. 그러던 것이 과학에 의해 생활 세계가 식민지화되면서 과학의 합리성이 일상도 지배하기에 이른 것이다. 김지하는 이성에 의해 무뎌진 영성 능력을 되살려 생활 세계에 생명의 활기를 되찾아주어야 한다고 본다. 생명 현상의 생명력에 동참하여 그 힘을 살려 살게끔 유지해주는 인간의 영성이 과학에 의한 죽임 현상의 확산을 막을 수 있는 유일한 대안이다.

2. 죽임의 문명, 죽임의 과학

전 미국 대통령 부시^{George Walker Bush}는 새 천년에 맞는 첫 해를 '전쟁의 해'로 선포했다. 현대의 기술 문명으로 인해 지구촌 곳곳에서 생명 파괴 현상이 확산되고 무한경쟁의 논리로 인해 몇 억의 인구가 굶주림으로 죽어가고 있는 상황에 '전쟁의 해'라니! 이와 같이 죽임이 죽임을 낳는 죽임의 세레모니는 언제까지 계속되어야 하는가?

김지하가 보건대 문제는 인위적 살해로서의 죽음에 있다. 인위적 살해로서의 죽음은 확산 수렴되는 생명 생성의 질서를 파괴한다. 생명은 섬세한 생성으로서 매우 예민하고 민감한 그리고 애틋하고 깊이 있는, 따뜻하고 거룩한 성스러움으로 가득 차 있다. 만일 우리가 그것을 제대로 의식하고 그에 대한 감수성을 갖는다면, 생명 과정에 대한 조그마한 파괴도 곧 살인이요, 조그마한 작업도 곧 살해이며, 조그마한 착취와 지루한 고문도 살해이고, 무시와 멸시도 살해이며, 외롭게 방치하는 것도 살해임을 알게 될 것이다.[185]

---

185 김지하, 『생명과 자치−생명 사상 · 생명 운동이란 무엇인가』, 200쪽 참조.

죽임이 죽음을 낳는 이라크전의 한 모습

하늘과 땅 사이에서 천지 만물을 돌보며 사는 것을 사람의 도리로 알았
던 한국인의 삶 속에는 생명에 대한 파괴 행위를 막는 도덕법이 새겨져 있었
다. 그것은 특히 김지하가 크게 영향받은 해월 선생의 십무천^{十毋天}, 하늘에
대해서 하지 말라는 열 가지 소극적 생명 강령에 잘 나타나 있다.[186] 해월 선
생은 바로 이러한 것들을 모두 '죽임'이라고 보았다. 목숨을 파괴하는 것만
이 죽임이 아니요, 그것과 함께 온갖 형태의 생명 생성의 영적 질서를 위배
하며 거스르는 일체의 역천^{逆天}, 즉 한울 생명의 질서와 이치를 거스르는 태
도 전체가 바로 죽임이다. 그것은 삶과 죽음을 한꺼번에 포함하는 무궁한

---

186 십무천^{十毋天}을 우리말로 옮겨 소개하면 다음과 같다. ① 한울님을 속이지 말라. ② 한울님을 거만하게 대하지 말
라. ③ 한울님을 상하게 하지 말라. ④ 한울님을 어지럽게 하지 말라. ⑤ 한울임을 일찍 죽게 하지 말라. ⑥ 한울
님을 더럽히지 말라. ⑦ 한울님을 주리게 하지 말라. ⑧ 한울님을 허물어지게 하지 말라. ⑨ 한울님을 싫어하게
하지 말라. ⑩ 한울님을 굴하게 하지 말라. 김춘성, 「해월 사상의 현대적 의의」, 부산예술문화대학 동학연구소
엮음, 『해월 최시형과 동학사상』, 예문서원, 1999, 57쪽 참조.

우주 생명의 질서를 제대로 살거나 제대로 죽지 못하게 만드는 인위적인 악랄한 간섭이며 오염이고 파괴 행위며 폭력적 개입인 것이다.[187]

그런데 김지하에 따르면, 현대 세계는 바로 이러한 인위적 살해가 조직화, 제도화되어 있으며 억압과 착취, 소모와 세뇌, 오염, 타락, 죽임이 조직화되고 일상화되어 있다. 폭력, 범죄, 마약, 살인, 타인 도태와 경쟁, 약육강식, 멸시, 정신적 고문과 온갖 형태의 억압, 자연 파괴, 자원 고갈, 대기 오염, 수질 오염, 전쟁, 핵무기 개발, 미사일 개발, 군대에서의 획일적인 인간 멸시, 온갖 비인간적인 교육 제도와 가정에서의 어린이에 대한 억압, 여성에 대한 억압과 멸시, 이 모든 것이 죽임이다.[188]

김지하에 의하면, 이 죽임이 너무도 완강하고 체계적으로 조직화되고 제도화되고 일상화되어 있기 때문에, 무궁 생명의 본디 질서인 무위無爲, 아무것도 하지 않음으로써 창조적 진화와 조화를 이루는 그러한 무궁무진한 생명 질서인 무위를 무위로서 실현할 수가 없게 되었다. 그래서 이제 이 무위의 삶은 매우 진지하고 경건하며 지극한 성실성으로 애써 노력하지 않으면 이룰 수 없는 자연적 생명 질서가 되었다. 따라서 인위人爲적 무위의 노력을 통해서야 인간은 비로소 생명을 제대로 살게 할 수 있다. 우리는 인위적으로 무위를 실현하며 무위 질서의 결과 흐름에 따라서 인위적 노력의 내용과 형태와 방향을 결정해야 한다. 이때 인위적 무위는 인위를 중심에 둔 무위가 아니라 철저히 **무위를 중심에 둔 인위**라야 한다. 오히려 무위 생명의 생성을 인위적으로 모시고 그것을 유출하도록 비보裨補하는 수동적 적극성의 세계라 할 수 있다. 이것이 바로 김지하가 강조하는 '**살림**'이며, 이 살림이

---

187 김지하, 『생명과 자치-생명 사상 · 생명 운동이란 무엇인가』, 200~201쪽 참조.
188 김지하, 『생명과 자치-생명 사상 · 생명 운동이란 무엇인가』, 201쪽 참조.

보편화된 죽임과 대결한다. 생명운동은 바로 죽임과 살림의 대결이다.[189]

죽임의 문명은 삶의 환경을 죽음의 사막으로 변화시킨다. 지구의 숨돌이, 피돌이가 막혀 지구가 죽어가고 있다. 생명의 근원인 마실 물이 없다. 생명이 위태롭다. 산과 숲이 파괴되면 자연 생태계가 죽는 것은 물론 인간까지도 숨을 쉴 수 없게 된다. 숨 안 쉬고도 살 사람이 있는가? 이산화탄소와 아황산가스로 이미 오염될 대로 오염된 공기를 마시고 병들지 않을 사람이 있는가? 생명이 위태롭다.

이제 환경 문제는 결코 정치만의 문제가 아니다. 그것은 가치관의 문제요, 생산 양식·생활 양식의 문제, 문명의 문제다. 현대 산업 문명은 자기 절멸의 문명, '죽임'의 문명이다. 기계적 세계관, 인간중심주의, 생산력주의, 풍요 중독, 소비주의, 경제 가치 위주의 가치관이 중심이 되어 있는 현대 산업 문명이 지구의 온 생명을 위태롭게 하고 있다. '죽임'의 세상이다. 과연 '살림'의 길은 없는가?[190]

김지하가 보건대, 정도 차이는 있으나 기존 과학은 대체로 일종의 '죽임의 과학'이다. 기존 과학은 전 우주적으로, 시공 연속적으로 존재하고 일원적으로 운동하는 우주 생명의 총체적 관계망, 그 관계망의 간단없는 생성, 유출, 변화를 객관주의의 미명 아래 자의적으로, 원자적인 단편화를 통해 분할, 고립시키고 정지, 고정시켜 관찰, 분석한 다음, 역시 기존의 법칙이나 원리에 근거한 구상에 따라 종합하고 구조화한다. 이런 식의 과학 탐구 자체가 이미 산 생명을 '죽임'이며, 그 방법이나 구조를 그대로 적용하여 자연관, 우주관, 사회관, 역사관, 인간관을 체계화하고 그에 따라 살아 있는 인

---

189 김지하, 『생명과 자치-생명 사상·생명 운동이란 무엇인가』, 201~202쪽 참조.
190 김지하, 『틈』, 33쪽 참조.

간, 사회, 역사, 자연, 우주를, 나아가 더욱이 미묘하게 살아 있는 정치, 경제와 문화를 법칙의 이름하에 자의적으로 구조화하여 결국 절단, 왜곡하고 감금, 억압해왔다. 급기야는 자연 생명계를 무자비하게 변형, 파괴, 멸종, 착취하는 인위적 살해의 길을 활짝 열어놓고도 어찌 확산되어가는 죽임의 현상과 상관없다고 말할 수 있는가?[191]

이 죽임의 추세를 살림의 방향으로 바꿔놓을 길은 있는가?

---

191 김지하, 『생명과 자치—생명 사상 · 생명 운동이란 무엇인가』, 56쪽 참조.

3. 개벽과 생명운동

김지하는 오늘날 우리가 처한 위기의 현실을 다음과 같이 묘사한다.

"오늘날의 현실—'미원' 하나 먹는 것에서부터, 배추 한 포기 속에 들어 있는 극독물 · 수은제 · 중금속으로부터, 매연 · 소음 · 가스 · 교통 혼잡, 부당 노동 행위 · 저농산물 가격 정책 · 저임금, 산업 재해 · 농약 피해, 고문 · 정치적 압제 · 언론 통제, 미디어와 제도 교육 또는 예술 작품들, 대량 생산되는 여러 가지 형태의 대중 예술들에 의한 줄기찬 전면적인 세뇌, 남북 분단, 동 · 서 양쪽의 군비 경쟁, 핵전략 무기 개발, 미사일, 한반도를 둘러싼 전쟁 분위기와 그 가능성의 고조, 세계 정세 전체에 있어서의 상호 연관된 전면 핵전쟁 가능성의 점고, 인간성에 대한 끊임없는 유린—이런 일체의 반생명 · 생명 파괴 · 생명 경시 현상을 관통하는 것은 바로 두 가지, '분별지의 극대화'와 '소유 및 소유욕의 확대'이다. 전자는 이원론으로 나타나고, 후자는 독점과 강점의 형태로 나타난다."[192]

김지하가 지목한 두 가지 요인은 서양 기술 문명의 확산으로 전 세계에 확산된 현대인의 세계관에 밑바탕을 이루고 있는 기조다. 인류는 5만 년 전 '호모 사피엔스 사피엔스'로 지구상에 출현한 이후 최대의 위기에 봉착했다. 인간은 새로운 종으로 거듭나지 않는다면 지금까지 지구 위에 군림했던 많은 생물종과 마찬가지로 종으로서 자신의 역할에 종말을 고하고 우주 진화 역사 속으로 자취를 감춰버릴지도 모른다. 인류가 대면하고 있는 위기는 단순히 인간종의 멸종이라는 한 생물종의 존폐 위기가 아니다. 그것은 우주 전체 진화의 방향이 달려 있는 전환점의 위기다. 인간이 어떻게 이 위기를 극복하는지에 우주 전체의 운명이 걸려 있는 우주적 사건이다.

이러한 인류와 우주의 위기를 앞서 내다본 사람이 있었으니 그 사람은 동학의 창시자 수운 최제우이다. 김지하는 수운 사상을 빌려 이 난국을 타개할 해결의 실마리를 찾는다.

개벽

김지하는 동학사상에 결과 무늬가 되어 새겨져 있는, 우리 민중의 생명 존중의 생활 태도를 자기 것으로 만들며 현대화시켜 죽임의 문명에 대한 대안으로 제시한다. 동학사상의 출발점인 개벽사상을 현대의 다양한 과학적 발견과 연결시켜 설득력 있는 문명 대전환의 계기로 삼으려 한다.

'개벽'이란 한마디로 우주 질서 전체가 바뀐다는 뜻이고, 우주 질서의 변화 속에서 인간의 질서와 역사적인 모든 조건 또한 변한다는 뜻이며, 5만

192 김지하, 『생명』, 솔, 1994, 104쪽.

년[193] 인류 문명사 전체가 대전환한다는 뜻이다. 이 개벽은 크게는 우주적인 사건이면서 구체적으로는 인류 문명사의 대전환이며, 인간 자신의 정신혁명과 사회적인 실천에 의해 이루어져야 할 전환이다. 실제로 현대는 여러 가지 개벽의 조짐을 보이고 있다.[194] 영국 학자 제임스 러브록James Lovelock은 지구가 하나의 유기체, 하나의 생명체로서 마음을 가지고 있다는 가이아Gaia 가설을 발표한 바 있으며,[195] 70년대 미국과 유럽에서는 히피 등 새로운 문화 혹은 새로운 문명을 요구하는 대안 생활 집단이 나타나기 시작했다. 근대 서양의 인간중심주의, 과학주의, 산업주의 이래 자취를 감췄던 새로운 형태의 종교적 인간, 영적 인간들이 다수 출현하고, 그러한 영적 인간들에 의한 새로운 문화가 나타나기 시작했다. 신과학이라 불리는 물리학 분야의 새로운 연구들이 등장하고, 동양의 전통 사상에 대한 서구의 관심이 점차 높아지고 있으며, 자본주의와 사회주의를 딛고 녹색운동이 제3의 운동으로 일어났다.[196]

그러나 무엇보다도 개벽의 가장 큰 조짐은 앞서 말한 환경오염, 생태계 파괴, 오존층 파괴와 그에 따른 온실 효과, 강과 바다의 오염, 밀림의 벌채, 생물의 멸종과 같은 전면적인 생명 파괴 현상이다. 생명 파괴가 극에 달함에 따라 생명은 무엇인가, 나와 생명은 어떤 관계에 있는가, 생명의 본성은

---

193 동학에서는 '5만 년 개벽'이란 말을 한다. 5만 년이란 숫자는 언뜻 막연하게 들리지만, 현대의 여러 고고학적 발굴에 의해 역사가들이 호모 사피엔스의 출현, 자의식의 발생, 반성 의식의 발생과 때를 같이하는 언어 발생, 노동의 조직화, 공구의 발생 등 인류 문명의 시작을 구석기 시대의 중간쯤인 지금으로부터 5만 년 전 정도로 잡는 것을 본다면, 동학에서 이야기하는 5만 년이라는 숫자를 과학적으로도 의미 깊은 시간이라 볼 수 있다고 김지하는 생각한다. 김지하, 『생명』, 22쪽 참조.
194 김지하, 『생명』, 22쪽 참조.
195 김지하는 이 가설이 과학과 종교를 결합할 수 있는 길을 열었다고 평가한다.
196 김지하, 『생명』, 23~24쪽 참조.

소수서원의 경바위 ⓒ 김홍근

무엇인가, 인간과 자연, 우주는 어떤 관계에 있는가 등에 대한 관심이 높아지고 있다. 이 생명에 대한 관심, 새로운 생명의 세계관에 대한 갈증이 개벽의 가장 큰 조짐이다.[197]

동학에서 말하듯이 개벽은 천도^{天道}다. 천도는 '무위이화^{無爲而化}'이지만 그 무위이화, 즉 우주 생명의 조화와 일치해서 살려면 인위적 무위, 즉 그 무위를 적극 실천해야 한다. 천도에 맞춰진 사회 생활을 목표로 하는 새로운 운동이 실천적으로 벌어져야 하는데, 그러려면 그 실천 운동의 방법과 방편을 찾지 않으면 안 된다.[198]

김지하에 따르면, 여기에 동학의 삼경사상^{三敬思想}[199]이 우리에게 중요한 점을 시사한다. 그것은 오늘날 급박한 인간 정신의 주체 분열, 사회 윤리 타락,

---

197 김지하, 『생명』, 25~26쪽 참조.
198 김지하, 『생명』, 26~27쪽 참조.
199 김지하는 삼경사상을 경천^{敬天} · 경지^{敬地} · 경물^{敬物}의 사상으로 설명하고 있다. 김지하, 『생명』, 32쪽 참조. 그런데 보통은 해월의 삼경사상을 경천^{敬天} · 경인^{敬人} · 경물^{敬物}의 사상으로 풀이한다. 오문환, 「해월의 삼경사상−한울, 사람, 생태계의 조화」, 부산예술문화대학 동학연구소 엮음, 『해월 최시형과 동학사상』, 109~132쪽 참조.

환경오염에 대답하는 탁월한 생명 사상이다. 그 안에 들어 있는 '경물^{敬物}',
제 안에 살아 계신 한울님을 공경하여 우주에로 해방되며, 모든 사람 안에
살아 계신 한울님을 공경하고 이웃 뿐 아니라 물건을 한울처럼 공경한다는
사상은 그중에서도 매우 중요하다. 산과 바다, 온갖 동식물에 대한 파괴가
엄청나게 진행되는 현실에서 볼 때, 물건을 공경하고 땅을 공경하라는 삼경
사상이야말로 오늘날 환경 보존을 위해서나 생태계의 균형 회복을 위해서
중요한 사상이 아닐 수 없다. 이때의 물건은 동식물만이 아니라 흙, 돌, 바
위 같은 무기물까지 포함하며 인간이 생산해낸 농산물, 공산물, 수예품, 유
형·무형의 문화적 재화나 예술 작품 전체도 포괄한다.[200] 개벽의 실천적
방편으로는 다른 것이 있을 수 없다. 그것이 바로 **생명운동**이라고 김지하는
힘주어 말한다. 개벽은 천도며 인사는 생명운동이다. 인간, 사회, 자연 생태
계의 파괴와 근원적 우주 생명의 질서로부터의 이탈이 극에 달한 현실 속에
서 그 생명의 본성을 인식하고, 그 생명의 본성과 질서에 따라서 살려고 하
는 생명운동을 통해서만이 개벽을 실천할 수 있다.[201]

생명운동과 문화운동
(노동운동, 여성운동, 통일운동)

　　　　　　　　　김지하는 이러한 생명운동이 문화운동과
통일 논의로 이어져야 한다고 본다. 자기 안에 무궁한 우주 생명이 살아 있

---

200 김지하, 『생명』, 32쪽 참조. 김지하 자신의 말에서도 드러나듯이 이때의 '물^物'은 '물건'이라 번역하기보다 오히
　　려 '존재자'로 번역하는 것이 더 정확하다.
201 김지하, 『생명』, 35쪽 참조. 김지하는 개벽운동, 생명운동에 앞장서야 할 주체는 곧 여성이라고 역설한다. 김지
　　하, 『생명』, 35~37쪽 참조.

으며 그 우주 생명은 또한 이웃 속에도 살아 있으므로, 이웃을 거룩한 존재로 여기고 한울님으로 공경할 뿐 아니라 동식물, 무기물 속에서까지 살아 있는 한울님을 인정하고 그 우주 생명을 공경해야 한다. 공간과 시간 전체, 즉 과거, 현재, 미래의 삼라만상을 모두 한 생명의 순환과 연속으로 인정하는 생각과 각성, 이것이 문화운동의 출발점이자 생활운동의 출발점이 되어야 한다.

통일 논의 또한 기계 문명·산업 문명의 폐해, 끊임없는 생명 파괴와 환경 파괴, 인간 파괴를 일삼는 산업 문명·기계 문명과 그 이데올로기적 기초, 그것에 관련된 사회주의적 방식, 자본주의적 방식, 파시즘, 수렴·수정주의 등과 생태사회주의, 생태파시즘, 신좌익, 신우익, 민주사회주의, 사회민주주의 등 온갖 것들의 이합집산 일체에 대한 비판적 극복 없이는 온전히 이루어질 수 없다.[202]

김지하는 또한 생명운동을 노동운동과 연결시킨다. 달라진 세계에서 노동운동은 자기 자신을 해방하는 새로운 방향을 찾아야 한다. 노동운동은 인간이 기계의 리듬에 맞추는 것이 아니라 기계를 인간 생명의 리듬에 맞게 생물학적 원리에 의해 제도·제작하도록 요구해야 하며 산업 재해를 전면적으로 없애는 방향을 요구해야 할 것이다. 특히 노동자가 무궁한 우주 생명을 제 몸에 모신 신령한 존재요, 그의 노동이 생명의 가장 적극적인 창조적 생산 활동이기에 노동자의 생명과 노동에 대한 사회적 평가는 혁명적으로 변화해야만 한다. 산재, 부상, 생리 문제 등은 물론 강도 높은 노동, 분진과 매연이 휩쓰는 작업장에서의 노동과, 기계의 리듬이 인간 생체 리듬에 어긋날 때 생기는 신경 장애나 아주 섬세한 정서나 무의식의 상처까지도 다

---

202 김지하, 『생명』, 39쪽 참조.

계산되고 지불되고 치료되어야 할 것이다.[203] 농민운동도 마찬가지다. 전 국민적으로 신토불이身土不二의 생명 사상에 입각하여 협업적인 유기농 공동체 운동을 벌이고 고품질 농산품, 소비자가 원하는 살아 있는 생명의 농산품을 생산해내야 한다.[204]

김지하는 이러한 생명운동에서 여성이 주체가 되어 앞장서야 한다고 강조한다. 전통적으로 여성은 남성의 성적 노리개, 부엌데기, 또는 씨받이 정도로밖에는 평가받지 못했고 오늘날에도 이 범위를 크게 벗어나지 못하고 있는 실정이다. 진보적인 여성운동이 있기는 하지만 여성 노동의 사회적 해방만을 주장하면서 어머니로서의 여성, 주부로서의 여성에 대한 평가를 놓쳐버리는 경향이 있다. 여성은 생명의 출산자요, 양육자이며 보호자요, 교육자이며 위로자다. 이러한 부분에 대해서는 단순한 감상적 평가가 아닌 과학적이고 객관적인 사회적 평가가 이루어져야 하며, 이에 대한 혁명적 변화가 이루어져야 한다. 생명의 공경이 일반화하고 어머니와 주부로서의 역할이 중요시된다면, 여성의 사회적 노동에 대한 평가와 노동 내용 및 시간은 여성에게 알맞은 것이 되어야 하며, 같은 임금이라도 그 시간은 남성의 절반 이상으로 줄어야 할 것이다. 여성은 가정에서 어머니와 주부로서 중요한 노동과 역할을 해야 하기 때문이다.[205]

생명문화운동의 내용

김지하는 이러한 생명문화운동이 제대로

203 김지하, 『생명』, 44~46쪽 참조.
204 김지하, 『생명』, 48쪽 참조.
205 김지하, 『생명』, 48~49쪽 참조.

진행되려면 여섯 가지의 중요한 내용을 그 안에 간직해야 한다고 말한다. 그것은 곧 ① 인간의 자아실현, ② 생명 공동체 건설, ③ 생태계의 균형 회복, ④ 중도적 민족 통일, ⑤ 새로운 문명의 창조, ⑥ 우주와 인간의 관계 정립이다.

무엇보다 중요한 내용은 인간의 자기실현이다. 김지하는 동학의 시천주侍天主 사상, 즉 내 안에 무궁한 우주 생명을 모시고 있다는 사상과 그것을 길어냄으로써 나 자신이 우주 생명의 질서에 일치하여 우주와 같이 무궁한 존재로 자기실현할 수 있다는 양천養天 사상을 강력한 수양운동으로 발전시킬 필요가 있다고 본다.[206] 그에 의하면 시천주 사상은 융Carl Jung이 말하는 집단 무의식과 관련지어 생각할 수 있다. 집단 무의식, 원형, 민족적 무의식의 단계에서 우주 무의식의 단계로 나아가는 것이 시천주 사상에 깃든 과학적인 인간 이해, 인간 마음에 대한 이해에 합당한 방향일 것이다. 인류 진화에서 포유류 단계의 기억들, 파충류 단계의 기억들까지 넘어서서 무기물 단계에까지도 있었다는 생명의 초기 의식 작용,[207] 이 모든 의식의 역사를 되살리며, 자기 안에 들어와 활동하는 우주 삼라만상의 생명 활동의 상을 한꺼번에 의식하는 그러한 수양운동이 있어야 할 것이다.[208]

둘째는 생명 공동체의 건설이다. 풀뿌리민주주의, 직접민주주의, 참여민주주의, 자치권, 자율 지배권, 지방 자치제 등의 분권화는 생명 생태의 기초 원리다. 생명은 개별성과 통일성을 다 같이 지니고 있다.[209] 모든 사람은

---

206 그렇다고 이것이 너무 고전적인 수양 방법에 의존하자는 것은 아니다. 김지하, 『생명』, 60쪽 참조.

207 동학이나 불교, 노장 철학에서만이 아니라 에리히 얀치나, 일리야 프리고진, 제임스 러브록 등의 경우에서 보듯 이제는 과학적으로도 무기물에 생명의 활동이 있다는 것을 인정하는 단계에 접어들었다. 재생산 기능, 복제 기능이 없더라도 진동, 순환, 생성하는 모든 것이 생명이라는 개념 수정의 필요에 직면해 있다. 김지하, 『생명』, 61쪽 참조.

208 김지하, 『생명』, 59~60쪽 참조.

자신이 중심이면서 동시에 전체 속의 하나인데 이것이 바로 생명의 기본 원리다. 한 본성의 두 측면이랄 수 있는 개별성과 전체성은 개방계로서의 생명의 주체성, 비평형의 평형의 원리이기도 하다. 따라서 모든 지방과 지역에서는 그 지역 중심의 독특한 민주주의 질서, 특히 직접민주주의의 구조가 정착되는 방향으로 한국 민주주의를 일궈나가야 할 것이다. 우리의 민주화 운동은 이런 생명의 원리에 알맞은, 사람의 생태적 삶의 역사와 조건에 알맞은 정치적 생명 공동체의 건설, 즉 지방 자치제의 보다 높은, 보다 창조적인 단계의 실천으로 향하지 않으면 안 된다.

경제운동이나 노동운동에서도 농민들의 협업적인 유기농 공동체, 지역 농산물 유통 공동체, 지역 농산물 가공 공동체가 계속 확대되고 발전되어야 한다. 가정은 다시 부활해야 한다. 핵가족과 대가족의 단점을 버리고 장점을 취합하는 방향에서 새로운 시대, 새로운 사회의 요구에 걸맞은 새로운 형태의 생명 공동체로서의 가정의 재건이 연구되고 실천되어야만 한다. 가정은 모든 생명의 밭이요 굴이며 둥지인 만큼 절대로 없어지지 않는다.[210]

셋째, 생태계의 균형 회복이다. 땅은 어머니의 살처럼 공경되어야 한다. 땅은 우리의 고향이며 만물의 자궁이다. 그것은 독점이나 투기는 물론 오염, 훼손, 파괴되어선 안 될 거룩함과 신령함 그 자체다. 환경과 생태계 문제를 해결할 다양한 보호운동과 과학적 방법은 물론 풍수 사상의 새로운 과학적 재조명이 필요하며,[211] 환경보존운동, 공해추방운동, 자원재생운동, 대체에너지개발운동, 반핵·반원자력발전운동 등 전체 운동에서 생명운동

---

209 생명의 개별성과 전체성이라는 기본 원리는 불교의 화엄 사상이나 동학의 동귀일체同歸一體의 기본 정신과 일치하는 생명 사상이다. 김지하, 『생명』, 64쪽 참조.

210 김지하, 『생명』, 62~65쪽 참조.

211 풍수 사상에서는 산천을 신령한 생물로, 인간 생활과 기의 흐름으로 연결된 생태적 공동체로 본다. 김지하, 『생명』, 66쪽 참조.

의 사상적 기초를 형성해나가야 한다.[212]

넷째, 중도적 민족 통일의 길이다. 중도란 불교에서 이야기하듯 극단적인 데로 나아가지 않되 한가운데 머물지도 않는 것[離邊非中]이다. 자본주의와 사회주의의 양극단을 배제하되, 중간 사잇길도 아니다. 중간의 기회주의적 사잇길이나 절충주의로는 완전한 통일을 이룰 수가 없다. 진정한 중도는 전체를 의미한다. 전체란 전혀 새로운 차원과 방향에서 운동이 시작되어 양극단과 중간까지도 흡수 포섭하여 아우르는 것으로서, 그러한 새로운 창조적 방향이 바로 참된 중도적 민족 통일의 노선이 되어야 한다.[213]

다섯째, 새로운 문명의 창조다. 새로운 문명은 내 안에 우주 생명이 있음을 인정함으로써 자기 공경과 자기실현의 길로 나아가며, 타인 속에 우주 생명이 있는 것을 인정하고 공경함으로써 진정한 공경의 공동체를 이루어야 한다. 또한 동식물과 무기물 속에 다 같이 우주 생명이 살아 있다는 인식, 우주 생명을 모시고 있다는 생각을 과학적으로 입증하고 정신적으로 굳건히 믿고 공경함으로써 자연 생태계와 인간의 화해와 더불어 공생 관계를 원천적으로 회복해야 한다. 이처럼 우주 시대에 알맞게 우주 전체와의 과학적 내지 종교적인 긴밀한 상호 연관 관계에서 자기의 위치를 파악함으로써 우주적인 생명 질서와 자기의 생명 질서를 연결시키는 것이 전 사회적으로 보장되는 문명 사회여야 할 것이다. 나아가 사회 정의와 인권이 기초적으로 보장되고 자연과 인간의 공생 관계, 인간과 인간의 공생 관계, 민족과 민족의 공생 관계, 문명 블록과 블록의 공생 관계가 네트워크로 연대하여 기본적으로 보장되는 문명 시대가 새롭게 시작되어야 한다.[214]

---

212 김지하, 『생명』, 65~66쪽 참조.
213 김지하, 『생명』, 66~67쪽 참조.
214 김지하, 『생명』, 67~69쪽 참조.

여섯째, 우주와 인간 사이의 관계를 정립하는 것이다. 지금은 우주 시대이다. 때문에 무궁무진한 시간의 연장선까지 확대되고 있는 인간의 체험을 설명하고, 광막한 시공간 속에서 인간의 정체와 위치를 설명하려면 새로운 우주 종교가 필요하다. 새로운 우주 종교는 종교가 새 과학을 촉발하고 과학이 새 종교를 정립시켜, 양면 모두가 창조적으로 통일되는 방향으로 나아가야 할 것이다. 이것은 역사 이래 인류 고통의 하나인 정신과 물질, 개체와 전체, 인간과 우주의 분열을 극복하게 할 것이다. 진화하는 우주, 우주의 진화하는 마음을 신으로 보고, 신을 진화하는 마음의 주체, 진화하는 우주의 주체로 보는, 새롭고도 과학적이면서 신비주의적인 우주 종교의 출현이 요청된다.[215]

21세기는 영성의 시대, 정신의 시대라 한다. 생명운동이 초기 단계부터라도 일단 나타나기 시작하면 모든 사람들 속에 있는 부정적인 체험, 죽임의 체험, 어두운 체험, 죄 체험 등이 삶의 정열로, 개벽의 정열로, 생명의 정열로 바뀔 것이며, 강력한 우주적 낙관주의 위에서 삶을 재건해나갈 것이라고 김지하는 믿는다.[216]

새로운 시대의 도래는 그냥 믿고 앉아 있다고 해서 저절로 이루어지는 것이 아니다. 그것은 혁명보다 더 치열한 정신 자세와 투철한 실천 의지 그리고 확고한 공동체 의식이 밑받침되어야 한다. 그렇다면 이러한 개벽의 후천 시대를 열 주인공은 누구인가? 이러한 생명문화운동을 이끌어갈 주체는 누구인가? 김지하는 단호하게 **민중**이라고 대답한다. 이 대답에 많은 사람들이 고개를 갸우뚱거린다. 억지로 끌어다 붙인 것 아닌가 하는 의심의 눈초리와 함께. 그의 주장을 뒤좇아가 보자.

---

215 김지하, 『생명』, 70~71쪽 참조.
216 김지하, 『생명』, 73쪽 참조.

4. 생명의 담지자 민중

생명과 민중

김지하는 오늘날 우리 주변을 둘러싼 극단적인 생명 파괴, 생명 변질, 생명 기형화, 생명 경시 등이 역사적·정치적·사회적 시각으로 본다면 민중 경시, 민중 분해, 민중 착취, 민중 억압, 새로운 형태의 억압, 끊임없는 세뇌와 같은 형태로 나타난다고 본다.[217]

이것들을 근본적으로 '생명 파괴 현상'이라고 이름 붙일 수 있다면, 이런 부정적 현상이 보편화되고 있기 때문에 생명에 대한 관심이 제기될 수밖에 없으며, 생명에 대한 관심은 생명 본성의 인식에 대한 관심으로 제기되고 고조될 수밖에 없다. 이러한 관심을 가속화할 때 민중의 실상과 민중의 역할, 역사 안에서 구체적인 실천의 문제가 제기된다. 왜냐하면 생명의 실상을 집단적이고 적극적으로 인식하고 실천하는 자가 민중이기 때문이다. 생명의 역사적 담지자로서, 생명 파괴로 가장 구체적이고 직접적인 피해를 받는 자가 민중이기에, 민중은 생명의 본성에 대한 가장 적극적인 인식자로서

---

217 김지하, 『생명』, 95쪽 참조.

자각적으로 생명운동을 창조할 수 있다.

김지하는 이러한 인식 아래에서 생명 자체만큼이나 규정하기 어렵다는 '민중'이라는 개념을 다음과 같이 설명한다.

생 그 자체의 근원으로부터 나와서 생 그 자체에 대한 항구적인 인식을 노동 생활, 또는 생명 활동을 통해서 일상적으로 인식하고(노동하는 자의 지혜) 그것을 실천하는 자, 근원적인 생명의 실상을 가시적으로 성취하려고 노력하는 자, 수세기에 걸쳐 줄기찬 집단적인 또는 개인적인 활동을 통해서, 영성 내지 육신의 활동을 통해서 전 사회적으로 전 지구적으로 그 목표를 가지고 노력하는 자, 또 그 소망을 가지고 활동하는 자, 그리고 근원적인 생명의 실상을 현실 속에, 일상 적인 생활 속에 눈에 보이는 형태로 성취함에 의해서 자기 자신을 포함한 중생 전체가 해탈되기를 원하는 자, 생명의 온갖 질곡·고통으로부터 해방되기를 원하는 자, 그리하여 스스로 이웃을 해탈시키려고 노력하면서 동시에 자신이 해탈하는 자가 민중이다.[218]

그래서 김지하는 민중을 통해서 생명이 가장 신선하고 활발하게 움직일 수 있다고 본다. 민중은 역사 안에서 생동하는 생명 자체이기 때문에 그 생명의 본성에 따르는 안식 수행, 안식일 수행이 잠재적으로 가능하다. 전체적인 생명 파괴 현상에 대한 적극적이고 능동적이면서 집단적인 '보이콧', 모든 반생명 질서에 대한 부역 활동을 정지하는 '사바트', 즉 안식일이 실질적인 창조 활동이며 민중적인 저항 방식이 될 수 있다. 이렇게 민중 속에서 생명이 실상에 가장 알맞은 모습으로 현실적으로 가시적으로 성취되고

---

[218] 김지하, 『생명』, 93쪽.

세계생명문화포럼 개막굿 장면

드러나는 것을 '개벽'이라고 부른다. '후천 개벽'은 이러한 개벽이 드러나
는 것을 말한다. 그것은 기독교에서 말하는 계시로서 '도道'가 드러나는 것
인즉 바로 부처요 해탈이요 성불이다. 그렇게 비우는 것이 보이콧이다. 현
재의 문명, 이 문명에 입각한 반생명적인 생존 형태를 집단적으로 보이콧
하는 것이다. 그런데 김지하에 의하면 이와 같이 비우려면 화두가 필요하
다. 왜냐하면 어느 하나에 집착할 때 모든 관계로부터 자기를 비울 수 있기
때문이다. 이 **보편적 · 집단적 화두**를 김지하는 '**생명**'이라 부르자고 제안한
다.[219]

이것이 생명을 화두로 내세워 생명운동을 전개하자는 김지하의 의도다.

---

219 김지하, 『생명』, 114쪽 참조.

이 생명운동은 공동체운동으로 영성靈性운동, 즉 '영성적 공동체운동'으로 나타나야 한다. 이때 김지하는 영성을 우주에 실재하는 모든 것, 나와 유기적인 한 생명의 움직임이라는 인식과 깨침, 즉 체인體認으로 이해한다. 한 생명체라는 생각, 또 수만 년 전에 살았던 것과 수억 년 뒤에 살아 있을 어떤 것과도 한 생명의 흐름이라는 것, 그러니까 내가 죽어도 죽지 않는다는 것, 없어지지 않는다는 것, 바로 그 큰 생명이 내 주인이고 주인공이라는 깨달음이다.[220]

생명이란 끊임없이 변화하고 움직이는 것이다.[221] 이 생명의 흐름에 동참하여 적극적으로 참여하는 것이 생명운동이다. 그것은 영성적이면서 공동체적인, 사회적인 역동성을 지닌다. 영성적으로 해방되어 고요하면서 어떻게 사회적으로ー개인주의와 이기주의로 만연한 사회 속에서ー더욱 힘차게 활동할 수 있는가? 이것이 역설이며 생명의 본성이다. 그런데 역설만이 '화두'가 된다. 역설이 아니고서는 화두가 될 수 없다. 즉 생명운동이라는 화두에 집착함으로써 반생명적인 일체의 것을 보이콧하고 안식일을 수행하고 방하착放下着(집착을 놓아버린다, 비운다)할 수 있게 된다. 이 화두를 계속해서 묻는 동안에, 또한 줄기차게 실천하는 동안에 자기도 모르는 사이에 모든 연관에서 벗어난다는 것, 하나에 집착하는 사이에 여러 가지로부터 비워진다는 것, 이것이 화두의 필요성이라고 김지하는 말한다.[222]

---

220 김지하, 『생명』, 114쪽 참조.

221 예를 들면, 새가 털이 떨어질까 봐 날지 않을 수 없고, 고기가 물이 흐려질까 봐 헤엄치지 않을 수 없다. 사람이 움직이면 반드시 악을 범하게 된다. 그렇다고 안 움직일 수는 없다. 가만히 앉아 있어도 마음은 천 갈래 만 갈래로 갈린다. 게다가 움직이지 않고 잘살려고 할 때는 더욱더 죄가 생겨난다. 따라서 악을 저지르면서 동시에 악을 비우고 그것으로부터 해방되는 것, 이것이 역설이고 생명의 본성이다. 그러므로 생명운동에 집착할 때는 반드시 역설에 빠진다. 김지하, 『생명』, 115쪽 이하 참조.

222 김지하, 『생명』, 116~117쪽 참조.

김지하가 어떻게 생명운동의 주체로 민중을 보게 되었는지를 살펴보자.

유개념으로서의 민중:
중생

김지하에 의하면, '민중'이란 개념은 어떤 시대, 어떤 장소, 어떤 사회에서, 어떤 시각으로부터, 또 어떤 입장으로부터 상대적으로만 규정된다. 우리가 편의상 '권력'이라 부르고 '지배자'라 부르고 '착취자'라 부르고 '억압자'라 부르고 또는 '지식인', '지도자', '선각자', '예언자', '선비', '부자', '지주', '귀족'이라 부르는 여러 역사적 개념들이 역사와 사회 안에서 절대다수의 사람들을 있는 그대로의 일상적인 생 그 자체가 요구하는 대로 살 수 없도록 강제하고 억압하고 장애하고 가로막고 빼앗고 겁탈하고 약탈하고 짓누르고 죽이고 슬픔을 안겨다 주고 하는 현실적인 체험에 대응해서 상대적으로 '민중'이라는 것이 나타난다. 결국 지도자나 지배자가 주인이 아니라, 실은 이들에게 당하고 있는 절대다수의 사람들이 주인이라는 생각에서 비롯되어 자꾸만 상대적으로 '주체'와 '민중'이 중요시되어온 것이라고 볼 수 있다.[223]

요컨대 한편에서는 소극적 · 부정적으로 보아 수난당하거나 소외된 정도, 소외와 고통, 뿌리 뽑힌 정도에 따라 민중을 규정하기도 하고, 다른 한편에서는 긍정적 · 적극적인 차원에서 생산 노동의 직접적 담지자, 문명과 문화의 건설자, 노동 생활의 지혜를 통해 역사운동을 근원적으로 알고 실천할 수 있는 잠재적인 가능성을 가지고 있으며, 그 움직임에 반대되고 장애

---

[223] 김지하, 『생명』, 75~76쪽 참조.

되는 요인에 대해 저항하고 극복하는 총체적인 집단과 그 집단의 총 활동을 '민중'이라 부르기도 한다. 그러나 김지하가 보기에 이는 종개념에 지나지 않는다. 그것은 이제까지의 시대에 나타난 민중의 모습, 특히 지식인의 눈으로 본 민중의 모습에 불과하다. 이제 민중에 대한 더욱 근원적인 인식이 필요한 시점에 와 있는 이상, 우리는 더욱 포괄적이고 보편적인 유개념을 찾아야 한다.[224]

김지하는 보다 근원적이고 질적이며 본체적이고 생동하는 실체를 살아 움직이는 인식 방법으로 잡아내면서 유개념을 찾아 들어가야 한다고 말한다. 그것을 밝히려면 그 근본으로서 인간으로서의 민중 집단만이 아니라, 역사 안에서 사람 집단으로서의 민중만이 아니라, 그 근본에 있는 더 넓은 것을 생각해야 한다. 김지하에 의하면 생명에 대한 인식에 기초하지 않고는 민중의 유개념을 밝힐 수 없다. 선천 시대에서는 주로 사람으로서의 민중 집단의 사회적·역사적 관계가 상대적 개념으로 제한되어 있었으나, 후천 시대에서는 사람만이 아닌 자연과의 관계, 온 생명의 테두리 내에서 전폭적으로 찾을 수 있는 유개념으로 확장될 필요가 있다. 민중의 유개념, 민중의 근원적인 질적인 내용을 열고 찾아 들어가려면, '민중'과 '중생'을 연결시켜 이해해야 한다고 김지하는 제안한다. 이때 중요한 것은 인식 태도다. 그렇게 파악하는 자신까지도 하나의 중생으로 파악해야만 한다. 다시 말해 중생으로서 중생 자신을 인식해야 한다. 그렇게 계속 움직이고 끊임없이 변화하는 실체로서 중생 또는 민중을 파악한다면, 자기 자신도 쉴 새 없이 변화하고 생동하고 움직이는 중생 또는 민중임을 파악할 수 있을 것이다.[225]

---

224 김지하, 『생명』, 82쪽 참조.
225 김지하, 『생명』, 83~84쪽 참조.

동양의 일반적 세계관에서 보자면 유기물·무기물 구분 없이 모두가 생명체다. 이 모두가 불교식 용어로 하면 '**중생**'인데, 생명 받은 모든 것을 중생이라 한다. 김지하에 의하면 민중의 실상을 알려면, 실상을 인식하려면 '중생'이라는 보다 더 기초적이고 터가 넓은 광활한 범주로 가야 한다. 이때 중생이라는 범주를 인식하려 할 때 '나'라는 생각, '너'라는 생각, '중생'이라는 생각, '목숨'이라는 생각을 버려야 한다. 즉 '생명'이라는 생각을 버려야 한다. 그래야만 '생'의 실체를 잡을 수 있으며, 이 '생'의 실체에 부딪칠 때만 민중이란 것이 밝혀진다.[226]

민중의 실체나 실상에 대해 알려면 '중생'이라는 차원을 눈여겨보아야 하고, 중생이라는 차원을 진정으로 인식하려면 '이게 중생이다', '이게 생명이다' 하는, '중생이라는 분별'을 놓아버려야 한다. 진정한 의미에서의 생명, 흐르고 움직이고 계속해서 변화하는 진정하고 탁월한 의미에서의 생명이란 그 생명에 대한 귀의와 그 생명의 체인體認과 체현體現이 중요하다. 현실적으로 상대적으로 어느 시대, 어느 사회에 주어져 있는 자기를 실체로 보고 그리 주장한다면 실체를 놓쳐버리기 때문이다. 생명의 실상, 민중의 실상은 민중이라는 생각을 가지고 있을 때는 보이지 않는다. 민중의 실상에 집착한 순간 이미 민중의 실상을 놓쳐버리는 것이다. 오히려 반대 방향, 반민중적인 쪽으로 간다. 개인이거나 집단이거나 민중이 사회적·역사적으로 제한된 차원에서 "내가 주인이다"라는 생각을 고집할 때, 이는 집단적 자기중심주의·집단 이기주의·집단 이해관계에 집착하는 집단으로 변한다.[227]

---

226 김지하, 『생명』, 86~87쪽 참조.
227 김지하, 『생명』, 88~89쪽 참조.

김지하는 하나로 연결된 모든 생명체 속에서 사람을 보아야 한다고 강조한다. 이들과 똑같은 생명적 연계를 가지고, 유기적인 상관관계를 가지고 살아 움직이는 사람으로서 민중을 봐야 한다. "역사 안의 주체다", "노동 주체다" 하는 종개념적인 규정들까지 다 포함해서 '새로운 생명 관계를 창조하는 자'가 민중이다. 이것이 민중의 유개념이다.

5. 일하는 한울님

　　김지하의 생명에 대한 이야기에서 우리가 주목해야 할 중요한 개념으로 '일하는 한울님'이라는 표현이 있다. 김지하는 동학의 2대 교주 해월 최시형의 한울님 사상을 자신의 생명 사상의 근간으로 삼는다. 여기에서 그는 한울님을 '일하는 한울님'으로 표현한다. 이로써 그가 강조하려는 것은 한울님은 일하는 분이라는 것, 일하는 분이 곧 한울님이라는 점이다. 한울님이 천지를 창조했다는 것은 천지가 개벽했다는 말이며, 천지가 개벽했다는 말은 무극無極 속에서, 무극의 고요 속에서 태극太極이 움직였다는 말이다. 즉 운동이 시작되고 한울이 일을 하기 시작했다는 뜻이다. 한울님이 천지를 창조했다는 말은, 하나인 한울님이 음陰과 양陽, 즉 둘로 갈라지기 시작했다는 뜻이며, 음·양이 갈라졌다는 것은 곧 운동이 시작되었음을 말한다. 음·양이 갈라지고 운동이 시작된 사건의 주체는 하나인 한울님이다. 하나이며 태극인 한울이, 둘이고 음·양인 천지를 창조했다. 이것은 운동이고 노동이며 순환을 의미하는 창조를 했다는 말이다.[228]

　　그러나 이때 음양의 갈라짐은 영구 불변하고 고정적인 대립과 분리를 의미하지는 않는다. 계속해서 일하고 움직이고 변화하는 한울님 속에서 음양이 끊임없이 쉴 새 없이 갈라지며 어우러지고, 어우러지면서 갈라진다. 그리고 이렇게 갈라지고 어우러지면서, 또한 갈라지고 어우러지는 것 그 자체를 통해서 생동하는 '일하는 태극, 즉 한울'로서 끊임없이 자체 통합한다. 그리고 이러한 자체 통합 속에서 끊임없이 갈라지고 어우러지는 것을 반복적으로 확장하고, 확장적으로 반복하면서 더욱더 창조적으로 확장적으로 자체 통합을 하는 끝없는 변화 과정을 전개한다.[229]

이렇게 '일하는 한울님', '움직이는 한울님', '운동하는 한울님', '노동하는 한울님', '창조하는 한울님' 그리고 '창조적으로 순환하는 한울님'이 천지와 세상의 주체다. 잠시라도 쉬지 않고 간단없이 변화하며 쉴 새 없이 천변만화하는 운동 속에서 끊임없이 창조하고 일하는 주체가 한울님이다. 그런데 역사 속에서, 이 세상에서 한울님은 현실적으로 어떻게 일하는가? 한울님은 '일하는 사람을 통해서' 일한다. 이 세상의 근원적인 생명은 쉴 새 없이 변화·운동하며 중생을 통해서, 생명을 가진 모든 것을 통해서 시간과 공간 속에서 확대하고 지속하면서 움직이며 일한다. 따라서 '사람이 바로 한울님'이라고 할 때, 그것은 사람과 한울님이 곧 일하는 존재라는 사실을 통해서 그렇게 되는 것이다.[230] 이렇게 우리는 김지하가 '일하는 한울님'이라는 표현으로 의도하는 바를 알게 되었다.

김지하에 의하면 일하는 사람만이 가장 한울님다운 한울님이며, 일하는 사람만이 가장 생명의 본성에 알맞은 생명 활동을 하는 생명 주체다. 일이야말로 가장 한울님다운 존재 규정이며 가장 생명다운 생명의 활동 규정이

---

228 김지하, 『생명』, 132쪽 참조.
229 김지하, 『생명』, 147~148쪽 참조.
230 김지하, 『생명』, 132~133쪽 참조.

다. 우리가 우리 안에 한울님을 모신다는 것은 일하는 한울님을, 우리 스스로 일함으로써 한울님의 일을 모시는 것을 말한다. 즉 일 속에서 일을 일답게 살아 있는, 일함 속에 살아 있는 형태로 모시는 것을 의미한다. 생명을 우리 안에 모시고 있다는 것은 생명의 근원적인 본성대로 쉴 새 없이 일하고 쉴 새 없이 천변만화함으로써 살아 움직이는 모습을 의미한다. 사람은 한울님이기 때문에 일하는 것이다. 사람은 처음도 없고 끝도 없고 가도 없고 닿는 곳도 없는 무변광대하고 영생불멸인 생명이다. 쉴 새 없이 변화하고 운동하는 바로 그 근원적인 생명이기 때문에 일을 하는 것이고, 일하는 것이 바로 사람이다. 따라서 사람은 일을 통해 한울님이며 한울님은 일을 통해 사람인 것이다.[231]

다른 곳에서 김지하는 '한울님'이라는 표현 대신 '신'을 사용하지만 내용에는 별 차이가 없다. 여기서도 김지하는 신을 모든 존재 위에 초월적으로 군림하는 실체로, 만물이 생성, 유출하는 근원으로 따로 존재한다고 보지 않고, 모든 물질, 모든 생명 내부에서 자유롭게, 자발적으로, 창조적으로 생성하는 마음, 그것이 곧 신이라고 본다. 그 마음의 깊숙한 근원에서 살아 활동하는 무요 자유가 곧 신이라고 말한다.[232]

따라서 신은—기독교에서 이야기하듯—강제하는 힘, 질투하거나 복수하는 힘이 아니며, 모든 생명과 모든 물질 내부에서 그것을 변화시키고 타 물질이나 생명체와 더불어 스스로 자발적이고 자율적으로 관계 맺게 하는 근원적인 공경, 창조적 공경으로서의 사랑과 우정의 능력이다. 김지하가 보건대, 바로 이것이 **창조적 진화의 근거**다. 모든 생명과 물질은 각자 내부

---

231 김지하, 『생명』, 134쪽 참조.
232 김지하, 『생명과 자치─생명 사상 · 생명 운동이란 무엇인가』, 153쪽 참조.

의 오묘한 신을 찬미하며 공경한다. 그리고 **신령한 생명**은 끊임없이 생성, 변화하며 그 생성의 근거인 지금 여기로부터 확산하고 지금 여기로 다시 돌아오는, 무궁무진한 확산 수렴의 반복되는 증폭 과정이다.[233]

6. 자연에 대한 시각의 전환: 환경에서 생명으로!

서양 환경운동의 한계와
생명의 세계관

　　　　　　　　김지하는 현재 인류가 놓여 있는 생태적 위기는 몇 가지 기술 공학적 · 정치적 · 경제적 · 제도적 개입으로는 극복될 수 없다고 본다. 그야말로 지구상에 인간이 등장한 이래 맞게 된 최대의 위기이자 인간 자신이 밑바탕에서부터 근본적으로 달라질 것을 촉구하는 위기다. 우리는 존재하는 모든 것과의 관계 맺음 양식과 방식을 바꿔야 한다. 신에 대한 관념도 바꿔야 하고 우주 또는 자연에 대한 시각도 변화시켜야 하며 인간의 지위와 역할에 대해서도 새롭게 생각해야 한다.

　　여기서는 자연에 대한 시각을 바꿔야 할 필요성을 김지하가 어떻게 서술하고 있는지 뒤따라가보기로 한다. 문제에 대한 문제의식과 접근 방식에 따라 그 해결책도 다르게 제시될 수밖에 없기에 무엇보다 먼저 우리 스스로 문제에 올바르게 접근하고 있는지를 물어보아야 한다. 우리가 처해 있는 생태학적 위기를 환경 문제로 간주하는 한 근본적인 해결책을 기대할 수 없다는 것이 김지하의 생각이다.

그래서 김지하는 환경 문제를 **생명의 세계관**에 입각하여 풀어가야 한다고 말한다. 이를 위한 좋은 단초가 독일의 '녹색운동'이다. 독일 녹색운동에서는 이제 '환경'이란 말은 거의 쓰지 않는다. '환경'이란 인간중심주의의 산물, 인간을 우주의 중심에 놓고 자연을 무대 장치나 들러리쯤으로 보는 기계론적 사고방식이라는 인상이 짙다. 따라서 자연을 '환경'으

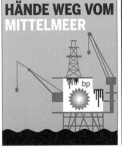

생택학에 기반을 둔 독일 녹색당의 활동이 집약된 로고들

로 파악하는 한 문제를 해결하지 못한다.[234] 독일 녹색운동의 중심 개념은 '생태학'이다. 녹색당의 네 가지 원칙은 생태학, 사회적 책임, 풀뿌리민주주의, 비폭력인데 생태학의 원리가 나머지 세 원칙의 기초 원리다. 그들은 활동의 전 분야에 철저한 생태학의 원리를 적용하고 있다. 녹색당의 생태학 원리는 미국 '생태 철학'의 개념인 '포괄적 생태학'에 연계된 것으로, 일반적인 '환경 보호론'을 넘어서서 상호 연관된 과정들인 자연의 복잡 미묘한 조직망에 대한 연구뿐만 아니라 그러한 연구를 인간과 자연의 상호 작용 및

---

234 "다만 인간과 자연과의 관계가 생물학적 체계로 볼 때 '불연속적 연속' 관계라는 뜻에서 이 말을 이해하고 조건부로 쓴다면 그 관습성을 가지고 구태여 시비할 것까지는 없겠다." 김지하, 『생명』, 160쪽.

인간관계 사이에 적용하는 것 전체를 망라하고 있다. 그것은 정치, 경제, 사회 구조, 교육 제도, 보건, 문화적 표현과 영성에 대한 의미들을 모두 포함한다.[235]

김지하는 독일 녹색운동에서 그들의 철저한 생태학적 원칙과 사고, 네트워크 사고와 활동, 그리고 영성에 대한 깊은 관심, 무기물까지도 생태 질서로 받아들이는 태도와 '대안운동'으로서의 활동 양식 확립, 새로운 정치학의 창조 등을 배워야 한다고 말한다. 그렇지만 그들의 한계도 보아야 하는데, 이 한계란 김지하에 의하면 서양의 사상과 과학 전체의 운명적인 한계다. 그들은 생태학에 철저하지만 좀 더 근원적인 생명의 세계관, 생명 사고에 약하다. 무기물을 생태계로 인정하지만 신령한 생명으로까지는 보지 못한다. 이는 인간과 자연 관계에서 대안이 될 만한 과학 창조의 배경으로, 전통적인 생명의 세계관을 가지고 있지 않기 때문이다. 특히 자연과의 관계에서 인간의 자연에 대한 근원적인 윤리 문제를 밝히지 못한다. 소박한 '존중'이 아니라 근본적인 '공경'을 가능케 할 세계관이 없다. 그들이 강조하는 영성은 다분히 인간에서 제한되는 듯하다. 자연의 신령함에까지는 생각이 미치지 못할 뿐만 아니라 그들의 생태주의 정치, 영성의 정치학에는 전통이 없다.[236]

동양과 우리 민족에게는 인간을 포함한 광활한 자연적 영성 정치의 전통이 있다. 동식물이나 무기물까지도 하늘과 땅의 움직임에 하나의 통일적인 생태계로 전부 연결되어 있으며 서로 통신하는 신령한 생명의 체계를 우리는 '기氣'라고 부른다. 기가 바로 생명이다. 동양 세계관의 기초는 바로 이

---

235 김지하, 『생명』, 160~161쪽 참조.
236 김지하, 『생명』, 163쪽 참조.

 글로벌 생명학_동서 통합을 위한 생명 담론

기에 있다. 환경 생태계에 일관하는 전통적 기의 체계와 그 이론의 요체는 '풍수설風水說'이다. 풍수는 산을 비롯한 전 자연 생태를 살아 있는 유기체요 생명체로 보며 신령한 기의 체계로 본다. 풍수에 의하면 산천은 바로 인간의 삶, 인간 생명 활동, 특히 인간의 신령과 깊이 관계된다. 그것은 인간의 역사적·사회적·우주적·정치적·경제적·문화적 관계들과 그것의 윤리성에 직결되어 있다. 좁혀 말하면 풍수의 목적은 자연 생명 활동의 운을 바꾸고자 우주적 흐름인 기에 입각하여 환경을 변화시키고 조화시키는 것이다.[237]

김지하는 환경 문제, 자연 생태계와 우주 생명의 오염 파괴, 그 회복 문제에 대한 차원 높고 대중적인 대안운동으로서 생명운동을 말한다. 생명운동이란 생명의 세계관의 기초요 핵심으로서 동학과 풍수학 그리고 서양의 현대 생태학, 생물학 등을 탁월한 차원에서 결합하는 것으로, 기독교의 **생명의 세계관**, 불교의 화엄의 세계관, 노자 철학과 무속의 생명 원리를 결합해야 한다고 본다. 그리고 나아가 현 사회의 공유적 가치관으로 생명의 가치관을 중심으로 각 종교의 다원주의적인 네트워크 체계로 도덕운동이 일어나도록, 그리고 이 운동이 자연생명회복운동으로 연결되도록 공경심과 지극한 경의를 가지고 '촉매제' 역할을 하며 그 뒤를 따라야 한다고 주장한다. 김지하에 따르면, 지금 우리는 우주 생명을 크게 오해하고 있고 그것을 감금하고 있으며 '잘못 살고' 있다. 인간과 사회와 자연에서 우주의 기가 분열되어 큰 병을 앓고 있다. 기맥을 통해야 살아날 것이다. 그 기맥을 통하는

---

237 김지하, 『생명』, 164~166쪽 참조. 전통적 풍수 체계의 몇 가지 원칙은 다음과 같다. 사람의 기는 하늘·땅·우주 만물의 기와 통하게 되어 있다는 '동기감응론同氣感應論', 착한 사람이 좋은 땅을 차지한다는 '소주길흉론所主吉凶論', 물체의 형상에 그에 상응하는 기상과 기운이 내재해 있고 인간과 그가 몸담고 있는 자연 생태와 다차원적으로 연결되어 있다는 '형국론形局論' 등이다. 169~173쪽 참조.

것이 풍수다. 환경운동은 생명운동이요, 생명운동은 풍수운동이다. 우리 모두가 살려면 풍수 운동이 크게 일어나야 한다. 풍수는 풍류다. 생명운동, 풍수운동은 오늘날의 풍류도다. 우리 민족의 문화적 자부심, 바로 그 핵심이 풍류도다. 우리 민족은 살림을 생활 속에 체화하면서 살아온 살림살이의 민족이다.[238]

환경에서 생명으로!

김지하는 이렇게 묻는다. "자연이 환경인가? 흙과 물과 공기와 산과 동식물이 환경일 뿐인가?"[239]

앞서 말했듯, 김지하에 따르면 환경이라는 말은 인간을 중심에 놓고 기타 일체 자연과 우주 생명을 들러리나 무대 장치쯤으로 보는 철두철미한 인간 중심주의의 산물이다. 그것은 모든 자연 생명을 물질, 죽은 물건으로 보는 사고의 결과요, 그렇기 때문에 마구잡이로 착취하고 때려 부수고 오염시키고 정복해도 괜찮다는, 아니 그렇게 할 권리와 의무가 인간에게 있다는 서양인들의 편협하고 잘못된 세계관의 결과다. 환경은 환경이 아니다. 그것은 생명이다. 참새와 다람쥐와 꽃과 풀, 나무는 환경이 아니다. 그것은 생명이다. 흙과 물과 공기는 환경이 아니다. 그것은 살아 있는 생명이다. 자기 복제 능력이 있는 유기물만이 생명이 아니라, 순환하고 상호 관계하며 다양하게 자기 조직하는 모든 자연은 생명이라는 것이, 종교만이 아니라 현대

---

238 김지하, 『생명』, 177쪽 참조. 여성은 생명에 대한 생래적인 영성을 가지고 있으므로 이 운동의 전위로서 촉매로서 앞장서야 한다. 여성은 이 운동의 주체라고까지 할 수 있다. 그러나 사실은 생명을 가진 우리 모두가 주체다. 177~178쪽 참조.
239 김지하, 『틈』, 34쪽.

과학의 위대한 결론이다. 그것들은 그저 살아만 있는 것인가?[240]

김지하는 자연의 천지 만물이 다 살아 있을 뿐 아니라 그 안에 앎이 있다고 말한다. 앎이 있다는 것은 크게 보아 신(神)이 있다는 것이며, 영(靈)이 있다는 것이다. 따라서 생명, 일체 **우주 생명은 신령하다.** 김지하는 원시의 만유 정령 사상과 모든 종교 사상의 우주 생명관은 오늘날 과학적으로 재조명되어야 한다고 본다. 일체 자연은 신령하기만 한 것인가? 모든 개체 생명은 다양하되 서로 순환하고 관계하는 전체요, 보이지 않는 불생불멸의 생성 진화하는 우주 생명, 자기 조직하는 우주 생명을 모시고 있는 무궁한 생존이다. 인간인 나는 곧 풀이요 꽃이며 참새요 다람쥐요 물이요 공기요 흙이다.[241]

우리의 신령과 육체가 무엇으로 이루어졌고 무슨 기억과 기능을 가졌는지를 한번 생각해보면 알 것이다. 인간은 무궁한 일체 우주 생명의 상호 관계와 자기 조직적 생성 진화 과정의 산물이며 진화 과정 자체다. 인간이 만물의 영장이요 여타 생명보다 우월하다는 것은 인간이 우주 진화의 맨 마지막에 핀 꽃이라는 뜻이며, 일체 우주에 대해 커다란 윤리적 책임과 도덕적 의식을 가지고 있다는 점에서다.[242]

인간이 참새를 죽이고 물을 죽이고 산을 파헤치는 것은 인간 자신을 죽이고 파헤치는 죽임의 행위, 살해 행위다. 그런데 역설적인 것은 생명이 생명을 먹는 것 또한 우주 생명의 질서라는 점이다. 크고 무궁한 우주 생명은 먹이사슬과 같은 관계망을 통해 자기를 조직하며 생성 진화한다. 그러나 생명은 자기종의 보존 이외에 커다란 '여백'을 생산한다. 비 온 뒤에 솟아나는

---

240 김지하, 『틈』, 34~35쪽 참조.
241 김지하, 『틈』, 35쪽 참조.
242 김지하, 『틈』, 35~36쪽 참조.

숱한 풀잎을 보면 안다. 다른 생명은 그 여백에 관계함으로써 자기 먹이를 획득한다. 결코 종 자체를 착취하지는 않는다. 그리고 자기 먹이를 너무 많이 취하지도 않는다.

오직 인간만이 무한 착취하고 무한 파괴하며 생명을 멸절시키고 있다. 고대인들은 먹이를 획득하는 데도 한계를 지켰고 욕망의 절제를 알았으며 포식한 뒤에도 신령한 우주 생명에게 감사와 공경의 제사를 드렸다. 현대의 문명인이 고대인보다 훨씬 더 야만적이다.

우리는 자연으로부터 다시 배우고 고대인으로부터 그 생명의 세계관·가치관과 생활 양식을 다시 배울 필요가 있다. 먹이사슬의 신비한 의미와 자연의 자정 능력, 자생 능력, 여백의 질서를 성실하게 배워 오늘날 부활시켜야 한다. 환경은 환경이 아니다. 환경은 생명이다. 이제 환경에서 생명으로 우리의 말과 개념부터 바꿔야 할 때다. 이것은 곧 의식의 전환, 세계관의 변혁을 뜻한다. 그리고 가치관의 새로운 정립을 의미한다.[243]

김지하는 이렇게 제안한다. 신령하고 무궁한 생명 가치를 중심에 두되 경제 가치와 과학 기술의 내용과 질과 방향을 생명 가치를 향해 점진적으로 이동해야 하며, 생명 생태 근본주의적 신념과 세계관을 중심에 간직하되 구체적으로는 일상적인 환경 개량주의의 내용과 방향을 점차 근본적 해결 방향으로 진척시켜나가는 상보적 관계가 되어야 한다. 그러나 무엇보다도 먼저 **생명의 철학, 생명의 윤리**가 확립되어야 한다고 김지하는 말한다. 살아 있음을 산 채로 탐구하는 삶의 철학이 나타나야 할 것이며, 살아 있는 일체 자연 생명을 신령한 것으로 공경하는 생명 윤리가 세워져야 한다.[244]

---

243 김지하, 『틈』, 36쪽 참조.
244 김지하, 『틈』, 37쪽 참조.

풍류와 한살림

김지하에 의하면, 우리가 찾아서 정립해야 할 바람직한 과학은 '살림의 과학'이다. 살아 생성하는 삶과 세계를 '있는 그대로'가 아니라 '살아 있는 그대로' 인식하고 살아 있는 그대로 그 발견을 적용하여, 산 것을 그 생명의 '결'에 따라 더욱 살리는 도덕으로서의 과학 본연을 회복하는 것, 이것이 '**살림**'이다. 주역은 세계를 '생생존존^{生生存存}'하게 하는 것이 참된 도덕의 문이라고 말한다. 과학은 본디 천도와 천덕에 대한 탐구와 체현이므로 곧 도덕 자체. 이 근본을 회복하는 일이 진정한 과학 혁명이요, '살림'으로서의 과학의 기능 회복이다. 이것은 객관적 관찰주의나 가치 중립으로는 이루어지지 않는다.[245]

본디 우리말의 '살림'이란 집안살림, 부엌살림 등을 중심으로 한 살림살이, 사람의 생명과 그에 관계된 가구와 집과 채마밭과 마당과 닭, 돼지, 화초, 아이들, 이 모든 생명을 살리는 일이란 뜻을 가진 매우 귀하고 오묘한 대중적 언어다. 이는 요즘 '생활'이란 말로 바뀌고 있는데, 살림이란 말이 다시 자각적으로 쓰일 필요가 있다. 또한 살림은 생명운동의 기본을 표현하는 핵심 개념이다. 숨겨진 근원적 우주 생명의 끝없는 생성 유출을 결과에 따라 흐름대로, 그러나 자주적이고 창의적으로 모셔 살리는 일이 바로 생명운동이다. 바로 이러한 것을 통해서 인간과 사회와 자연과 모든 도구들과의 여러 관계를 문자 그대로 생생하고 살맛 나게 살려내며, 큰 차원의 변화를 통해서 문명 전환과 함께 창조적으로 살려낸다는 뜻을 가진다. 특히 죽임에 대한 살림의 뜻은 매우 의미심장하며 그 뜻을 깊이 새기면서 사용해야한다.[246]

---

245 김지하, 『생명과 자치—생명 사상 · 생명 운동이란 무엇인가』, 57쪽 참조.
246 김지하, 『생명과 자치—생명 사상 · 생명 운동이란 무엇인가』, 264쪽 참조.

김지하는 살림이란 말을 통해 생활과 일치하는 생산, 생산적 생활, 생활적 생산의 가정 또는 지역 사회 내부에서, 이 일치의 근원이 생명의 끊임없는 유출을 모시고 그것을 개방하며, 그 흐름에 따라 생활과 생산의 틀과 공정, 질서를 개혁하는 일대 차원 변화를 이루어야 한다고 말한다. 그리고 이 모든 것을 살림이라고 부를 수 있다고 본다.[247] 이러한 살림의 정신을 우리의 전통적인 생활 세계에서 찾아내 그것을 이론적으로 정리하고 체계화하는 것이 오늘날 우리들이 해야 할 과제다.

김지하에 의하면, 우리 사상의 근원은 '**풍류**'에 있다. 최치원은 「난랑비서」에서 "나라에 현묘한 도가 있으니 이를 풍류라 하고, 유불선을 모두 포함하고 있으며 모든 생명과 접촉하여 이를 감화시킨다"라고 말했다. 유불선을 모두 포함했으니 유교의 복례와 불교의 일심과 선교의 무위자연을 다 갖춘 것이며, 그 핵심이 하느님과의 합일에 있으니 기독교도 포함한다. 군생을 감화시킨다 했으니 인간과 천지의 일체중생을 모두 살리고 화해시키는 사상이다.

풍류는 모든 훌륭한 외래 사상에 대해 개방적이면서 우주와 인간의 합일, 모든 사람과의 협동, 자연과의 화해를 중핵으로 한다. 풍류 정신은 '한, 멋, 삶'으로 요약할 수 있다. '한'에는 하나, 하늘, 우주, 크다, 바르다 등의 뜻이 있고, '멋'에는 흥과 율동, 조화와 자연스러움, 자유와 내실의 뜻이 있으며, '삶'에는 생명이라는 생물학적 개념과 살림살이라는 사회적 개념이 동시에 포함되어 있다. 요즘 말로 간단히 요약하면 '**한살림**'이라고 할 수 있겠다.[248]

---

247 김지하, 『생명과 자치-생명 사상 · 생명 운동이란 무엇인가』, 267쪽 참조.
248 김지하, 『틈』, 13쪽 참조.

풍류를 다룬 김홍도의 〈월하취생〉

'한살림'은 인간 안에 살아 있는 '한', 곧 무궁하고 신령한 우주 생명을 자기 공경을 통해 살리는 것이고, 이웃 인간 안에 살아 있는 '한', 곧 우주 생명을 이웃 공경을 통해 살리는 것이며, 동식물과 무기물 등 모든 자연 안에 살아 있는 '한', 곧 우주 생명을 자연 공경을 통해 살리는 드넓은 살림살이를 말한다.[249]

그러나 '한'은 또한 '하나'를 뜻하기도 한다. 인간의 독창적 개체성을 최고로 존중하여 살리는 개성화와 개별화, 개체 실현과 다양성의 살림이면서 동시에 '한가지'로 아우르는 연대의 살림이다. '한'은 '큰 우주'이면서 '작

249 김지하, 『틈』, 13~14쪽 참조.

은 개체'이므로 인간과 뭇생명 안에 살아 있는 전체와 개체를 함께 살리는 역설적 살림살이이기도 하다. 그리고 이러한 살림에서 비로소 곧 '한', 곧 신명이, 신바람이 살아 일어난다.[250]

김지하는 바로 여기에 지구화와 지역화, 창조적 개성과 공동체적 협동이 함께 요청되는 현실에 대한 절실한 해답이 있다고 본다.

이러한 풍류 정신이 동학에서도 그대로 나타난다. 안으로 신령한 우주가 있고 밖으로 기화氣化(협동, 사회화)가 있으며 한 세상 사람이 서로 떨어져서는 불가능하다는 것을 각각 깨달아 실천한다는 '모심'과 '공경'의 이치 안에 '한살림'의 이념이 더욱 명확히 드러난다. 더욱이 불연기연, '아니다 그렇다'의 독특한 역설적 진화 논리는 절실한 생명의 문법이다.[251]

김지하는 21세기가 **살림의 세기**가 되어야 한다고 강조한다. 자기 자신과 이웃 인간, 자연과 우주를 모두 살리며 빛과 어둠의 양극을 합일하여 함께 살리는 드넓고 깊은 한살림의 세기가 되어야 한다. 이제까지 인간 소외와 착취와 경쟁과 약육강식의 대명사로 불렸던 시장도 고대 문명의 창조적 회복과 더불어 본래의 모습을 되살려 인간의 얼굴을 가진 '신령한 시장', '신시神市'로 성화되어야 할 것이다. 이 모든 살림, 한살림이 민초들의 일상적인 살림살이가 되어 일상생활의 성화가 이루어져야 한다.

바로 이 '살림'이 혼란스러운 개방 시대, 통일 시대에 대응하는 우리의 철학, 가치관, 문화, 교육 이념이 되어야 한다고 김지하는 힘주어 말한다. 풍류가 새롭게 되살아나야 할 때며 광범위한 생명운동이 필요한 때라고 말한다.[252]

---

250 김지하, 『틈』, 14쪽 참조.
251 김지하, 『틈』, 14쪽 참조.
252 김지하, 『틈』, 18쪽 참조.

7. 생명과 살림

　　　　　　　　　　　　김지하는 생명을 넓게 정의해야 한다고 주
장한다. 그는 유기물과 무기물의 구분이 과학적 발견들에 의해 점차 철폐
되고, 입자 물리학 등이 밝혀낸 것과 같이 입자 내에 이미 앎이 있으며, 상호
통신하는 시스템을 유지하고 상호 통신으로 비약적 차원 변화를 한다는 점
에서 복제 능력이 없다 하더라도 진동, 순환, 팽창, 생성하는 모든 것은 영
성적 생명이라고 볼 수 있으며, 또한 그렇게 보는 것이 옳다고 주장한다.[253]

　　생명에 대한 논의에서 생명에 관한 과학 이론만으로는 부족하다. 왜냐하
면 그것들은 대체로 눈에 보이는 '드러난 질서'로서의 생명 현상을 원자적
으로 단편화하여 관찰·분석·검증하고 종합한 것이기 때문이다. 생명은
눈에 보이는 것이면서 동시에 눈에 보이지 않는 '숨겨진 질서'로서의 전체
적 생성·유출·변화 과정이다. 바로 이 '보이면서도 보이지 않는 생명의
끝없는 생성 변화'를 살아 있는 그대로 파악하고 그에 따라 삶과 세계를 살

---

253 김지하, 『생명과 자치-생명 사상·생명 운동이란 무엇인가』, 36쪽 참조.

아가는 탁월한 방법의 모색이 이제 우리 인류에게 시급한 과제로 요구된다고 김지하는 강조한다.[254]

김지하에 의하면, 생명은 실체가 아니라 생성이다. 그것은 한순간도 머물지 않고 모든 것과의 관계 속에서 변화한다. 그것은 시공 생성의 원리이며 역의 원리다. 김지하는 생명을 다음과 같이 정의할 수 있다고 말한다.

끝없이 변화한다는 것, 이 세상에 변화하지 않는 것은 없다는 것이 그 첫째 정의일 수 있으며, '변화한다'는 그것은 결코 변치 않는다는 것이 둘째 정의일 수 있다. 그리고 눈에 보이지 않는 '숨겨진 질서'로서의 생명은 반드시 눈에 보이고, 고정되고, 접촉되고, 들리는 '드러난 질서'로, 즉 갖가지 생활 형식으로 물질화하되, 그 물질화된 형식 안에 한순간도 그대로 머물지 않고 변화한다는 것, 그러므로 잠정적으로 물질화된 생활 형식과 그 형식들의 이러저러한 관계로 미루어[推] 그 보이지 않는 생성 변화를 짐작[測]할 수밖에 없는데, 이때 그것을 간략한 수나 경우나 법칙들로 표시할 수 있다는 것이 아마도 세 번째 정의가 될 듯하다.[255]

김지하는 모든 물질이나 무기물에도 나름의 생명 활동과 영성이 살아 움직인다고 생각한다. 자기 조직화하는 우주는 물질 속에서 활동하는 생명과 영성의 지속, 비약 과정을 통한 끝없는 차원 변화의 진화 과정이다. 그래서 김지하는 또 다른 세 가지 우주 생명 생성 변화와 진화 법칙을 상정할 수 있다고 말한다. 우주 진화의 내면에 의식의 확대·심화가 진행된다는 제1법칙, 우주 진화의 외면에 복잡화, 즉 다양한 수준과 형태의 물질과 생명의 유기화, 자기 조직화가 진행된다는 제2법칙, 그리고 물질을 포함한 이 모든 우

---

254 김지하, 『생명과 자치-생명 사상·생명 운동이란 무엇인가』, 36쪽 참조.
255 김지하, 『생명과 자치-생명 사상·생명 운동이란 무엇인가』, 36~37쪽 참조.

주 생명은 그 내면 의식의 근거인 자유의 활동에 따라 개별적으로 발생하되, 그 개별성 내부에 고도의 영성적·유기적 전체성을 실현함으로써 그물망의 형태로 복잡화한다는 제3법칙이 그것이다.[256]

그러나 한편 생명은 또한 구체적이고 일상적인 생활 속에서 훨씬 더 생생하게 그 모습을 드러낸다고 김지하는 말한다. '일용 행사가 곧 도'라는 말이 그 뜻이다. 생활하는 민초들이 제 삶의 나날의 과정에서 안으로 느끼거나 깨닫거나 짐작하며, 노동이나 여타 활동에서 실제 경험하고 확인하는 '삶 속에서의 생각', '삶의 이치' 또는 '삶의 지혜' 속에서 생명의 모습은 더 빛난다. 그래서 객관적 관찰자나 검증 과학자, 주관적 정관자나 종교 명상가가 도리어 생명의 실상을 조짐작(성급하게 짐작)하거나 헛짚는 경우가 허다하다. 스스로 성실하게 적극적으로 그 생성 변화하는 생명을 제 몸에 모시고 살면서 그 삶 속에서의 삶의 이치를 산 채로 깨우쳐 산 채로 실천하는 길이 차라리 생명 인식과 그 실천을 위한 황금의 길이라고 김지하는 이야기한다. 그래서 옛부터 민이 천이라 하고, 중생이 바로 부처라 하고, 번뇌가 곧 열반이라고 했던 것이다. 생명의 실상이 생활인 것이며, 생명을 그 '숨겨진 질서'대로 고이 '모심', 그리고 그 개성적 '결'대로 '기름', 나아가 그 생명을 활짝 꽃피워 실현함, 그것을 김지하는 쉬운 우리말로 **살림**이라고 부른다. 이렇게 김지하는 '살림'에서 비로소 생명의 참모습을 보게 된다고 말한다.[257]

256 김지하, 『생명과 자치-생명 사상·생명 운동이란 무엇인가』, 37~38쪽 참조.
257 김지하, 『생명과 자치-생명 사상·생명 운동이란 무엇인가』, 38쪽 참조.

8. 우주 생명의 활동을 모심

김지하는 과학에서 이룬 여러 가지 발견을 증거로 들어 유기물과 무기물이 서로 구분할 수 없는 생명의 자기 조직화 과정임을 설명하고 더 나아가 그 진화 과정이 깊은 영성의 창조적인 활동에 연계되어 있다고 말한다. 그리고 바로 생명의 영성 활동과 그 깊은 곳에서 '활동하는 무'가 진화의 자기 선택과 개별화 발생의 근거로 활동하는 자유의 바탕임을 강조한다.[258] 물질운동의 내부에는 보이지 않는 질서로서의 생명이 잠복하여 활동하고 있으며 그 활동 깊은 곳에 자유의 근거인 '활동하는 무'가 생성한다고 보는 것이 입증하기는 어려워도 설득력이 있다고 김지하는 말한다.

세포끼리의 정보 교환에 대한 이론이 노벨상을 받았다. 정보 교환, 즉 커뮤니케이션은 세포 속에 일종의 앎이 있다는, 다시 말해 생명 총체에서 포괄적 영성이 활동한다는 이야기다. 여기서 김지하는 일리야 프리고진[Ilya]

---

258 김지하, 『생명과 자치–생명 사상 · 생명 운동이란 무엇인가』, 52쪽 참조.

Prigogine을 끌어들인다. 프리고진은 물에 열을 가했을 때 그것들이 무질서하게 비등 요동하면서 물 입자들 사이에 극도로 복잡하고 끊임없는 정보 교환, 즉 의사소통이 일어나며 바로 그 소통 과정이 새로운 질서 형성 과정이자 비약, 곧 차원 변화임을 밝혔다. 이러한 물질 입자 속의 앎을 감지하는 영성이 살아 있다는 표지로 보며, 영성이 살아 새 질서를 창조하고 있음이 바로 생명 활동이라고 말한다.[259]

이렇듯 김지하는 생명을 총체적으로 볼 것을 권고한다. 그렇게 볼 때 무기물과 유기물에 생명이 있는가 없는가 하는 문제는, 생명 현상이 가시화되었는가 그렇지 않은가의 차이로 바뀐다. 우주와 자연 속에는 끊임없는 변화가 일어나고 있는데 그것이 곧 생명의 활동이다. 우주의 변화 속에서 우리는 드러나는 질서와 숨겨진 질서, 두 차원에 주목해야 한다. 여기서도 중요한 것은 눈에 보이는 질서와 법칙이 아니라 오히려 그것을 보이지 않게 주도하고 있는 숨겨진 질서다. 그것을 감지하는 '**활동하는 무**', '**활동하는 자유**'라고 표현한다. 보이지 않게 생명 활동을 이끌어나가는 앎을 '**영성**'이라고 이름한다.

이 보이지 않는 영성에 한국인이 어떻게 응대해왔는지를 김지하는 다음의 예를 들어 설명한다. 김지하에 의하면, 농업 노동은 더 말할 것도 없고 우리나라 수공업 시대의 장인 노동과 그 생산 공정에서는 물질 안의 생명과 영성이 살아 있음을 당연한 것으로 인정하고 그것이 생성하는 '결', 즉 자기 조직화하는 입자 배열의 일정하고 독특한 유출 경향을 그대로 살리면서,[260]

---

259 김지하, 『생명과 자치-생명 사상 · 생명 운동이란 무엇인가』, 53쪽 참조.
260 김지하는 바로 이 '살리면서'를 '모심'이라고 부르며 이 '모심'을 '살림'의 기본이라고 말한다. 이것이 생명운동의 기초 원리다. 따라서 삶에서만 아니라 생산 노동, 일도 곧 '모심'이며 '살림'이어야 한다고 주장한다. 김지하, 『생명과 자치-생명 사상 · 생명 운동이란 무엇인가』, 53쪽 참조.

또한 앎을 모시는 노동을 통해 쇠 속의 움직임을 잠에서 깨워 비약적인 차원 변화를 일으키게 하는, 매우 용의주도하고 조심스러운 태도로 생산 노동에 임했다.[261] 안성 유기막에서 방짜 징을 만들 때, 장인들은 그 징을 '울리게 한다' 따위의 건방진 말을 쓰지 않고 '울음을 깨운다'라는 의미심장하고도 거룩한 표현을 사용하는데, 이것이 바로 그 좋은 증거다. 울음을 울 줄 아는 앎, 즉 영성이 이미 쇠 마련(일차 재료) 안에 살아 있음을 시사하는 말이며, 그 영성과 함께 입자 배열의 표리 이중 과정, 즉 음양 활동이 팽창과 수축 과정에서 비약, 차원 변화, 변성, 곧 악기 상태로 전환되어가는 과정이 곧 인간 노동을 아우르면서 변화하는 물질의 생명 과정이자 그 생명 과정을 거룩히 모시는 생산 노동 과정이었던 것이다.[262]

이러한 제품 생산 공정에서 이루어지는 물질에 대한 태도, 대물 윤리, 곧 '**모심**'이 완성된 제품인 도구나 기계를 사용할 때도 기본적으로 일관되어야 한다고 김지하는 주장한다. 이것이 생명운동이며 '살림'이다. 또한 이것은 해월 선생이 이른바 '사람의 도덕은 경물敬物에까지 이르러서야 그 극치를 볼 수 있다'고 말한 바로 그 경물의 태도이며, 참다운 '에코에티카'다. 농업 노동에서 볼 수 있는 노동관, 즉 식물의 생명성, 영성의 살아 있는 '결'을 존중하고 그에 순응하면서 길러내고 솎아주고 보살펴주는 생명의 노동관, 생산관에 주목하여 사물을 대하는 새로운 시각을 배워야 한다.[263]

이렇게 볼 때 물질에 생명이 있고 생명의 특징은 영성에 있다. 살아 있음은 앎이 있음이며, 앎의 활동이 곧 삶이다. 모든 우주 생성의 단계, 물질에

---

261 '모심'은 곧 '조심'이다. '조심'은 밀착이 아니라 거리를 유지하고 보살피면서 동시에 성실하게 집중하여 그것을 그 본래의 성정과 유출 경향대로 살려내면서 변화시키는 일종의 '섬김'의 태도다. 김지하, 『생명과 자치─생명 사상·생명 운동이란 무엇인가』, 54쪽 참조.
262 김지하, 『생명과 자치─생명 사상·생명 운동이란 무엇인가』, 54쪽 참조.
263 김지하, 『생명과 자치─생명 사상·생명 운동이란 무엇인가』, 54~55쪽 참조.

서 영성에 이르는 전 과정을 김지하는 '**우주 생명**'이란 말로 포괄한다. 유기체만이 생명이 아니라는 것은 점차 과학에 의해 밝혀지고 있고, 앞으로도 속속 밝혀질 것으로 믿는다. 김지하에 의하면, 복제 생산 능력이 없다 하더라도 진동, 팽창, 순화, 생성하는 일체는 영성 활동이며 영성 활동은 곧 생명 활동이다. 김지하는 물질, 생명, 이성, 영성, 신성 또는 존재와 무 등을 고립적 개별태 또는 대립적 존재로 파악하는 일체의 관점을 기계론적 패러다임이라고 부른다. 이것에 대비하여 그 모든 것을 살아 있는 생성으로 보며 분할할 수 없는 전체 속에 개별 생활 형식으로 독특하게 개성화하되, 모든 것이 모든 것에 연결되는 우주적 전체 그물망 속에서 파악하는 관점을 김지하는 **생명의 패러다임**이라고 부른다. 이 패러다임에서 본다면 일체는 우주 생명이다.[264]

우주 생명이 활동하며 진화해가는 보이지 않는 법칙을 모시는 것이 바로 인간의 과제이며 사명이다. 이 모심을 동학에서는 시천주侍天主의 '시侍' 한 글자 안에 모두 압축했다. 모신다는 것, 이것이 바로 인간 삶의 원초적 비밀이요, 삼라만상 창조와 진화의 깊은 비밀이며, 지금도 삼라만상 속에서 개별적으로 다양하게 진행되는 빅뱅, 폭발하며 진화하는 우주 생명—즉 기氣 또는 신기神氣, 지기至氣—의 구체적 생존 비밀이라고 김지하는 말한다. 그에 의하면 인간만이 아니라 생물, 무기물, 기계, 도구와 인간이 만든 모든 문화 구조물들, 생각과 감정과 사상 등 일체 삼라만상과 사태가 모두 바로 이 우주 삼법칙의 생성을 모신 것이다. 모심은 모든 존재의 비밀이며, 모시지 않는 존재는 이 세상에 없다. 김지하는 존재라는 말 자체가 이미 틀린 말이며, 생존이라 불러야 하고 삶이라 불러야 한다고 강조한다. 왜냐하면 그것은 살

---

[264] 김지하, 『생명과 자치─생명 사상·생명 운동이란 무엇인가』, 55쪽 참조.

아 생성하는 것을 모심이요, 살아 생성함을 모심은 바로 살아 생성함이기 때문이다. 오히려 자주적으로 자각적으로 능동적·창조적으로 개성적으로 그 생성에 동역同役함이 바로 모심이다. 따라서 존재는 없는 것이며 있는 것은 살아 있음이다. 바로 이 살아 있음이 모심이요, 삼라만상의 삶의 조건이며 비밀이요, 비의인 것이다. 그러므로 해월 최시형 선생은 시천주의 '시'를 천지 창생의 비밀, 삼라만상, 일체 자연, 삶의 비밀이며 우리 마음의 끊임없는, 약동 불식하는 활동의 비밀이라고 불렀다.[265]

김지하는 동학을 좇아, 인간은 신령 무궁한 우주 생명이 창조적으로 진화하고 있음을 인정하고 이것을 모시는 것이 자기의 진정한 삶임을 깨우쳐야 한다고 말한다. 더 나아가 그 모심을 자각하여 자기 안의 우주 생명의 실체가 아니라 그 생성을 '님'이라 불러 그 활동의 흐름에 일치하여 자주적 수평적 친구로서 동업 동역하는 파트너가 되어야 한다고 말한다. 이러한 자각적 모심을 철저히 한다면 자기만이 아니라 모든 이웃 사람, 모든 민족, 모든 계층의 남녀노소, 모든 인간 안에 신령 무궁한 우주 생명이 활동하고 있음을 인정하고, 그를 드높여 님이라 불러 모시며 동시에 거리를 두고 틈을 두어 공경하는 진정한 수평적 친구로서 우주 창조 활동에 동업하는 인생관을 실천할 수 있다.[266]

이런 식으로 천지 만물과 자기 안에서 일어나는 우주 생명의 생성을 님으로 모심은, 탁월한 수평적 친교와 우정을 전제하되 상대를 존재가 아닌 무궁무진하고 신령한 우주 생명의 끊임없는 생성으로 받들어 모시는 진정한 파트너십의 성취다. 문자 그대로 수평적 친구가 아닌 서로 높이는 친구이며, 거리를 두고 틈을 두어 상호 공경하는 친구로서 자주적으로 그 내면의

---

265 김지하, 『생명과 자치-생명 사상·생명 운동이란 무엇인가』, 130쪽 참조.
266 김지하, 『생명과 자치-생명 사상·생명 운동이란 무엇인가』, 141쪽 참조.

신령 생성에 동역함으로써 창조적으로 모시는 것이다. 이러한 모심의 관계는 인간과 인간의 관계, 인간과 도구 기계의 관계, 인간과 다른 민족들의 관계, 인간과 모든 생명체, 무기물, 물질의 관계, 눈에 보이지 않는 과거와 미래, 예감과 추억, 모든 정서, 모든 상하 관계, 모든 사제지간, 모든 노동자와 자본가의 관계, 모든 주인과 나그네의 관계 등 일체의 관계를 **모심의 관계**로 보도록 만들어 서로를 높이고 공경하는 창조적 우정으로 이끌어갈 것이다.[267]

267 김지하, 『생명과 자치−생명 사상 · 생명 운동이란 무엇인가』, 145~146쪽 참조.

9. 모심의 윤리

김지하는 천지 만물과 인간 안에서 끊임없이 활동하는 신령한 우주 생명에 대한 자각을 바탕으로 새로운 모심의 윤리를 이끌어낸다.

김지하는 모든 인간, 생명체, 물질, 도구와 기계, 나아가 눈에 보이지 않는 모든 문화 내용과 정서와 생각과 충동, 악한 파괴적 충동과 욕망마저도 모셔야 한다고 말한다. 그 모심은 물질적 외피를 모심이 아니라, 사회적 지위와 이름과 명망과 육체적 아름다움과 육체적 강함과 에너지의 파격적인 강력함만을 모시는 것이 아니라, 변화하는 외면과 함께 내면에서 생성하는 무궁무진하고 신령한 우주 생명의 끊임없는 차원 변화와 지속을 모시는 것이다. 근원적으로 보이지 않는 우주적 전체의 유출을 모시는 것이다.[268]

이때 그 모심이 틈을 두고 거리를 둔 공경으로서의 친구, 수평적 친구로서의 동역 관계, 동역하고 동업하기 때문에 비록 악한 파괴적 충동이나 욕

---

268 김지하, 『생명과 자치-생명 사상 · 생명 운동이란 무엇인가』, 149쪽 참조.

망의 경우에도 바로 그 중간에 틈과 거리가, 그리고 공경하는 마음이면서 수평적인 친구의 우정 관계가, 바로 악한 파괴적 충동을, 그 파괴적 행위의 전염과 확산에 이르지 않도록 제어할 기능과 능력을 주며, 그것을 여과하여 변형시킬 수 있는 미묘한 제어 기능을 가져다 준다고 김지하는 본다. 거리를 둔 모심은 어떤 형태의 생성이더라도 그 자체로 모방하거나 확산시키는 무방비한 추종이 아니다.[269]

김지하에 의하면 여기서 중요한 것은 모시는 마음의 인식 주체, 의식 주체, 행위 주체 등 정신적 태도의 주체성이다. 모심은 주체와 대상에 따라 천태만상으로 다른 개성적인 것이며 모두가 독특하다. 왜냐하면 내부의 생성하는 우주 생명은 모두 보편적인 것이나 그 모시는 주체의 다양성과 독특한 개성에 따라 다르게 나타나기 때문에, 각각 다른 개성적 우주 생성을 모시는 나의 주체도 개성적인 편차와 다양성에 따라 달리 전개될 수밖에 없다는 것이다. 그러나 모심의 기본 태도는 바로 이 모든 근원이 신령, 내유신령 內有神靈에 있기에 또한 보편적이고 전체적인 통일성을 갖는다고 할 수 있다. 바로 이러한 근거에서 모심이 다핵적 · 탈중심적 · 카오스적이고 수없는 개성적 삶 전체에서 그 다양성을 철저히 인정함에도 불구하고 보편적인 윤리적 태도로 정립될 수 있으며, 윤리 문제뿐만이 아니라 모든 문화와 교육, 교육과 노동, 예술 일반 또는 경제 질서 자체까지도 보편적 적용성을 갖는다고 강조한다.[270]

그런데 모심은 삶의 근원적 비밀이기에 그 자체로는 윤리, 인식론, 존재론, 운동론이 될 수 없다고 김지하는 말한다. 다만 모심을 자각적으로 실천

269 김지하, 『생명과 자치−생명 사상 · 생명 운동이란 무엇인가』, 149~150쪽 참조.
270 김지하, 『생명과 자치−생명 사상 · 생명 운동이란 무엇인가』, 150쪽 참조.

하는 주체적 모심의 경우만 윤리적 태도가 되며 동시에 인식론, 존재론, 운동론이 된다고 본다. 인간은 자기 안에 진행하는 신령하고 무궁한 우주 생명을 자각적으로 모심으로써 진정한 수평적 우정으로 동역한다. 여기서 동역은 거리를 둔 동역이므로 자주적이고 자율적이고 창조적으로 동업하는 관계다. 이제부터 우리의 윤리는 전 우주적, 전 지구적, 전 인류적, 전 생명계적인 그리고 전 심층 무의식과 이성의 전 체계를 포괄하는 광활하고 깊은 윤리여야 한다고 힘주어 말한다.[271]

그렇기에 김지하가 말하는 모심은 단편적인 윤리를 유도하는 것이 아니라 전 방면의 총체적 윤리의 필요에 답하는 것이다. 그것은 지구 파괴, 환경 파괴와 인간의 정체성 상실, 타락과 부패와 권태와 폭력, 상호 경쟁과 상호 도태와 살인적인 속도와 불신, 소외, 물질에 대한 종속 등등 혼란한 어둠 속에서 이 모든 것의 근원에 작용하는 일정한 필연적 결과를 인정하면서 모든 현실적인 상황을 뒤집어 새로운 창조적 방향을 찾으려고 한다. 그것이 바로 악이라 불리는 파괴적 충동과 온갖 성적인 방일과 온갖 부패의 가능성까지도 배태한 전 우주적 · 전 무의식계적 · 전 의식계적인 개벽이다. 그것은 전 문화적인 일체의 영성적 · 생명적 · 물질적 우주 생성 자체를 자각하고 거리를 두고 모셔 친구로서 동업함으로써 자주적으로 그 악을 여과하고 변화시키며 선하고 창조적인 지향을 더 확대시키는 자주적인 우주적 인간성을 확립하는, 더 적극적인 윤리적 태도를 요구한다.[272]

김지하는 여기서 더 나아가 대인 관계, 대물 관계, 대생명 관계, 대자연 관계에서도 단순한 억압이나 숭배, 단순한 친구나 밀착하는 음란한 사랑이

---

271 김지하, 『생명과 자치-생명 사상 · 생명 운동이란 무엇인가』, 154쪽 참조.
272 김지하, 『생명과 자치-생명 사상 · 생명 운동이란 무엇인가』, 155쪽 참조.

아닌, 높여서 님으로 모시고 또한 진정한 친구로서 수평적으로 동역하는 거리를 둔 사랑의 윤리, 수평적인데도 높이고 높임으로써 도리어 진정한 수평을 확보하는 윤리로 확산시켜나갈 것을 주장한다. 부자지간, 부부지간, 친구, 애인, 물건, 생명, 타민족 노동자와 자본가, 교육자와 피교육자, 노인과 젊은이, 주인과 나그네, 노동자와 노동 대상, 즐기는 자와 즐김의 대상인 컴퓨터나 시뮬레이션 멀티미디어 기구들, 인간이 활용하는 과학적 법칙과 모든 기술 체계들, 물질 입자의 활동, 보이지 않는 문화적 내용, 상상력, 직관, 망상, 환상 등에 대한 태도 일체까지도 바로 이와 같은 모심의 윤리적 태도가 관철됨으로써 새 시대의 수평적이면서도 상호 공경하는 **새로운 윤리 창조**가 가능하리라는 것이다.[273]

김지하는 여기서 말하는 모심이 **틈**을 전제로 한다고 이야기한다. 틈이 없는 모심은 숭배, 특히 물신 숭배로 전락하기 쉬우며, 틈이 전제되지 않은 모심은 종속적 자기 비하로 전락하기 십상이다. 모시는 주체의 의식과 모시는 대상의 그 끊임없는 생성 사이에 틈을 주어야 하며 여백과 거리를 확보해야 한다. 그에 따르면 틈은 기존 현상 차원과의 사이에서 거리를 둔 공경으로서의 진정한 수평적 친구 관계, 동역 관계, 파트너십을 창조하는 결정적 요건이다. 왜냐하면 틈이 있음으로써 끊임없이 생성하는 우주 생명의 그 심층 무의식의 어마어마한 범람에 휩쓸리지 않을 수 있으며, 틈을 전제함으로써 그 모심을 통해 인간의 현실적 자기의식, 불교식으로 말하면 자기중심지, 즉 현실적 에고의 없어짐 없이 심층적 무의식의 우주 생명 생성 밑바닥에 있는 슈퍼 에고, 초자아의 파괴적 범람, 즉 광기로의 확산을 통어할 수가 있다.[274]

---

273 김지하, 『생명과 자치—생명 사상 · 생명 운동이란 무엇인가』, 155~156쪽 참조.
274 김지하, 『생명과 자치—생명 사상 · 생명 운동이란 무엇인가』, 174쪽 참조.

김지하가 보건대 생명의 역사는 일견 틈 생성의 역사이며, 물질에서 영성에 이를수록 틈은 더 크게 열리는 것이 역설적 생명 진화사다. 큰 정신은 엉성하고, 작은 정신은 촘촘하다. 촘촘한 파충류는 빙하기에 절멸되었으나 엉성한 틈, 자유가 있는 포유류는 적응해 살아남았다. 틈은 생명의 오묘함이다. 틈은 여유이고 여백이며 관용, 자비, 공경이요 사랑의 요건이다. 남이 자기 안으로 들어올 수 있는 틈을 열지 않는다면, 그리하여 조금은 모자라고 조금은 엉성하고 서투른, 그러한 어눌한 인격들이 나타나지 않는다면, 모두가 빈틈없이 똑똑하고 눈빛이 번뜩이고 눈에 핏발이 선 활동적인 사람들로 가득 찬 이 세상에서 어떻게 개인의 자유로운 삶이 보장될 수 있으며 어떻게 마음 놓고 이웃과 친교할 수 있겠는가? 틈은 이렇게 깊고 넓은 다양한 맥락에서 의미심장한 기능을 한다. 틈은 개성화, 지방화, 얼룩얼룩한 세계화, 다국적 시민 세계 형성기의 중요한 특징이다. 김지하는 새 문명은 필시 틈이 많은 질서일 것이라고 말한다.[275]

---

275 김지하, 『생명과 자치−생명 사상·생명 운동이란 무엇인가』, 177~178쪽 참조.

10. 생명의 원리와 논리

우주 진화의 법칙

　　　　　　　　김지하는 진화의 제1원리로 무기물과 유기물, 생물 들의 자기 조직화와 자기 조절 기능이 발견됨으로써 다윈의 주체·객체론, 투쟁론과 적응론 등이 모두 낡아빠진 허구로 판명되었다고 본다.[276] 지금까지 생명의 문제에서 풀기 어려운 수수께끼는 생명의 시작을 어떻게 설명할 수 있는가, 즉 무기물에서 유기물로의 전환을 어떻게 설득력 있게 설명하는가 하는 물음과, 생명의 세계에서 일어나는 진화 현상을 어떻게 설명할 수 있는가 하는 문제였다. 후자의 물음을 해명하기 위해 등장한 이론 가운데 가장 널리 받아들여지고 있는 것이 다윈의 생존 경쟁에 바탕을 둔 적자생존과 자연 도태설이다. 그렇지만 현대에 들어서 많은 학자들이 다윈의 이러한 이론 형성의 배후에 알게 모르게 서양의 정복자적인 세계관이 작용하고 있다고 지적한다. 이제 강자의 입장에서 세상을 보는 주관적인 시야를 멀리하고 전체적인 맥락과 흐름을 고려하는 좀 더 포괄적인 이론이 나

---

276 김지하, 『생명과 자치-생명 사상·생명 운동이란 무엇인가』, 77쪽 참조.

와야 한다.

그래서 김지하는 자연에서 우리가 흔히 관찰하는, 생명이 생명을 먹는 이 치를 눈에 보이는 질서에 대한 국소적인 관찰만으로는 결코 명확히 알 수 없다고 말한다. 우리는 드러난 질서의 밑바탕에서 그것을 이끌고 있는 보이지 않는 질서 또는 원리에 주목해야 한다. 그렇게 볼 때 그것은 먹이사슬을 통한, 눈에 보이지 않는 무궁한 전체 우주 생명의 끝없는 자기 조직화 과정이며, 기氣의 전이轉移, 유통, 순환 과정이며, 먹음으로서의 수렴과 먹힘으로서의 확산의 반복을 통한 끝없는 차원 변화의 영성적인 유기화 과정이다. 곧 천지 화육化育의 조화 과정인 것이다. 이것이 공생, 상생, 상호 기생과 상부상조에 의한 공동 주체적인 자기 조직화로서의 창조적인 진화, 다른 말로 기화氣化의 질서다.

김지하는 생명에는 종자의 중심과 그 둘레의 숱한 여백이 있다고 본다. 다른 생명체는 바로 이 여백에 관여함으로써 먹이를 얻는다. 자연 생태계의 먹이사슬은 이 종자의 중심까지 파괴하는 순환 체계는 아니다. 오직 인간만이 다른 생명체를 멸종시키며 배불리 먹고 나서도 더 많은 여분을 약탈 착취하여 쌓아놓는 것이다. 김지하는 이제 인간은 진화를 자기 스스로 선택하되 경쟁과 투쟁과 도태에 의해 진화해서는 안 된다고 본다. 인간은 보이지 않는 질서의 그 우주 생명의 끝없는 생성 과정을 정성스레 모시고 인식 체득하여 질서의 자유로운 실현으로서 광범위한 우주적 공생을 통한 진정한 자기 조직화, 창조적인 질적 확산, 진화의 길, 전 생명계가 서로를 '살리는' 상생과 평화 성취의 길을 선택해야 한다고 강조한다.[277]

김지하는 20세기 현대 진화론의 가장 우뚝한 창조적 기념비로 테야르 드

---

277 김지하, 『생명과 자치-생명 사상 · 생명 운동이란 무엇인가』, 77~78쪽 참조.

우주 진화사를 얘기한 프랑스 철학자
피에르 테야르 드 샤르댕(1881~1955)

샤르댕^{Pierre Teilhard de Chardin}을 든다. 샤르댕은 무기물, 유기물, 생명 의식, 정신 영성의 전 우주 진화사를 관통하는 세 개의 진화 법칙을 주저인『인간현상 *Le phénomène humain* 』에서 압축하여 강조했다. 이른바 복잡화와 의식의 관계 법칙인데, 우주 진화의 내면에는 끊임없는 의식 증대가 있다는 제1법칙과, 우주 진화의 외면에는 무궁무진한 복잡화 과정이 있다는 제2법칙, 그리고 결합은 특수화한다는 제3법칙을 말한다. 김지하가 보건대 바로 이것이 인간 내면의 우주 진화다. 내면에서 이루어지는 끊임없는 의식 증대는 최고 단계에서 신령한 의식으로까지 발전함을 내포하고 있으며, 우주 진화의 외면은 무궁한 복잡화, 바로 생명, 즉 기의 무궁무진한 자기 조직화와 진화와 복잡화, 유기화 과정을 함축한다.[278]

김지하는 샤르댕의 제1~2진화 법칙이 나름의 한계와 오류를 갖는다고 지적한다. 즉 복잡성의 내면 활동을 응축과 수렴 중심으로만 본다고 비판한다. 만약 내면 의식이 가진 고도의 깊이, 그 우주적·전체적 확산력과 유출 경향을 전제한다면, 또 그 의식을 중심으로 그 의식과 함께 의식의 창조적 활동으로서 복잡화가 일어난다는 점을 전제한다면, 오히려 이런 응축 수렴

---

278 김지하,『생명과 자치-생명 사상·생명 운동이란 무엇인가』, 118쪽 참조.

만이 아닌 복잡화 자체가 수렴하면서 동시에 무궁 무한히 분산, 해체, 탈중심, 다핵적, 다중심적으로 확산하는 무질서하고 복잡한 다핵들의, 물질 생명적 생활 단위 형식들 속에 끊임없이 굴러들어 가며 고도의 질적·영적·정신적 유기화, 복잡화, 내면화, 전체화, 즉 우주적 전체 생성의 깊은 활동을 이루는 가역적 진행 과정이 있음을 보아야 한다고 설명한다. 다시 말해 물질 외면의 비가역적인 엔트로피 증대 과정, 즉 해체 과정은 의식과 물질의 분리 과정이 아니다. 그것은 해체, 분산, 붕괴하는 다핵적 물질 형식 안에 생명의 네겐트로피(네거티브 엔트로피)가 가역적으로 보다 높고 깊은 전 우주적 넓이와 전 무의식계적 심층 심리적 깊이를 가진, 신령한 의식 차원으로 유기화, 복잡화하면서 안으로 굴러들기, 즉 수렴한다는 것이다.

바로 이렇게 보아야 복잡성 의식의 법칙, 아니 다시 표현하면 의식 복잡성 법칙이 진정한 자기 정당성을 획득하게 된다고 김지하는 말한다.[279]

김지하는 나아가 샤르댕의 제3진화 법칙의 결함은 특수화에 있다고 지적한다. 그것은 곧 군집은 특수화한다는 말인데, 모든 생명, 모든 물질, 모든 의식은 먼저 전체 군집화에서 발생하며, 그 이후에 서서히 개별성을 찾아 개별화하고 특수화한다는 법칙이다. 이것이 19세기에서 20세기 초까지 생물학의 정설이며 생물 발생 이론의 통설이었다. 그런데 이것이 최근의 세포 생물학과 생물학의 새로운 입론과 발견에 의해 반대로 뒤집혔다. 근원적인 생명 내면의 자유 활동에 의하여, 바로 그 자유에 의하여 생명 개체들은 진화를 선택하며 발생 과정에서 먼저 다양성, 다산성 혹은 돌연변이 등의 다양한 기제를 통해 개별화한다. 그리고 이 개별화 과정에서 개별적 생활 형식, 물질 단위 속에 더욱 생동하며 확장하는 깊은 우주적 전체성을 실현함

---

279 김지하, 『생명과 자치-생명 사상·생명 운동이란 무엇인가』, 124~125쪽 참조.

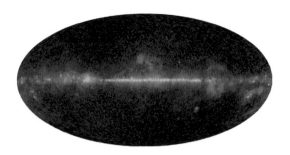

물질 외면에서 비가역적으로 증대하는 엔트로피의 분포 모습

으로써 무질서하면서도 자발적 형태로 자유롭게, 또는 종잡을 수 없이 매우 독특한 형태로 다양하게 결합, 연계해 그물망, 즉 네트워크를 만들어간다는 주장이다.[280]

이렇게 김지하는 샤르댕의 선구적 업적을 인정하면서도 오히려 내면 의식이 중심이 된 외면 복잡화의 이러저러한 응축 수렴과 동시에 내면으로의 개별적이고 분산적이며 다핵적인 확산 속에서 한 차원 다른, 큰 변화 속에서 가역적이고 질적으로 고도화한 유기화와 복잡화를 통해서 독특하고 다양하게 전체를 실현한다는 법칙을 세울 필요가 있다고 말한다. 그리고 결합은 특수화한다는 제3법칙, 군집은 개별화한다는 법칙을 뒤집어서, 개별화를 통해 나름 다핵적으로 전체적 유출을 실현하고 자유로운 네트워크를 이룸으로써 우주화한다고 보았다.[281]

그런데 현대의 이러한 과학적 발견에 힘입어 수정되고 있는 우주 진화의 삼법칙을 이미 오래전에 자신의 사상 속에 담아낸 사람이 있으니 그가 곧

280 김지하, 『생명과 자치-생명 사상 · 생명 운동이란 무엇인가』, 125~126쪽 참조.
281 김지하, 『생명과 자치-생명 사상 · 생명 운동이란 무엇인가』, 126쪽 참조.

동학의 창시자 수운 최제우 선생이라고 김지하는 주장한다.[282]

생명의 논리:
'아니다 그렇다'의 논리

김지하는 생명 논리란 역설임을 강조한다. 이것이면서 저것이고, '아니다'이면서 '그렇다'이다. 세계화이면서 지방화해야 하고, 분산하면서 유기화해야 한다. 엔트로피가 지배하는 현대 세계에서 생명, 즉 삶은 분산·해체하고 개별화하면서 근원적이고 새로운 차원에서 고도로 복잡화하고 유기화한다. 생명은 다양성, 순환성, 관계성과 영성을 본성으로 하며, 이와 같은 본성이 잘 통합되는 생명 과정을 통해 삶은 빛나고, 이른바 생명 가치가 발생하는 것이다.[283] 그래서 그러한 생명 과정을 찾아 고찰하여 그 안에서 전개되는 생명의 논리를 풀어내야 한다.

김지하는 생명 사상의 핵심 논리를 '아니다 그렇다'라고 말한다. 김지하는 변증법을 허락하지 않는 서로 상반되는 현상을 동시적으로 파악하기 위해 이 논법이 세워졌다고 본다. 예를 들어 눈에 보이는 현상을 '그렇다'라고 할 수 있다면, 보이지 않는 정신 활동과 눈에 보이는 현상을 지배하는 추상적 개념들은 '아니다'라고 정의할 수 있다. 또한 눈에 보이는 현상과 대비하여 '아니다'라고 부르는 추상적 개념들은 그 자체에 '아니다 그렇다'의 이중 논법을 포함하고, '그렇다'라고 불리는 현상 또한 '아니다 그렇다'의 가지를 뻗어내고 있다. 바로 이것이 '아니다 그렇다'의 원리인데, 이 논리는

---

282 김지하, 『생명과 자치-생명 사상·생명 운동이란 무엇인가』, 127쪽 참조.
283 김지하, 『틈』, 90쪽 참조.

끊임없이 그 속에 자신과 상반되는 부분을 포용하고 부분이 또 부분으로 가지를 쳐서 그 논리 자체가 '생명력'을 지닌 '아니다 그렇다'로 줄기차게 꿈틀거리는 것이다.[284]

김지하는 지금 우리의 과학과 학문을 지배하는 사상이 뉴턴$^{Isaac\ Newton}$의 기계론적 · 정태적 세계관, 데카르트의 이원론적 세계관, 영혼과 물질, 정신과 육체를 분리해서 보는 이원론적 세계관, 다윈 이후의 적자생존 이론, 도태 이론, 그리고 변증법적 유물론, 자연 변증법, 사적 유물론과 같은 낡고 외래적인 방법론과 사상 체계라고 말한다.[285] 이러한 서구의 사상 체계는 아인슈타인$^{Albert\ Einstein}$의 상대성 이론이라든가 장^{場}이론, 에너지와 물질을 동일시하는 이론들의 발전, 하이젠베르크$^{Werner\ Karl\ Heisenberg}$의 불확정성 원리의 등장, 닐스 보어$^{Niels\ Henrik\ David\ Bohr}$의 이른바 음양론의 물리학적 적용 등에서 이미 그 부적합성이 증명되었으며, 그 결과 동양 정신과의 결합을 통해 우주 전체를 생명의 끊임없는 변화 활동으로 보려는 태도로 바뀌어가고 있다. 그래서 음양과 같은 역^{易} 사상, 주역에 나타나는 역 사상에 보이는 기의 사상 체계에 서양의 새로운 과학들, 학문들이 접근하고 있다.

---

284 김지하는 '아니다 그렇다'의 논법을, 자신의 생명 사상을 생활과 예술 속에서 구체적으로 찾아내는 생활론과 예술론으로 설득력 있게 제시하고 있다. 김지하, 『생명』, 185쪽 이하에서 얘기되는 멸치에 대한 부분 참조. 그리고 김지하는 '아니다 그렇다'라는 서로 상반되는 개념을 내외적으로 포함하는 논법이라 할지라도 그것의 순서가 거꾸로 '그렇다, 아니다'로 변할 경우, 그런 식으로 분석된 대상물은 매우 부정적인 영향을 끼칠 수 있는 위험스러운 존재로 인식된다는 점을 지적한다. 김지하, 『생명』, 186쪽 이하 참조.

285 이러한 뉴턴, 데카르트의 세계관은 모든 존재와 사물은 입자로서 고정되어 있고 그 입자와 입자 사이에 일정한 충돌과 삼투, 상호 삼투에서 비로소 운동이 발생하며 이 운동도 자생적인 것이 아니고 신이라는 입법자, 건축가에 의해서 제1동기가 주어졌을 때만 가능하다고 보는 자연 기본 법칙을 이 세계를 지배하는 영원불변한 신의 율법으로 본다. 이러한 세계관은 모든 개인은 고립적 존재이고 인간과 자연 생태계는 서로 별개의 존재이며, 인간과 무기물로 가득 찬 천체 우주는 대립적 적대 관계에 있다는, 그래서 자연을 하나의 정복 대상으로 보는 입장을 취한다. 그 결과 16세기 이후 건설된 산업 문명, 기계 문명은 자연 환경 파괴를 낳았다. 김지하, 『타는 목마름에서 생명의 바다로』, 동광출판사, 1991, 184쪽 이하 참조.

기론氣論에서는 물질과 정신을 대립되는 것으로 보지 않는다. 그리고 음양은 상호 보완적이다. 기 안에서 물질과 정신은 하나이며, 기는 닫힌 세계가 아니다. 열린 세계로서 우주 전체와 삶 전체가 순환하고 역동하고 살아 있는 체계다. 김지하는 전 세계가 요구하는 새로운 과학, 새로운 기술, 환경오염과 파괴에서 벗어날 새로운 기초 사상이 이 지기론至氣論286 안에 숨어 있다고 본다. 그래서 서양의 물리학, 생물학 등이 바로 이와 같은 기나 역 사상에 관심을 갖고 접근하는 것이다.

김지하는 카를 프리브람Karl H. Pribram과 같은 뇌생물학자들이 인간 뇌의 정신 활동 속에 전 우주적인 생명 활동이 진행되고 있음을 지적한다고 말한다. 그리고 그레고리 베이트슨Gregory Beteson이라는 미국의 생물학자는 자동 온도 조절기와 컴퓨터를 예로 들면서 '아니다 그렇다'의 순환 논리가 생물학의 기본 원리임을 밝히기도 했다.287

생명의 원리는 기초적으로는 '아니다 그렇다'의 원리로 진행된다. 김지하에 의하면, 이러한 원리는 기론, 동양적인 기학, 동학에서 이야기하는 지

---

286 동학에서는 '한울님'을 '한 근원의 지극한 기운至極氣'이라고도 말한다. '지기至氣'는 텅 비어 신령하며 가득 차 있고 어느 것이나 간섭하지 않는 일이 없으며, 어느 것이나 명령하지 않는 일이 없고, 모양이 있는 것 같으나 끌을 지을 수 없고, 귀에 들리는 것 같으나 눈으로 볼 수 없는, 곧 혼돈한 근원의 한 기운이다. 즉 지기는 태극太極이요 무극無極이며 불교의 공空 또는 무無, 노자의 허虛 또는 자연이자 물질이며 동시에 정신인 우주 근원이다. 이러한 지기는 끊임없이 음양으로 생성 변화하는 우주 만물의 근원적인 신령한 기운이며, 모든 민중 속에侍天主 살아 계시는 무궁한 한울님이며, 불연기연의 원리로 진화하는 신령한 우주를 설명하는 진화론적 운동이다. 또한 지기의 무궁한 진화 활동을 몸으로 실천하는, 민중 자신이 자신을 인식하고 해방하는 일상적인 현실의 삶을 통해 자각적·능동적으로 실천해야 하는 사상이다. 김지하,『생명』, 1994, 202쪽 이하, 204~208쪽 참조.

287 컴퓨터를 움직이는 기본 원리는 '아니다 그렇다'의 원리라고 베이트슨은 말한다. 왜냐하면 컴퓨터는 'No', 'Yes'가 아니면 'Yes', 'No'의 원리로 움직이기 때문이다. 또한 샤르댕은 인간의 자의식이 발생한 순간을 고생물학적인 방법으로 접근할 때 '아니다 그렇다'의 문법을 사용한다. 즉 인간이 자의식을 가진, 반성 의식을 가진 호모 사피엔스의 존재로서 직립 인간인 호모 에렉투스 사이에 나타났을 때 외모에서는 다를 것이 없었다. 그러나 자의식을 생각한다면 다른 존재다. 과학적으로 이 현상에 접근한다면, 외면상으로는 '그렇다', 자의식에서는 '아니다'의 원리로 다가갈 수 있다는 것이다.

기일원론機—元論에서 볼 때 정신과 물질을 하나로 통합하며 정신적인 것과 물질적인 것, 또는 양의 운동과 음의 운동을 상호 보완적으로 보면서도 또한 대조적으로 보는 그 구조 속에 이미 들어 있다. 그러면 '아니다 그렇다'와 같은 새로운 생명의 논리, 물리학이나 생물학 전체에서 최근에 사용되고 있고 적용되고 있는 논리를 우리의 전통 가운데에서 발견할 수 있는가? 김지하는 현대 과학 사상을 접하기 이전인 수백 수십 년 전에 쓰인 수운 선생의 「불연기연不然其然」편에서 발견할 수 있다고 말한다. 수운 선생의 '아니다 그렇다'의 논리에 의한 인류 역사와 우주 생명의 진화사를 파악하는 방법을 우리가 연구하고 발전시키고 실천함으로써 우리가 앞으로 실천해야 할 생명운동을 좀 더 높고 탁월한 과학의 수준에 접근시킬 수 있는 길이 열릴 것이라고 김지하는 강조한다.

동양적 진화론:
'불연기연不然其然'

김지하는 최수운의 『동경대전東經大全』에 나오는 '불연기연不然其然 —아니다 그렇다'를 동양적 진화론이라고 이름한다.[288] 그것은 변증법과 같은 3의 논리가 아니라 2의 논리다. '그렇다'이면서 '아니다'인 것이다. 이러한 패러독스, 그것이 생명의 논리이며 진화의 논리라고 김지하는 말한다. 일체의 우주 생명의 이러저러한 질서나 움직임은 그 자체로 이치를 드러내지 않기 때문에 그것을 파악하는 방편, 즉 논리로 표현할 수밖에 없다. 그랬을 때 끊임없이 움직이고 쉴 새 없이 변화하는 생명의 질

---

288 김지하, 『예감에 가득 찬 숲 그늘』, 실천문학사, 1999, 20쪽 참조.

서를 파악하고 표현하는 데서 가장 진실에 가까이 접근하는 방법이 '아니다 그렇다'라고 이야기할 수 있다. 이 논법은 단순히 생명 진화 현상을 파악하는 데만 그치지 않으며, 수운의 경우에는 그 사상 전체를 일관하는 기본 문법이기도 하다.

불연기연은 무궁한 우주, 생명, 정신 전체의 진화와 그 진화를 인식하는 방법론이며, 그것을 체득하여 생명의 근원적 질서에 일치하는 수양 방법이다. 또한 시천주 사상에 입각해 우주 삼라만상 속에서 진화하는 우주 생명의 신령한 질서에 일치하는 마음으로 그 질서의 질적인 확산, 이웃, 사회, 우주에로 자각적으로 확산하는 것을 자기 삶으로 하라는 사상이다.[289]

김지하는 21세기가 동양 사상에 의한 기술 문명의 시대가 되어야 한다고 희망한다. 그에 의하면 새로운 문명은 새로운 문화, 새 세계관만이 아니라 새로운 과학 및 기술과 직결되는데, 새로운 과학 기술과 첨단 기술의 개발을 우리 식으로 하려면 우리 자신의 전통적인 사상에서부터 끄집어내야 한다. 우리 자신의 전통적인 사상에서 끄집어내려면 과학이 철학 내지 전통적인 종교 사상의 핵심 안에 들어 있는 과학적인 실마리에 착안해야만 한다. 장자의 이시移是, 역려逆旅, 또 불교에서 이야기하는 선禪 사상의 여러 표현들, 제행무상諸行無常의 사상, 색色과 공空이 같다는 사상, 연기설緣起說, 불연기연의 생명 진화의 원리[290]는 창조적 진화 논리―'아니다 그렇다'―를 중심으로 해서 새로운 과학과 기술 개발의 끄트머리를 찾아야 하고, 우리들의 생명운동을 실천하는 데도 중요한 과학적 방법론으로 착안되어야 한다

---

289 예를 들면, 나를 생각할 때 나에게는 부모가 있으니까 나는 부모에게서 나온 것임을 알 수 있고, 자손을 생각할 때 자손은 나에게서 나온 것임을 분명히 알 수 있다. 이것은 '그렇다'이다. 그러나 부모의 부모는 누구인가? 그리고 그 부모의 부모는? 천황씨天皇氏다. 그러면 천황씨는 어디에서 왔는가? 이것은 도저히 알 수 없다. 불연이다. 최수운, 『동경대전』, 「불연기연」편. 김지하, 『타는 목마름에서 생명의 바다로』, 170쪽에서 재인용, 178쪽 이하 참조.

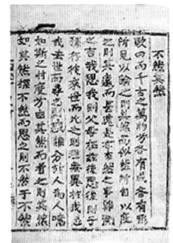

최수운의 『동경대전』

고 본다.

김지하에 의하면 대립하는 모든 것이 상호 보완적이라고 했을 때, 그 대립은 치명적·운명적인 것이 아니며 대립하는 것으로 보이는 가시적 질서의 모습일 뿐이다. 대립한다고 해서 창과 방패처럼 투쟁하거나 극렬한 상호 배제를 하는 것이 아니며, 대립하는 것도 보이지 않는 상생, 기생, 상호 부조, 상호 보완적 관계를 가지고 있다. 바로 이러한 드러난 질서와 숨겨진 질

290 동양 세계에서는 말을, 언어를 그다지 신뢰하지 않는다. 예를 들어 불경에서는 색즉공 공즉생⁽ᶜ⁾⁽ᵃ⁾ᵏ ᵏ⁽ᵃ⁾⁽ᶜ⁾이라 하여 색과 공을 같게 본다. '소위 세계라는 것은 사실은 세계가 아닌데 이름을 세계라고 한다. 또는 모든 상이 상이 아님을 보면 곧 부처를 본다.' 이렇게 표현을 하지만 이것도 불완전하다. 그래서 불교에서는 불립문자⁽ᵗ⁾⁽ᵃ⁾文字 ― 문자로 성립되지 않는다―라고 말한다. 말로 얘기하기 시작하면 틀려버린다. 개구즉착⁽ᵏ⁾⁽ᵐ⁾⁽ᵉ⁾―입을 열면 바로 틀려 버린다―라고 말한다. 왜냐하면 모든 생명체는 끊임없이 운동하기 때문이다. 예를 들면 사람의 세포는 1초에 수십만 개, 수천만 개가 생성하면서 동시에 소멸하기 때문에 자기가 자기라고 생각했을 때에는 이미 자기가 아니다. 자기가 아닌 다른 것으로 변해가는 과정이 있을 뿐이다. 김지하, 『타는 목마름에서 생명의 바다로』, 224쪽 참조.

서 사이의 '아니다 그렇다'의 관계, 드러난 질서 내부의 대립적인 것 사이의 기우뚱한 균형의 '아니다 그렇다'의 관계, 그리고 근원적 질서가 새로운 현상의 드러난 질서로 생성하기 시작했을 때 그 새 질서를 지배하는 대립과 상호 보완성의 역설적 관계 등등이 모두 '아니다 그렇다'의 논리적 접근으로밖에는 파악될 수 없다는 다중적이고 이중적인 복잡한 상호 관계의 겹침과 얽힘, 즉 프랙탈(자기 닮음)적 무질서를 보여준다고 말한다.[291] 이것에 기본적으로 접근하는 방법은 역설일 수밖에 없다. 특히나 보이지 않는 숨겨진 질서에 근원과 중심을 두고, 드러난 질서의 이러저러한 상호 관계를 포착할 때의 관계는 비합리적 역설일 수밖에 없는 것이다. 바로 그것이 '아니다 그렇다'의 생명 논리다.[292]

김지하에 따르면 진정한 새로운 세계의 생성은 보이지 않는 숨겨진 질서의 차원 변화를 통해서만 이루어진다. 드러난 질서에서 이것과 저것의 대립적인 상관관계의 상호 보완성을 파악하는 논리가 '아니다 그렇다'의 논리이며, 이러한 드러난 질서와 보이지 않는 질서, 즉 '아니다'의 세계와 드러난 질서의 '그렇다'의 세계의 관계를 통합적으로 파악하는 생명 논리가 또한 '아니다 그렇다'이다.[293]

그런가 하면 새로운 현상적 세계로 계시되고 생성되는, 보이지 않는 숨겨진 질서의 새로운 차원의 변화를 지배하는 여러 가지 다중적인 관계의 상호 보완성, 살아 있는 기우뚱한 균형을 인식하고 설명하는 논리 또한 '아니다 그렇다'인 것이다. 김지하에 의하면 여기서 주목하고 명심해야 할 것은, 언제나 근원적 질서의 불연不然에 중심을 두고 기연其然의 세계인 드러난 질서를

---

291 김지하, 『생명과 자치-생명 사상 · 생명 운동이란 무엇인가』, 234쪽 참조.
292 김지하, 『생명과 자치-생명 사상 · 생명 운동이란 무엇인가』, 234쪽 참조.
293 김지하, 『생명과 자치-생명 사상 · 생명 운동이란 무엇인가』, 238쪽 참조.

불연기연 살피는 것이다. 그러므로 살아 있다는 것은 '아니다 그렇다'로 살 필 수 있을 뿐 제3의 종합이란 없다. 변증법은 결국 죽임의 논리다.[294]

---

294 김지하, 『생명과 자치-생명 사상 · 생명 운동이란 무엇인가』, 238~239쪽 참조.

11. 인간의 재발견

인간은 가장 신령한
자각적 우주 생명

김지하는 현대 문명 전환의 가장 초미한 문제인 문화의 창조적 변혁의 기초를 마련하기 위해 가장 중요한 일 가운데 하나는 인간을 재발견하는 것이라고 힘주어 말한다.[295] 김지하는 한마디로 인간은 우주 생명인 동시에 가장 신령한 자각적 우주 생명이라고 말한다. 인간이 가장 뛰어난 문화와 창조력을 가진 것은 틀림없다. 그러나 그것은 자연을 지배하고 정복하고 착취하는 관계를 정당화하는 것이 아니라 오히려 우주 자연과의 완전한 교감, 일치, 일체를 이루어 자기를 실현해야 함을 함축한다. 그리고 그 과정이 또한 모든 자연 생명 내부에 살아 있는, 그러나 아직 꽃피우지 못한 영성적인 자유의 만개를, 앞으로 인간이 창조해야 할 생명 문화와 세련된 도덕적 과학으로 도와줌으로써 이른바 중생 대해탈

---

[295] 김지하는 곳곳에서 이 점을 강조하고 있다. 김지하, 『생명과 자치-생명 사상·생명 운동이란 무엇인가』, 110쪽; 『예감에 가득 찬 숲 그늘』, 23쪽; 『율려란 무엇인가』, 한문화, 1999, 13쪽 참조.

을 가능하게 하여 참다운 후천 개벽을 성취해야 할, 크고 깊고 광활하고 당당한 전 우주적인 윤리적 책임을 가지고 있다는 점에서 가장 우수하고 가장 신령하다는 것이다. 즉 인간의 우월성은 바로 이와 같은 우주의 대차원 변화에 대해 창조적 개입을 해야 하는 윤리적 책임을 가졌다는 데 있지, 소아병적으로 자연을 착취하고 정복해도 좋다는 식의 유치한 범죄적 우월성을 말하는 것이 전혀 아니다.[296]

김지하에 의하면, 인간이 스스로를 재발견하여 재규정하려면 충족되어야 할 조건이 있다. 인간은 자기 안에 무궁무진하고 신령한 우주 생명의 끝없는 생성을 모신 삶이다. 이것을 자각하고 그 생명의 흐름에 그대로, 그러나 동시에 자주적이고 창조적이며 영성적으로 동역同役, 동사同事하는 과정이 곧 문화적·창조적 자연으로서의 인간이며 사회적 성취이지만, 이 과정이 동시에 우주 생명의 대차원 변화를 통한 자연 만물의 근본적 회생, 즉 자연 생명 내부의 영성적 자유의 만개, 바로 중생 대해탈 과정인 것이다. 인간의 참된 해방과 완성은 곧 우주 자연 삼라만상의 대해탈 과정 자체인 것이다. 자연의 해방 없이 인간의 완전한 자유란 없다. 왜냐하면 인간은 축소된 소우주가 아니라 그 자체로 생동하는 무궁한 대우주이기 때문이다. 이러한 인간의 재발견, 재규정을 통해 비로소 생명 정치의 기본 조건에 도달하고 근본 생태학과 사회 생태학의 논쟁에도 종지부를 찍을 수 있다.[297]

김지하는 수운 선생을 따라, 인간을 신령하고 무궁한 우주 생명을 모시고 있는 거룩한 생존으로 본다. 인간은 곧 '무궁 인간'이다. 인간 안에는 전 우주 진화의 역사, 전 자연사가 다 살아 있으며 과거와 함께 미래가, 수천억 개

---

296 김지하, 『생명과 자치-생명 사상·생명 운동이란 무엇인가』, 110쪽 참조.
297 김지하, 『생명과 자치-생명 사상·생명 운동이란 무엇인가』, 111쪽 참조.

의 은하계 우주의 무궁한 삶이 요동친다. 생명은 모든 것에 모든 것이 연결되는 큰 흐름이다. 인간의 생명은 35억 년 유기체의 나이를 먹었을 뿐만 아니라 150억 년 전 빅뱅으로까지, 아니 그 이전과 오늘 이후의 무궁에까지 연속되는 끝도 시작도 없는 존재다. 인간의 의식은 포유류, 파충류 시대의 기억까지 지니고 있으며 인간의 무의식은 무기물의 기억까지도 지닌다. 따라서 김지하에 의하면 인간이 밥 먹고 똥 싸는 일상, 팔을 굽히고 펴고 물 마시고 숨 쉬는 일체의 동작이 모든 우주적인 생성이요 거룩한 활동이다. 그러므로 신령하고 무궁한 우주 생명을 제 안에 모시고 있음을 인정하고 스스로를 공경함으로써 자기실현을 하는 것이 우주 시대의 자기 성찰이요 개성화다.[298]

온갖 생명의 성화를 추구하는
21세기 새로운 우주 종교

　　　　　　　　21세기는 새로운 인간 공동체를 건설하려는 노력에서 시작될 것이라고 김지하는 내다본다. 그런데 그것은 일면적인 자유도 일면적인 평등도 아닌, 자유와 평등을 근원적으로 실현하는 연대의 공동체일 것이다. 연대는 수평적 사랑과 우애만으로는 공고해지지 않는다. 이를 위해 필요한 것이 **공경**이라고 김지하는 주장한다. 공경은 인간 상호 간의 공경뿐 아니라 보편적인 생명 공경으로까지 확산되어야 한다. 이웃을 섬기는 사랑, 높이 떠받드는 사랑이 공경이다. 연대의 공동체는 공경의 공동체다. 자기 안에 신령하고 무궁한 우주 생명이 살아 있음을 인정하고 공

---

298 김지하, 『틈』, 97~98쪽 참조.

경함으로써 개성화하여 자기실현을 하듯이, 타인 안에도 신령하고 무궁한 우주 생명이 살아 있음을 인정하고 섬기는 것이 공동체적 공경이다. 공경은 타인의 개성과 인격과 창의를 철저히 존중하는 태도이며, 이 태도가 공동체 전원의 다양한 창조력과 영성을 이끌어낼 것이라고 김지하는 말한다.[299]

개인으로서의 인간이 자기 안에 무궁하고 신령한 우주가 살아 있음을 인정하고 공경하여 개성화하면 할수록, 자기 안에 살아 있는 우주, 곧 이웃·지역·사회·민중·민족·인류·뭇생명·지구·우주를 창조적으로 '되만들' 수 있을 것이라고 김지하는 본다. 그리고 이 '되만듦'의 창조력이 바로 영성이고 신기神氣이며, 그 영성이 곧 공동체를 인류와 전 중생에게 개방하는 힘이요, 그것이 바로 개성화의 힘이다.[300]

김지하는 엔트로피가 지배하는 세계에서 생명은 질적으로 확산 진화한다고 말한다. 생명은 네거티브 엔트로피를 먹고산다. 그것은 분산되고 해체되고 개별화하면서 동시에 근원적이고 새로운 차원에서 복잡화하고 유기화한다. 개성화는 창조적 통합과 동의어다.[301]

김지하는 21세기가 환경 문제를 해결하기 위한 근원적인 생명 윤리의 창조와 실천에서 시작될 것이라고 내다본다. 인간 안에 신령하고 무궁한 우주 생명이 살아 있음을 인정한다면 동식물과 무기물 안에도 신령하고 무궁한 우주가 살아 활동한다는 것을 인정하고 자연을 공경해야 한다. 더욱이 자연은 우리에게 먹을 것, 입을 것을 주고 숨 쉴 공기와 마실 물과 아름다움과 어머니의 포근함을 준다. 우리는 천지 안에 양육되는 존재인 것이다. 천지에 보은해야 하며 되먹여드려야 한다. 이 '되먹임'이 바로 '되만듦'이며 새로

---

299 김지하, 『틈』, 98쪽 참조.
300 김지하, 『틈』, 98~99쪽 참조.
301 김지하, 『틈』, 99쪽 참조.

운 생명의 문명 창조다. 자연 생태계의 단순한 회복만으로는 부족하다. 천지에 대한 적극적 공경을 통해서 자연물의 대해탈, 물질의 영화靈化, 온갖 생명의 성화까지도 목표로 삼아야 한다. 천지에 대한 공경과 보은과 되먹임은 인간의 성숙한 우주적 윤리와 책임을 실천하는 것이다. 이것이 21세기 새로운 우주 종교의 목표일 것이라고 김지하는 말한다. 그러나 그것은 우주 생명에 대한 인간의 깊은 성찰과 과학적 탐구, 전 우주 생명에 대한 성숙한 윤리적 책임감이 있어야 가능하다. 그리고 그것은 동양과 서양의 사상적 통일, 과학과 종교의 통일을 통해서 이루어질 것이다.[302]

더 나아가 김지하는 21세기가 인간과 기계의 공생의 시대가 될 것이라고 보며 그에 대처해야 한다고 말한다. 그에 의하면 컴퓨터나 멀티미디어 등 모든 인간의 인공적 제조물, 즉 기계 안에도 신령한 생명이 생성함을 인정하고 공경하는 대물 윤리가 창조되어야 한다. 수공업과 매뉴팩처 시대의 공정 안에 살아 있던 대물 윤리를 오늘의 첨단 기술과 연관지어 재창조할 필요가 있다. 대물 윤리가 없는 21세기는 기계의 반란으로 나타날 것이라고 김지하는 우려한다.[303]

302 김지하, 『틈』, 99~100쪽 참조.
303 김지하, 『틈』, 100쪽 참조.

12. 21세기는 생명과 영성의 시대

영성적 삶은
역설의 생활화

김지하는 무엇보다도 21세기를 생명과 영성의 시대라고 규정하고 싶어 한다. 21세기는 역설의 시대다. 그 역설이 곳곳에서 표출되고 있음을 우리는 확인할 수 있다. 그런데 역설은 다른 것이 아닌 바로 생명 논리이며 영성의 생성 구조다. 지구화와 지방화, 지구적 기동성과 지방적 정착성, 통합과 탈통합, 개방과 자립, 비평형과 평형, 비동시성과 동시성 등 여러 쌍의 모순이 중층적으로 복합된 혼란한 역설의 시대를 우리는 살고 있다. 김지하에 의하면 이 시대는 예전엔 성인군자나 고승대덕들만이 논하고 실현하던 생명의 역설적 진리를 세속의 범부중생이라도 모두 실천하고 생활화해야 살 수 있는 그런 시대다. 가히 달이 손가락을 가리키는 것이라고 김지하는 표현한다. 그것은 시대의 도전이 응전의 내용까지 함축하고 있다는 말이다. 어느 하나가 싸워서 다른 하나를 물리치는 변증의 논리로는 이 시대를 살 수 없다.[304]

김지하는 역설의 생활화가 먼저 개성화와 자기 성찰의 노력에서 시작될 것으로 본다. 우주 생명은 역설적으로 생성한다. 위상과 운동은 동시에 파악할 수 없으며 빛은 입자이면서 파동이다. 그리고 대립적인 것은 상호 보완적인 것이다. 조금이라도 참선을 해본 사람이라면 생명이, 곧 마음이 역설적으로 활동함을 알게 될 것이다. 거기에는 빛과 어둠, 고통과 쾌락, 선과 악의 양극이 혼재하며 교차한다. 이 양극을 합일하는 것이 초월이며, 초월하는 것이 양극을 역설적으로 체득, 생활화하는 것이다. 이때 초월은 고대적 초월이 아닌 현실적 이탈, 곧 '포월包越'이라고 김지하는 이름한다. 현실 속에서 피투성이로 포복함으로써 그 과정에서 문득 어떤 경계를 넘어서는 깨달음의 실존적 삶이 그것이다. 역설의 생활화는 곧 영성적 삶을 말한다. 모든 생명, 물질에까지도 '앎'이 있다. '앎'은 영성이다. 그리고 신기神氣다. 기독교의 원수 사랑이나 십자가, 불교의 진흙 속의 연꽃이나 진공묘유眞空妙有 등은 모두 영성의 진면목을 가리키는 말이다. 김지하는 영성을 이상한 소리나 이상한 환상으로 보지 말고 우주 생명의 교감과 역설적 체험으로 생각해야 한다고 강조한다.[305]

그러면 영성이란 무엇을 말하는가? 김지하는 영성이 어느 하나에 국집局集되는 그런 능력이나 기능이 아니라고 말한다. 한 사람이 개인 내면에 영성을 가지고 있다고 할 때 그 영성에 독특한 지향과 양상은 분명 있지만 내적인 활동의 전 우주적이고 전 심층 의식계적인 깊이와 넓이와 높이는 가히 무궁한 것이다. 따라서 전체 사회에 대한 인식 속에서 개체의 위치를 보는 전일적 사고 능력으로서의 개인의 영성은 바로 그 자체가 모든 개별 인간들 사이의 정신적인 상호 주관적 의사소통의 수단을 가진 교호 기능으로서의 영

304 김지하, 『틈』, 101쪽 참조.
305 김지하, 『틈』, 101~102쪽 참조.

성이며, 나아가 물질과 생명계 삼라만상 안에 숨은 채로 생동하는 바로 그 영성이다.[306]

이 영성의 수준과 신묘함이 인간과 완전히 동일하지는 않으나, 그런 묘한 창조력과 오묘함을 씨앗으로 간직한 기초적 영성을 모든 물질이나 모든 생명이 다 가지고 있는바, 바로 이 영성과 인간 영성의 차이는 다양하지만 그 내용에서 하나이며 무궁하며 결코 분할되지 않는다.[307]

활동하는 무로서의 자유와
우주적 대해탈

김지하는 자유도 인간의 자유 의지와 연관해서 설명하지 않고 영성과 관련지어 풀어낸다. 김지하는 자유에 대한 자신의 근원적 통찰을, 수운 선생이 시천주의 핵심 개념인 천, 즉 하늘을 설명하지 않고 공空의 상태로, 무無와 허虛의 상태로 그대로 남겨두는 것을 보고 얻었다고 고백한다. 수운 선생은 모심의 내용으로 무궁하고 신령한 우주 생명의 끝없는 창조적 진화 생성을 말하고도, 그 신령의 주동성, 창조성을 강조하면서도, 그 근거로서의 천, 하늘을 설명하지 않았다. 이것은 자유라고 표현하기에 뭔가 부족한 점이 있지만, 그보다 더 깊고 오묘한 여백을 열어놓은 것이다. 김지하가 보건대 바로 이 여백이야말로 서구적 자유 개념과는 또 다른 동양 나름의 무궁무진한 자연 속에서의 허, 태허, 공, 활동하는 무 또는 태극이무극太極而無極이라는 말로밖에는 표현할 수 없는 거대한 미지의

---

306 김지하, 『생명과 자치-생명 사상 · 생명 운동이란 무엇인가』, 220쪽 참조.
307 김지하, 『생명과 자치-생명 사상 · 생명 운동이란 무엇인가』, 220쪽 참조.

여백이다. 이 여백은 인간의 이러저러한 능동적 활동을 통해서, 생명 진화 활동을 통해서 자기를 실현한다.[308]

김지하에 의하면 근원적인 보이지 않는 생성의 기본인 자유는 드러난 질서 속에서도 이러저러한 형태로 자기실현을 요구하며 자기실현의 기본 동력으로 작용한다. 자유를 위한 여러 가지 형태의 해방운동과 사회 변혁 활동은 인류 진화사 전체, 인류 역사 전체를 물들이고 지배하는 중요한 특징으로 작용했다. 자유는 오히려 정의에 대한 요구보다 앞서며 정의에 대한 요구의 근원을 이루기도 한다.[309]

김지하는 인간 안에 있는 신령하고 무궁한 우주 생명의 생성을 신기神氣라 보고, 이 신기가 바로 '활동하는 무'라고 설명한다. 그리고 틈에서 신기가 통하는 것으로 본다. 그런데 사실은 거꾸로 신기의 확산하는 힘이 틈을 벌리는 것이다. 신기 자체가, 생명 자체가 생성하는 그물이다. 이 살아 있는 무無의 그물 생성이 틈을 확산시킨다.[310]

활동하는 무로서의 자유를 말하는 김지하의 생명 사상은 서구적 자유주의와는 전혀 다르다. 김지하는 자유가 영성과 결합되어 생동하고 발전한다고 보며, 영성에 의해서 자유가 실현되고 그 영성은 자유의 기초 위에서 생동한다고 본다. 자유는 신령할 정도로 한 인간 정신의 우주적 · 사회적 · 전체적 확장력과 심층 무의식까지 파고들어 가 그것을 해방시키는 근원적인 힘인데, 바로 이 힘이 근원적 자유에 입각하지 않는다면 생동할 수 없다.[311]

---

308 김지하, 『생명과 자치-생명 사상 · 생명 운동이란 무엇인가』, 225쪽 참조.
309 김지하, 『생명과 자치-생명 사상 · 생명 운동이란 무엇인가』, 225, 271쪽 참조.
310 김지하, 『틈』, 129쪽 참조.
311 김지하, 『생명과 자치-생명 사상 · 생명 운동이란 무엇인가』, 226쪽 참조.

김지하는 자유의 기본적 추동력에 입각한 사회의 새로운 창조를 문제 삼되, 새롭게 형성되어 나온 보이지 않는 질서의 근원적 유출인 불연의 세계에 기본과 중심을 두어야 한다고 말한다. 그리고 그렇게 해서 직관적으로 파악된 자유롭고 신령한 새로운 생명계의 새로운 지향을 상상력과 직관 세계에서 무궁무진하게 느끼고, 그에 따라 현실을 살피며 현실을 '아니다 그렇다'로 관찰하는 과정을 통해 드러난 현상 사회적 질서와 우주 사회적 공공성을 재평가함으로써 시민적 생활 세계의 새로운 창조 방향을 잡아야 한다고 강조한다.[312]

김지하에 의하면, 영성적 생명의 근원으로 작용하는 보이지 않는 질서의 기본인 허허한 우주적 공, 활동하는 자유, 즉 자유라고 부를 수 있는 무의 활동의 실현은, 이미 주어져 있는 사회적 제약 속에서 낡은 윤리 판단에 기초한 선택 기준으로서의 자유 또는 기업가적 자유주의의 일상적 소아적 자유가 아니다. 비록 그것이 구체적 감각을 통해서 실현될 수밖에 없는 생활적인 내용을 갖기는 하나, 근본적으로 전 우주적으로 자기와 함께 이웃, 모든 물질과 생명계의 영성 만개와 대해탈을 목표로 하는 개인 내부의 자유를 실현하는 것이어야 한다.[313]

따라서 이제부터 모든 사회운동은 첫째 개인 중심이어야 하며, 한 개인을 출발점으로 한다 했을 때 그 개인의 철저한 자기 수양과 내적 직관과 이른바 모심의 철저한 자각적 실천을 전제로 해야 한다. 모든 개인들은 모심의 철저한 자각적 실천을 통해 특히 그 모심의 틈을 전제로 할 때만, 외면적 자유가 그 스스로 창조적으로 생성할 수 있도록 여유를 줄 때만, 모심 자체의

---

312 김지하, 『생명과 자치-생명 사상 · 생명 운동이란 무엇인가』, 227쪽 참조.
313 김지하, 『생명과 자치-생명 사상 · 생명 운동이란 무엇인가』, 228쪽 참조.

소아小我적 제한을 풀고 이러저러한 충동적인 일상적 자유의 욕구를 승화하면서, 보다 큰 우주적 대아大我의 자유를 실현하는 과감하고 대담한 실천을 기약할 수 있다.[314]

김지하가 보건대 문제는 자유와 영성의 관계에 있다. 영성은 자유에 근거하며 자유를 창조하는 기氣, 즉 생명 활동의 공空이요 그 오묘함은 창조력을 의미하는 신神의 미묘함에 있다. 이것을 모두 무無라 하는데, 이를 가시적 질서로 자기 조직화하면 그것이 새 사회이고, 그 사회가 제도적으로 보장하고 확보해주는 것, 그것이 바로 우주 사회이며, 일상적 생활 가치로서의 자유로운 생명 질서일 것이다. 그것은 내가 남을 해방하고 남이 나를 해방할 뿐만 아니라, 인간이 여러 가지 기능을 통해 도구, 기술, 기계의 자유를 만개시키는 대해탈을 향해 우리의 삶을 밀고 가도록 한다. 그 대해탈은 시간 저 너머의 피안에 성립하는 유토피아 또는 상고의 대동 세계가 아니라, 지금 여기 우리의 구체적인 생활 속에서 비록 낮은 차원의 제한된 범위거나 맹아 상태이거나 소극적 상태일지라도 가능성의 영역으로 존재한다. 따라서 이 대해탈은 확장적으로 무궁무진하게 제 안에서 실현되는 생활적 자유의 문제다.[315]

이 자유가 모든 방면, 전 계층, 전 물질 단위, 전 생명계, 전 민족과 전 사회, 텔레커뮤니케이션의 복잡하고 다층적인 상호 그물망의 확장 생성 속에서 실현될 때, 바로 이 자유는 남의 자유와 연결되고 전 우주적이고 전 지구적인 자유로 확대될 것이다. 바로 이 자유가 보장하는 것이 신령한 문화 창조다. 문화 창조는 자유의 근거이며 자유에 의해서 촉발된다. 그리고 문화

---

314 김지하, 『생명과 자치-생명 사상 · 생명 운동이란 무엇인가』, 228쪽 참조.
315 김지하, 『생명과 자치-생명 사상 · 생명 운동이란 무엇인가』, 229~230쪽 참조.

창조는 종국적으로 전 우주적 해방, 즉 자유의 종국적 형태인 해방을 가져올 것이다. 자유는 바로 스스로를 결정하는 것이며, 그 어떤 조건에도 응하지 않는 자기 생성의 원리다. 이것은 목적에 의해서가 아니라 과정에서 이룩되는 것이다. 따라서 끊임없는 확산과 동시에 안으로 굴러드는 영성의 자기 성취가 바로 진정한 자유와 해방의 실현 공간이요 실존적 삶의 성취 내용이다. [316]

---

316 김지하, 『생명과 자치-생명 사상 · 생명 운동이란 무엇인가』, 230쪽 참조.

13. 김지하 생명 사상의 특징과 의의

　　끝으로 김지하의 생명 사상의 특징을 몇 가지로 요약 정리해보자. 무엇보다도 눈에 띄는 특징은 대단히 포괄적이고 총체적인 거대 담론이라는 점이다. 거대 담론을 회피하고 작은 이야기를 시도하는 '탈근대'에, 김지하는 오히려 시대에 역행해서 과감하게 거대 담론을 시도하고 있다. 서양이 자신들의 거대 담론에 싫증을 내기 시작했다고 해서, 세계 무대에 한 번도 자신의 삶의 문법이 묻어 있는 이론을 제기해보지 못한 동양의 지식인마저 거대 담론을 피할 이유는 없다. 오히려 우리는 그들이 생각하지 못했던 거대 담론을 제시해서 그들과는 다른, 자연과 우주에 대한, 우리 자신과 만물에 대한 시각이 있었음을 보여주어야 한다. 그리하여 세계화와 정보화 시대에 세계가 서구적 세계관으로 획일화되어 다양함을 잃고 자멸의 길을 걷지 않도록 가능성을 열어주어야 한다.

　　우주 생명과 우주 진화에 대한 김지하의 거대 담론은 우주의 전 역사와 신을 포함한 존재하는 모든 것을 아우르는 총괄적 구상이다. 그것은 또한 스스로 주장하듯이 드러난 질서에만 얽매이지 않고 숨겨진 질서에 더 비중을 두고서 우주 생명을 꿰뚫고 있는 생명의 논리를 잡으려는 역설적인 노력이다. 그것은 드러난 질서에 대한 드러난 연구 성과를 모두 감안함과 동시에 숨겨진 질서에 대한 탐구에도 주목해야 하는 대단히 광범위한 작업이다. 한마디로 동서양을 포함한 전 세계에서 지금까지 다룬 생명에 대한 논의를 모두 고려해 종합적으로 통합해야 하는 과제임을 스스로 천명하고 있다. 그래서 우리는 김지하의 생명에 대한 논의에서 과학과 종교, 철학과 사상을 모두 아우르며 그 경계를 자유롭게 넘나드는 사유의 자유로움을 발견할 수 있다. 김지하는 자신의 주장을 뒷받침하려고 현대 과학의 이론과 발견을 최대한 활용한다. 그리고 그는 이러한 현대 과학의 추세가 일정한 방향을 가리키고 있음을 스스로 간파했다고 믿는다.

현대 과학이 고심해서 풀려고 하는 생명 문제가, 서양인들이 몸담아왔던 생활 세계의 고정된 세계관과 인식의 틀에 매여 올바른 접근을 제시하지 못하고 오히려 그것을 방해하고 있다면 한번쯤 다른 시각에 주의를 기울여 봄 직하다. 살림을 삶 속에 생활화하고 우리를 포함해 만물 속에서 활동하는 우주 생명을 모시고 공경하며 생명 공경의 살림살이를 살아온 민족이 있다면, 그 민족의 세계관과 생명 해석에 귀를 기울일 필요가 있다. 김지하는 바로 한국인의 삶의 문법에 결과 무늬로 새겨져 있는 한살림 사상에 인류가 필요로 하는 해답의 실마리가 놓여 있음에 착안한다. 반만년의 삶 속에서 유불선을 자기 것으로 만들며 살아온 한국인의 삶의 지혜 속에 지금 현대인이 필요로 하는 통합적 사유 방식의 진수가 있을 수 있다. 다원화 시대, 다중심 시대, 다극화 시대가 필요로 하는 통합적 사유 태도와 삶의 방식을 한국인은 제시할 수 있어야 한다. 그래서 김지하는 과학자들의 담론에 한국인의 전래 담론을 끌어들인다. 무엇보다도 스스로 유불선과 서학을 통합한다고 나섰던 동학에서 이러한 의식적인 사상 통합의 본보기를 볼 수 있다. 김지하는 우리 시대의 최수운이기를 지향한다.

김지하 생명 사상은 현대 인류가 처해 있는 생태적 위기에서 출발한다. 위기의 근본적 원인은 기술 과학 문명으로 인한 죽임 문화의 확산이다. 그로 인해 지구 곳곳에 온갖 형태의 생명 파괴 현상이 진행되고 있다. 이러한 죽임 문화의 밑바탕에는 잘못 방향 잡힌 우주관 내지는 자연관이 깔려 있다. 그리고 그러한 관(觀)에는 삶을 영위하며 터득해온 지혜와 논리가 반영되어 있다. 김지하는 그것이 서양의 이분법적 사유 태도와 소유 중심의 생활 방식에서 비롯되었다고 본다. 이러한 생활 방식과 사유 태도에서 독특한 패러다임 또는 인식의 틀이 형성되어왔으며, 그것은 존재 중심적이고 이성 중심적인 패러다임이다. 존재, 실체, 본질, 기체를 분석과 환원의 방법으로 찾아 들어가 이성적으로 설명하여, 그것으로 존재하는 모든 것을 체계 속의 질서로 해석하는 것이 곧 서양 학문의 역사다. 인간의 능력이—그것이 사유든, 인식이든, 경험이든—'있는 것'으로 규정하는 것을 이성의 능력으로 범주화하여, 개념으로 잡히는 것만을 '존재하는 것'으로 규정해왔다. 존재하는 것이라고 이성적으로 규정될 수 없는 것은 '없는 것(無)'으로 판명을 받고, 학문적 관심의 대상에서 쫓겨났다. 그래서 존재 중심과 이성 중심의 사유 태도에서 관심을 끌지 못한 것은 생성과 무(없음, 텅 빔)였다.

그래서 문명의 대전환을 위한 거대 담론을 준비하는 김지하는 바로 이러한 사유 태도, 그에 바탕을 둔 학문 방식, 그리고 그에 따른 생활 양식을 바꿔야 한다고 주장한다. 그러려면 존재 중심에서 생성 중심, 더 나아가 생명 중심으로 사유의 패러다임을 바꿔야 하며, 그에 대한 인간의 대응 능력도 이성이 아닌 다른 능력으로 바뀌어야 하는데, 그것이 바로 영성이다. 이렇게 생성(생명) 중심과 영성 중심으로 패러다임이 달라질 경우, 우주와 자연, 인간과 자연 만물에 대한 시각과 대하는 태도 역시 달라질 수밖에 없다. 먼저 신에 대한 관념도 달라지고 우주 창조, 발생, 진화 등에 대한 설명도 달라지며, 신과 우주, 나와 자연 만물의 관계 맺음도 바뀔 수밖에 없다.

존재하는 모든 것은 실체나 존재의 시각이 아니라 생성이나 생명의 관점에서 접근해야 한다. 존재하는 모든 것은 한순간도 머무르지 않고 모든 것과의 다양한 관계 속에서 끊임없이 변화한다. 모든 것은 끝없이 변화한다는 것, 이 세상에 변화하지 않는 것은 없다는 점이 우리가 출발해야 할 첫 번째 원칙이다. 신에 대해서도 존재 중심, 이성 중심의 관점을 버리고 생명 중심, 영성 중심의 시각에서 접근해야 한다. 그럴 경우 이제 신도 완전한 자족의 상태에서 행복하게 자기 자신만을 사유하는, '사유하는 사유'가 될 수 없다. 끝없는 변화 속에서 그 변화를 유지·지속시키는 존재가 신일 것이다. 김지하는 그것을 '일하는 한울님'이라고 이름한다.

이렇게 생성(생명) 중심으로 사유를 전개할 경우 잊지 말아야 할 것은, 변화는 개념으로 잡아낼 수 없다는 점이다. 개념의 틀에 잡힌 현실은 더 이상 변화 속에 있는, 살아 움직이는 생명이 아니다. 이성이 자신의 주위 환경을 살기 좋은 세계로 만들기 위해 끌어들이는 설명의 틀, 이름의 세계를 실제의 세계와 혼동해서는 안 된다. 질서는 잠시도 혼란스러움을 견딜 수 없는 인간이 어지러움 없이 편하게 살고자 카오스의 생성 세계에 부여하는 해석의 틀이다. 밖으로 드러나는 법칙에만 눈을 돌려서는 안 되고 그 법칙을 감싸고 유지시켜주는 카오스의 요동에도 주목해야 한다. 생명 현상에서는 드러난 질서보다 보이지 않는 숨겨진 질서가 더 큰 역할을 한다는 점을 잊어서는 안 된다.

이러한 시각에서 김지하는 현대 과학의 이론과 발견을 나름대로 고려해 세 가지 우주 진화의 법칙을 끄집어낸다. 우주 진화의 내면에 의식이 확대되고 심화되어간다는 법칙이 제1법칙이다. 우주 진화의 바깥에서는 복잡화 현상, 즉 다양한 수준과 형태의 물질과 생명의 유기화, 자기 조직화가 진행된다는 것이 제2법칙이다. 물질을 포함한 이 모든 우주 생명이 내면 의식의 근거인 자유 활동에 따라 개별화하며 발생하고 개별성 내부에 고도의 영성적·유기적 전체성을 실현함으로써 그물망의 형태로 복잡화한다는 것이 제3법칙이다.

이러한 생성(생명)에 대한 대응 능력이 영성으로 바뀔 경우, 그에 따라 근본적으로 달라지는 것도 많다. 무엇보다도 인간에 대한 정의가 달라질 수밖에 없다. 인간은 이제 더 이상 이성적 동물이 아니다. 인간은 신령한 우주 생명이다. 인간의 위상과 역할 그리고 사명도 달라진다. 이성적인 동물의 경우 우주와 자연에 대한 이성적인 파악과 대처가 본질적인 존재 방식일 것이다. 그러나 이제 신령한 우주 생명일 경우 더 이상 그러한 이성적인 관계 맺음으로는 안 된다. 머리 좋은 사람이 참다운 인간인 건 아니다. 소위 지식인, 학자, 과학자만이 세계를 이끌어가는 주체가 아니다. 자신 안에서, 자연 만물 안에서 일하는 신령한 우주 생명의 존재를 느끼고 그에 동참하는 사람이 본래적인 사람이다. 우주 생명의 생성에 활동하고 있는 일하는 한울님을 알아보고 모시며, 그에 동참하여 일하는 사람이 참된 사람이다. 김지하는 이렇게 노동으로 우주 생명의 진화에 동역하는 사람을 '민중'이라 이름한다.

한국인은 예로부터 하늘을 아버지처럼 공경하고 땅을 어머니처럼 모시며 그 사이에 자라는 만물을 자식처럼 아끼고 보살피면서 자연 친화적으로 생명을 존중하며 살아온 민족이다. 그렇게 자연 속에 자연과 더불어 살아온 민족의 생활 세계에는 그러한 삶의 태도가 삶의 문법의 형태로 아로새겨져 있을 것이다. 김지하는 그것이 고대 한국인의 풍류도에서부터 시작해서 조선 말기 최수운의 시천주 사상에 간직되어 이어져 내려왔다고 본다. 한국

민중의 한살림살이 속에서 생명 중심적이고 영성 중심적인 삶의 방식을 읽어낼 수 있다.

문명의 대전환을 위해 새로운 삶의 모델을 찾는 현 시점에서 우리는 멀리 다른 데를 찾아 헤맬 필요가 없다. 바로 우리 조상들의 살림살이가 현대가 필요로 하는 새로운 삶의 방식이다. 이제 우리는 그것을 오늘날 우리 앞에 놓인 시대적 상황을 염두에 두고 새롭게 정리하고 체계화하여 이론으로 만들어 내놓아야 한다. 김지하는 이러한 시대적 사명을 깨닫고 그를 위한 초석을 마련하고 있는 것이다.

제8장

생명의 진리와 생명학, 지구 생명 시대의 생명 문화 공동체

한국인이 5,000년의 역사 속에서 경험하며 자기 속에 간직해온 생명의 진리와 삶의 진리가 지구촌 시대에 인류가 봉착한 삶의 위기에, 지구 위 모든 생명체가 맞닥뜨리고 있는 생명의 위협에 어떤 지침을 줄 수 있는지 생산적으로, 비판적으로 논의해볼 때다. 과거 어느 때보다 생명학이 절실하게 요구되는 시기다. 개인으로서 내가, 인간 종으로서 인류가, 생명체의 하나로서 인간이, 우주 진화의 결정체로서 사람이 어떻게 살아야 할지 연구해야 할 때다. 지구 위 모든 사람이 공동의 운명체라는 것을 인정하고 생명의 문제에 관한 한 시행착오를 줄여야 할 것이다. 그러려면 다양한 문화권의 생명의 진리와 삶의 진리를 연구하고 그것들을 다양한 각도에서 비교 조사하여 오늘날 우리에게 적합한 생명의 진리, 삶의 진리를 찾아내야 한다. 진정한 의미에서 동서 통합적 노력이 필요하다.

1. 생명학 정립의 필요성

환경학과 생태학
그리고 생명학

　　21세기 지구 온난화 문제가 지구촌 정치인들의 최대 관심사의 하나로 등장했다. 환경의 문제가 단순히 인간 삶의 환경을 쾌적하게 만들어 인간을 위한 지상 낙원을 만들자는, 순전히 인간의 미래만을 걱정하는 수준에서 끝나서는 안 된다는 데 이의를 달 학자들은 이제 없을 것이다. 만물의 영장이자 최고의 고등 생물로서의 인간이 환경만이 아니라 살아 있는 모든 생명체의 생물권을 염려해야 하며, 그것이 결국 인간의 미래를 위한 확실한 보장이라는 생각이 널리 퍼져나가고 있다. 환경 오염과 환경 파괴의 문제는 생태학적 관심에 의해서 한층 더 근본적이 되고 포괄적이 되었다. 생명체의 근본적인 생태 환경에 관심을 갖는 생태학에서는 어떤 특수한 생명체의 생활 환경을 문제 삼자는 것이 아니라, 시야를 넓혀 모든 생명체의 삶의 조건, 더 나아가 생명과 환경의 관계를 탐구하려고 노력한다. 그래서 문제의 지평이 좀 더 넓고 깊어져 생태계의 물음이 생물권의 문제와 밀접하게 연결되어 있는 것으로 밝혀진다. 여기에서 필연적으로 '생명이란 무엇인가'라는 물음이 대두할 수밖에 없다. 이제 다양한 분야의 학자들이 다시 한 번 근본적으로 '생명이란 무엇인가'라는 물음을 던지고, '생명의 미래'를 우려하며 대책을 강구하고 있다.

그렇다면 환경학이 생태학으로 수렴되었듯이 이제는 생태학이 생명의 진리를 탐구하는 생명학의 도움을 받아야 할 시점에 이른 것은 아닌가? 생명이란 무엇인가? 생명의 발생과 기원, 전개와 진화, 역사와 문화, 변화와 변이, 생명의 원리와 구조, 가능 조건과 상호 연관, 작용과 기능, 정보와 유전, 다양성과 통일성, 지향성과 의식, 마음과 정신, 물리 화학적 토대와 생물학적 구조, 사회학적 학습과 조직, 심리학적 반응과 적용 기제, 종교적 의례와 초월, 윤리 도덕적 관습과 가치관 등등 생명과 연관된 제반 현상들을 다른 시각이 아닌 생명에 초점을 맞춰 그에 부합한, 깊이 있는 학문적 논의를 해야 할 때가 된 것 아닌가?

이렇게 중요한 생명에 대한 학문적 논의가 지금까지는 없었단 말인가? 그렇지 않다. 인간 최초의 학문적 논의는 자신을 둘러싼 거대한 자연, 우주로 향해 있었다. 이때 인간은 생명체를 모델로 삼아 모든 것을 '살아 있는 어떤 것'으로 설명하고 해석하려고 시도했다. 그러던 것이 논의가 분석적이 되고 환원적이 되고 이론적이 되면서 살아 있는 자연과 우주는 기계적으로 잘 돌아가는 거대한 자동 기계로 간주되기 시작했다. 그리고 그 이후에도 생명에 대한 논의는 끊이지 않고 이어져왔다. 그러나 학자들은 생명을 생명 현상 자체로 고찰하여 논의하기보다는 필요에 이끌려서 외부로부터 특정한 관점을 강요받아 거기에 맞춰 펼쳐왔다. 그것은 생명과 관련된 학문 내지는 과학들의 다양한 지칭만을 훑어보아도 알 수 있다.

생명이라는 의미를 담고 있는 서양말의 뿌리로는 그리스어인 조에ᶻⁿⁿ, zoe, 비오스ᵝⁱᵒˢ, bios, 프시케ᵠᵘˣⁿ, psyche가 있다. '조에'는 운동으로서의 생명력을 강조하는 데 쓰이고 '비오스'는 주로 생명체라는 의미로서 생명을 가진 개별 생명체를 가리킬 때 사용되었다. 그리고 생명을 생명이게끔 하는 원리로서의 생명혼을 지칭하는 데 '프시케'가 사용되었다. 그렇기에 이는 심리보다 '혼'이라는 의미를 더 강하게 함축하고 있다. 그런데 생명에 대한 학문(생명학)이라는 전문 용어를 만들기 위해 거기 각각의 단어에 종래의 방식으로 '-logy^{logos}'를 붙이면 이상하게도 '생명학'이 되지 않고 '동물학^{Zoology}', '생물학^{Biology}', '심리학^{Psychology}'이 되어버린다. 이는 앞서도 말했듯이 서양에서 생명에 대한 논의가 생명 현상 자체로 전개되지 않았다는 증거가 아닌가? 어쨌든 서양에서는 이렇게 생명이라는 낱말을 지역적 지칭에 다 써버려 정작 생명 자체가 문제가 될 때 그것을 명명할 기반을 잃어버렸다.

'생명'과 '학문'에 대한
지평 확대

'생명의 진리, 삶의 진리를 탐구하는 생명학'에서 우리가 시도하려는 것은 크게 두 가지다. 하나는 '생명'에 대한 논의를 다른 관점이 아닌 생명의 관점과 삶(살아 있음, 살아나감, 살림)의 관점에서 개진해보자는 것이다. 지금까지는 생명에 대한 '과학적' 논의라는 구실 아래 주로 서양의 논의들만을 다루어왔다. 그러나 지구촌 시대 동서 통합을 이야기하는 마당에서 다른 문화권의 생명에 대한 이해에도 귀를 기울여볼 때가 된 것이다. 다른 하나는 '학문' 내지는 '과학'에 대한 이해도 서양의 과학 전통이 아닌 동양의 학문 전통에서 새롭게 이해하려 시도하며 학문의 지평을 넓혀보자는 것이다. 더욱이 생명의 문제는 결국 삶의 문제이기에 삶에 되먹임되어 삶과 연결되지 않는 앎은 죽은 이론으로 남을 뿐이다.

동아시아, 특히 한국인의 생명 이해에서 우리가 서양의 생명론과 연관 지어 우선 강조하고 싶은 것은 세 가지다. 첫째, 우리의 '생명'이라는 낱말에는 '하늘의 뜻(명령)'이라는 의미가 들어 있다는 점이다. '생명生命'은 '살라는 하늘의 명령' 또는 '옳일름(천명天命)에 따른 몸사름'이라는 의미가 간직되어 있다. 둘째, 하늘의 명령으로서의 생명과 그 명령에 따른 개별 생명체의 구체적인 삶이 구별되고 있다. 생명은 생명체와 구별된다. '우주적' 생명과 '개별 생명체'의 삶은 구별해야 한다. 나는 이것을 생명학적 차이로 이르고자 한다. 셋째, 모든 생명 현상에는 보이게 보이지 않게 하늘의 뜻이라는 지향성이 들어 있다. 이것을 하늘의 마음이라 부르고 학문적으로 생명학적 지향성이라 이름할 수 있다. 이것은 물론 첫째 것의 다른 면일 뿐이다. 따라서 여기서 중요한 것은 생명학적 차이와 생명학적 지향성이다.

그다음 동아시아의 학문에 대한 이해에서 우선 강조하고 싶은 점은 다음과 같다. 서양에서 '학문' 또는 '과학'이라는 말은 라틴어로는 'scientia', 독일어로는 'Wissenschaft'다. 'Wissen'은 앎(지식)이다. 학문이라는 것은 지식(앎)의 체계다. 그런데 우리에게 '학문學問'은 말 그대로 '배워 물음(묻고 배움, 묻기 위해 배움)'이다. 단순한 지식이 아니라 묻고 배움(배우고 물음)으로 보았던 이 점을 우리는 오늘날 되살려야 한다. 묻고 배움의 의미는, 묻고 배워서 '된 사람'이 되려고 하는 격물치지格物致知, 성의정심誠意正心, 수신제가修身齊家, 치국평천하治國平天下, 궁신지화窮神知化의 길 속에 들어 있다. 이것이 우리가 생각하는 학문의 길이다. 학문을 하는 것은 사물을 구명하고 앎에 이르는 사물에 대한 지식 획득이라는 인식론적 차원에서 끝나는 것이 아니다. 더 나아가 거기에는 또한 반드시 나의 뜻을 정성되게 하고 마음을 바르게 하는 방식으로 나의 몸과 마음을 닦는 일이 속한다. 그런 다음 가족을 보살펴 집안을 가지런히 하고 나라를 잘 다스려 세상을 평화롭게 만드는 데 이바지해야 한다. 더 나아가 자연 자체의 변화를 알고 신의 뜻을 알아내 거기에 맞춰 살아가는 것을 궁극적인 학문의 목표로 보았다.[317]

지구적 생명 문제를 다 함께 슬기롭게 풀어가려면 우리는 생명과 관련된 인류의 모든 문화 자산을 탐구하여 오늘날 우리가 필요로 하는 것이 무엇인지 찾아내려고 노력해야 한다. 앞으로 나는 이 문제에 일조하기 위해 지금까지 한국인의 삶을 이끌어온 생명에 대한 앞선 이해는 무엇이었는지, 그 앞선 이해가 달라진 현 시대에 적응하면서 어떤 삶의 진리로 해석되고 설명되는지를 알아보고자 한다. 그리고 그러한 생명의 진리와 삶의 진리를 구체적인 생활에서 어떻게 실천하도록 가르치는지 등을 살펴보도록 하겠다. 그다음 시야를 돌려 지구촌 시대 인류가 봉착한 생태 문제를 풀기 위해 서양의 세계적인 석학들이 제시한 해결책들을 생명학의 관점에서 검토해보겠다.

---

317 김학주 옮기고 씀, 『대학 · 중용』, 명문당, 1989; 류영모, 『다석 강의』, 현암사, 2006, 247쪽 이하, 269쪽 이하, 423쪽 이하 참조.

2. 생명의 진리: 삶의 진리,
삶앎의 진리, 살림살이의 진리

생명과 생명체의 구별.
생명학적 차이

　　　　　　　　먼저 임의로 '생명학'이라는 개념을 아주
폭넓게 잡아 '생명의 진리에 대해 공부하는 학문'이라 규정하고 논의를 전
개해보자.

　생명의 진리를 알기 위해 우리는 '생명이란 무엇인가'라는 물음을 던진
다. 이 물음에 답하기 위해 가장 먼저 해야 할 일은 무엇인가? 우리가 제기
하는 물음을 구명하려면 먼저 그 물음이 구체적으로 향해야 할 탐구 대상을
찾아야 한다. 우리는 생명을 어디서 만나는가? 생명을 어디서 경험하는가?
생명을 어디서 관찰하는가? 우리는 흔히 살아 움직이는 것에서 생명을 본
다고 말한다. 그런데 살아 움직이는 것이 어디 한두 개인가? 지구상에 살아
움직이는 생명체를 종으로만 구분해도 천만 종이 넘는다. 그렇다면 생명을
알려면 어떤 특정한 종의 생명체를 탐구 대상으로 삼아야 하지 않겠는가?
이러한 종의 선택에 어떤 기준이 있는가? 아니면 모든 생명체에서 공통의

특징을 찾아내어 그것을 생명이라고 규정해야 하는가? 생명체와 생명체가 아닌 것의 근본적인 차이에 주목하여 생명체를 생명체로 만드는 본질적인 특징을 생명이라고 규정하면 되지 않겠는가? 논의를 이쪽 방향으로 잡으면 생명에 대한 탐구는 '살아 있음'이란 무엇을 의미하는지에 쏠리게 된다.

지금까지의 간단한 문제 제기에서 분명해진 것은, 생명은 그것이 드러나는 구체적인 현상의 자리인 생명체를 통해 접근할 수 있다는 점이다. 이는 다시 말해 생명체가 곧 생명이 아님을 가리킨다. 생명은 생명체가 아니다. 이것을 '생명학적 차이'라고 이름하자.

우리는 살아가면서 온갖 종류의 존재자들을 마주하고 대하며 교류하고 사용한다. 다른 말로 온갖 형태의 존재자들을 만나 그것들과 관계 맺는다. 그러면서 우리는 그 존재자들을 흔히 크게 생명체와 비생명체, 생물과 무생물로 구분하여 대응한다. 우리는 우리 자신이 살아 있는 생명체의 하나이기에 생명체가 무엇인지 이미 알고 있다. 그래서 생명체를 생명체로 알아보며 그렇지 않은 것과 구별한다. 우리는 이미 나름대로 생명에 대한 이해를 갖고 있다.

인간은 언제 어디서나 항상 생명과 살아 있음, 살아감에 대한 앞선 이해 속에 살고 있다. 이 앞선 이해가 우리의 일상적인 삶을 이끌고 있다. 이 앞선 이해에 따라 구체적인 삶의 방식이 전개되며 구체적인 삶의 형태가 펼쳐진다. 우리가 시대와 민족에 따라 역사와 문화에서 확인할 수 있는 수많은 삶의 형태들은 그러한 생명과 살아감에 대한 앞선 이해에 바탕을 두고 형성된 것들이다. 현대를 살아가는 우리는 지금 생명을 어떻게 이해하고 있는가? 알게 모르게 우리가 갖고 있는 생명 이해가 우리의 구체적인 삶의 지침이 되고 있다. 모호하고 분명치 않은 일상적 생명의 이해(진리)가 우리의 삶(의 진리)을 규정하며 이끌고 있다.

생명의 문제는
삶의 문제

　　　　　　지구 온난화, 원시림의 난개발, 오존층 파괴, 생물 서식처 파손, 생물종 멸종, 국지 전쟁, 테러, 기아, 빈부 격차 심화, 이민 문제 등은 결국 우리의 안정되고 평화로운 지속 가능한 삶을 위협하고 있으며, 시급히 해결해야 할 문제로 대두되고 있다. 환경 문제, 생태 문제, 생명 파괴 또는 생명 경시 문제는 결국 인류의 생존과 직결된 문제다. 그렇지만 우리는 이를 인간의 관점에서 벗어나 생명 그 자체의 문제로 볼 수도 있고, 지구상 모든 생명체들의 존립 문제로도 볼 수 있다. 인간이라는 생물종의 생존이 걸린 개체 삶(낱생명, 종생명)의 문제로 볼 것인지, 아니면 인간을 포함한 모든 생물들이 함께 어우러져 생명의 그물망을 만들어나가는 더불어 삶(한생명, 온생명)의 문제로 볼 것인지, 아니면 우주 140억 년의 역사 속에서 전개되어온 생명의 진화 전체를 염두에 두고 생명의 의미(뜻생명)를 문제 삼을 것인지 등의 문제 제기는 다양한 방향으로 펼쳐질 수 있다. 그러나 어떤 식으로 전개되든 결국 그것은 인간뿐만 아니라 모든 생명체의 지금 여기에서의 구체적인 삶과 미래의 지속 가능성이 걸린 삶의 문제이자 또한 생명(그 자체)의 문제다.

　인간이 이 문제를 어떻게 보고 풀든 그 결과는 직접 그의 삶에 되먹임된다. 이것이 인간의 삶의 방식이 보이는 독특한 면이다. 인간은 살아가면서 다양한 어려움에 부대낀다. 그것은 동물들도 마찬가지다. 동물들은 본능적으로 자신의 몸에 각인된 육체적 특성에 맞춰 주변의 위험에 즉각적으로 반응하며 생존해나간다. 본능에 각인되지 않은 것은 어미나 먼저 난 동료들의 행태로부터 배워 익힌다. 동물이 위험에 대처해나가는, 생존을 위한 '앎'은 극히 제한되어 있다. 인간은 이와 다르다. 인간 역시 다른 동물들처럼 생존을 위협하는 많은 위험에 직면하긴 하지만, 인간은 이러한 주변 세계의 위험에 본능적으로 즉각적으로 대처하지 않고 물음과 되물음을 통한 폭넓은 경험을 바탕으로 체계적으로 대응한다.

인간에게 닥치는 어려움은 물음이 되고 그렇게 해서 문제가 된다. 인간은 자신을 괴롭히는 문제를 풀어 상황에 올바로 대처하기 위해 골똘히 생각한다. 물음이 되는 문제를 가슴에 품어 생각하고 또 생각하며, 생각 속에 뿔크고 삭여 이리 궁리하고 저리 궁리하며 해결의 실마리를 찾는다. 그렇게 풀어낸 해결의 시도들이 삶 속에 되먹임되어 인간의 삶은 좀 더 나은 환경과 여건에서 되풀이될 수 있게 된다. 인간의 삶은 이제 새로운 단계의 됨됨이에 이른다. 인간의 앎이란 이렇게 삶 속에서 아픔을 통해 커가는, 알을 깨고 나오는 알음이며 앓음이다.

인간의 앎은 삶 속에서 생존을 위해 생겨났지만 결코 거기에만 머물러 있지 않는다. 인간의 앎에 대한 욕구는 단순히 주변 세계를 아는 데 그치지 않고 더 넓게 더 깊게 더 높이 퍼져 나간다. 인간은 모든 것에 물음을 던질 수 있기에 모든 것을 문제 삼으며 모든 것을 알고 싶어 한다. 인간의 앎은 전체로 향한다. 인간은 자연 전체에 대해, 우주 전체에 대해, 그리고 그것을 존재하게 하는 보이지 않는 힘에 대해서도 알고 싶어 한다. 그리고 물론 그렇게 물음을 던지는 자기 자신에 대해서도 알려고 한다. 이러한 전체에 대한 앎의 욕구는 단순히 지어내는 이야기에 만족하지 않고, 근거 있는 이야기로 생각할 수 있는, 누구나 수긍할 수 있는 그런 설득력 있는 앎이기를 바란다. 나중에는 앎 자체를 위한 앎을 추구할 정도로 인간은 앎에 매료되며 자신의 독특함이 바로 이러한 사유에 있다고 간주하기에 이른다. 인간은 말을 할 수 있는 이성적 생명체다.

이러한 인간의 앎은 글의 발견으로 축적되어 후대에 전해질 수 있다. 글

속에 녹아든 인간의 경험은 시간과 공간을 넘어 전달되고 전수되어 다른 시대의 다른 문화권에서까지 공유될 수 있다. 인간은 이러한 문화적 자산으로 공동의 운명을 개척해나가며 함께 인류의 발전에 힘을 쏟게 된다. 인간의 지혜, 지식, 정보, 학문, 과학은 이렇듯 구체적인 시간과 공간에서 더욱 나은 삶을 일궈나가기 위해 인간이 묻고 배우며 축적해온 삶의 진리의 성과물들이다. 그것들은 모두 생명의 진리가 드러난 다양한 방식과 양식의 시공간적 현상들이다.

생명 진리의 전개:
낱생명, 종생명, 뜻생명, 온생명, 한생명

생명학은 이러한 생명의 진리에, 인간 종을 포함한 개개 낱생명들과 종생명들의 구체적인 삶의 진리에, 모든 생명체가 서로 얽히고설키면서 만들어나가는 우주적 온생명의 진리에 관심을 갖는다. 구체적이고 역사적인 시공간의 생명 현상에서 드러나는 생명의 진리를 탐구하려고 시도하는 것이다. 이 생명학에서 모델은 바로 생명체다.

생명의 진리는 개개 생명체들의 삶 속에 각인되어 있다. 개개 낱생명의 몸에 우주 생명의 진리가 흔적으로 담겨져 있다(뜻생명, 한생명, 온생명). 낱생명은 물리화학적 차원의 열과 힘의 교류에 의한 원자와 분자의 이합집산의 진리를 밑바탕에 깔고 있다(열생명, 힘생명). 생물학적 차원에서 전개되어온 에너지 저장과 교류가 만들어낸 살과 알의 진리가 다양한 삶의 형태를 형성한다(살생명, 알생명). 어떠한 조건에서도 생명은 살아남으려는 지향성을 보이며 그것이 지정학적 여건과 물리화학적·생물학적 상태와 만나 다양한 형태의 생명 기관을 형성하게 한다(맘생명). 물리화학적·생물학적 에너지 저장과 교류는 개개 생명체로 하여금 반응과 적용을 통해서 나름대로 자기를 보존하고 증식해나가는 앎을 배우도록 만든다(앎생명). 그것은 다양한 형태의 정보로 낱생명의 몸속에 각인되어 전달된다(씨생명, 꽃생명, 잎생명). 낱생명들은 살아남기 위해 개체 증식과 종족 번식의 방법을 찾아가는 가운데 함께 모여 살고 함께 삶의 텃밭을 공동 개발하며 공생하는 삶의 진리를 터득한다(함생명, 터생명). 에너지 저장과 교류, 정보의 축적과 활용은 이제 살의 차원에서만 일어나는 것이 아니라 낱생명들 사이에서, 서로 다른 종생명들 사이에서, 삶의 기본 조건들을 이루는 다양한 보생명들과의 관계에서도 펼쳐진다(보생명, 온생명, 망생명). 이러한 공동의 생활 속에서 낱생명들은 자신들의 역할을 배당받아 종생명에 기여한다(일생명). 조직과 상호작용, 연결망을 통한 정보의 축적과 교류는 새로운 형태의 삶을 가능케 한다(뜻생명).

생명의 진리는 삶의 진리에서 드러난다. 삶의 진리는 다양한 차원으로 펼쳐져 있다. 살아 움직이는 생명체의 몸은 다양한 차원의 생명 진리의 정보를 담고 있다. 거기에는 물리화학적 차원의 생명운동인 에너지의 결집과 해체, 이동과 교류에 대한 원자, 분자, 전자, 소립자 등의 이합집산의 진리가 스며들어 있다. 또한 생물학적 차원에서 생명의 전개인 대사, 지각, 감각, 운동, 증식, 번식의 진리가 각인되어 있다. 더 나아가 사회 문화적 차원에서 생명의 조직화인 가족, 무리, 사회, 민족, 국가의 진리도 포함되어 있다. 또한 인식론적 차원에서 생명의 자기의식인 앎, 지혜, 과학, 기술, 역사의 진리가 얼개를 이루고 있으며, 더 나아가 영성적 차원에서 생명의 자기 초월인 상징, 정신, 영혼, 얼, 종교의 진리가 지평을 형성하고 있다.

생명의 진리는 낱생명의 몸, 기본적인 몸의 활동(먹기와 짝짓기), 관계 맺음의 패턴(몸짓, 짓거리), 공생(함께 삶)의 양식, 그리고 이것들이 만들어내는 다양한 작품들에서 보이게 보이지 않게 드러난다. 앎과 의식의 차원에서 삶 자체를 반성하며 좀 더 나은 삶을 기획하는 생명체의 생명의 진리는 이야기 속에서, 말과 글, 신화와 전설, 문화와 학문에서 더욱 두드러지게 표현된다. 이와 같이 우리는 인간이 이룩해놓은 모든 것을 생명의 진리라는 관점에서 아주 근원적으로 살펴볼 수 있다.

우리는 생명의 진리에 대한 인간의 의식적이고 무의식적인 반성의 산물을 어디에서보다도 바로 '생명'이라는 말에서 발견할 수 있다. '생명'이라는 근본 낱말과 그것에 연관된 다양한 개념들 속에는 지금까지의 인간 삶앓의 진리가 간직되어 있다. 생명이라는 근본 낱말에서 우리는 우주적 생명 현상에 대한 인간 측의 생명적 대응을 읽어낼 수 있다. 그렇기에 생명이라는 낱말을 단순히 인식론적·문헌학적으로 접근해서 해설하는 것으로 만족해서는 안 된다.

3. 지구 생명 시대의 생명 문화 공동체

달라진 시대
달라져야 할 삶의 방식

한국인이 5,000년의 역사 속에서 경험하며 자기 안에 간직해온 생명의 진리와 삶의 진리가 지구촌 시대에 인류가 봉착한 삶의 위기에, 지구 위 모든 생명체가 맞닥뜨린 생명의 위협에 어떤 지침을 줄 수 있는지 생산적으로, 비판적으로 논의해볼 때다. 다시 말해 지구촌 시대 생명의 진리, 삶의 진리에 대해, 낱생명, 종생명, 뜻생명, 온생명의 진리를 본격적으로 탐구해야 한다. 지금은 과거 어느 때보다 생명학이 절실하게 요구되는 시기다. 개인으로서 내가, 인간 종으로서 인류가, 생명체의 하나로서 인간이, 우주 진화의 결정체로서 사람이 어떻게 살아야 할지 연구해야 할 때다.

인간은 이미 달라진 시대에 나름대로 적응하며 삶의 방법을 모색하고 구체적으로 실천에 옮기면서 살고 있다. 첨단 기술 과학의 시대, 정보화 시대, 사이버 시대 등 수많은 얼굴을 하고 있는 현대는 그 첨단 기술 덕분에 과거와는 전적으로 다른 시공간을 인간에게 열어주고 있다. 경험의 직관 형식인 시간과 공간의 이해가 달라짐으로 인해 인간의 사고 방식, 이해 지평과 내용도 과거와는 판이하게 다를 수밖에 없다. 자신을 포함해 다른 인간들과의 관계 맺음 방식도 달라지면서 다른 생명체와 사물들을 보는 시각도 변했고 그것들을 대하는 행동

미항공우주국 나사NASA에서 가상현실을 시연하는 모습

패턴도 변했다. 주변 세계, 국가, 자연, 지구, 우주를 보는 관점도 달라지고 그것들에 대응하는 태도도 변했으며, 자신을 비롯한 모든 존재자, 세계를 이해하고 설명하는 모델도 변했다. 이러한 변화의 큰 물결이 인간에게 어떤 우주론적 의미를 암시하는 것은 아닌지 생각해야 할 정도다. 인간 종이 변화의 단계에 이른 것은 아닌지, 인간의 본성이 다른 차원에 진입하고 있는 것은 아닌지 하는 학문적 호기심도 증폭되고 있다.

달라진 시대의 인간 삶의 진리도 다른 옷을 입고 우리 앞에 모습을 나타내고 있다. 개체로서의 생명을 유지하기 위해 가족을 형성하고 무리를 지어 사회를 이루고 나라를 형성하며 (민족) 국가 안에서 안정과 평안을 누리고 사는 것이 삶의 이상적인 형태라고 생각했는데, 이제 그 생각을 바꿔야 할 때가 온 것이다. 나의 존재 활동과 영향 범위가 이미 국가라는 테두리를 벗어났기 때문이다. 지구 위에 사는 모든 사람들이 이제는 공동의 생활 운명체가 되었다.

지금 우리가 절실하게 풀어야 하는 문제들은 거의 다 국경의 테두리 안에서는 해결할 수 없는 전 지구적 차원의 문제들이다. 이제는 종래의 시민(국

민)권을 갖고 개인의 권리와 의무를 논하기에는 관점이 너무 좁다. 이에 맞춰 정치철학도 달라지고 경제학도 달라져야 할 것이다. 나아가 인간의 행동을 규제하며 이끄는 윤리 도덕도 바뀌어야 할 것이다. 그리고 생태계 파괴, 생물종 절멸, 이상 병원체 등장, 지구 기후 변화 등의 징후들을 통해, 인간의 생명만을 생각하는 삶의 방식으로는 인간의 안전도 보장받을 수 없다는 것을 알게 되었다. 지구 위에 존재하는 모든 생명체뿐만 아니라 흙, 하천, 숲, 산맥 등도 우리의 삶과 밀접하게 연결되어 있음을 깨달은 것이다. 지구 자체를 '살아 있는 생명체'로 보아야 한다는 시각이 설득력을 더해가고 있다.

달라진 시대에 맞는 생명의 진리와 삶의 진리를 궁구하여 새로운 삶의 방법을 찾아서 실행해야 할 때다. 지구 위 모든 사람이 공동의 운명체라는 것을 인정하고 생명의 문제에 관한 한 시행착오를 줄여야 할 것이다. 그러려면 다양한 문화권의 생명의 진리와 삶의 진리를 연구하고 그것들을 다양한 각도에서 비교 조사하여 오늘날 우리에게 적합한 생명의 진리, 삶의 진리를 찾아내야 한다. 진정한 의미에서 동서 통합적 노력이 필요하다.

지구촌 시대에 더 이상 근대에서 통용되었던 삶의 원칙은 적용될 수 없다. 울리히 벡Ulrich Beck은 지금 우리가 살고 있는 지구촌 시대를 제1근대와는 다른 제2근대라고 규정하면서 제2근대에 맞갖는 새로운 패러다임을 찾아내야 한다고 말한다.[318] 그러면서 "제2의 근대의 관건을 이루는 질문에 대한 답안을 갖고 있는 사람은 아무도 없다"라고 한탄한다.[319] 그렇지만 이 문제를 해결하여야만 21세기에 평화가 있을 것이다. 에른스트 울리히 폰 바이츠제커Ernst Ulrich von Weizäcker는 "21세기는 새로운 패러다임 전환의 전망"이

---

318 울리히 벡, 『지구화의 길-새로운 문명의 가능성이 열린다』, 조만영 옮김, 거름, 2000, 30, 203, 252, 290쪽 참조.

319 울리히 벡, 『지구화의 길-새로운 문명의 가능성이 열린다』, 290쪽 참조.

독일의 사회학자 울리히 벡(1944~)

열릴 것으로 보며 "경제 다음에 환경 또는 자연 자원의 희소성이 우리 삶의 중심적인 동기"가 될 것으로 내다본다.[320] 프리초프 카프라 Fritjof Capra 는 『생명의 그물』에서 이 문제를 해결하는 것은 생각보다 아주 간단할 수 있다며 "발상의 전환, 인식의 전환을 해야 한다"라고 주장한다.[321]

우리의 사고방식과 인식의 틀이 생명 중심으로 바뀌고 우리가 지구 위 모든 생명체와 더불어 살 수밖에 없는 공동 운명체임을 깨달아 그에 필요한 생명의 정치, 경제, 문화를 펼쳐나가는 생명 문화 공동체를 이룬다면 아직 지구 생명에 희망은 있다. 에드워드 윌슨 Edward Osborne Wilson 은 생명의 패러다임으로 생명의 다양성을 살려 "생명의 미래, 인류의 미래"를 준비해야 한다고 강조한다.[322] 제러미 리프킨 Jeremy Rifkin 은 생명의 패러다임을 정치, 경제, 문화에 적용하여 "살아 있는 공동체"를 만들어가야 한다면서 유럽연합의 노

---

320 에른스트 울리히 폰 바이츠제커, 『환경의 세기-인간다운 삶과 노동을 위한 생태효율적 비전』, 권정임·박진희 옮김, 생각의나무, 1999, 6쪽. 그는 이어서 이렇게 말한다. "오늘날 인류는 지속적인 경제 성장보다 자연 보호를 더 우위에 두어야 한다. 이는 자연이 미래에도 역시 생존의 토대, 즉 진정한 삶의 질을 이루는 토대가 될 것이라는 아주 단순한 이유 때문이다."

321 프리초프 카프라, 『생명의 그물』, 19쪽 이하 참조.

322 에드워드 윌슨, 『생명의 미래』, 전방욱 옮김, 사이언스북스, 2005; 에드워드 윌슨, 『인간 본성에 대하여』, 이한음 옮김, 사이언스북스, 2000; 에드워드 윌슨, 『생명의 다양성』, 황현숙 옮김, 까치글방, 1995 참조.

력을 인류의 꿈으로 제시하고 있다.[323] 다음에서 이들 서양의 석학들이 내
놓는 지구촌 시대의 살림살이의 진리를 간략히 살펴보도록 하자.

지구 생명 시대

　　　　　　　　　140억 년 우주의 역사는 생명체가 등장하
면서 새로운 궤도에 들어섰다. 우주는 더 이상 죽은 물질들의 덩어리가 아
니다. 생명체가 등장하기 전까지는 물질의 법칙이 지배했다. 그러나 생명
체가 등장한 이상 이제 물질의 법칙만 가지고 모든 것을 설명할 수는 없게
되었다. 생명체의 등장과 번식, 확산, 변형 등을 설명할 새로운 생명의 법칙
이 필요하다. 우주의 역사 전체를 볼 때 오히려 "물질은 처음부터 '복잡하
게 됨'이라고 하는 거대한 생명 법칙에 나름대로 복종한 것"[324]이라고 말해
야 할 것이다. 생명체 역시 물질처럼 동일한 물리화학적 법칙에 종속되어
있지만 "생명은 물질 속에 비결정성을 삽입"하여 물질의 운동(흐름)과는 다
른 운동을 펼친다.[325] 물질에 생명이 삽입되고 생명체가 자신의 주변 환경
을 물질적 공간에서 삶의 생태학적 둥지로 만들면서 지구는 단순한 혹성이
아니라 지구 생명체가 된다. 35억 년이라는 생명의 역사가 흐른 뒤 인간이
라는 생명체가 등장했다. "물질이 내려온 사면을 거슬러 올라가려는 생명
의 노력"은[326] 인간이 등장하면서 눈에 띄는 성과를 거둔다. 어둠 속에 숨
겨져 있던 물질 또는 우주의 '안'이 인간의 '의식', '정신'으로 인해 밝아지

---

323 제러미 리프킨, 『유러피언 드림-아메리칸 드림의 몰락과 세계의 미래』, 이원기 옮김, 민음사, 2005; 『바이오테
　　　크 시대』, 전병기 · 전영택 옮김, 민음사, 1999; 『소유의 종말』, 이희재 옮김, 민음사, 2000 참조.
324 테야르 드 샤르댕, 『인간현상』, 양명수 옮김, 한길사, 1997, 57쪽.
325 앙리 베르그손, 『창조적 진화』, 황수영 옮김, 아카넷, 2005, 196쪽.
326 앙리 베르그손, 『창조적 진화』, 367쪽.

기 시작한다. 사람의 뛰어남은 그가 가지고 있는 반성 행위 때문이다. 인간이 자기에게로 돌아가는 반성하는 존재로 나타났다는 사실은 모든 생명 요소가 처음으로 '중심'에 모인다는 의미이며, 이는 곧 새로운 세계로 뻗어나가는 모습이다. 우주에 처음부터 있었던 마음(정신, 의식, 얼)이 끝까지 발전한 결과로서 '참얼(의식)'의 발생인 것이다. 즉 참얼(의식)의 발생과 발전이라고 할 수 있다.[327] 오로지 반성하는 능력과 그를 통해 지성을 갖게 되었다는 사실에서 비록 해부학적으로 유인원과 별반 차이가 없음에도 불구하고 인간은 그들과는 본질적으로 다른 존재다.

샤르댕에 의하면 이러한 반성하는 존재로서의 인간에게 찾아볼 수 있는 얼(의식)의 농축과 그에 상응하는 전체적이면서도 균형 있는 진화는 우주의 본질이 사람 안에 온전히 들어 있음을 보여준다. 사람됨Hominisation의 의미도 바로 이 측면이다. 즉 인류에게 깃들어 있는 동물적인 힘을 얼(의식)로 다스려 참된 인류 문명을 이룩해나가는 것이 사람됨의 의미인 것이다. 이것은 자연의 거대한 승화 과정이다.[328] 다시 말해서 지구를 통째로 바꾸는 변화가 나타난 것이다.

모든 가치 있는 것, 활발한 것, 발전의 힘을 가진 것은 '참 얼누리(의식계)'[329]에 모여 있다. 더 이상 진화는 해부학 차원에 머물러 있지 않다. 이제 개인과 집단의 얼(의식)의 자유 속으로 영역이 옮겨진 것이다. 문명의 발생 그리고 발전, 이것이 영과 육의 큰 물줄기가 서로 만나고 부딪쳐 차츰 조화를 이루는, 참 얼누리(의식계)가 넓게 펼쳐지는 모습이다. 실제로 전 세계적으로 여러 곳

---

327 테야르 드 샤르댕, 『인간현상』, 175쪽.
328 테야르 드 샤르댕, 『인간현상』, 173쪽.
329 얼누리는 정신계Noosphere를 가리키는 우리말이다. 즉 사람의 등장을 통해 얼이 세계를 이루었다는 의미이다. 이제 사람의 단계에서 얼과 얼이 서로 만나 하나의 세계, 즉 얼누리를 이룬다. 테야르 드 샤르댕, 『인간현상』, 174쪽 참조.

에서 이러한 얼(의식)의 농축을 통한 문명들이 생겨났다. 그러나 샤르댕에 의하면 진보라는 의식의 상승과 관련하여 완성된 곳은 서양이다. "오늘날의 사람을 이루는 것은 모두 서구라고 하는 열렬한 성장과 개혁의 지역에서 나왔고 적어도 거기서 다시 꽃핀 것이다. (……) 유럽의 사상과 활동 체계와 만나야 비로소 뭔가 사람에게 가치 있는 것이 되었다."[330] 샤르댕의 논리에 따르면 사람은 사람이기 위해, 또 사람답게 되기 위해 현대를 갈망해온 셈이다. 그리고 그 모습은 서구에서 피어난 문명에서 찾아볼 수 있다. "생각의 출현에 이르는 생물학적 변화는 단지 개인이나 종이 겪는 임계점에 일어나는 일이 아니다. 그보다 훨씬 큰 사건이다. 유기적으로 하나의 전체를 이루고 있는 생명 그 자체에 영향을 준다. 그리하여 결국 지구 전체의 상태에 영향을 준다."[331]

지구 생명의 역사를 훑어보면서 우리는 하나의 전개 과정을 확인할 수 있다. 그것은 세포가 탄생한 뒤 신경계의 형성으로 이어지는 과정이다. 지구 생성은 생물 발생으로 이어지고 생물 발생은 의식의 발생을 수반했다. 반성의 출현은 이러한 일련의 과정의 종착역이다. 의식 발생은 사람에게까지 이르렀다. 그리고 사람부터 시작해서 더 높은 기능으로 이어진다. 그것은 처음에 생긴 의식이 끝까지 발전한 결과다. '참얼(의식)의 발생'과 발전이다. 사람이 된다는 것은 새로운 시대의 시작을 알리는 것이다. 대지는 '허물을 벗고' 새로운 존재가 되었다. 자기의 얼(의식)을 찾았다는 말이 더 적합할 것이다. 진화의 역사에 놓여 있는 계단으로 볼 때 생각의 출현은 곧바로 지구의 탄생이나 생명 출현의 뒤를 잇는 것이며, 중요성으로 보더라도 그 두 현

---

330 테야르 드 샤르댕, 『인간현상』, 200~201쪽.
331 테야르 드 샤르댕, 『인간현상』, 174쪽.

상에 비길 수 없다.[332]

　태양계의 다른 행성과 달리 지구는 물리적인 평형 상태에 있지 않다. 지구는 생명을 지속 가능하게 하는 독특한 조건을 만들어내는 살아 있는 지각에 의존하고 있다. 에드워드 윌슨은 섬세하면서도 미약한 에너지의 전 지구적 순환을 통해 서로 연결되어 유기 물질로 변환되는 것들에 주목한다. 지구 표면의 토양, 돌, 그리고 대기가 불가사이하게 복잡한 생물의 막인 생물권의 활동을 통해 수십억 년에 걸쳐 현재의 상태로 진화해온 것으로 설명한다. 이 생물권이 우리의 특별한 세계를 매일 매 순간 새롭게 만들뿐더러 유일하고도 연약한 이 세계의 물리적 비평형 상태를 유지하고 있다.[333]

　윌슨은 인류와 지구 위 모든 생명체들의 생존을 위해서는 이 생물권이 보호되어야 하며 그러려면 지구상의 생물 다양성biodiversity이 최대한 유지되어야 한다고 말한다. 그리고 생물 다양성은 크기에 상관없이 어디서나 세 가지 수준으로 조직된다고 설명한다. 최상위에는 다우림, 산호초, 호수와 같은 생태계가 있다. 다음에는 조류, 호랑나비, 곰치와 사람을 아우르는, 생태계 내의 생물로 구성되는 종이 있다. 밑바닥에는 각 종을 구성하는 개체의 유전을 결정하는 다양한 유전자들이 있다.[334]

　각 종은 군집community에 독특한 방식으로 소속되어 다양하게 먹고 먹히며, 다른 종과 경쟁하고 협력하며 살아간다. 각 종은 또한 토양, 물, 공기를 변화시킴으로써 간접적으로 군집에 영향을 끼치기도 한다. 군집과 그것을 둘러싼 물리적 환경 사이에는 물질과 에너지의 끊임없는 유출과 유입이 이

---

332 테야르 드 샤르댕, 『인간현상』, 174쪽 이하 참조. "사람은 계속 이어지는 생명체 중에서 마지막에 나왔으며, 가장 신선하며 가장 복잡하고 가장 야릇하다." 『인간현상』, 212쪽.

333 에드워드 윌슨, 『생명의 미래』, 84쪽 참조.

334 에드워드 윌슨, 『생명의 미래』, 46쪽 참조.

뤄지며 영속적인 생태계 순환이 만들어진다. 우리의 생존은 이 순환에 달려 있다. 생태학자는 이러한 에너지와 물질의 연결망을 전체적으로 조망한다.

생태계는 또한 생물, 물질, 에너지의 역동적인 연결망으로 다른 생태계와 연결되어 있다. 제임스 러브록은 생태계가 일종의 초생물이라고 생각할 수 있는 지구 전체 생물권에 연결되어 있다고 주장했다. 태양계의 행성 중에서 유일하게 지구의 물리적인 환경은 생물이 없을 경우와는 완전히 다른 미묘한 균형을 이루며 유지되고 있다. 그 균형을 유지하는 존재가 바로 생물이다.

윌슨은 첨단 과학 기술이(기술 만능주의자들이) 펼쳐 보이는 21세기의 낙관적인 전망에서 빠진 것이 있다고 지적한다. 그것은 바로 사람을 포함한 대부분의 생명이다. 각 종은 서식처 내의 독특한 물리화학적 환경에 적응하고 있다. 각 종은 다른 종들과 서로 어울려 살도록 진화해왔는데 생물학자들은 이제야 그 방식을 이해하기 시작한 것이다.[335] 지구 자체를 살아 있는 생명체로 보고 그 삶의 원칙과 방식을 보고 배워야 한다는 학자들의 목소리가 높아지고 있다. 지구 생명에서 보고 배워야 할 새로운 인식의 틀을 '생명의 패러다임'이라고 이름하자.

생명의 패러다임

개인으로서의 사람이 모델이 되어 개인주의를 발달시키고 자유, 평등, 인권, 사회 정의라는 가치관 아래 사유 재산

---

[335] 에드워드 윌슨, 『생명의 미래』, 206쪽 참조.

권, 시장 경제, 민족 국가, 자유민주주의를 형성시킨 근대가 새로운 시대에 자리를 내주고 있다. 정보와 통신 기술의 눈부신 발전으로 인해 인간의 시간 및 공간 의식이 완전히 달라지고 노동과 소유의 의미도 달라지면서 그에 따라 예전의 시장과 국가에 대한 인식도 변해왔던 것이다. 사유 재산과 자유 속에 어느 누구에게도, 어느 것에도 의존하거나 종속되지 않고 자신의 두 다리로 세계를 개척하며 살아가는 자율적인 개인이라는 모델은 지구 위 모든 것이 서로 얽히고설켜 운명의 공동체를 이루고 있는 지구촌 시대에는 더 이상 적합하지 않다. 우리는 새로운 패러다임을 찾아야 한다. 생명의 패러다임이 지구촌 시대, 아니 지구 생명의 시대에 가장 적절한 패러다임으로 등장하고 있다. 생명의 어떤 독특한 특징들이 주목되고 있는지 살펴보자.

제러미 리프킨은 20세기가 되자 환원주의적이고 기계론적 사고방식이 자연의 상호 연결성을 파악하기에는 그 개념이 너무 좁고 제한되었다고 지적한다. 과학자들은 사회나 자연을 이해하려면 각 구성 요소의 특성만이 아니라 현상들 간의 수많은 관계까지도 이해해야 한다는 것을 깨닫기 시작했다. 사회과학자들은 주위 세계와의 관계를 감안하지 않고 어떻게 사람을 알 수 있는지 묻기 시작했다.[336]

인간 개인이 상호 작용의 패턴이라면 자연의 모든 것도 마찬가지가 아니겠는가? 하나의 현상을 이해하려면 그 요소들을 분석해야 한다는 옛 개념은 사라지고, 대신에 각 요소를 알려면 먼저 그 요소와 전체의 관계부터 알아야 한다는 개념이 자리 잡게 되었다. 독자적으로 존재하는 것은 아무것도 없으며, 모든 것은 서로 관계를 형성함으로써 존재한다는 뜻이다. 이런 새로운 과학을 '시스템 이론'이라고 부른다. 시스템 이론은 자연의 본질에 대

---

336 제러미 리프킨, 『유러피언 드림-아메리카 드림의 몰락과 세계의 미래』, 432쪽 참조.

미국의 경제학자
제러미 리프킨(1943~)

한 기존의 개념을 전적으로 수용하지 않는다. 또 인간 사회에서 자율적인 개인이 타인과 관계를 맺지 않고 자신의 이익을 최대한 추구한다는 아이디어에도 강한 의문을 제기한다.

시스템 생물학자들은 살아 있는 유기체, 즉 생물의 조직 특성 중 하나가 그 계층 본성에 있음을 강조한다. 실제로 모든 생물의 두드러진 특징을 살펴볼 때 그 시스템 속에 다층 구조를 생성하는 경향이 있음을 확인할 수 있다. 여기서 각각의 구조들은 부분들의 관점에서는 전체를 형성하지만, 동시에 그보다 큰 전체에 대해서는 시스템이 부분이 된다.

20세기 전반부에 유기체설 생물학자들이 개진했던 중요 개념들은 연결성, 연관성, 맥락 등의 측면에서 새로운 사고방식을 낳았는데, 그것이 곧 '시스템적 사고'다. 이 시스템적 관점에서 볼 때, 유기체, 즉 생물 시스템의 가장 본질적인 특성은 그 부분들이 가지고 있지 않은 전체가 드러내 보여주는 그러한 특성이다. 이 특성은 부분들 사이의 상호 작용과 연관성에서 생겨난다. 이 시스템이 물리적으로나 이론적으로 분리되어 고립된 요소들로 나누어질 때 이 특성은 사라져버린다.

20세기에 이룬 가장 큰 발견의 하나는 시스템이 분석에 의해 이해될 수 없다는 사실이다. 여러 부분의 특성들은 본질적인 특성이 아니라 보다 큰 전체의 맥락에서만 이해될 수 있다. 따라서 이제 부분과 전체의 관계가 역전된다. 시스템 접근 방식에서 부분의 특성들은 전체의 조직이라는 측면에서만 이해될 수 있다. 따라서 시스템적 사고는 기본 구성 재료에 초점을 맞추지 않고 기본 조직 원리에 주목한다.

생명의 패러다임은 생태학에서도 중요한 개념과 사고방식을 차용한다. 생태학은 생명체가 자신의 주위 세계와 맺는 관계에 주목하여 생명체를 고찰하는 학문이다. '생태학Ökologie, Ecology'은 "유기체와 그 유기체를 둘러싼 외부 세계의 관계에 대한 과학"이라고 정의된다. 생태학이라는 새로운 과학은 두 가지 새로운 개념－집단과 연결망－을 도입해서 시스템적 사고방식을 더욱 풍부하게 만들었다. 생태학자들은 생태학적 집단을 그 상호 관계를 통해 기능적인 전체 속으로 묶여 들어가는 생물들의 집단으로 봄으로써 쉽게 생물에서 집단으로, 그리고 다시 생물로 시야를 옮길 수 있다.

오늘날 우리는 대부분의 생물이 생태학적 집단의 구성원일 뿐 아니라 그 자체가 복잡한 생태계이며, 그 속에서 상당한 폭의 자율성을 갖지만 그보다 작은 수많은 유기체들이 전체라는 기능 속에서 조화롭게 통일되어 있음을 잘 알고 있다. 따라서 생물 시스템 체계에는 생물, 생물의 부분 그리고 생물들로 이루어진 집단이라는 세 가지 종류가 있으며, 이 모두가 통합된 전체를 구성하고 있다.

1911년 러시아의 과학자 블라디미르 베르나드스키Vladimir Ivanovich Vernadsky는 생태학적 관계를 지구 전체로 확대한 논문을 발표했다. 그는 '생물권biosphere'이라는 개념을 창안하고, 그것을 "우주의 복사 에너지를 전기, 화학, 기계, 열 등의 효율적인 지구 에너지로 변화시키는 변환자들이 존재하는 지구의 표면"[337]으로 정의했다. 그는 지구의 화학 물질 순환은 생명체의 양과

---

[337] 제러미 리프킨, 『유러피언 드림-아메리카 드림의 몰락과 세계의 미래』, 433쪽에서 다시 따옴.

질에 영향을 받고, 또 생명체는 지구를 통해 순환되는 화학 물질의 양과 질에 영향을 미친다고 주장했다. 오늘날 생물권은 지구 표면과 대기권을 포함해 어떤 형태의 생명체라도 자연적으로 존재할 수 있는, 복합적인 생명 유지 시스템이라고 정의된다.

지구화학적 물질과 생명체 간의 끊임없는 상호 작용과 피드백은 하나의 통합된 시스템으로 작용함으로써 지구의 기후와 환경을 유지하고 생명체를 보호한다. 그렇다면 지구 자체가 생명체와 다름없는 것이다. 자체 조절 기능을 통해 생명체가 유지될 수 있는 안정 상태를 유지하기 때문이다.[338] 지구가 살아 있는 유기체로 작용한다면 지구의 생화학을 혼란시키는 인간의 활동은 인간의 생명과 생물권 전체에 치명적인 결과를 가져올 수 있다. 화석 연료 에너지를 대량으로 사용하는 것은 지구의 기후 변화를 가져와 모든 생명체를 유지해주는 생물권을 손상시킬 수 있는 인간 활동의 대표적인 사례다.

리프킨은 지금 우리 세계에는 새로운 과학이 등장하고 있다고 말한다. 그는 이 신과학운동을 '제2의 계몽주의'라고 불러도 좋을 것이라고 말한다. 신과학의 원칙과 가정은 네트워크적 사고방식과 잘 어울린다. 기존 과학의 특성이 분리, 활용, 해체, 단순화였다면, 신과학의 특성은 참여, 보충, 통합, 전체주의라고 말할 수 있다. 기존 과학이 자연을 물체로 보았다면, 신과학은 자연을 관계로 파악한다. 기존 과학이 자연을 생산적으로 만드는 데 초점을 맞추었다면, 신과학은 자연을 지속 가능하게 만드는 데 중점을 둔다. 기존 과학이 자연을 지배하는 힘을 추구했다면, 신과학은 자연과의 연대를 추구한다. 옛 과학이 자연에서 독립하는 자율성을 중시했다면, 새로운 과

---

[338] 제러미 리프킨, 『유러피언 드림-아메리칸 드림의 몰락과 세계의 미래』, 435쪽 참조.

학은 자연에 다시 참여하는 데 초점을 맞춘다.[339]

리프킨은 불행하게도 경제, 정치, 사회, 그리고 환경과의 관계에 대한 우리의 사고 대부분이 해묵은 과학적 패러다임에 얽매여 지구촌 시대, 지구 생명 시대에 우리가 부딪치는 문제들을 제대로 해결하지 못하고 있다고 한탄한다.

생명 문화 공동체의
필요성

제러미 리프킨은 우리가 지금 격동의 시대에 살고 있다고 말한다. 그에 의하면 인류는 무너져 내리는 구질서와 새로 부상하는 새 시대 사이의 갈림길에 서 있다. 첨단 기술은 우리의 공간 및 시간에 대한 인식을 근본적으로 변화시키고 있다. 그리하여 자기의식과 세계관이 근현대인과는 크게 다른 새로운 인간이 등장했다. 이 새로운 의식의 시야는 이전의 어떤 것보다 훨씬 넓고 세계적이다. 지금은 인간의 활동이 경제적인 측면과 사회적인 측면 모두에서 과거의 한계를 넘어 전 세계로 퍼져 나가고 있다. 이런 세계를 수용하기에는 기존의 체제가 갑자기 너무도 갑갑하게 느껴진다. 새로 부상하고 있는 경제 시스템은 통치 모델의 변화도 강요하고 있다.[340]

지구촌 시대에 새롭게 떠오르는 핵심 단어는 '문화'다. 사람들은 21세기를 한마디로 '문화의 세기'라고 명명하기를 주저하지 않는다. 지구촌 시대

---

339 제러미 리프킨, 『유러피언 드림-아메리칸 드림의 몰락과 세계의 미래』, 438쪽 참조.
340 제러미 리프킨, 『유러피언 드림-아메리칸 드림의 몰락과 세계의 미래』, 235쪽 참조.

에 인류를 하나로 평화롭게 묶을 수 있는 끈은, 국경을 허물고 삶의 곳곳에 파고든 냉혹한 시장 경제의 논리인 무한 경쟁이 아니다. 그것은 또한 안정을 내세워 통제만을 일삼고 가진 자, 기득권자의 권리 보호에만 집착하는 국가의 통치 체제도 아니다. 그것은 모든 사람들이 각기 나름대로 자신들의 삶을 다양하게 표출하고 다른 사람의 아픔에 공감하며 서로서로를 인정하고 살려나가는 생명의 문화다.

제러미 리프킨은 지구촌 시대 '살아 있는 공동체'란 시장과 정부, 그리고 시민사회의 세 축으로 운영되는 공동체라고 주장한다. 공동체에 생명의 숨길을 불어넣고, 지구 위 모든 생명체와 생명의 연대를 형성해 지구 생명의 보존에 신명을 바칠 수 있는 주체가 시민사회라고 본다. 지난 30년 동안 일어난 정치적 변화 가운데 가장 주목할 만한 것은 정치 과정에서 시민사회 부문의 참여가 증가했다는 점이다.[341]

그에 의하면 시민사회는 시장과 정부 사이에 위치한 영역이다. 시민사회는 개인의 문화생활과 그가 속한 공동체를 구성하는 모든 활동을 아우른다. 거기에는 종교, 예술, 교육, 건강, 스포츠, 공공 오락, 연예, 사회 및 환경운동, 지역 사회 참여, 그리고 공동체의 유대감과 사회적 결속을 형성하는 모든 활동이 포함된다. 시민사회는 문화를 가능한 모든 형태로 재생산하기 위한 만남의 장이다. 그곳은 사람들이 사회적 자본을 창출하고 행동 규범을 확립하기 위해 '심오한 놀이'에 참여하는 장소다. 문화를 지배하는 것은 내재적 가치다. 시민사회는 문화의 표현을 위한 포럼이며 가장 원초적인 영역이다.[342]

---

341 제러미 리프킨, 『유러피언 드림-아메리칸 드림의 몰락과 세계의 미래』, 311쪽 참조.
342 제러미 리프킨, 『유러피언 드림-아메리칸 드림의 몰락과 세계의 미래』, 302쪽 이하 참조.

리프킨은 문화가 시장과 정부보다 앞서며 그것들을 가능케 한 조건이라고 주장한다. 사람들이 가장 먼저 만들어내는 것은 언어다. 서로 의사를 소통하기 위해서다. 그 언어를 이용해 자신들에 관한 이야기를 전설이나 신화로 만들며 자신들의 기원을 숭배하고 집단 운명을 계획한다. 그런 다음 행동 규범을 확립하고, 우리가 '사회 자본'이라고 부르는 신뢰를 구축하며, 사회적 결속을 다진다. 다시 말해 공동의 정체성을 확립하고자 '심오한 놀이'에 참여하는 것이다. 충분한 결속과 유대감이 생기고 난 뒤에야 사람들은 시장을 열고, 거래를 하며, 그와 관련된 활동을 규제하기 위해 정부를 만든다.[343]

사회에 신기술을 도입하는 것도 대부분의 경우 문화 의식에 의해 결정되었다. 문화 의식이 사람들의 세계관에 영향을 미치며, 그 결과 각 집단의 사고방식에 적합한 새로운 발견이 나온다. 물론 문화 의식은 고정된 것이 아니다. 새로운 발견과 발명으로 공간적·시간적 의식이 계속 수정되며, 경제와 정치 시스템의 근본적인 변화뿐만 아니라 문화 패러다임 자체에도 변화가 일어난다.

그러나 역사 전체를 볼 때 인간의 현실 경험은 자신과 세계에 대한 이야기를 만드는 것으로 시작되며, 그 이야기가 모든 진화적 변화를 위한 기본적인 문화 DNA로서의 역할을 한다고 말할 수 있다.[344] 리프킨은 문화는 결코 과거나 현재나 시장과 정부의 연장선에 있는 것이 아님을 강조한다. 오히려 시장과 정부가 문화의 연장선상에 있다고 볼 수 있다. 다시 말해 시장과 정부는 부차적인 존재다. 시장과 정부는 문화가 만들며 문화 덕분에 존

343 제러미 리프킨, 『유러피언 드림-아메리칸 드림의 몰락과 세계의 미래』, 304쪽 이하 참조.
344 제러미 리프킨, 『유러피언 드림-아메리칸 드림의 몰락과 세계의 미래』, 305쪽 이하 참조.

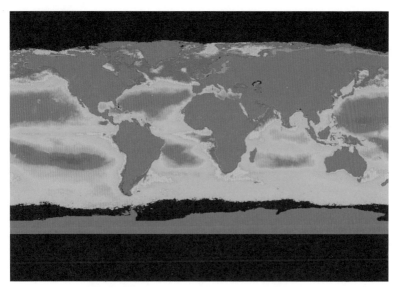

지구촌 생물권을 형상화한 이미지

재하는 것이다.

지구촌 시대의 여러 다양한 시민사회운동은 국경을 초월한다. 그들의 비전은 인류 보편적이며 그들의 목표는 지구적이다. 그들은 인간 의식 자체의 변화를 추구한다. 모든 개인의 권리에 대한 새로운 인식과 지구의 모든 생명체 집단을 서로 분리할 수 없다는 발상이다.[345] 리프킨은 새로운 초국가적 권익운동 단체들이 궁극적으로 보편적 행동 규범을 확립하기를 원한다는 사실에 주목한다. 그것은 기술적이거나 전문적인 성격이 아니라 인간 행동 자체를 관장하는 규범이다. 그들의 정통성은 전문적 지식을 바탕으로 하는 것이 아니라 인간 의식 저변 깊숙한 곳에서 비롯된다. 그들은 합리적 계

---

345 제러미 리프킨, 『유러피언 드림-아메리칸 드림의 몰락과 세계의 미래』, 311쪽 참조.

산보다 인간적 공감에 호소한다. 그들은 실리적 이해관계가 아니라 내재적 가치를 지향한다. 그들의 목표는 물질적이라기보다 이상적이다. 그들은 경제 성장뿐만 아니라 삶의 질을 증진하기 위해 노력한다. 그들에게는 물질적 진보만큼이나 개인적 변신이 발전의 기준이 된다.

시민사회가 주축이 되어 살아 있는 공동체를 만들어나가는 모범을 리프킨은 유럽연합에서 본다. 유럽 공동체가 인류의 미래를 위해 제시하는 '유러피언 드림'은 하나의 지붕 아래 보편적 인권과 편협한 문화의 권리 모두를 수용하려 한다. 그런데 다문화주의와 인권을 동시에 수용하기란 쉬운 일이 아니다. 다양한 인권운동들은 보편적인 가치를 지향한다. 그들의 민족 문화가 아니라 개인의 인권에 초점을 맞춘다. 그리고 그들의 배경은 영토가 아니라 '생물권' 전체다.[346]

리프킨은 인류의 미완성 임무가 지구를 구성하는 더 큰 생명 공동체에 대한 '개인적 책임 의식' 확립에 있다고 말한다. 그는 진정한 변화가 일어나려면 인류와 동식물, 그리고 생물권에 대한 책임 의식이 개인적으로 느껴져야 하고 집단적으로 규정되어야 한다고 본다. 윤리와 도덕은 모두가 개인적인 책임을 느끼는 세계에서만 바로 설 수 있기 때문이다.[347]

---

346 제러미 리프킨, 『유러피언 드림-아메리칸 드림의 몰락과 세계의 미래』, 314쪽 참조.
347 제러미 리프킨, 『유러피언 드림-아메리칸 드림의 몰락과 세계의 미래』, 490쪽 참조.

4. 인간은 생명의 관리인 '살림지기'

        리프킨은 서양 사람들이 오랫동안 자연에 의존하지 않고 더욱 자율적이게 됨으로써 안전과 자유를 누릴 수 있다고 생각해왔다고 본다. 그러나 그것은 비극적인 환상이었다. 이제 죽음 본능, 즉 자연을 정복하려는 공격적인 욕구가 기후 변화, 핵 확산, 빈곤 확대, 사회 혼란 같은 세계적인 위험의 형태로 돌아와 우리에게 재앙을 주고 있다. 더욱 안전하도록 상황을 제어하려 했지만 결국은 이전보다 더욱 취약해지고 말았다. 인류는 이제 스스로 초래한 파멸의 위기를 맞고 있다. 죽음 본능이 우리 세계를 압도하고 있는 것이다.[348]

    리프킨은 이제 인류가 인간 의식의 세 번째 단계에 접어들고 있다고 본다.[349] 이 단계는 인간이 자유 의지로써 자연과 재결합하는 단계다. 바로 이 점에서 그는 유럽의 지식인, 과학자, 미래학자 들의 이상을 높이 산다. 그들은 지구를 존중하고 보호할 만한 가치가 있는 생명체로 보기 시작한 것

---

348 제러미 리프킨, 『유러피언 드림-아메리칸 드림의 몰락과 세계의 미래』, 480쪽 참조.

이다. 인간 의식의 제3단계는 인류의 연계성을 지상권geosphere에서 생물권biosphere으로 전환시킨다. 지정학geopolitics은 언제나 환경을 만인에 대한 만인의 투쟁이 벌어지는 거대한 전장으로 간주했다. 그 전장에서 사람들은 개인의 생존을 위해 자원을 확보하는 싸움을 벌인다. 반면 생물권 정치biosphere politics는 지구가 상호 의존 관계로 구성된 살아 있는 유기체이며, 우리가 속한 더 큰 공동체를 잘 관리함으로써 생존하고 번성한다는 개념에 기초한다. 자아에서 다른 사람으로 관계를 확대하고 지구를 살아 있는 유기체로 만드는 다양한 관계들과 공감대를 형성해야 하는 것이다.[350]

리프킨은 이러한 의식이 유아나 원시인들의 삶에서 나타나는 원초적인 참여와는 전혀 다르다고 말한다. 후자의 경우는 참여가 의지에 의해서가 아니라 운명에 의해 결정되기 때문이다. 자유 의지로써 자연과 재결합하는 것이 인간 의식의 제3단계가 그 이전의 단계와 구별되는 특징이다. 그는 케네스 거겐Kenneth J. Gergen의 말을 인용하며 자아가 관련성의 무대에서 완전히 사라져야 이 단계에 도달할 수 있다고 강조한다. "서로 연결된 세계에서는 자신이 속한 관계의 틀에서 독립할 수 있다고 생각할 수 없다. 서양 역사의 지난 수백 년 동안 개인의 자아가 차지했던 중심부를 이제 네트워크 관계가 차지하게 되었다."[351] 그러면서 리프킨은 서양인과 동양인의 의식이 지금

---

349 인간 의식의 첫 단계는 구석기 수렵 채취 시대에 형성된 의식으로 아직 자아의식이 그다지 발달하지 않은 때다. 이 당시 개인은 사회의 일부분이었고, 또 사회는 더 큰 자연의 일부분이었다. '대지'는 어머니로 간주되었으며, 땅을 실제 자기 어머니 대하듯 사랑과 존경, 두려움으로 대했다. 농경 생활이 정착하면서 인간 의식은 둘째 단계에 들어선다. 인간은 야생 동물을 길들이고 야생 식물을 재배함으로써 자연을 생산적으로 활용하기 시작했다. 농업의 도래와 함께 인간의 의식은 자연 세계뿐만 아니라 자신의 몸과도 조금씩 분리되기 시작했다. 그에 따라 자아의식도 서서히 싹텄다. 근대 초에 이르러 인간과 자연이 급속히 분리되기 시작했고, 지금과 같은 자율성 의식이 나타나게 되었다. 완전히 분리되고 자율적인 개인의 등장과 함께 자아의식도 커졌다. 또 자아의식과 함께 개인의 자유 의지, 즉 자신의 주변 세계를 스스로 제어할 수 있다는 믿음도 나타났다. 제러미 리프킨, 『유러피언 드림-아메리칸 드림의 몰락과 세계의 미래』, 480쪽 이하 참조.
350 제러미 리프킨, 『유러피언 드림-아메리칸 드림의 몰락과 세계의 미래』, 482쪽 이하 참조.

까지 서로 다른 길을 걸어왔지만 이제는 서양인의 의식이 동양인의 의식을 닮아가기 시작한다고 말한다.

제러미 리프킨은 이제 인간을 자연의 지배자로 보는 시각을 버리고 자연의 관리인으로 봐야 한다고 주장한다.[352] 유럽의 신학자들은 「창세기」 1장 28절에 나오는 "자식을 많이 낳고 번성하여 땅을 가득 채우고 지배하여라. 그리고 바다의 물고기와 새와 땅을 기어 다니는 온갖 생물을 다스려라"라는 구절을 더 이상 예전처럼 낱말 그대로 인간이 주인이 되어 지배하고 다스리는 것으로 해석하려 하지 않는다. 이제는 '지배'와 '다스림'의 의미가 '보호 및 관리'를 의미하는 쪽으로 재해석되고 있다. 인간은 이 세상에서 하느님의 지시를 받는 관리인의 역할을 수행해야 하기 때문에 그의 창조물인 자연을 이용하거나 파괴하지 않고, 보호하고 관리해야 하는 것이다.

사회생물학자 에드워드 윌슨은 지구 생명 시대 인류는 지구 보존을 위한 윤리 도덕을 정립해야 한다고 말한다. 그에 의하면 보존 윤리는 미래 세대에게 비인간적 세계의 최상의 것을 전해주겠다는 목표를 가지는 것이라고 할 수 있다. 이 세계를 안다는 것은 그것에 애착을 갖는다는 것이며, 세계를 잘 안다는 것은 세계를 사랑하고 세계에 대해 책임감을 느낀다는 뜻이다.[353] 윌슨은 생명체란 자체로 가치를 갖고 있기 때문에 사랑하고 보존해야 한다고 주장한다.

윌슨은 생명체 각각의 종은 무한한 지식과 심미적인 즐거움을 제공한다는 사실을 지적한다. 그것들은 각각 살아 있는 도서관이다. 세포의 유전체는 무진장한 정보를 담고 있다. 벌레나 잡초와 같이 하찮게 생각되는 생물

351 제러미 리프킨, 『유러피언 드림-아메리칸 드림의 몰락과 세계의 미래』, 486쪽에서 다시 따옴.
352 제러미 리프킨, 『유러피언 드림-아메리칸 드림의 몰락과 세계의 미래』, 492쪽 참조.
353 에드워드 윌슨, 『생명의 미래』, 207쪽 이하 참조.

들도 스스로를 창조해왔다. 이것은 이름과 100만 년의 역사와 세계에서 고유한 위치를 가지고 있다. 이들의 유전체는 각 생물이 독특한 생태적 지위를 갖도록 적응시켰다. 유전체에 대한 생물학적 탐구를 통해 드러나는 윤리적인 가치는 우리를 둘러싼 생물들이 아주 오래되었고, 아주 복잡하며, 부주의하게 무시되기에는 잠재적으로 아주 유용하다는 것이다.[354]

그다음 그는 생명의 유전적 통일성이라는 또 다른 윤리적 가치가 잠재되어 있음을 강조한다. 모든 생물은 동일한 원시 조상 생물에서 유래되었다. 유전자 암호를 읽어보면 살아 있는 모든 종의 공통 조상은 가장 단순한 해부학적 구조와 분자 조성을 가진 단세포 미생물인 오늘날의 세균이나 고세균과 흡사한 것으로 나타나고 있다. 오늘날의 모든 생물은 지구상에 35억 년 전에 나타난 단일 조상을 가지기 때문에 기본적인 분자 형질을 공유한다.[355]

윌슨은 이 외에도 또 다른 중요한 가치가 있다고 말한다. 그것은 인간의 사회 행동 유전자에 프로그램화되어 있는 것 같은 관리인 정신이다. 모든 생물은 단일한 공통 조상에서 비롯되었기 때문에 인류가 태어났을 때 생물군 전체가 '생각'하기 시작했다고 말할 수 있다. 나머지 생명이 몸이라면 인간은 마음이다. 따라서 윤리적인 관점에서 바라본 자연계에서 인간의 위치는 피조물에 대해서 생각하고, 살아 있는 지구를 보호하는 것이다.[356]

윌슨은 유전적인 통일성, 친족 관계, 그리고 심층 역사에 대한 감각이 생물계와 우리를 묶어주는 가치들이라고 말한다. 이것들이 우리 자신과 우리 종을 위한 생존의 메커니즘이다. 생물학적 다양성을 보존하는 것은 불멸성

---

354 에드워드 윌슨, 『생명의 미래』, 208쪽 이하 참조.
355 에드워드 윌슨, 『생명의 미래』, 209쪽 참조.
356 에드워드 윌슨, 『생명의 미래』, 209쪽 참조.

미국의 생물학자 에드워드 윌슨(1929~)

에 대한 투자인 셈이다. 윌슨은 사람이 아닌 생명을 사랑한다는 것은 어려운 일이 아니라고 말한다. 알면 사랑하게 된다. 다른 생명을 사랑할 수 있는 포용력과 경향은 사람의 본능 중 하나라고 할 수 있다. 이 현상을 그는 생명 사랑·biophilia(생명 애호, 생명 애착)이라고 정의한다. 그것은 생명과 생명을 닮은 형태에 대해 관심을 가지려는, 어떤 경우에는 이들과 감정적으로 교제하려는 천부적인 경향으로 정의할 수 있다.

사람은 살아 있는 것과 생명이 없는 것을 확연하게 구별한다. 우리는 다른 생물에서 볼 수 있는 신기함과 다양성을 존중한다. [357]

윌슨은 지난 200년 환경운동의 역사가 우리에게 가르쳐준 게 있다면 그것은 사람들이 자신을 넘어 다른 사람들을 보고 생명을 바라다볼 때 마음의 변화가 일어난다는 것이라고 말한다. 사람들이 자신의 지역에서 나라로, 그리고 그 너머로, 자신의 일생이라는 짧은 시간에서 수세대, 그리고 마지막으로 인류사의 미래에까지 시야를 확장할 때 환경운동은 생명 보존 운동이 되고 생명 보존 윤리가 되어 힘을 받는다. [358]

윤리적인 성향을 키우며 윤리적으로 행동하려면 우리가 가장 먼저 해야

---

357 에드워드 윌슨, 『생명의 미래』, 211쪽 이하 참조.
358 에드워드 윌슨, 『생명의 미래』, 240쪽 참조.

할 일은 정치적인 이데올로기와 종교적인 교리에 근거한 고질적인 도덕적 우월감에서 벗어나는 것이다. 그다음 일은 무장 해제다. 윤리적인 해결책은 사람들로 하여금 정치적 이데올로기의 한계를 극복하고, 경제 성장과 보전이 하나의 동일한 목표로 융합되는 공통의 토대를 향해 나아가도록 영향을 준다.[359] 윌슨은 관리인 정신이 이데올로기와 국경의 벽을 넘어선 인류의 공통된 도덕적 명령이라고 말한다.[360]

윌슨은 관리인 정신이 인간의 사회 행동 유전자에 프로그램화되어 있는 것 같다고 말하는데 그것은 옳은 이야기다. 한국인의 삶 속에 각인되어 있는 삶의 방식과 그 명칭을 보면 그의 말이 옳다는 것을 확인할 수 있다. 우리는 인간의 일상적인 주거 생활을 '살림살이'라고 이름했다. 그리고 집안의 살림살이를 책임지고 있는 사람을 '살림지기'라고 했다. 우리말의 '살림살이'에는 '살리는', 다시 말해 '죽지 않도록 감싸주고 보살피는' 삶의 방식을 가장 중요한 생활 자세로 본 우리 선인들의 삶의 철학이 배어 있다. 살림을 생활화해서 그것을 우리 삶의 일로 삼아 그렇게 살아가는 삶의 자세가 '살림살이'라는 낱말에 간직되어 있는 것이다.

지구 생명 시대, 지구 위의 모든 생명체를 보호하고 관리해야 하는 살림지기로서의 인간은 생명에 뿌리를 둔 삶의 진리, 삶앎의 진리, 살림의 진리를 묻고 배워서 생명의 진리에 부합한 살림살이의 규범을 정립해야 한다. 정치, 경제, 사회, 기술, 과학 모두 생명의 신명을 일깨우는 살림의 축제와 마당이 되어야 한다. 지구의 살육자인 인간은 한시바삐 살림지기로서 거듭나야 한다. 그래야 새 천년에도 인류는 인간이 포함된 우주 진화를 이야기할 수 있을 것이다.

---

359 참조 에드워드 윌슨, 『생명의 미래』, 235쪽 이하.
360 참조 에드워드 윌슨, 『생명의 미래』, 246쪽.

제9장

새로운 시민운동으로서
생명문화운동

오늘 우리는 새로운 문명을 적극 개척·창조하지 않으면 안 되는 절체절명의 역사적 선택의 기로에 서 있다. 그것은 기본적으로 생명의 살림에 바탕을 두는 것이어야 하는데, 그것을 새 문명 패러다임의 두 가지 원리로 분별할 수 있다. 하나는 이분법적 분리주의를 대체하는 것으로서 생명, 우주 생명의 유기적 관계성을 바탕으로 해야 한다는 것, 다른 하나는 우열에 따른 지배와 억압의 사유 체계를 청산하고, 이를 대신할 호혜적 상생의 사유 체계로 나아가야 한다는 것, 그리고 이를 이성적으로 인식하는 지평을 포괄하되 더 나아가 자연적 감성과 생태적 영성의 차원에서 조망할 때, 바로 생명 윤리의 안팎인 '모심'과 '살림'으로 그것을 드러내야 한다는 것이다. 지구촌 시대를 살고 있는 우리는 그 지혜를 지구 위의 모든 생명체가 평화롭게 어울려 사는 상생과 공생의 '살림살이학'으로 세상에 내놓아야 할 사명과 임무를 부여받고 있다.

1. 생명운동:
시민운동의 새로운 패러다임 모색

생명학자 김용복은 흔히 '생명운동'이 환경운동, 생태운동, 생명 윤리 등을 중심으로 일어나는 시민사회운동으로 일컬어져왔음을 환기시킨다. 그러나 그는 생명운동이 보다 포괄적으로 통전적統全的(통일적으로 전일화, 즉 부분들이 전체로 통합되어 부분이 전체와 필연적 관계를 맺어 조화로운 통일성을 이룬다는 뜻)·통합적으로 이해되어야 한다고 주장한다. 왜냐하면 생명운동은 생명에 대한 다양한 위협을 동시에, 그리고 다 함께 극복해야 하고, 20세기 지구의 생명은 총체적 위협에 직면하게 되었고, 21세기에 와서 이 위기는 갈수록 더 심각한 국면에 처했기 때문이다.[361]

김용복은 인류의 역사를 인간 자신의 생명 보전을 위한 문명사로 고찰할 수 있다고 본다. 다시 말해 문명사는 인간의 생명 역사였다고 할 수 있다. 그러나 인간의 생명 역사, 생명 문명사는 인간의 생명이 우주의 생명체와

---

361 김용복, 「생명운동─시민운동의 새로운 패러다임 모색」, 『한국의 생명담론과 실천운동』, 555~571쪽.

긴밀히 연관되며, 거기에 의존되어 있음에도 불구하고 자기중심적으로 우주 생명체와 배타적으로 관계하는 방식으로 전개되어왔다. 이런 전개 과정에서 인간은 생명 위협과 파괴의 문명을 주도하는 주범이 되어버렸다.

지난 역사를 되돌아볼 때 인류의 문명사는 홍망성쇠를 거듭해왔다. 곳곳에서 문명 간의 충돌과 융합이 끊임없이 전개되어 오늘날까지 이어져왔다. 근대에 와서 인류 문명사는 서양 문명과 동양 문명이 만나고 또 그 외의 다른 문명들이 서로 만나면서 충돌하며 갈등하고 경쟁하며 대립하다가 서로 융합되어가는 추세로 펼쳐져간다.

우리의 근대사도 비슷하다. 조선 말기의 동학운동은 종교 사상적 융합을 토대로 한 새 종교 창조운동이라고 할 수 있다. 그것은 조선의 사회 경제와 정치 체제의 모순을 극복하면서 서구 문명의 침입에 대응하기 위한 '후천개벽'의 농민운동이며 민중운동이었다. 이 운동은 농민과 개혁 지식인이 함께한 일종의 통전적 운동이었다. 우리 민족은 19세기 말부터 20세기 초 동북아시아의 지정학적 소용돌이 속에서 민족의 생존과 새로운 미래를 위해 민족운동을 전개했다. 주변 강대국의 식민지 야욕에 항거하여 민족의 독립을 지키기 위해 민족 독립운동을 일으켰다. 그것은 1919년 3·1 독립운동에서 그 절정을 맞이했는데, 이는 제1차 세계대전 직후의 역사 변혁을 추구한 세계사적인 기운에 부응하는 운동이었다. 3·1 독립운동 이후 일제는 문화적 동화 정책으로 민족의 의식을 식민지화하고 민족의 혼을 빼앗으려고 시도했다. 이에 대응하여 우리 민족은 민족 교육, 민족문화예술운동이라는 저항운동을 펼쳤다.

1945년 해방이 되었지만 북쪽에는 공산주의 사회 체제가 형성되고 남쪽에는 자본주의 정부가 수립되면서 한민족은 민족 분단의 비극적 상황을 맞게 된다. 이때부터 한반도에서는 두드러진 통일운동이 전개된다. 민족이 하나가 되려는 의지는 우리 민족의 역사와 사회 안에서 강력하게 확산되며 다양한 문화운동의 형태로 표출된다. 해방 이후 근대화운동을 통해 피식민주의에서 독립한 한국은 자주 독립을 위한 근대 국가의 건설과 산업화를 위한 경제 건설에 매진했다. 근대화운동은 한국 전쟁 이후 미국의 후견 아래 강력한 군사주의 독재에 의한 경제 일변도의 산업화 정책으로 펼쳐졌다. 이에 대응하여 시민의 자유와 주권을 쟁취하기 위한 인권운동과 민주화운동이 전개되었다. 이는 정치적 민주화(인권)와 사회 정의(민중의 사회적 권리)를 동시에 실현하려는 운동이었다.

인권·사회 운동의 한계는 70년대 여성운동이 노출시켰다. 60년대에 일어났던 인종차별철폐운동과 더불어 여성운동은 인권·사회운동이 성의 정의를 내포하지 않는 한 진정한 해방을 성취할 수 없다는 자각을 보편화시켰다. 70년대 초 아시아 국가들이 산업화의 꿈을 부풀리고 있을 때, 세계 경제는 근본적인 구조 변화를 경험하게 된다. 자연 자원(석유 등)의 고갈과 생태계 파괴라는 문제가 전면에 부각되기 시작했다. 시민들은 산업화의 한계를 인식하고 성장 일변도의 산업 정책은 생태계 파괴라는 대가를 치를 수밖에 없음을 깨닫는다. 이제 사람들은 생태계 문제가 인류와 생명체들의 존속과 직결되어 있다는 사실을 보편적으로 인정한다.

그러나 우리는 우리의 절박한 문제를 민족 통일과 평화에서 보았다. 우리 민족은 민족 통일과 전쟁 체제를 극복하기 위한 통일과 평화를 실현하지 않고는 인권도 사회 정의도 실현할 수 없다는 자각 아래 민족 통일과 한반도평화운동에 몰입하게 되었다. 이것이 80년대, 90년대 한국에서의 시민운동의 맥락과 배경이었다. 이 운동은 냉전 체제를 극복하려는 세계적 평화운동과 맥을 같이했다.

김용복은 오늘 우리는 냉전 체제의 해체 이후 총체적 지구화 과정을 경험하고 있다고 말한다. 지금 세계는 하나의 지구 시장 체제를 통합적으로 구축하는 방향으로 나아가고 있다. 이 지구화 과정은 기술과 과학 그리고 자본을 앞세운 미국의 주도 아래 펼쳐지며, 사람들로 하여금 새로운 제국의 출현을 경험하게 한다. 이 제국은 지구 시장의 안보라는 명분으로 절대적인 군사 제패 체제를 구축하고 있다. 이러한 지구적 상황에 세계 시민들은 지금까지 저항운동사에서 겪은 모든 경험들을 총동원하여 합리적이고 효율적으로 대처해야 함을 깨닫는다. 인류는 이러한 지구 체제 아래에서 그 생명을 총체적으로 위협받을 뿐 아니라 우주의 생명체 전체가 파괴와 절멸의 위협 아래 놓이게 되었다. 이러한 위기 상황은 인간 생명뿐 아니라 우주의 생명을 총체적으로 보전하고 살릴 수 있는 '새 생명 문명에로의 전환'을 요청한다. 김용복은 이렇게 달라진 상황을 염두에 두고 오늘의 시민운동을 재조명해야 한다고 주장한다.

전 세계적으로 지구화에 대응하기 위한 다양한 시민운동이 일어나고 있다. 시민운동은 지금까지의 민족운동, 사회운동, 민중운동, 문화운동과는 달리 지구화 과정에서 발생하는 다양한 문제들에 대처하여 정치 문제와 경제 문제, 생태 문제와 기술 문제 등을 넘나들면서 펼쳐지는 다양한 참여 운동으로 표출된다. 시민사회운동은 각 나라의 시민들이 전개하지만 국가의 테두리를 넘나든다. 왜냐하면 지구화 과정에서 국가의 경계선이 느슨해지거나 개방되었기 때문이다. 지구 시장 체제는 지구적 자유 무역 체제(초국가적 기업의 활동 등), 지구적 교통, 지구적 미디어와 통신, 지구적 사이버 공간의 형성 등으로 국가 간의 경계를 '철폐'하기 시작하고 국가 주권의 약화 내지는 와해를 야기하고 있다.

그러나 기본적으로 오늘의 시민운동은 국가적·국제적 정치 과정 Governance을 개혁하고 지구 시장의 과정을 개혁하면서 문제를 풀어나가려

대표적인 비정부조직 그린피스GREEN PEACE의 활동 모습

고 한다. 그래서 시민운동을 시민사회운동, 또는 비정부 조직Non-governmental Organization, NGO이라고도 한다. 여기에는 비영리성도 포함되어 시장에서 독립되어 있음을 함축하기도 한다. 따라서 시민운동은 사회 구조적 기반보다는 각종 중요한 문제 중심으로 전개되는 운동의 성격을 강하게 띤다.

오늘의 시민운동은 지극히 구체적인 '살림살이' 문제와 결부되어 있고 지역과 밀접하게 연계되어 있다. 이 운동은 지역 공동체적 성격을 띠고 있으며 또 그래야 한다. 시민의 생활 주권—살림살이의 주권—의 확보가 걸려 있기 때문이다. 오늘의 시민운동은 혁명과 변혁을 목표로 하기보다는 개혁을 출발점으로 운동을 전개한다. 이러한 시민운동은 원론적인 입장과 주장을 내세우기보다는 조정과 조율을 통해 합의를 도출하여 문제를 실질적으로 해결하려고 노력한다.

시민운동은 다양한 연대망을 지역적 차원, 사회적 차원, 지구적 차원에서 자유자재로 형성한다. 전통적인 민족적·민중적·인종적·성적 연대를 뛰어넘어 다중적 연대를 형성한다. 시민운동은 정보의 공유, 원활한 커뮤니케이션 등을 통해 시민의 여론을 추진력으로 삼아 개혁을 이루려고 한다. 시민운동은 모든 문제를 공론화하여 일반 시민의 참여와 지지를 유도하며 심도 있는 토론으로 좋은 정책을 추구하려고 한다.

오늘날 시민운동은 지구화 과정에서 민주주의를 심화하고 확대하려고 노력한다. 그리하여 기존의 정치 과정이나 시장 과정에서 확보되지 못한 민주적인 과정을 장외에서 창출하여 기존의 권력 과정과 시장 과정을 더 광범위한 참여를 통해 민주화하려고 시도한다. 시민의 전문적 지혜를 동원하여 생활민주주의를 심화하려고 노력한다. 동시에 국가를 초월하여 다가오는 지정학적 문제, 지구 시장의 압력, 문화적 문제 등을 초국가적인 차원에서 다룰 수 있는 통로를 열어주려고 노력한다.

이제 시민운동도 지구화 시대에 걸맞은 새 지평을 열어야 한다. 그것이 바로 통전적 운동이라고 김용복은 강조한다. 그는 생명운동을 그러한 통전적 새 운동의 축으로 설정해보자고 제안한다. 역사적 운동과 시민운동이 합류하여 운동의 새 지평을 열자는 제안이다. 생명운동은 지금까지 이뤄져온 다양한 고전적 운동들이 합류하는 곳이다. 그것은 다양한 모순과 갈등을 극복하기 위한 운동이다. 고전적 운동의 구조적 차원과 시민운동의 구체적 차원이 생명운동 차원에서 합류될 수 있다.

김용복은 생명운동의 근본 바탕을 찾기 위해 먼저 아시아의 종교운동, 사상운동, 문화운동사에서 아시아 생명운동사의 줄기를 찾아야 한다고 말한다. 그것은 생명의 '태극' 또는 근원을 이해하기 위함이며, 그것이 생명학의 일차적인 과제다. 그다음 생명운동의 통전적 주체를 설정해야 한다. 생명(체)은 주체라는 기본적인 명제에서 생명운동의 주체가 논의될 수 있다. 생명체는 운동의 포괄적인 주체다. 우주의 생명체들은 스스로 사는 주체이다. 거기에 인간은 공동 주체로 참여하고 있다. 그렇게 볼 때에야 인간과 다른 생명체 사이의 주체의 균열이 극복되고 공동 동역의 주체로 통전된다.

그다음 생명학은 생명의 통전적 도(지혜)를 탐구한다. 생명학은 새 생명을 위한 지혜를 문명의 축적과 교류를 통한 다양한 합류와 상호 작용을 통해 탐구한다. 문명사(역사)적 축적은 문명의 연속과 절단의 흐름을 융합하면서 이루어진다. 그것은 문명 교류 경험의 축적을 포함한다. 이런 것을 토대로 하여 생명운동은 새 문명을 지향한다. 예전과 현대의 동서양 문명의 새로운 운동적 합류는 생명운동의 새로운 문명적 차원을 창출하기 위해 정신적 융합을 요청한다. 그것은 새 문명을 일구는 사상, 종교, 예술을 합류시키는 지평을 열며 새 문명을 일구는 생명의 정치 경제를 구상한다. 새 문명을 일구는 과학 기술 체제를 개축한다. 생명학은 동·서양 농경 사회의 이론(문화와 사상)적·실천적 지혜의 기반을 포괄하면서 그 제약을 초월하여 통합한다. 근대 과학 기술의 사회적 기반을 포용하고 그 제약을 극복하면서 융합한다. 생명학은 전자/정보 사회적 기반과 생명/생태적 기반을 통합한다.

김용복은 새로운 시민사회운동으로서 생명운동을 제안하며 그 실현을 위해 무엇보다도 생명학의 체계적인 정립이 중요하다고 역설한다. 그리고 이 생명학은 생명 정치, 생명의 정치 경제, 생명의 지정학, 생명 공동체의 정의, 생명 문화의 창조, 생명의 종교, 우주적 생명 질서 등 지구 위의 모든 생명체들의 공생과 상생을 위한 살림살이학[*]임을 천명한다. 이러한 이념과 이상 속에서 구체적인 생명운동이 펼쳐져야 함을 역설한다.

2. 생명운동의 자리매김을 위하여

생명운동가 이상국은 생명운동의 패러다임이 생명의 세계관에 입각하여 벼 한 알 안에서 우주를 보는 것과 같다고 말한다. 생명이 신명나게 살 수 있는 세상의 구체적인 모습을 제시함과 동시에 매일매일 세포 분열을 통해 성장해가듯이 매일매일의 생활이 그 세계를 만들어가고 체험하는 형태의 운동이 될 때, 생명운동은 생명이 신명나게 살 수 있는 세상을 만드는 운동이 될 것이라고 조언한다.[362]

생명운동가 이시재는 새만금간척반대운동을 예로 들어 생명운동의 가능성을 말한다. 새만금간척반대운동은 환경운동에 새로운 지평을 열었다. 환경 보전을 넘어서서 생태계의 평화, 그리고 생명 담론이 운동의 중심에 자리 잡게 되었다. 종교인들의 참여로 새만금 문제는 생명 문제라는 인식이 확산되었다. 그것이 집약적으로 표현된 것이 삼보일배다. 삼보일배는 우리 사회 운동의 대타적 경향을 성찰적 자세로 바꿀 것을 촉구했다. 한국의 생

---

362 이상국, 「생명운동의 기저에는 지역 생태 농업살림이」, 『한국의 생명담론과 실천운동』, 572~574쪽 참조.

명운동에 평화와 생명이라는 주제를 본격적으로 끌어들인 것도 새만금간척반대운동에 대한 종교인들의 참가와 삼보일배였다.

삼보일배운동의 핵심은 보이지 않는 생명의 고통을 '보고, 듣는' 감수성이다. 생명운동이 진정 통전성을 주장하려고 한다면, 뭇 생명의 아픔을 자기의 아픔으로 감수하는 능력을 가져야 한다. 삼보일배는 보이지 않는 것을 볼 수 있게 했을 뿐만 아니라, '궁극의 시간'에서 '사회의 시간'을 비판하는 새로운 시선을 제공했다. 생명운동은 이성과 감성의 일차원성을 넘어서서 현재의 시간을 상대화하고 이를 비판하는 안목을 제시할 수 있어야 한다.[363]

생명운동가 장태원은 인류의 문명사는 대체적으로 자연을 성공적으로 지배하고 도구로 이용하고 수탈하는 역사와 맞먹는다고 말한다. 그러한 노력이 끊임없이 계속된 결과 인류는 이제 명실공히 지구 전체를 자신들의 식민지로 예속시키고 모든 생명체 위에 군림하는 제국주의자가 되었다. 1970년대에 들어서면서 역사상 처음으로 인간의 생산 능력이 인류 모두를 먹여 살릴 수 있게 되었고, 1990년대 들어서면서 그 능력은 다섯 배로 증가했다. 물질의 빈곤에서 벗어나 쓰고 버려도 철철 넘치는 시대를 살게 되었는데도 지구상에서 기아는 여전히 해결되지 않고 있다. 지금도 지구 한편에서는 1,800만 명(대부분 어린이들)이 굶어 죽고, 다른 한편에서는 너무 많이 먹어서 생기는 병과 싸우고 살을 빼는 '다이어트' 산업이 번창하고 있다. 더불어 살아야 하는 생명의 기본 질서와 나누어 먹어야 하는 법의 기본 철학이 무너졌기 때문이다.

앞으로 생명운동이 자리 잡으려면 먼저 생명에 대한 담론이 활발해져야

---

363 이시재, 「사회운동은 생명운동에서 무엇을 얻을 수 있는가」, 『한국의 생명담론과 실천운동』, 581~584쪽 참조.

한다. '생명이란 무엇인가?'에서부터 생명운동이 지향하는 세상의 모습이나 생명의 경제, 생명의 문화, 지역운동으로서의 생명운동, 나아가 생명의 정치 등 다양한 부문의 문제들이 여러 단계에 걸쳐 생명의 관점에서 활발하게 토론되어야 한다.[364]

생명운동가 주요섭은 생명 담론을 통해 무엇을 얻었는지를 물으며 생명 담론이 가야 할 방향을 전망한다. 생명 담론은 우선 우리의 삶과 사회에 대한 전일적全一的 통찰을 가능케 했다. '사회 경제적 존재'로서의 인간이란 관습에서 벗어나 '영성 문화적인 삶'과 '생태적 삶'에 대한 깨우침을 주었다. 그것은 또한 관계에 대한 통찰이기도 하다. 하늘과 땅과 사람의 관계망, 인간과 인간, 인간과 자연, 신과 인간이라는 전일적 관계의 복원이다. 생명의 세계는 '자기 조직 하는 생명의 다차원적인 그물망'이라는 각성이기도 하다.

다음으로 생명 담론은 초超근대 혹은 탈근대적 패러다임을 한국적인 맥락에서 펼쳐 보였다. 경제 성장과 개발, 민주주의 등, 해방과 전쟁 이후 이른바 '근대화운동'은 우리의 삶과 영혼을 폭력적으로 침탈했다. 이에 대해 생명 담론은 동학과 한국적 생명 사상의 뿌리에 천착하며 우리의 잣대를 만들어보고자 했고, 그것을 사회적 운동으로 새롭게 전개하고자 했다. 이것을 동도동기東道東器라고 할 수 있다. 이런 관점에서 생명 담론은 사회운동의 다차원성을 이끌어낼 수 있는 화두를 던졌으며 그 지평을 넓히는 데 기여했다고 할 수 있다.

오늘날 한국의 사회운동은 크게 세 가지 차원으로 나누어볼 수 있다. 체제 내적 개혁(시민운동 주류), 사회주의적 가치의 실현(이른바 '진보운동') 그

---

364 장태원, 「생명운동의 발전을 위한 제언」, 『한국의 생명담론과 실천운동』, 575~580쪽 참조.

리고 새로운 동도동기, 혹은 한국적 탈근대의 전망이 그것이다(개량 자본주의, 반자본주의, 비자본주의로 나눌 수도 있다). 생명 담론은 스스로 '한국적 제3의 길'을 모색하면서, 주류 시민운동과 사회주의적 전망을 갖는 이들에게 철학적·운동적 상상력을 고양하는 나름의 역할을 해왔다.

최근에 생명운동은 평화 사상과 만나면서 생명평화운동으로 자리매김하고 있다. 생명이 체體라면 평화는 용用이다. 생명의 자기 조직은 '평화平和(움직이는 하모니)의 전개'다. 좁은 의미의 생명운동이 '생명평화운동'이라는 보다 넓은 사회적 운동으로 진화하고 있다.[365]

생명운동가 김정수는 생명운동을 평화운동과 연관시키면서 거기에서 앞으로 시민사회의 과제를 본다. 지금까지의 평화운동은 평화 개념에서는 노르웨이의 평화학자 갈퉁Johan Galtung이 말하는 적극적 평화positive peace를 지향하는 평화운동(문화적·구조적·물리적 폭력의 총체적 극복)을 추구하면서도 현실에서는 파병 반대나 분단 체제의 극복을 위한 여러 활동 등 소극적 평화negative peace(물리적 폭력의 극복)운동에 머물러왔고, 그 방식도 거리 집회와 성명서 발표 등이 주를 이루었다. 그 결과, 시민사회와 민중운동의 평화운동은 하나의 이슈에 대해 지속성을 가지고 대응하지 못했다.

평화운동의 본질 가운데 하나는 나(우리)와 다른 사람들, 오랜 갈등과 적대 관계 속에서 살아온 사람들이 어떻게 평화롭게 공생하는가 하는 문제다. 다름이나 차이, 갈등이 있다면 이것을 회피하거나 없애거나 이김으로써 극복해야 할 대상으로 삼는 것이 아니라, 그것을 있는 그대로 인정하고 그 위에서 대화와 소통을 통해 어떻게 협력적으로 문제와 갈등을 해결할 것인지

---

365 주요섭, 「생명운동은 '노아의 방주'가 아니다―생명담론과 새로운 사회운동」, 『한국의 생명담론과 실천운동』, 591~593쪽 참조.

를 모색한다. 수많은 갈등과 분쟁이 존재하는 이유는 결국 다른 인종, 문화, 정체성, 이해관계 등등에서 비롯된 것인데, 이를 인정하고 적대감을 불식시키며 대화를 통해 평화로운 미래를 열어가려는 것이다.

적극적 평화, 고통받는 생명이 아닌 향유하는 생명을 지향하는 평화운동이 되려면, 인권과 생명의 가치를 담아내는 평화운동, 고통받는 사람의 얼굴을 바라보고(레비나스) 기억하고 연민하며 연대하는 평화운동, 적대감과 원수의 상을 해체하여 공동의 안보를 지향하는 평화운동으로 나아가야 한다. 이는 국적을 넘어선 생명의 등가성에 대한 인식이며, 과거의 갈등과 전쟁과 고통을 미래의 평화를 위해 기억하고 성찰하는 운동이다. 또 내 안의 평화와 연민의 마음을 사회적 평화 행동으로 전환하기 위한 소통이다. 평화와 인권은 결합하고 그 개념은 재구성되고 확대된다. 평화운동이 궁극적으로 지향해야 할 지점은 지역적·지구적 차원의 평화 체제, 인권과 정의와 평화의 지구적 공치(협치)로 나아가는 길이다.[366]

---

366 김정수,「생명운동과 시민사회의 과제-한국 평화운동의 과제」,『한국의 생명담론과 실천운동』, 585~590쪽 참조.

3. 한국 생명운동의 뿌리와 전개

앞에서는 새로운 시민운동으로서 생명운동을 제안하고 그것을 다양한 분야와 관점에서 자리매김하는 이론들을 살펴보았다. 여기에서는 그러한 생명운동이 한국에서 실제로 어떻게 펼쳐져 지금에 이르렀는지를 고찰하고자 한다.

생명학자 윤형근[367]은 현대적 의미의 '생명 사상'을 본격적이고 온전한 형태로 담고 있는 첫 번째 저작으로, 1974년 출간된 윤노빈의 『신생철학』[368]을 꼽는다. 이 책에서 윤노빈은 서구적 세계관이 지배하는 오늘의 세계를 '인위적 죽임의 세계'라 규정하고, 이 세계는 인간이 세상을 보는 눈('시각', 달리 말하자면 세계관)에서 기인하는 것으로 본다. "데카르트의 인간 공학 이론으로 완성"된 서양의 세계관은 요소론적인 것으로 "움직이는 세계로부터

---

367 윤형근, 「한국 생명운동의 뿌리와 공동체」, 모심과살림연구소 엮음, 『모심 侍』, 55~66쪽 참조.
368 윤노빈, 『신생철학』, 제일출판사, 1974. 부산대 철학과 교수였던 윤노빈은 책이 출간된 지 10여 년이 지난 1983년 전두환 정권 시절 월북했다. 이 책은 한동안 판금 서적으로 묶여 있다가 1989년 학민사에서 재출간되었다.

운동의 개념을 박탈함으로써 세계를 소유하며 세계를 소유하려는 야심"에 가득 찬 명사名詞적 세계관이다. 그것의 "자연에 대한 인간의 지배 방식, 인간에 대한 인간의 지배 방식은 (……) 움직이는 것을 움직이지 못하게" 하고 사람으로 하여금 "생명 유지에 필요한 것 이상의 낭비와 과잉 생산, 과잉 공급을 갈망하게" 하는 "야수적 세계관으로 발전하였다"라고 지적하면서 데카르트 이후 진행된 서구 산업 문명을 맹렬하게 비판하고 그 제국주의적 성격을 폭로한다.

윤노빈에 의하면 오늘의 세계는 "삶의 통일성을 깨트리고 분열·분단 시킴으로써 모든 사람들이 급작스런 피살 혹은 대규모적이며 대량적인 서살徐殺의 위험에 봉착해 있는 죽임의 세계"다. 이런 아귀 지옥에서 벗어날 길은 "고통과 죽임의 상황 이전에 계시는 '거룩한 생존' 속에 있다". "생존은 막힘없이 피어나는 우주의 꽃", "생존은 연결과 협동으로써, 즉 통일된 상태에서만 유지되며 확장"되고, "막힘없이 앞뒤로, 좌우로, 사방으로 퍼진다". 따라서 "사람의 생명은 공유다. 생존은 공존이다. 생존의 인위적人爲的, 人僞的 성격은 생존의 공유성에서 비롯된 것이다. 사람은 혼자 살 수 없고 함께 살아야 한다." 그러므로 "생존은 실체로서가 아니라 '주는 행위'로서 파악되어야 한다". 이처럼 윤노빈은 고통과 죽임이 지배하는 오늘의 세계를 살리는 단초를 거룩한 생존(생명)의 본성인 '공유와 나눔'에서 찾고 있다.

이 책을 보면 알 수 있듯이, 생명 사상이 현대 환경론, 환경 정의론, 근본 혹은 사회 생태론, 지속 가능성, 생태적 합리성, 에코아나키즘 등 각종 환경 이론 및 생태 사상과 성격을 달리한다는 점은 자명하다. 그것의 문제의식은 환경·생태 문제 자체라기보다는 환경·생태 문제의 근원적인 뿌리인 근대 산업 문명에 있기 때문이다.

종속 이론과 한스 요나스$^{Hans\ Jonas}$ 등 서구 학계의 근대화, 산업화에 대한 자성自省의 영향을 받아 학계의 학문적 성과로 나온 『삶의 정치 사상』[369]에서 임효선은 『신생철학』과 거의 유사한 문제의식과 대안을 제시한다. 그는 "근대화란 서구화이며, 경제적 발전이란 대체로 산업화를 의미"하는데, "서구화는 정치적 경제적 측면에만 국한되는 것이 아니라 문화적 측면까지 포함"한다고 말한다. 그리고 "인간이 '사적 삶의 창조', '진보의 신화', '테크노모픽 문화' 및 '해방'의 이데올로기 등의 노예가 된다면 집합적 자살의 상황을 피하기는 어려울 듯하다. '근대성'(또는 근대적 풍조$^{the\ ethos\ of\ modernity}$)은 인간과 자연의 부조화로부터 결과된 명백한 병폐"라고 진단한다.

　　서구의 "진부한 기계론적 · 원자론적 및 인간 중심적^{homocentric} 안목, 시각에 의한 근대성"이 탄생하므로 이 "서구 세계관에 대체할 수 있는 새롭고 다른 세계관"으로 임효선은 도가와 유가를 포함하는 중국 철학과 사상의 "자연적 호혜주의"―인간과 자연의 조화와 단일성을 인지하는, 곧 만물은 여타의 만물과 호혜적으로 연관되어 있다―에 주목한다. 자연적 호혜주의는 "전체론적이며 반원자론적인 것이고, 내재적 · 본질적이고 반외재적인 것이며, 유기체적이며, 반기계론적인 것이다. 그것은 '기계의 이미지'도 아니고, '죽음의 이미지'도 아니다. 자연적 호혜주의의 안목은 '삶의 철학'이며 '삶의 이미지'"라고 하면서 "서로 협조하여 조화로운 삶을 영위할 척도를 찾지 않으면 안 된다. 이것은 '지배 아니면 굴종!'의 논리에 의해서가 아니라 만인의 조화로운 협조 · 화합에 의해서만 가능할 것"이라며 그 해결의 실마리를 찾고 있다.

　　윤노빈은 생존(생명)의 특성을 통일, 연결, 협동, 공유, 공존, 나눔, 주는

---

369 임효선, 『삶의 정치 사상』, 한길사, 1984.

행위로 파악하고, 임효선은 인간과 자연의 조화, 호혜적 연관, 협조와 화합 속에서 '삶의 철학, 삶의 정치'의 실마리를 찾았다.

쿠데타로 집권한 군사 정권이 1960~1970년대에 추진했던 경제 개발은 서구 사회를 모델로 우리 사회를 뿌리부터 바꾸려는 물질적 성장을 위한 근대화 프로젝트였다. 그 변화의 속도와 규모는 가히 엄청난 것이었다. 그만큼 사람들의 삶에 끼친 영향도 엄청났다. '우리도 잘살 수 있다'는 이데올로기의 세례를 받은 수많은 민중은 대대로 뿌리를 내리고 살았던 농촌 공동체를 등지고 도시로 이농하여 값싼 노동력을 파는 도시 변두리의 노동자가 된다. 농촌에서 도시로의 이동, 공동체의 해체와 뿌리 뽑힌 삶은 몇 세기에 걸쳐 이루어진 서구의 과정과는 많은 차이가 있으나 여타 제3세계와는 동일한 양상을 띠고 있으며, '공동체에 대한 희구'라는 생명 사상의 정서적 기반을 형성하는 배경이 된다.

이런 배경 아래 돌진적 근대화와 뿌리 뽑힌 삶의 현실 상황에서 전통 시대 민중들의 공동체 문화가 지니고 있던 생명력에 주목한 민중문화운동이 일어난다. 민중문화운동은 1960년대 대학가를 중심으로 번지기 시작해 1970년대 사회적으로 깊이 뿌리내리게 된다. 그것은 한편에서는 도시화, 산업화로 인해 잃어버린 공동체에 대한 희구였으며, 다른 한편에서는 바로 그 잃어버린 공동체성의 회복을 위한 독재 정권에 저항할 근거이자 에너지의 원천이었다.

다시 말해 민중문화운동은 전통 사회의 민중 예술이었던 판소리, 탈춤, 가면극, 무속, 대동굿, 두레 노동에 대한 재발견을 통해 민중들의 저항성을 부각함으로써 당시 독재 정권에 대한 저항의 이미지를 강하게 각인시켰다. 이때 그 저항의 에너지는 민중의 대동성, 공동체성, 생명력에서 나왔다. 전통 사회의 민중 예술은 대개 "노래와 춤으로써 하늘과 땅, 신령과 인간이 하

세계 무형 문화재에서 펼쳐진 대동굿은 우리 민족의 신명을 잘 보여준다.

나로 융합되어 새로운 생명과 문화를 창조하는"[370] 현상이었다. 민중의 공동체적 노동인 두레에서, 혹은 공동체의 노래와 춤을 통해 체험하게 되는 신명은 우주 생명력과 교합된 상태로 확대된 자아를 말하며, 우주 생명이 인간 내부에 지펴들고 자기 안에 우주가 확대되어 나오는 영성적 체험이다.

---

370 유동식, 『한국 무교의 역사와 구조』, 연세대학교출판부, 1975: 윤동식, 『민속종교와 한국문화』, 현대사상사, 1978.

즉 전통 사회에서 신명은 예술과 일상의 삶, 또한 생로병사生老病死의 인생 여정을 매개로 우리가 생명 그물망으로서 세계에 참여함으로써 인간과 자연과 우주가 조화된 문화를 유지할 수 있게 해준 원동력이었다. 하지만 제국주의의 침략과 근대화, 산업화의 20세기를 거치며 인간과 자연과 우주가 분열되고 도구화되는 과정에서 우리는 신명과 영성의 능력을 상실하게 된다.

1970년대 대학가를 중심으로 확산된 민중문화운동은 민중 문화가 지녔던 생명력을 부활시키고, 그 문화의 기반이었던 마을 공동체, 지역 공동체의 공동체성을 되살리려는 기획을 통해 생명운동의 또 다른 정서적 뿌리를 형성한다. 민중의 자연과 인간과 사회에 대한 신명(영성)적 체험의 뿌리였던 마을 공동체는 생명 공동체의 모습을 이미 그 안에 온전하게 담아내고 있었다.

근대화, 산업화의 희생물이 된 농업을 '유기농업'이라는 새로운 방식으로 살리려는 정농회의 노력을 폄하할 수는 없으나 자생적인 현장운동 경험이 생명운동의 뿌리가 된 가장 중요한 사례는 원주캠프[371]의 협동운동이라고 할 수 있다. 원주캠프는 서울의 기독교 민주화운동과 더불어 1970년대 민주화운동의 성지라고 불릴 만큼 격렬하게 독재 정권에 저항한 운동의 중심체였다.

원주캠프에서 주도한 농촌개발운동은 마을을 단위로 물적인 자원을 외부에서 집중 투입하면 자립이 가능하리라는 발상에서 출발했는데, 몇 년 동안 농기계, 가축, 자본 등 아무리 많은 자원을 투입해도 협동을 통한 자립이라는 목표에 도달할 수 없어 한계에 직면한다. 이것은 마을의 자연적 토대,

---

371 1970년대 민주화운동의 성지로 불렸던 원주에서 장일순과 지학순 주교를 중심으로 모인 운동가들의 그룹을 일러 원주캠프라고 불렀다. 김지하, 『사상기행』 2, 실천문학사, 1999. 장일순은 원주캠프의 사상적 지주로 원주캠프의 생명운동으로의 방향 전환에 결정적 역할을 했다.

마을 간의 관계, 소비자와의 관계라는 생태적 연관성, 생명계의 물질과 에너지, 정보의 이동과 순환을 무시한 요소론적 운동이었다는 각성으로 이어지고, 사람이나 마을은 고립적으로 존재하지 않는다는 인식의 전환을 가져온다. 또한 농촌 개발이 지향하던 '도시적' 풍요에 대한 반성을 통해 검소하고 소박한 농農적 삶에 대한 새로운 이해의 계기를 마련한다.

1982년부터 원주캠프에 참여하던 신협과 농협을 중심으로 유기농업이 시작되면서, 이렇게 생산된 농산물을 소비해줄 도시 소비자와 직거래가 시도된다. 그리고 1984년 유기농산물 직거래를 위한 원주 소비자 협동조합이 공식 창립되면서 운동의 새로운 형태를 본격적으로 실험하게 되고, 1986년 서울에 '한살림'이라는 이름을 내건 사무실을 내면서 세상에 알려지기 시작한다. 그리고 이 운동의 주체들은 십여 차례 공부 모임을 통해 전통 두레, 불교 승가 공동체 등 종교 공동체, 일본의 생활협동조합운동, 스페인의 몬드라곤 등의 협동조합운동, 녹색운동의 생태 공동체, 에콜로지컬 커뮤니즘 등 공동체에 대한 이론 작업 등 다양한 공동체운동에 대해 검토하고, 1989년 10월 '한살림 모임'을 창립하면서 「한살림 선언」을 세상에 내놓는다.

생명운동은 나눔과 협동을 통한 '살림'을 실천 지침으로 삼았다. 생명운동이 새롭게 만들어내려는 '삶의 양식'은 잃어버린 공동체의 생명력, 즉 공동체성의 회복이었다. 그것은 전통적인 마을 공동체를 모델로 삼는다. 한살림 선언에서는 "생명운동은 생명의 질서대로 오늘의 사회 경제 구조, 문화와 생활 양식을 변화시키는 새 문명운동이며 개벽운동"이라고 천명하고 있다.

4. 생명회복운동으로서 한살림운동

　　　　　　　　　소장학자 최혜성은 한살림운동을 생명회
복운동으로 자리매김하여 소개하고 있다.[372] 인간이 자연을 정복하고 지배
하고 이용하여 만들어놓은 인위적 환경, 즉 산업 문명이 만든 환경에서는
인간이 자연 그대로의 환경 속에서 살아갈 때보다 오히려 삶을 누리기 어려
워졌을 뿐만 아니라 생존 자체가 위협받게 되었다는 사실이 드러난다. 근세
이후 자유, 평등, 진보의 이름으로 피와 땀을 흘리면서 애써 이룩해온 이른
바 문명 세계라는 것이 기계적인 틀과 힘으로써 자연의 생태적 질서를 파괴
하고 있을 뿐만 아니라 인간을 억압하고 조작하고 소외하며 인간의 공동체
적 삶을 근본적으로 붕괴시키고 있다.

　자본 축적의 체계로서 자본주의는 경제 발전과 물질적 풍요를 가져다 주
었지만 그 대가로 공동체의 파괴, 노동의 소외, 노사 대립, 경기 순환과 실

---

372 최혜성, 「생명회복운동으로서의 한살림」, 모심과살림연구소 엮음, 『모심 侍』, 141~153쪽. 이 글은 한살림 선언
　　을 대표 집필했던 당시 한살림 모임 연구위원장인 최혜성이 1990년 5월 23일 일본 고베 청년학생센터에서 발
　　표한 것이다.

업, 자연 생태계 파괴 등을 야기했다. 자본주의나 사회주의를 막론하고 고도의 산업 사회는 근본적으로 기술적 합리성의 틀, 즉 기계적 모형으로서 인간과 자연을 통제하고 지배하며 조작하는 반인간적이고 반생태적인 사회, 아니 반생명의 체제라 할 수 있다. 이와 같이 생명을 억압하는 산업 체제가 생명으로서의 인간을 인간답지 않게 하고, 살아 있는 인간의 공동체를 공동체답지 않게 하며, 살아 있는 자연을 자연답지 않게 만들고 말았다. 그래서 인간은 그 본성에서 소외된 채 진정한 '자기'를 잃어버리고 그 공동체를 해체당함으로써 '이웃'으로부터 고립되었으며 자연과의 조화와 균등을 파괴하여 '자연'에 적대하고 있는 것이다. 산업 문명은 근본적으로 생명 소외의 문명이다.

오늘날 산업 문명은 핵병기와 핵발전소에 의한 위협과 공포, 자연 환경 파괴로 인한 생태적 위기, 자원 고갈과 인구 폭발, 인플레이션이나 실업과 같은 경제의 구조적 모순, 중앙 집권화된 기술 관료 체제에 의한 인간 지배, 문명병과 정신분열적 현상 등으로 위기적 상황에 직면하고 있다. 이러한 위기는 서구의 기계론적 세계관에 기초해서 끝없는 수직 성장만을 추구해온 인간의 오만과 탐욕에서 비롯된 것이다.

1970년대 후반부터 서구인들 사이에 동아시아 전통 사상과 문화에 대한 관심이 높아지고 있다. 르네상스 이래의 서구 문명이 세계를 지배하는 가운데 어느덧 막다른 골목에 부딪치게 되면서 문명사적 전환이 불가피해진 것이다. 오늘날 서구에서 일고 있는 동양에 대한 관심은 지식인들의 지적 취미가 아니라 민중 수준의 실제적인 관심이다. 그들에게는 동양 문화의 배후에 감춰져 있는 생명을 직감하고 생명에 대한 참된 체험을 온몸으로 추구하려는 자세가 보인다. 이러한 상황에서 서구 문명에 세뇌된 우리 동양의 지식인들은 오히려 이를 알아차리지 못하고 있는 실정이다.

‘한살림운동’은 인간과 자연 사이의 생태적 균형을 회복하고 인간과 인간 사이에 공동체적 삶을 구현함으로써 인간 내면에서 진정한 자기를 실현하는 총체적 생명운동이라 할 수 있다. 그래서 ‘한살림’은 물질, 생명, 정신이 우주의 역동적 과정에서 하나로 통합되고 있으며, 이들 모두가 요동을 통해 항상 새로운 자기를 조직하여 진화하는 생명임을 감지하는 새로운 과학운동과 생태적 세계관에 기초하여 사회 변혁을 추구하는 녹색운동에 주목한다. 그러면서 시천적侍天的 각성에서 인류의 개벽을 예감했던 동학사상을 포함한 모든 동양의 전통 사상에서 주체적 맥락을 찾고 있다.

　생명운동가 김종철은 한살림운동에서 공생의 논리를 읽어낸다.[373] 한살림공동체운동이 종래의 주류 사회변혁운동과 비교하여 특히 새로운 점은 그것이 철저히 비폭력적인 수단을 통해, 지금까지 우리의 삶을 지배해온 권력 추구적이고 배타적인 경쟁의 원리를 넘어서서 어디까지나 자율적이며 협동적인 공생의 질서를 지향할 뿐만 아니라, 그러한 공생의 논리를 지금 당장의 생활 속에서 실천하려 한다는 사실이다.

　몬드라곤을 포함해서 최근까지의 생활협동운동은 대체로 생태학적 전망을 결여하고 있었다. 몬드라곤의 경우는 노동자에 의한 생산 수단의 공유라는 사회주의적 이상을 실현했다고는 하지만, 대외적으로 자본주의적 시장 논리를 철저히 존중하는 틀 안에서 경쟁 능력을 높여왔고, 이제는 로봇까지 생산해내는 기술 공동체로 발전했다. 지구의 생명 지원 체계 자체가 파손 직전에 도달한 오늘의 상황에서 이와 같은 몬드라곤의 생산 공동체 운동 방식이 과연 진정한 대안이 될 수 있는지 의심스럽다.

　한살림운동은 생태학적 전망을 갖고 있을 뿐 아니라 한걸음 더 나아가 유

---

373 김종철, 「한살림운동과 공생의 논리」, 모심과살림연구소 엮음, 『모심 侍』, 154~177쪽.

기농산물을 장려하고 있다. 산업 기술 문명의 진로에 근본적인 대안이 될 만한 새로운 문화의 시작을 위해서는 유기농업을 중심으로 삶을 재조직해야 할 필요가 있다. 지구라는 유한 체계 속에서 생명 활동에 참여하는 것이 인간의 운명이라고 할 때, 우리의 삶이 '지속 가능한' 것이 되려면, 재생 순환이라는 자연법칙에 순응하는 삶의 방식 외에 다른 선택이 있을 수 없다는 것은 너무나 명백하다.

주요섭은 한살림 선언의 정신과 내용을 한국의 생명 담론과 생명운동의 맥락에서 자리매김하며 정리한다.[374] 그에 의하면 1989년에 발표된 「한살림 선언」은 생명 담론의 핵심을 고스란히 담고 있는 역사적 문건이다. 그 선언은 원주캠프의 현장운동의 맥을 이으면서 장일순과 김지하에 의해 재해석된 동학사상, 그리고 서구의 녹색운동과 신과학운동의 성과를 한국적 맥락에서 수용하여 새로운 인간 이해와 사회운동의 새로운 지평을 열어놓는다.

그 대강을 살펴보면, 우선 모든 생명의 유기적 연관을 강조하는 생태적 사유를 바탕에 깔고 동학의 '시천(侍天)' 사상을 현대화하여 '사람 안에 모셔진 우주 생명'이라는 표현으로 근대적 개인을 넘어서 인간의 몸과 이성, 감성, 그리고 영성을 포함한 전일적 인간 이해를 전제하고 있다. 또한 자본주의와 사회주의를 산업 문명의 쌍생아로 보고, 산업 문명의 기초가 되는 기계론적 세계관을 대체할 생명의 세계관 확립과 이에 입각한 새로운 생활 양식의 창조를 내세우고 있다. 그리고 이를 구체화하여 '한살림'을 실현하기 위한 실천 과제로 첫째 생명에 대한 우주적 각성, 둘째 자연에 대한 생태적 각성, 셋째 사회에 대한 공동체적 각성, 넷째 새로운 인식 · 가치 · 양식을 지향하는

---

374 주요섭, 「동도동기의 생태담론을 위한 시론」, 모심과살림연구소 엮음, 『모심 侍』, 187~203쪽.

생활문화운동, 다섯째 생명의 질서를 실현하는 '사회 실천 활동', 여섯째 자아실현을 위한 '생활 수양 활동', 일곱째 새로운 세상을 창조하는 생명의 통일 활동을 제시한다.

한국적 생태 담론으로서 생명 담론은 사상적 바탕을 주로 동아시아적 사유에 두면서 개념과 문법을 빌려오고 있다. 그러면서도 녹색운동과 신과학 운동 등 동서 철학 사상적 모색과 폭넓은 대화를 통해 형성되어왔다. 주요섭은 그 특징을 다음과 같이 몇 가지로 정리한다.

첫째 서구의 생태론도 마찬가지지만, 상대적으로 전일적 관점과 문명 전환이 훨씬 강조된다. 둘째, 생태주의에 비해 인간론 또는 인간 이해가 중요한 부분을 차지한다. 셋째, 이론적으로나 실천적으로 지역적 삶, 지역 자치가 강조되고 민족 담론의 유의미성을 놓지 않는다. 넷째, 영성이 강조된다. 마지막으로 문화운동을 실천의 중심에 놓는다. 이는 영성 또는 깨달음의 강조와 깊은 관계가 있으며, 영성 문제도 넓은 의미의 문화운동으로 볼 수 있다.

5. 생명과 평화의 길

　　　　　　　　　　　　인류는 문명 대혼돈의 위기에 처해 있다. 이 대혼돈을 해쳐나갈 방법은 있는가? 이러한 절체절명의 위기의 시대에 지구 위의 서로 다른 민족과 인종이, 서로 다른 생명체들이 화합하며 사이 좋게 더불어 살아갈 수 있는 상생과 공생의 길은 없는가? 지구 위의 만물이 함께 평화롭게 공존할 수 있는 평화의 길은 없는가? 여기에서 우리는 간디 Mohandas Karamchand Gandhi의 말을 깊이 음미할 필요가 있다. "평화를 위한 길은 없다. 평화가 곧 길이다."

　이 대혼돈이, 이 위기가 우리에게 던지는 메시지는 간단하다. 이제부터라도 생명이 무엇이며 평화가 무엇인지를 곰곰이 생각해보고 지혜를 짜내어 생명과 평화의 길을 찾아보라는 인식론적 명령이다. 인간은 앓음과 아픔을 통해 알음(앎, 지식)에 이르게 되고, 그 전후 사정을 배워서 그 의미와 뜻을 물어 사태의 실상을 깨친다. 그리고 그렇게 힘들여 얻은 앎을 삶에 되먹임하여 삶을 새롭게 하려고 노력한다. 우리는 위기에서 생명의 지혜를 배워야 한다.

김지하는 인류의 문명이 자연에 대해 짐을 지운 부담과 그에 따른 인류의 피해로부터 몇 가지 교훈을 얻을 수 있다고 말하며 그것을 이렇게 기술한다.[375] 첫째, 한 문명 또는 문화와 그것이 터전으로 삼고 있는 생태계는 외적으로 분리되어 있는 목적과 수단, 주체와 대상의 관계가 아니라 오히려 유기적으로 이어져 있음을, 달리 말해서 생명적으로 연결되어 있음을 확인한다. 둘째, 생태계에 기반을 둔 문화 또는 문명이 그 생태계의 생명 부양 여력을 넘어설 정도로 팽창할 때, 그 문화 또는 문명이 몰락할 수 있음을 확인한다. 셋째, 현 산업 문명은 그 본질을 유지하는 선에서 어떤 체제를 구축하든 구조적으로 생명 위기를 초래할 수밖에 없다는 것을 확인한다. 넷째, 향후 문명 패러다임 전환을 통해 자연적으로 지속 가능한 문화를 재구축해야 하는바, 그것은 자연적으로 생명에 대한 존중에서 비롯되어야 한다. 이것을 우리는 '생명 지속적 발전' 또는 '생명학' 그리고 순정한 우리말로 '살림'이라고 표현하기로 한다.

오늘 우리는 새로운 문명을 적극 개척하고 창조하지 않으면 안 되는 절체절명의 역사적 선택의 기로에 서 있다. 그것은 기본적으로 생명의 살림에 바탕을 두어야 하는데, 그것을 새 문명 패러다임의 두 가지 원리로 분별할 수 있다. 하나는 이분법적 분리주의를 대체하는 것으로 생명, 우주 생명의 유기적 관계성을 바탕으로 해야 한다는 것, 다른 하나는 우열에 따른 지배와 억압의 사유 체계를 청산하고, 이를 대신할 호혜적 상생의 사유 체계로 나아가야 한다는 것, 그리고 이를 이성적으로 인식하는 지평을 포괄하되 더 나아가 자연적 감성과 생태적 영성 차원에서 조망할 때, 바로 생명 윤리의 안팎인 '모심'과 '살림'으로 그것을 드러내야 한다는 것이다.

---

375 생명과 평화의 길, 「생명 평화 선언」, 2004, 12~13쪽.

'모심'과 '살림'이라는 새 문명의 화두는 생명적 기반인 자연과 인간 사회의 관계에 대해, 그리고 사회 내 인간 간의 관계에 대해 다음과 같은 연속적인 세 가지 계기를 포함한다고 본다. 한편으로 자연 생명을 존중함으로써 생태적으로 지속 가능한 문화, 즉 '생명 지속적 문화'를 새롭게 구축해야 한다. 다른 한편으로 인간 문화 구성원 각자가 개별성과 자율성을 갖고 인간으로서 존엄을 유지하면서 살아가되, 서로 협력적으로 기대어 사는 '생명의 분권적 융합', 즉 '호혜 관계망'을 구성하고 동시에 자연에서 얻는 혜택을 공정하게 향유함으로써 정의로운 사회가 되도록 해야 한다.[376]

또 다른 한편으로 생명 호혜 관계망으로 구성된 문화 민족이나 나라들 간의 평화를 포함한 일체 자연과의 평화는 물론 지구촌 인류 간의 평화와 인간의 내면적 평화 등 모든 평화가 함께 이룩되도록 해야 한다.

동아시아 문화권이 상대적으로 서구 문화권에 비해 자연 친화적일 수 있는 이유는 문화를 이루는 핵심 요소인 종교와 종교 이전의 샤머니즘이나 신화 역시 매우 깊숙한 층위에서 자연 친화적이기 때문이다. 따라서 유불선에 영향을 받은 동아시아의 자연 친화적 문화를 복원하고 또 그것을 새로운 차원에서 창조적으로 발전시킴으로써, 서구의 지혜와 더불어 새로운 문명에로의 전환을 도모하는 일이 가능할 것이다. 그 실현의 길이 바로 '생명과 평화의 길'이며, 그 길은 환경론과 생태학을 넘어서되 뼈대와 진리는 그대로 제 안에 품어 안는 새로운 '생명학', '우주 생명학' 성립의 길이다.[377]

우리 민족은 어질고 착할 뿐 아니라 죽임과 다툼을 싫어했으니 이미 현대 인류와 지구 및 주변 우주 생명이 목마르게 기다리는 '생명과 평화의 길'을

---

376 생명과 평화의 길, 「생명 평화 선언」, 14쪽.
377 생명과 평화의 길, 「생명 평화 선언」, 19~20쪽.

핀란드 헬싱키에 소재한 '세계 평화상'

애당초 포함하고 있고, 또 유불선의 기본 정신을 담은 고유의 풍류 사상을 이전부터 갖고 있었으니 한편으로 사회 속에서 정의를 실현하고 또 민족 간의 평화를 도모할 수 있으며, 더 나아가 자연과 더불어 살 수 있는 깊고 넓고 높은 새 차원의 인류적·우주적 생명 평화 사상의 참다운 원형을 간직했던 것으로 보인다.[378]

대혼돈의 시기에 한민족의 역사와 문화 속에 갈무리되어 있는 생명과 평화의 지혜가 요구된다. 지구촌 시대를 살고 있는 우리는 그 지혜를 지구 위의 모든 생명체가 평화롭게 어울려 사는 상생과 공생의 '살림살이학'으로 세상에 내놓아야 할 사명과 임무를 부여받고 있다.

---

[378] 생명과 평화의 길, 「생명 평화 선언」, 21~22쪽.

생명학 정립을 위한 시도

나는 독일에서 철학을 공부하면서 환경 문제에 깊은 관심을 갖게 되었다. 녹색당을 적극 지지하며 환경운동에 헌신적으로 참여하는 독일인 친구가 있어서 더 그랬다. 그 당시 독일에서는 환경운동이 예기치 못한 대단한 성과를 거두었는데, 누구보다도 젊은 층에게 큰 호응을 얻었다. 세계적인 상업 도시 프랑크푸르트는 늘어나는 수요를 감당하고자 공항을 증설하기로 하고 새 활주로를 깔기 위해 공항 주변에 엄청나게 많은 나무들을 베어낼 계획을 세웠다. 그러자 환경운동에 동참하는 학생들이 나무 위로 올라가서 자기 몸을 나무에 묶어 나무 베는 것을 방해했다. 이런 식의 헌신적인 환경 문제 개입으로 녹색당은 많은 독일 국민들의 지지를 얻어 국회에까지 진출하게 되었으며 제도권 정치에 참여하는 세계 최초의 녹색 정당이 된다.

그런데 공부를 끝내고 귀국한 1984년 한국의 상황은 전혀 달랐다. 그 당시 우리나라는 민주화 투쟁의 열기가 절정에 이르러 학생들의 시위가 하루도 그칠 날이 없었다. 전쟁터를 방불케 하는 캠퍼스에는 매캐한 최루가스

연기와 냄새가 떠날 날이 없었고 거기에 아무런 대비가 안 되었던 나는 급기야 각막궤양에 걸려 병원 치료를 받아야 했다. 이런 상황에서 당시 학생들에게 환경 문제는 강 건너 남의 나라 이야기일 뿐이었다. 그로부터 10여년이 지난 뒤 산업화로 인한 환경 오염이 눈에 띄게 심각해지면서 우리 삶의 자리까지 파괴하기에 이르자 그제야 비로소 환경운동이 지식인들의 공감을 얻고 일반 대중에게도 어느 정도 호응을 받기 시작했다.

나는 10여 년의 유학 생활을 통해 철학을 공부하면서 정치 문제건 사회 문제건 환경 문제건 결국 모든 문제가 존재론에 귀착된다고 확신하게 되었다. 깊이 캐고 들어가면 종국에는 자연, 우주, 세계에 대한 인간의 시각이 문제가 된다는 것을 깨달았다. 그것을 나는 '존재의 시각' 또는 '존재의 눈깔'이라고 표현했다. 그래서 현재 우리에게 필요한 것은 과거와는 다른 새로운 '존재의 눈깔'이라고 주장하게 되었다. 그것을 서양의 학자들은 새로운 패러다임, 새로운 에피스테메(인식 틀)가 요구된다고 말한다.

환경 문제도 조금 깊이 들여다보면 인간이 자기만 편하게 잘살자고 개발과 경제 성장을 핑계로 자연을 마구잡이로 파헤친 결과로 초래된 것이다. 그것을 흔히 인간중심주의라고 지적한다. 그러니까 환경 문제는 '환경'의 문제로만 접근해서는 결코 해결되지 않는다는 결론이 나온다. 인간이 만물의 영장으로서, 지구의 주인으로서 잘살기 위해서 자기 것 갖고 자기 좋은 대로 하는데 무슨 문제냐 하는 생각과 태도를 바꾸지 않는 한 지구 파괴는 계속될 테고 당연히 환경은 나빠질 수밖에 없을 것이다.

그래서 환경 문제를 근본적으로 해결하려면 인간중심주의의 생각을 떨쳐버려야 한다는 주장이 나오는 것이다. 그것을 '탈인간중심주의'라고 부른다. 우주에 지금으로서는 하나뿐인 이 녹색 지구가 인간만을 위한 것이 아니라 살아 있는 생명체 모두를 위한 것이라는 생각이 나오게 되었다. 생명체들을 위한 최소한의 생존 조건들을 갖춘 상태에서 인간의 복지를 위한 환경 개선도 이루어져야 한다는 주장이 설득력을 갖기 시작했다. 이렇게 환경 문제는 생태 문제로 한 단계 업그레이드되었다.

그런데 생태 문제라는 것이 그 속을 들여다보니 결국은 '생명체' 또는 '생명'이란 무엇인가 하는 생명 문제로 귀착된다는 것이 20세기 말부터의 학계의 인식이다. 20세기 말 유명한 생태윤리학자인 한스 요나스Hans Jonas는 1984년 『책임의 원칙—기술 시대의 생태학적 윤리 Das Prinzip Verantwortung: Versuch einer Ethik für die technologische Zivilisation』(이진우 옮김, 서광사, 1994)를 출간한다. 이 책은 지금까지도 생태 윤리의 고전으로 통한다. 그런데 그로부터 10년 뒤인 1997년 한스 요나스의 새로운 저서 『생명의 원리—철학적 생물학을 위한 접근 Organismus und Freiheit. Ansätze zu einer philosophischen Biologie』(한정선 옮김, 아카넷, 2001)이 출간된다.[379] 그런데 잘 살펴보니 이 책은 이미 그전에(1973년) 다른 제목 『유기체와 자유—철학적 생물학을 위한 접근』으로 출간된 적이 있었다. 즉 그 책을 출판사에서 요나스의 사후 『생명의 원리—철학적 생물학을 위한 접근』이라는 새로운 이름으로 개작해서 다시 출간한 것이다. '생태학적 책임의 원칙'이 왜 갑자기 '생명의 원리(원칙)'[380]로 바뀌었을까? 그 밑바탕에는 학술계의 동향에 대한 고려가 깔려 있었다. 생태 문제에 대한 논의가 깊어지면서 많은 학자들이 '생명'에 관심을 갖기 시작했기 때문이다.

생명을 둘러싼 논쟁이 진행되면서 '생명이란 무엇인가'라는 생명에 대한 정의가 불가능하다는 주장도 등장하고 있다. 분명한 것은 생명에 대한 규정이 이제 어느 한 학문 분야나 분과의 일이 아니라 삶과 앎, 물질과 정신, 유

---

379 한스 요나스는 이 책으로 1987년 독일 서적 판매 조합 평화상을 수상한다.
380 '원칙'과 '원리'로 다르게 번역되고 있지만 독일어로는 둘 다 'das Prinzip'다.

기물과 무기물, 육체와 영혼 등 존재하는 모든 것을 건드린다는 사실이다. 생명 연구는 학제 간의 긴밀한 협조가 필요한 통합 학문으로 부상하고 있다. 여기에 생명 개념 또는 생명관의 변천에 대한 철학사적 고찰이 절실나 요구되며 그에 관한 저서도 발표되고 있다. 그런데 대부분의 저자들이 서양 학자들이기에 서양의 생명관에 대해서는 정리를 잘하고 있지만 동양의 생명관에 대해서는 수박 겉핥기 식의 소개 정도에 그치고 있다. 생명 존중의 전통을 자랑하는 동아시아의 생명관에 대한 연구가 시급한 시점이다. 그래서 동서양의 생명 이해를 통합적으로 수용하여 새로운 생명관과 그에 걸맞은 가치관을 수립해야 하는 과제가 한국의 학자들에게 주어지고 있다.

생명에 대한 논의를 펼쳐가면서 우리는 동아시아가 심정적으로 또는 생활 방식에서 볼 때 서양 사람보다 훨씬 더 생명 중심적으로 살아왔다고 자부할 수 있을 것이다. 그럼에도 불구하고 지금 생명에 대한 논의가 전개되는 배경을 보면, 생명 파괴로 인한 생태계의 위험이 극에 달하면서 그 해결 방안을 찾는 가운데 생명이 철학적 화두로 떠오르게 되었다. 다시 말해 환경 문제가 생태 문제로 넘어오고, 그 대안으로써 생명이 관심의 초점이 되다 보니 이런 상황을 주도해온 서양 학자들이 주도권을 잡고 그들의 논의에 동아시아학자들이 끌려가는 형국이 되고 만 것이다.

나는 학생들에게 서양 철학을 가르치면서 한국의 현대 사상을 연구하는 가운데 시대의 아픔에 고민하며 문제를 풀려고 노력한 한국인들 중 생명에 관심을 갖고 있는 사람들이 많다는 것을 발견했다. 누구보다도 김지하 시인은 이미 80년대 초 생명의 중요성을 강조하며 생명운동을 전개해야 한다고 주장하여 운동권 학생들에게서 변절했다는 비난을 받았다. 또한 평생 생명, 평화, 진리를 외치며 '생각하는 백성이라야 산다'고 민중들을 깨우친 함석헌 선생이 있었다. 그리고 조금 더 파고드니 함석헌 선생의 스승인 다석 류영모 선생이 생명이라는 화두 하나를 붙잡고 일생을 살았다는 것도 알게 되었다. 이처럼 이 세 사람의 생명 담론의 밑바탕에는 자연의 순리에 따라 다른 모든 생명체와 더불어 평화롭게 살아야 하는 것을 천명으로 알고 살아온 이 땅의 민중이 자리하고 있다는 것을 깨달았다.

그래서 나는 다른 곳이 아닌 한국인의 삶 속에서 우리만의 독특한 '생명'의 의미를 읽어내야 한다고 생각하게 되었다. 우리의 삶과 문화에 결과 무늬로 갈무리된 살림살이의 문법에서 우리만의 독특한 삶의 진리, 생명의 진리를 찾아내야 한다고 확신하게 되었다. 이러한 확신이 이 책의 구성과 전개에 깔려 있다. 생명의 진리, 삶의 진리를 공부하는 '생명학'을 정립하려는 시도는 환경학과 생태학으로는 지금 인류와 지구가 당면한 문제를 근본적으로 해결할 수 없다는 상황 인식에서 출발한다. 우리의 시각을 바꾸기 위해 고대의 자연 개념으로 돌아가서 현대에 맞는 새로운 자연관을 수립하자는 학자들도 있다. 그러나 그것은 자연의 문제가 기술 문명의 문제로 발전되어왔고 그것이 환경 문제와 생태 문제를 낳아 현대에 이르게 된 역사적 흐름을 간과한 생각이다. 우리는 자연관, 우주관, 인간관, 가치관의 밑바탕에 이 모든 것을 아우르는 생명관이 있었음에 착안해야 한다. 생명에 대한 이해의 변화가 어떻게 인간의 역사와 밀접하게 연관되어 있는지를 밝혀내는 것이 앞으로의 연구 과제 중 하나다.

'생명학'은 기존의 '생명'과 '학문'에 대한 규정을 해체하고 그것을 사름과 삶의 진리, 삶을 알고 살아가는 살림살이의 진리, 하늘의 뜻을 받들어 우주 진화에 동참하는 생명의 진리라는 차원에서 새롭고 더 넓은 이해의 지평에서 재구성해야 할 과제를 스스로 떠맡는다. 지금 우리는 학문으로서 생명학의 가능성을 살펴보아야 하는데, 여기에서도 자칫하면 생각 없이 '생명학'의 '학'을 로고스로 이해할 수 있다. 명심해야 할 것은 로고스중심주의,

이성중심주의, 인간중심주의를 탈피하자고 하면서 다시 로고스 또는 이성에 해결책을 기대한다면 이건 시작부터 잘못된 방향에서 해결책을 찾는 일이라는 것이다. 로고스중심주의에 대한 비판과 그에 대한 확고한 대안적 입장을 제시하지 않고서 또다시 로고스를 사용한다면 문제가 될 것이다. 그래서 나는 이 책에서 서양의 이성 개념과는 구별되는 한국인 삶의 문화 속에서 발견되는 생활 세계적 이성을 '살림살이의 이성'이라고 이름 붙이면서 그 독특함을 감성과 영성의 융화로 특징지었다. 그것이 다석 류영모에게서는 덧없는 삶[生]과 비상한 웋일름[命]으로 나타났고, 김지하에게서는 감성과 영성의 기우뚱한 균형으로 표현되었다.[381]

이 책의 핵심은 서양과는 다른 우리의 생명관을 보여주려는 것이다. 우리의 생명관, 그리고 그것과 뗄 수없이 연결된 우리의 우주관과 인간관, 가치관을 제시하려는 것이다. 그러려면 서양 학문에 의해 사시가 되어버린 우리의 시각('존재의 눈깔')부터 바로잡아야 한다. 서양 학자들마저 자신들의 획일화된 시각에 문제가 있다고 인정하는 마당에 왜 이 땅의 학자들은 보편성의 기준을 꼭 서양 문화에서만 찾으려고 하는가? 다른 문화 전통과 이해의 틀을 갖고 있는 우리가 '생명'과 '학문'에 대한 논의에서 서양의 범주 틀을 갖고 생명학을 정립하려고 한다면 그것은 그야말로 범주 사용 오류에 해당될 것이다. 문화 다양성의 시대라는 탈근대에 우리가 해야 할 일은 서양의 근대 패러다임을 깨고 그 범주 틀도 해체하는 것이다. 그래서 나는 우선 '생명'이라는 개념을 새롭게 이해하도록 노력해보자고 제안하면서, 다른 데서가 아닌 바로 우리의 우주관, 인생관, 가치관에서부터 시작하려 한다. 그다음 우리는 '학문'도 새롭게 이해해야 한다. 사실 우리에게는 서양의 학

---

381 이기상, 『지구촌 시대와 문화콘텐츠-한국 문화의 지구화 가능성 탐색』, 한국외국어대학교출판부, 2009 참조.

문과는 다른 학문의 전통이 있다. 그 학문의 전통을 다시 한 번 오늘날 되살려보려고 노력해야 한다. 그 전통을 오늘날 어떻게 다시 살려내야 할지 고심해야 한다. 학문學問이라는 말 자체가 우리에게는 묻고 배우기, 배워서 묻기, 배우기 위해 묻기, 묻기 위해서 배우기 등과 같이 끊임없이 삶과 앎이 맞물려 돌아가는 맥락에서 이해되어왔다. 따라서 학문으로서의 '생명학'을 자리매김하려면 서양의 범주, 서양의 패러다임을 해체하고 새로운 지평과 새로운 인식의 틀을 확보해야 한다. 그것이 우리에게 주어진 과제다.

이런 문제의식을 갖고 지난 10여 년 동안 공부한 성과물이 이 책이다.[382] 아직은 문제제기 단계에 머물러 있어 모든 것이 엉성하다. 그럼에도 비슷한 문제로 고민하는 사람들과 문제의식만이라도 공유하고 싶어 책 출간을 감행한다. 생명학은 한국발發 인문학의 가능성을 타진해보는 시험 무대일 수도 있다. 2003년부터 4년 동안 김지하 시인이 주도하여 개최한 '세계생명문화포럼'은 어느 정도 그 가능성을 확인한 셈이다. 세계 각국에서 모인 수십 명의 환경학자와 생태학자, 환경운동가와 평화운동가들이 동서 통합의 생명 담론의 필요성을 공감하고 '수원 세계생명문화 선언문'을 발표했다.

나는 김지하 시인의 생명 사상을 통해 우리만의 독특한 생명 철학을 연구하여 정리할 필요성을 깨닫고 그것이 '생명학'이라는 새로운 인문학으로 발돋움할 수 있는 가능성이 있음을 공감했다. 김지하의 생명 사상에 대한 공부를 「김지하의 생명사건학: 생활 속의 우주적 대해탈」이라는 제목으로 학술지에 발표했다. 그리고 그때까지 한 번도 만난 적이 없던 김지하 시인에게 논문의 별쇄본을 전달했다. 그 인연으로 김지하 시인을 만나게 되었고 '세계생명문화포럼'에도 참여하게 되었다. 이 포럼을 통해 생명 공부를 하

---

382 이 책에 실린 대부분의 글은 학술지에 발표한 논문들이다. 그 출처는 참고문헌 목록에 나와 있다.

는 많은 사람들을 만나 동서양을 넘나드는 생명 담론을 펼치면서 생명에 대한 논의의 가닥을 잡기 시작했다. 이 책은 이러한 계기가 없었다면 세상의 빛을 볼 수 없었을 것이다. 문화의 세기에 생명 문화의 물꼬를 트며 생명학의 가능성을 열어준 김지하 시인에게 감사하는 마음으로 이 책을 바친다.

20세기 이 땅에서 시대의 문제로 고민한 한국의 현대 사상가들을 찾아서 연구하자는 취지로 설립된 '우리사상연구소'에서는 오래전부터 동서양의 생명 사상에 대해 함께 공부해왔다. 그 연구 결과물이 『생명과 더불어 철학하기』(철학과현실사, 2000)이다. 이러한 과정이 있었기에 이 책이 만들어질 수 있었다. 이 생명 연구에 동참해 열띤 발표와 토론에 참가했던 우리사상연구소의 연구원들과 초청 학자들에게도 깊은 감사의 마음을 표한다.

원고를 꼼꼼히 읽으며 관련된 이미지와 사진을 찾아 적당한 자리에 배치해서 책의 문화적 수준을 한 단계 끌어올려 준 한국외국어대 대학원 글로벌문화콘텐츠학과 박사 과정 유제상 군에게 고마움을 전한다. 품격 있는 사진으로 책의 내용을 한결 풍요롭게 만들기를 허락한 사진작가 전규완 님과 성천문화재단의 연구실장 김홍근 님께 감사드린다. 출판계의 불황 탓으로 인문학 저서의 출간을 꺼리는 상황에 기꺼이 이 책의 출간을 맡아주신 '자음과모음' 대표 강병철 님께 깊은 감사의 인사를 드린다. 산만하고 중복 내용이 많은 원고를 일일이 지적하고 깔끔한 글의 흐름이 되도록 애써주신 편집부의 김지혜 님과 이혜영 님에게도 고마운 마음을 전한다.

2010년 12월 충북 괴산군 칠성면 사은리 오두막에서
지은이 이기상

경기문화재단,『동아시아 문예부흥과 생명평화』, 세계생명문화포럼-경기 2005 자료집, 경
    기문화재단, 2005.

경기문화재단,『생명사상과 전 지구적 살림운동』, 세계생명문화포럼-경기 2006 자료집, 경
    기문화재단, 2005.

경기문화재단,『아름다운 모심, 힘찬 살림-21세기 문명의 전환과 생명문화』, 세계생명문화
    포럼-경기2003 자료집, 경기문화재단, 2004.

경기문화재단,『한국의 생명담론과 실천운동』, 세계생명문화포럼-경기 2004 자료집, 경기
    문화재단, 2005.

고영섭,「불교의 생태관. 연기와 자비의 생태학」, 송상용 엮음,『생태문제와 인문학적 상상력』,
    나남출판, 1999.

곽신환,「주역의 생생불식 사상」, 우리사상연구소 엮음,『생명과 더불어 철학하기』, 철학과현
    실사, 2000.

구승회,『에코필로소피-생태 · 환경의 위기와 철학의 책임』, 새길, 1995.

국립국어연구원,『표준국어대사전』, 두산동아, 2000.

길희성 외,『환경과 종교』, 민음사, 1997.

김명자,『동서양의 과학전통과 환경운동』, 동아출판사, 1991.

김상봉,「함석헌의 '뜻으로 본 한국 세계역사'」, 함석헌기념사업회 엮음,『씨올의 소리』통권
    제183호, 2005년 3~4월.

김소희,『생명시대』, 학고재, 1999.

김용복,「생명운동-시민운동의 새로운 패러다임 모색」,『한국의 생명담론과 실천운동』, 세계
    생명문화포럼-경기2004 자료집(증보판), 경기문화재단, 2005.

김용준,『사람의 과학』, 통나무, 1994.

김욱동,『한국의 녹색문화』, 문예출판사, 2000.

김정수,「생명운동과 시민사회의 과제-한국 평화운동의 과제」,『한국의 생명담론과 실천운

동』, 세계생명문화포럼-경기2004 자료집(증보판), 경기문화재단, 2005.

김정욱, 『위기의 환경 어떻게 구할 것인가?』, 푸른산, 1992.

김종철, 『간디의 물레-에콜로지와 문화에 관한 에세이』, 녹색평론사, 1999.

김종철, 「한살림운동과 공생의 논리」, 모심과살림연구소 엮음, 『모심 侍』, 2005.

김지하, 「모심과 살림의 미학-생명 사상의 역사와 철학」, 모심과살림연구소 엮음, 『모심 侍』, 2005.

김지하, 『사상기행』 2, 실천문학사, 1999.

김지하, 『생명, 이 찬란한 총체』, 동광출판사, 1991.

김지하, 『생명』, 솔, 1994.

김지하, 『생명과 자치-생명 사상 · 생명 운동이란 무엇인가』, 솔, 1996.

김지하, 『생명과 평화의 길』, 문학과지성사, 2005.

김지하, 『예감에 가득 찬 숲 그늘』, 실천문학사, 1999.

김지하, 『율려란 무엇인가』, 한문화, 1999.

김지하, 『중심의 괴로움』, 솔 1994.

김지하, 『타는 목마름에서 생명의 바다로』, 동광출판사, 1991.

김지하, 『틈』, 솔, 1995.

김지하, 『화개』, 실천문학사, 2002.

김춘성, 「해월 사상의 현대적 의의」, 부산예술문화대학 동학연구소 엮음, 『해월 최시형과 동학 사상』, 예문서원, 1999.

김필년, 『동서문명과 자연과학』, 까치글방, 1992.

김하풍, 「생명과 믿음-함석헌 선생의 사상」, 함석헌기념사업회 엮음, 『함석헌 사상을 찾아서』, 삼인, 2001.

김학주 옮기고 씀, 『대학 · 중용』, 명문당, 1989.

김흥호 외, 『다석 유영모의 동양 사상과 신학-동양적 기독교 이해』, 솔, 2002.

김흥호, 『다석일지 공부-류영모 명상록 풀이』 (전7권), 솔, 2001.

김흥호, 『생각 없는 생각』, 솔, 1999.

동국대학교 엮음, 『21세기 문명과 불교』, 동국대학교출판부, 1996.

류영모, 「오늘」, 박영호 엮음, 『오늘』, 성천문화재단, 1993.

류영모, 「자고 새면」, 김흥호 엮음, 『제소리-다석 류영모 강의록』, 솔, 2001.

류영모, 『다석 강의』, 현암사, 2006.

류영모, 『다석일지』 (전4권), 홍익재, 1990.

류영모, 김흥호 풀이, 『다석 류영모 명상록 전집-류영모 일기』 1 (전3권), 성천문화재단, 1998.

류영모, 박영호 엮음, 『다석 류영모의 얼의 노래』, 두레, 2004.

류영모, 박영호 엮음, 『죽음에 생명을, 절망에 희망을-다석어록』, 홍익재, 1993.

류영모 · 박영호 풀이, 『에세이 노자-빛으로 쓴 얼의 노래』, 무애, 1992.

류영모 · 박영호 풀이, 『에세이 중용-마음 길 밝히는 지혜』, 성천문화재단, 1994

류영모, 박영호 해설, 『씨울의 말씀-다석 사상 정해』, 홍익재, 1988.

리스본 그룹, 『경쟁의 한계-리스본 그룹 보고서』, 채수환 옮김, 바다출판사, 2000.

마르틴 하이데거, 『진리의 본질에 관하여-플라톤의 동굴의 비유와 테아이테토스』, 이기상 옮김, 까치글방, 2004.

마르틴 하이데거, 『형이상학의 근본개념들-세계-유한성-고독』, 이기상 · 강태성 옮김, 까치글방, 2001.

문순홍, 『생태위기와 녹색의 대안』, 나라사랑, 1992.

박재순 외, 『한국 생명 사상의 뿌리』, 이화여자대학교출판부, 2001.

박재순, 「씨울 사상의 핵심: '스스로 함', '맞섬', 서로 '울림'」, 함석헌기념사업회 엮음, 『함석헌 사상을 찾아서』, 삼인, 2001.

박재순, 「함석헌 사상의 내용과 성격」, 함석헌기념사업회 엮음, 『씨울의 소리』 통권 제181호, 2004년 11~12월.

박재순, 「함석헌의 생명 사상」, 『유영모 선생과 함석헌 선생의 생명 사상 재조명』, 오산 창립 100주년 기념 학술세미나 발표집, 2005년 11월 28일.

박재순, 『다석 유영모-동서 사상을 아우른 창조적 생명 철학자』, 현암사, 2008.

박영호 엮음, 『다석 류영모 어록-다석이 남긴 참과 지혜의 말씀』, 두레, 2002.

박영호 엮음, 『동방의 성인 다석 류영모』, 성천문화재단, 1994.

박영호 풀이, 『다석 류영모 명상록-진리와 참나』, 두레, 2000.

박영호, 『금강경-다석 사상으로 본 불교』, 두레, 2001.

박영호, 『노자-빛으로 쓴 얼의 노래』, 두레, 1998.

박영호, 『다석 류영모가 본 예수와 기독교』, 두레, 2000.

박영호, 『다석 류영모의 기독교 사상』, 다석사상전집 2, 문화일보사, 1995.

박영호, 『다석 류영모의 불교 사상』, 다석사상전집 3, 문화일보사, 1995.

박영호, 『다석 류영모의 생각과 믿음』, 다석사상전집 1, 문화일보사, 1995.

박영호, 『다석 류영모의 생애와 사상』 (전2권), 다석사상전집 6, 7, 문화일보사, 1996.

박영호, 『다석 류영모의 유교 사상』 (전2권), 다석사상전집 4, 5, 문화일보사, 1995.

박영호, 『다석 사상으로 본 유교』, 두레, 2002.

박영호, 『반야심경-다석 사상으로 본 불교』, 두레, 2001.

박영호, 『씨알-다석 류영모의 생애와 사상』, 홍익재, 1985.

박영호, 『장자-자유에 이르는 길』, 두레, 1998.

박영호, 『진리의 사람 다석 류영모』 (전2권), 두레, 2001.

박희병, 『한국의 생태사상』, 돌베개, 1999.

백종현, 「진리」, 우리사상연구소 엮음, 『우리말 철학사전 3-감각 · 근대 · 개인』, 지식산업사, 2003.

비토리오 회슬레, 『환경 위기의 철학』, 신승환 옮김, 서강대학교출판부, 1997.

생명과 평화의 길, 『생명 평화 선언』, 2004.

서정범, 『우리말의 뿌리』, 고려원, 1996.

송상용 외, 『생태문제와 인문학적 상상력』, 나남출판, 1999.

앙리 베르그손, 『창조적 진화』, 황수영 옮김, 아카넷, 2005.

양명수, 『녹색윤리』, 서광사, 1997.

에른스트 울리히 폰 바이츠제커, 『환경의 세기-인간다운 삶과 노동을 위한 생태효율적 비전』, 권정임 · 박진희 옮김, 생각의나무, 1999.

에드워드 윌슨, 『생명의 다양성』, 황현숙 옮김, 까치글방, 1995.

에드워드 윌슨, 『생명의 미래』, 전방욱 옮김, 사이언스북스, 2005.

에드워드 윌슨, 『인간 본성에 대하여』, 이한음 옮김, 사이언스북스, 2000.

오문환, 「동학의 생명평화 사상」, 『한국의 생명담론과 실천운동』, 세계생명문화포럼-경기 2004 자료집(증보판), 경기문화재단, 2005.

오문환, 「해월의 삼경사상-한울, 사람, 생태계의 조화」, 부산예술문화대학 동학연구소 엮음, 『해월 최시형과 동학사상』, 예문서원, 1999.

오정숙, 『다석 유영모의 한국적 기독교』, 미스바, 2005.

우리사상연구소 엮음, 『생명과 더불어 철학하기』, 철학과현실사, 2000.

우리사상연구소 엮음, 『이 땅에서 철학하기-21세기를 위한 대안적 사상 모색』, 솔, 1999.

울리히 벡, 『지구화의 길-새로운 문명의 가능성이 열린다』, 조만영 옮김, 거름, 2000.

유동식, 『한국 무교의 역사와 구조』, 연세대학교출판부, 1975.

윤노빈, 『신생철학』, 제일출판사, 1974.

윤동식, 『민속종교와 한국문화』, 현대사상사, 1978.

윤형근, 「한국 생명운동의 뿌리와 공동체」, 모심과살림연구소 엮음, 『모심 侍』, 2005.

이강수, 「노장 철학의 자연관」, 한국불교환경교육원 엮음, 『동양 사상과 환경문제』, 모색, 1997.

이강수, 「노장의 생명 사상」, 우리사상연구소 엮음, 『생명과 더불어 철학하기』, 철학과현실 사, 2000.

이규태, 『청산아 왜 그리 야위어만 가느냐』, 동아출판사, 1993.

이기상, 「존재에서 성스러움에로! 21세기를 위한 대안적 사상모색-하이데거의 철학과 류영 모 사상에 대한 비교 연구」, 한국해석학회 엮음, 『인문학과 해석학』, 철학과현실사, 2001.

이기상, 「21세기 기술시대를 위한 새로운 가치관 모색」, 한국가톨릭철학회 엮음, 『가톨릭 철 학』 창간호, 1999.

이기상, 「김지하의 생명사건론-생활 속에서 이루어야 하는 우주적 대해탈」, 한국해석학회 엮 음, 『낭만주의 해석학』, 철학과현실사, 2003.

이기상, 「다석 류영모에게서의 텅빔과 성스러움」, 『철학과 현상학 연구』 제16집, 2001년 6월.

이기상, 「다석 류영모의 인간론-사이를 나누는 살림지기」, 함석헌기념사업회 엮음, 『씨올의 소리』 통권 제174호, 2003년 9~10월.

이기상, 「삼신 할매 신화에서 읽어내는 한국인의 살림살이 이성」, 한국해석학회 엮음, 『해석 학 연구』 제20집, 2007년 가을.

이기상, 「새로운 보편 문화논리의 모색-해석학, 화용론 그리고 사건론」, 한국외국어대학교 인문과학연구소 엮음, 『인문학 연구』 제1집, 1996.

이기상, 「생명, 그 의미의 갈래와 얼개」, 우리사상연구소 엮음, 『우리말 철학사전 2-생명 · 상 징 · 예술』, 지식산업사, 2002.

이기상, 「생명은 옹일름을 따르는 몸사름-다석 유영모의 생명 사상의 영성적 차원」, 『유영모 선생과 함석헌 선생의 생명 사상 재조명』, 오산 창립 100주년 기념 학술세미나 발표 집, 2005년 11월 28일.

이기상, 「생명의 진리와 생명학-지구 생명 시대의 생명 문화 공동체」, 한국해석학회 엮음, 『해석학 연구』 제22집, 2008년 가을.

이기상, 「생명학의 미래를 생각한다-지구 살림살이를 위한 생명학」, 『아름다운 모심, 힘찬 살림-21세기 문명의 전환과 생명문화』, 세계생명문화포럼-경기2003 자료집(증보판), 경기문화재단, 2004.

이기상, 「세계화와 동아시아 가치. 나눔과 섬김 속의 살림살이」, 만해사상실천선양회 엮음, 『2003 만해축전』, 2003.

이기상, 「역사 속의 진리사건-진리가 비은폐성에서 올바름으로 변함」, 『하이데거 연구』 제9집, 2004년 봄.

이기상, 「우리말 속에서 찾는 생명관」, 『비교문화적 접근을 통한 한국언어문화』, 제1차 국제학술대회 발표논문집, 국제한국언어문화학회, 2004년 5월.

이기상, 「이 땅에서 철학하기-탈중심시대에서의 중심 잡기」, 우리사상연구소 엮음, 『이 땅에서 철학하기-21세기를 위한 대안적 사상 모색』, 솔, 1999.

이기상, 「태양을 꺼라! 존재중심의 사유로부터의 해방-다석 사상의 철학사적 의미」, 한국외국어대학교 인문과학연구소 엮음, 『인문학 연구』 제4집, 1999.

이기상, 「한국인의 삶 속에서 읽어내는 생명의 의미-살림을 위한 비움과 나눔」, 한국해석학회 엮음, 『종교 · 윤리 · 해석학』, 철학과현실사, 2003.

이기상, 「함석헌의 생명학적 진리-우리말에서 읽어내는 삶의 진리」, 한국외국어대학교 철학연구소 엮음, 『철학과 문화』 제12집, 2006년 봄.

이기상, 「현대의 실존적 상황과 인간성 상실의 위기」, 정해창 엮음, 『인간성 상실과 위기 극복』, 철학과현실사, 1995.

이기상, 『다석과 함께 여는 우리말 철학』, 지식산업사, 2003.

이기상, 『이 땅에서 우리말로 철학하기』, 살림, 2003.

이기상, 『지구촌 시대와 문화콘텐츠-한국 문화의 지구화 가능성 탐색』, 한국외국어대학교출판부, 2009.

이상국, 「생명운동의 기저에는 지역 생태 농업살림이」, 『한국의 생명담론과 실천운동』, 세계생명문화포럼-경기2004 자료집(증보판), 경기문화재단, 2005.

이시재, 「사회운동은 생명운동에서 무엇을 얻을 수 있는가?」, 『한국의 생명담론과 실천운동』, 세계생명문화포럼-경기2004 자료집(증보판), 경기문화재단, 2005.

이진우, 『녹색사유와 에코토피아』, 문예출판사, 1996.

이현구, 「생명 사상으로 읽는 최한기의 기학」, 『한국의 생명담론과 실천운동』, 세계생명문화포럼-경기2004 자료집(증보판), 경기문화재단, 2005,

이효걸, 「동양 철학의 환경윤리학적 태도」, 송상용 엮음, 『생태문제와 인문학적 상상력』, 나남출판, 1999.

임재해, 「단군신화를 보는 생태학적인 눈과 자연친화적 홍익인간 사상」, 『단군학 연구』 제9집, 단군학회, 2003년 12월 30일.

임효선, 『삶의 정치사상』, 한길사, 1984.

장태원, 「생명운동의 발전을 위한 제언」, 『한국의 생명담론과 실천운동』, 세계생명문화포럼-경기2004 자료집(증보판), 경기문화재단, 2005.

장회익, 「온 생명과 함석헌 생명 사상」, 함석헌기념사업회 엮음, 『씨올의 소리』 통권 제175호, 2003년 11~12월.

장회익, 『삶과 온생명』, 솔, 1998.

정호완, 『우리말의 상상력』, 정신세계사, 1991.

제러미 리프킨, 『바이오테크 시대』, 전병기 · 전영택 옮김, 민음사, 1999.

제러미 리프킨, 『소유의 종말』, 이희재 옮김, 민음사, 2000.

제러미 리프킨, 『유러피언 드림-아메리칸 드림의 몰락과 세계의 미래』, 이원기 옮김, 민음사, 2005.

존 포스터, 『환경 혁명-새로운 문명의 패러다임을 찾아서』, 조길영 옮김, 동쪽나라, 1996.

주요섭, 「동도동기(東道東器)의 생태담론을 위한 시론」, 모심과살림연구소 엮음, 『모심 侍』, 2005.

주요섭, 「생명운동은 '노아의 방주'가 아니다-생명담론과 새로운 사회운동」, 『한국의 생명담론과 실천운동』, 세계생명문화포럼-경기2004 자료집(증보판), 경기문화재단, 2005.

진교훈, 『환경윤리-동서양의 자연보전과 생명존중』, 민음사, 1998.

진월, 「불교의 생명 사상」, 우리사상연구소 엮음, 『생명과 더불어 철학하기』, 철학과현실사, 2000.

최승호, 『한국 현대시와 동양적 생명 사상』, 다운샘, 1995.

최영성, 「고대 생명사상의 원류와 생성-최치원을 다시 읽는다」, 『한국의 생명담론과 실천운동』, 세계생명문화포럼-경기2004 자료집(증보판), 경기문화재단, 2005.

최치원, 『역주 최치원 전집 1-사산비명』, 아세아문화사, 1998.

최혜성, 「생명회복운동으로서의 한살림」, 모심과살림연구소 엮음, 『모심 侍』, 2005.

테야르 드 샤르댕, 『인간현상』, 양명수 옮김, 한길사, 1997.

푸미오 타부치, 『김지하론―신과 혁명의 통일』, 정지련 옮김, 다산글방, 1991.

프리초프 카프라, 『생명의 그물』, 김용정 · 김동광 옮김, 범양사, 1998.

한국불교환경교육원 엮음, 『동양사상과 환경문제』, 모색, 1996.

한스 요나스, 『생명의 원리―철학적 생물학을 위한 접근』, 한정선 옮김, 아카넷, 2001.

함석헌, 「들사람 얼(野人精神)」, 『인간혁명의 철학』, 함석헌 전집 2, 한길사, 1993.

함석헌, 「뜻으로 본 한국의 오늘」, 『두려워 말고 외치라』, 함석헌 전집 11, 한길사, 1993.

함석헌, 「새 나라 꿈틀거림」, 『인간혁명의 철학』, 함석헌 전집 2, 한길사, 1993.

함석헌, 「새 삶의 길」, 『인간혁명의 철학』, 함석헌 전집 2, 한길사, 1993.

함석헌, 「성서적 입장에서 본 세계역사」, 『역사와 민족』, 함석헌 전집 9, 한길사, 1993.

함석헌, 「우리 민족의 이상」, 『뜻으로 본 한국역사』, 함석헌 전집 1, 한길사, 1993.

함석헌, 「저항의 철학」, 『인간혁명의 철학』, 함석헌 전집 2, 한길사, 1993.

함석헌, 「진리에의 향수」, 『인간혁명의 철학』, 함석헌 전집 2, 한길사, 1993.

함석헌, 「평화 운동을 일으키자」, 『생각하는 백성이라야 산다』, 함석헌 전집 14, 한길사,
1993.

***

Duden(hrsg.), *Das große Wörterbuch der deutschen Sprache*, in 6 Bänden,
Mannheim/Wien/Zürich: Dudenverlag, 1981.

Josef Simon, "Leben", *Handbuch philosophischer Grundbegriffe*, München: Kösel
Verlag, 1973.

M. Heidegger, "Spiegel-Gespräch mit M. Heidegger", *Antwort. Martin Heidegger im
Gespräch*, Neske: Pfullingen, 1988.

Max Weber, *Die protestantische Ethik und der Geist des Kapitalismus*, in:
Gesammelte Aufsätze zur Religionssoziologie I, Tübingen: J. C. B. Mohr,
1988.

P. Hadot u. a., "Leben", *Historisches Wörterbuch der Philosophie Band 5*, Basel/
Stuttgart: Schwabe & Co., 1980.

Regine Karher, *Was ist Leben? Philosophische Positionen und Perspektiven*,
Wissenschatliche Buchgesellschaft: Darmstadt: WBG, 2003.

찾아보기

인물찾기